U0043059

經典新校版

薩謬爾·杭亭頓 著
Samuel P. Huntington

黃裕美 譯

重建
世界秩序的
文明衝突與

目次

導讀│是爭議，也是經典　辛翠玲 ⋯⋯⋯⋯⋯⋯⋯⋯⋯⋯⋯ 003

自序 ⋯⋯⋯⋯⋯⋯⋯⋯⋯⋯⋯⋯⋯⋯⋯⋯⋯⋯⋯⋯⋯⋯ 009

Part 1　文明的世界

Chapter 1　世界政治新紀元

引言：國旗與文化定位 ⋯⋯⋯⋯⋯⋯⋯⋯⋯⋯⋯ 020

一個多極、多元文明的世界 ⋯⋯⋯⋯⋯⋯⋯⋯ 023

其他世界？ ⋯⋯⋯⋯⋯⋯⋯⋯⋯⋯⋯⋯⋯⋯⋯ 032

比較不同的世界：現實主義、極度簡約及預測 ⋯⋯⋯ 041

Chapter 2　歷史和今天的文明

文明的本質 ⋯⋯⋯⋯⋯⋯⋯⋯⋯⋯⋯⋯⋯⋯⋯ 048

文明的關係 ⋯⋯⋯⋯⋯⋯⋯⋯⋯⋯⋯⋯⋯⋯⋯ 059

Chapter 3　世界文明？現代化與西化

世界文明：意義 ⋯⋯⋯⋯⋯⋯⋯⋯⋯⋯⋯⋯⋯ 073

世界文明：來源 ⋯⋯⋯⋯⋯⋯⋯⋯⋯⋯⋯⋯⋯ 086

西方和現代化 ⋯⋯⋯⋯⋯⋯⋯⋯⋯⋯⋯⋯⋯⋯ 089

對西方和現代化的反應 ⋯⋯⋯⋯⋯⋯⋯⋯⋯⋯ 094

Part 2　變動中的文明均勢

Chapter 4　西方的消退：權力、文化和本土化

西方強權：優勢和沒落 ································ 108

本土化：非西方文化的復甦 ···················· 122

上帝復仇 ·· 127

Chapter 5　經濟學、人口統計學與文明挑戰者

亞洲的自我肯定 ·· 141

伊斯蘭復興 ··· 149

轉變中的挑戰 ··· 163

Part 3　文明的新秩序

Chapter 6　全球政治依文化重組

尋找歸類：認同政治學 ······························· 170

文化和經濟合作 ··· 177

文明的結構 ··· 183

分化的國家：文明轉型的失敗 ··················· 188

Chapter 7　核心國家、同心圓和文明秩序

文明與秩序⋯⋯⋯⋯⋯⋯⋯⋯⋯⋯⋯⋯⋯⋯⋯212

劃定西方疆界 ⋯⋯⋯⋯⋯⋯⋯⋯⋯⋯⋯⋯⋯214

俄羅斯及其海外近鄰⋯⋯⋯⋯⋯⋯⋯⋯⋯⋯222

大中國及其共榮圈⋯⋯⋯⋯⋯⋯⋯⋯⋯⋯⋯229

伊斯蘭教：有意識，而無凝聚力⋯⋯⋯⋯⋯236

Part 4　文明的衝突

Chapter 8　西方及其他地方：跨文明議題

西方普世論⋯⋯⋯⋯⋯⋯⋯⋯⋯⋯⋯⋯⋯⋯⋯246

武器擴散 ⋯⋯⋯⋯⋯⋯⋯⋯⋯⋯⋯⋯⋯⋯⋯250

人權和民主⋯⋯⋯⋯⋯⋯⋯⋯⋯⋯⋯⋯⋯⋯⋯258

移民⋯⋯⋯⋯⋯⋯⋯⋯⋯⋯⋯⋯⋯⋯⋯⋯⋯⋯265

Chapter 9　全球文明政治

核心國家和斷層線衝突⋯⋯⋯⋯⋯⋯⋯⋯⋯⋯280

伊斯蘭世界和西方⋯⋯⋯⋯⋯⋯⋯⋯⋯⋯⋯⋯283

亞洲、中國和美洲⋯⋯⋯⋯⋯⋯⋯⋯⋯⋯⋯⋯294

文明和核心國家：逐漸登場的陣容⋯⋯⋯⋯⋯319

Chapter 10　從轉型戰爭到斷層線戰爭

　轉型戰爭：阿富汗和波斯灣 ································· 333

　斷層線戰爭的特色 ····································· 341

　事例：伊斯蘭教的血腥邊界 ··························· 344

　原因：歷史、民主、政局 ····························· 350

Chapter 11　斷層線戰爭的動力

　認同：文明意識抬頭 ································· 362

　文明的號召：兄弟之邦和海外僑民 ··················· 370

　結束斷層線戰爭 ····································· 396

Part 5　文明的未來

Chapter 12　西方、多文明和單一文明

　西方的復興？ ······································· 412

　西方在世界的定位 ··································· 421

　文明的戰爭和秩序 ··································· 426

　文明的共通性 ······································· 433

附表

表 2-1 「自由世界」與「西方」 ⋯⋯⋯⋯⋯⋯⋯⋯⋯⋯⋯ 067

表 3-1 會說各大語言的人口（占世界人口百分比）⋯⋯⋯⋯⋯ 079

表 3-2 說主要中國方言和西方語言的人數⋯⋯⋯⋯⋯⋯⋯⋯ 080

表 3-3 固守主要宗教傳統的世界人口百分比 ⋯⋯⋯⋯⋯⋯⋯ 085

表 4-1 1990 ～ 1993 年在各文明的政治控制下的地區 ⋯⋯⋯ 112

表 4-2 世界各大文明所屬國家總人口，1993 年（以千人計）⋯ 113

表 4-3 各文明政治控制下的人口占世界人口的百分比，1900 ～
2025 年（以百分比計）⋯⋯⋯⋯⋯⋯⋯⋯⋯⋯⋯⋯ 114

表 4-4 不同文明或國家所占世界製造產值比例，1750 ～ 1980 年（以
百分比計算，世界總人口＝ 100%）⋯⋯⋯⋯⋯⋯⋯ 116

表 4-5 不同文明占世界經濟總產值百分比，1950 ～ 1992 年（以百
分比計）⋯⋯⋯⋯⋯⋯⋯⋯⋯⋯⋯⋯⋯⋯⋯⋯⋯ 117

表 4-6 各大文明占世界軍力比例（百分比）⋯⋯⋯⋯⋯⋯⋯ 119

表 5-1 年輕人口在伊斯蘭國家的膨脹情形⋯⋯⋯⋯⋯⋯⋯⋯ 161

表 8-1 中國 1980 ～ 1991 年軍品移轉⋯⋯⋯⋯⋯⋯⋯⋯⋯ 254

表 8-2 美國不同種族和族裔所占人口比率⋯⋯⋯⋯⋯⋯⋯⋯ 275

表 10-1 種族政治衝突，1993 ～ 1994 年⋯⋯⋯⋯⋯⋯⋯⋯ 349

表 10-2 種族衝突，1993 年⋯⋯⋯⋯⋯⋯⋯⋯⋯⋯⋯⋯⋯ 349

表 10-3 伊斯蘭國家和基督教國家的軍力比及軍力指數⋯⋯⋯⋯ 350

表 10-4 伊斯蘭教容易與人衝突的可能原因⋯⋯⋯⋯⋯⋯⋯⋯ 356

附圖

圖 1-1　西方與世界：1920 年 ··· 024

圖 1-2　冷戰時期的世界：1960 年代 ······································· 026

圖 1-3　1990 年後的世界文明 ·· 028

圖 2-1　東半球文明 ··· 060

圖 3-1　西方影響的其他反應 ·· 098

圖 3-2　現代化及文化重生 ··· 099

圖 5-1　經濟的挑戰：亞洲與西方 ··· 142

圖 5-2　民主的挑戰：伊斯蘭、俄羅斯和西方 ··························· 160

圖 5-3　不同地區伊斯蘭年輕人口的膨脹情形 ··························· 162

圖 7-1　西方文明的東部疆界 ·· 217

圖 7-2　烏克蘭：分裂的國家 ·· 227

圖 8-1　美國：一個分化的國家？ ··· 276

圖 9-1　各文明的全球政治情況：即將登場的結盟關係 ··············· 328

圖 10-1　斯里蘭卡：僧伽羅人與塔米爾年輕人口膨脹情形 ··········· 352

圖 11-1　複雜的斷層線戰爭架構 ·· 372

是爭議，也是經典

辛翠玲（中山大學政治經濟學系教授）

這是一本爭議之書

《文明衝突與世界秩序的重建》原著完成於 1996 年，主要論點首見於作者杭亭頓在 1993 年發表於《外交事務》(*Foreign Affairs*) 季刊的專文。杭亭頓將之擴充成書之後，迅速被翻譯成數十國語言，發行遍及全球，歷久不衰，且一再被列入各種推薦必讀書單。然而另一方面，杭亭頓書中所言，卻也引發極為不同的回應。贊同者，譽之為先知，推崇其對世事的洞悉；反對者，則有各種責難、強烈抨擊，譏之為學術的敗筆與偏見。

杭亭頓生於 1927 年，2008 年辭世，除曾經短暫出仕詹森政府與卡特政府之外，長年任教於哈佛大學，在國際政治學界雖極富盛名，但所著多本探討政治秩序的相關作品，屢屢因觀點尖銳而備受爭議；而《文明衝突與世界秩序的重建》一書，引起的議論之強烈更是罕見。

杭亭頓說了什麼？

這本撰述於 1990 年代、冷戰結束之後的著作，旨在探索後冷戰的國際局勢，這也是當時知識界與政治界最關注的主題。談及此，就很難不提到杭亭頓與其弟子法蘭西斯福山 (Francis

Fukuyama) 之間的觀點之爭。福山主張「歷史終結論」，並在 1992 年出版的《歷史之終結與最後一人》一書中，論證西方價值與制度是歷史演化最終的答案。身為老師的杭亭頓不以為然，駁以「文明衝突論」，認為國際衝突未隨冷戰結束而終止，文明分歧將取代意識形態對立。

杭亭頓在《文明衝突與世界秩序的重建》書中，用大量的篇幅定義其所謂的文明、闡述文明對國際政治秩序的影響、解釋文明的衝突將如何上演。其主要論點大致可整理如下：

1. 文明作為身份歸屬：文明乃一種整體生活方式，是價值觀、規範、制度、血緣、語言、歷史、宗教信仰、人類主觀自我定位等的組合，也是身份歸屬中，最大的「我們」。文明不只是文明，作為一種認同，文明的政治影響力不容小覷。後冷戰世界由七或八大文明所構成，不同文明各有不同的價值行為主張。

2. 文明的地位消長：文明有其強弱不等的國際政治地位。過去 500 年間，在西歐、美國接力擴張之下，西方基督教文明獨步全球。然而當代經濟發展等因素使然，文明實力互有消長，非西方文明崛起，挑戰西方文明的領導地位，其中尤以伊斯蘭文明與中國文明為最，揭序後冷戰的文明衝突。

3. 文明的政治角力：杭亭頓進一步結合文明衝突論與國際關係的權力政治邏輯，並沿著文明斷層線，演繹各種權力互動與衝突模式，包括有：宏觀層次的跨文明區核心國家間衝突、跨文明區的權力平衡結盟；微觀層次的文明斷層線種族或國家衝突、文明區內部的權力更迭、文明認同轉型過程的種族或國家衝突等。

4. 全球和平與西方自處之道：杭亭頓認為唯有朝全球多元文明、多極權力格局發展，建立新的均勢，方得以化解文明衝突。為此，杭亭頓呼籲西方國家首先需重振內部日漸式微的西方文明，團結歐美、鼓勵拉美西化、維持西方的科技與軍事優勢、限制伊斯蘭以及華人區武力部署，以保存西方文明的獨特性。繼而，西方需學習接受全球多元文明之路，放下西方為普世價值的迷思，不干預其他文明區事務，以談判、圍堵等方式調停衝突，尋找或擴大文明之間的共通處。

先知的預言？保守的偏見？

杭亭頓的文明政治理論，為國際政治分析增添一層新的觀察濾鏡。他並依此大膽預言各種可能出現的場景，諸如：

中國興起對美國形成根本且全面的挑戰；伊斯蘭世界與西方的衝突加劇；儒家—伊斯蘭聯盟出現，中國、巴基斯坦、伊朗等國聯手，反對西方武器擴散、人權與其他議題；印度在南亞權力擴張、制衡中國、反制中巴結盟，而美國支持印度此舉；伊斯蘭基本教義的宗教復興運動再現，影響土耳其、巴基斯坦等國與美國關係；土耳其、前東歐、蘇聯等出現認同轉型現象或文明斷層線衝突；中產階級逐漸興起的中國，政治能否開放，端視華南地區能否出現不同的黨派，以及鄧小平後的第二代接班人；東亞其他國家未必接受中國霸權，但也不願聯美反中，與中國對抗；二戰之後成立的聯合國等國際組織權力重組，西方難以繼續獨攬大權；民粹興起，反蝕西方民主政治；全球移民危機、移民潮觸發歐洲伊斯蘭化與美國拉美化的隱憂；國際貿易與傳播科技，非但無法促進和平，反而強化文明分歧的衝突等。

至於涉及台灣的相關議題，當年的杭亭頓認為，台灣在內的東亞至東南亞華人經濟圈成形；經貿靠攏的同時，台灣獨立問題是兩岸關係最大變數；台灣的自我定位走向從自己是整個中國的政府開始、到一部份中國的政府、再到不是中國的政府，台灣等同事實獨立；北京政府的因應方式取決於台灣所獲之支持度、北京接班問題、中共軍力發展。

杭亭頓在書中，更針對特定衝突，提出詳細的步驟拆解說明。例如，美國與跨文明核心國家有一定的貿易衝突模式：美國提出要求、對方拒絕、美國揚言制裁、展開漫長談判、制裁生效前雙方達成協議、協議措辭模糊、雙方各自宣布勝利等。無論衝突者是中美或日美兩國，不論牽動議題為智慧財產權、人權或核武擴散，此貿易衝突模式不變。

比對實際進展與當年的推論，《文明衝突與世界秩序的重建》一書所寫種種，雖未必完全言中，但命中率亦不低。尤其是2001 年 911 事件、中國駐南斯拉夫大使館被炸、美國對恐怖組織宣戰，乃至於 20 餘年後的今天，隨著中國崛起而不斷升高對峙的中美角力等。國際政治的走勢，似乎與文明衝突理論預示的劇本相去不遠，支持者如華府保守派政策圈，對其頗為推崇。

然而另一方面，批評聲浪也始終未曾稍減，來自學術圈的抨擊尤其強烈。反駁論點包羅萬象：

有從文化與文明研究的角度，認為杭亭頓根本不了解文化是什麼、過度簡化文明的概念、批評他只以對立的角度詮釋文明間的關係。具伊斯蘭背景的研究者，則不滿杭亭頓以「好戰」、「窮兵黷武」界定伊斯蘭文明，認為他對伊斯蘭與歷史的認知淺薄，對伊斯蘭世界的多元性缺乏認識，將 16 億伊斯蘭人口化約為一個單一的面貌。類似的不滿觀點亦可見於中國知識界。中國知識

界普遍無法接受，杭亭頓將日益強盛的中國與中國文明視之為對西方的威脅、世界秩序衝突的來源。另有從研究方法的角度看杭亭頓，認為杭亭頓的研究得自於選擇性、片面篩揀的資料，推論過於唯心、引證偏頗，研究結論不足取。

以批判杭亭頓為題的演講、著作、會議不勝枚舉。值得注意的是，各種討論中，自由主義學派對他的批評更為直接，對《文明衝突與世界秩序的重建》一書中，強調文明身份、主張文明振興等深具保守主義色彩的言論，斥之為不道德、製造衝突、鼓勵衝突、引發衝突自證之作。

爭議，但經典

面對排山倒海的批評，杭亭頓應該不陌生。他承認文明衝突理論的建構或許還不夠細緻，但卻不改其立論。事實上，從其早年出版第一本著作《軍人與國家》，主張權威與傳統的必要性，認為自由社會中需有專業的軍事機構開始，杭亭頓就被譏為偏狹的保守主義者、墨索里尼的同路人，還曾一度因不見容於標榜自由的長春藤學府而去職。關於《文明衝突與世界秩序的重建》一書的爭議，相當程度上，也是此一立場之爭的延伸。

一生皆為民主黨員的杭亭頓，雖然相信自由主義，但是自詡為老式、右派民主黨人的他，堅持自由主義無法建立在放任的個人主義與虛無的理想主義上。在文明衝突論的背後，杭亭頓真正關懷的是：如何保障美國的民主自由價值。《文明衝突與世界秩序的重建》出版數年之後，杭亭頓完成《誰是美國人？：族群融合的問題與國家認同的危機》一書，也是他生前最後一本著作。

文明衝突論為真？誰對，誰錯？學術上，這恐怕永遠會是無解之題；現實中，歷史依然在前進中探索。巧合的是，本文完稿

之際，中國、伊朗傳出計畫簽署長達 25 年合作協議的消息，內容涵蓋貿易投資和軍事安全等各層面；土耳其宣布將伊斯坦堡的聖索菲亞教堂改為清真寺；南海局勢升溫，中美兩國接連在此軍演。《文明衝突與世界秩序的重建》雖非預言書，但杭亭頓在 20 年前提出的論點，確有其參考價值。

在時序從 1990 年代的蘇聯解體，推進到 21 世紀即將近入中期、作者也早已作古的此刻，是值得重新翻開這本已成經典的《文明衝突與世界秩序的重建》，繼續在混沌的世界局勢中，檢證杭亭頓的警世之作。

自序

　　1993 年夏季號《外交事務》（*Foreign Affairs*）季刊曾發表拙作，題為〈文明的衝突？〉（The Clash of Civilizations?）。據《外交事務》主編指出，三年來，該文所引發的討論之熱烈，為 1940 年代以來該刊所登文章中僅見。至少，它所引起的回響就比我過去所寫的文章熱烈，有關該文的回響和評論來自五大洲無數個國家。對我在文中強調，即將登場的國際政治最危險的核心潛伏於不同文明群體間的衝突，讀者反應各異，有的印象深刻，但好奇、憤怒、恐懼和困惑者亦兼有之。總之，這篇文章挑動了不同文明世界人民的神經。

　　鑑於有關這篇文章的興趣、誤解和爭議各異，我似應進一步探索其間所引發的問題。比較有建設性的方法之一是提出一項假設，該文標題上加了一個問號，雖為大部分讀者所忽略，卻是重點之一。這本書有意針對該文標題所提的問題，提供一個比較周延、深入和透徹的解答。我有意進一步闡釋、潤飾、補充及界定這篇文章的主旨，並探討文中未觸及或僅一筆帶過的諸多理念和話題。其中包括：文明的概念、世界文明的問題、權力與文化的關係、文明間權力均勢的變動、非西方社會文化的本土化、文明的政治結構、西方普世論所引起的衝突、伊斯蘭好戰主義及中國的主張，尤其是針對中國勢力的崛起，作出平衡和順應潮流的反應，乃至於造成「斷層線」戰爭的原因和動力，及西方和世界文明的未來。文中未論及的一大主題是人口成長對社會不安和權力均勢的重大影響；第二個未觸及的重大議題，則總結於書名及本書的最後一個句子中：「文明的衝突是世界和平最大的威脅，而

根據文明建構的國際秩序，則是對抗世界戰爭最有力的保障。」

這本書無意作為社會科學教材，而是要詮釋後冷戰時代全球政治的發展；這本書也希望呈現一個架構及典範，來觀察對學者和決策者有用的全球政治學，檢驗其意義和用途。目的不在於是否能說明國際政治所發生的一切（顯然一本書也力有未逮），而在於檢驗書中是否比其他任何理論更能提供一個較有意義和用處的角度，來觀察國際情勢的發展。何況，沒有任何一種立論是永遠站得住腳的。雖然從文明的衝突切入，也許有助於了解 20 世紀末、21 世紀初的國際政治，但這並不意味著對 20 世紀中葉或 21 世紀中葉也一體適用。

這篇文章和這本書的理念，最早於 1992 年 10 月於華府美國企業研究所布萊德利講座中公開發表，後散見歐林研究所一篇題為〈變動中的安全環境與美國國家利益〉一文中，由史密斯理查森基金會贊助。文章發表後，我曾出席無數研討會和會議，就文明衝突的問題和美國各地的學者、政府、企業及其他領域的人士廣泛交換意見。此外，我也有幸造訪包括阿根廷、比利時、中國、法國、德國、英國、南韓、日本、盧森堡、俄羅斯、沙烏地阿拉伯、新加坡、南非、西班牙、瑞典、瑞士和台灣等國家，參加有關這篇文章及其理論的討論會。透過這些研討會，除了印度教，我也得以和世界各大文明接觸，而我也受教於參與這些討論者的視界和觀點。1994 和 1995 年，我在哈佛大學召開後冷戰世界本質的研討會，與會學生鏗鏘有力、甚至嚴厲的批判，也帶給我不少啟發。寫作過程中，哈佛大學歐林戰略研究所和國際事務研究中心的同事及友善的環境也惠我良多。

這本書承蒙戴希（Michael C. Desch）、基奧恩（Robert O. Keohane）、札卡利亞（Fareed Zakaria）和齊默曼（R. Scott

Zimmerman）從頭到尾看過一遍，他們的評論使這本書的內容和組織架構大為改善；在寫作過程中，齊默曼提供寶貴的研究協助，少了他熱誠、專業和全力投入，這本書永遠無法完成。

　　此外，多虧歐林基金會及史密斯理查森基金會提供財務贊助，這本書才能順利出版，否則恐怕還得延宕幾年才能付梓。對於它們慷慨贊助這項計畫，我銘感五內，在其他基金會越來越把焦點鎖定美國國內議題之際，歐林和史密斯理查森基金會仍願支持有關戰爭、和平及美國和國際安全的研究，特別值得一記。

杭亭頓

Samuel P. Huntington

Part

I

文明的世界

The Clash of Civilizations and the Remaking of World Order

Chapter
1
世界政治新紀元

引言：國旗與文化定位

　　1992 年 1 月 3 日，俄羅斯和美國學者在莫斯科一棟政府大樓禮堂開會。兩週前，蘇聯解體，俄羅斯聯邦成為獨立共和國，原來供奉在禮堂中的列寧塑像不見了，取而代之的是在前面牆上迎風招展的俄羅斯聯邦國旗。但一位美國學者指出，唯一的問題是國旗掛倒了，在向俄羅斯主辦單位反映後，他們在第一次休息時立刻悄悄調整。

　　在後冷戰時代中，不但民族的定位發生重大的變化，這些定位所象徵的意義也截然不同。全球政治生態開始沿文化斷層線重新修正，國旗上下顛倒不過是轉型的跡象之一。但無可諱言的，越來越多國旗冉冉升起，不管是俄羅斯人或其他民族都簇擁於這面象徵其新文化定位的圖騰後面。

1994 年 4 月 18 日，2,000 人在塞拉耶佛集結，並揮舞沙烏地阿拉伯和土耳其的國旗，而不是聯合國、北大西洋公約組織的旗幟或美國國旗，顯然這些塞拉耶佛人和他們的穆斯林鄰邦彼此認同，並昭告世界上哪些人是他們的朋友，而哪些人則否。

　　1994 年 10 月 16 日，在洛杉磯，7 萬人在一片墨西哥旗海下遊行，他們抗議 187 號提案，這項公民複決議案將剝奪加州非法移民及其子女的部分福利措施。旁觀者不免要問：「他們為什麼拿著墨西哥國旗走上街頭，要求美國讓他們接受義務教育？他們應該拿美國國旗才對。」兩星期後，更多抗議群眾走上街頭，這回他們手上果然拿著美國國旗，但卻上下顛倒，但也因此使 187 號提案終於過關，加州選民有 59% 投票支持該項議案。

　　在後冷戰世界裡，國旗一如象徵其他文化定位的圖騰，像十字或新月圖形，甚至面紗都不可等閒視之，因為文化攸關重大。對大部分人而言，文化定位的意義最為重要，人民不斷尋覓新的定位，結果發現似曾相識；他們在似新實舊的國旗下遊行，並和一些新仇舊恨糾葛不清的敵人作戰。

　　狄卜丁（Michael Dibdin）小說《死礁湖》（Dead Lagoon）裡那個威尼斯民族主義煽動家，對這個新元的強硬世界觀有絕佳的描述：「沒有真正的敵人，就沒有真正的朋友。我們不憎恨我，就不可能愛自己。這是我們自溺於濫情之中一個多世紀之後，在痛定思痛中重新發現的古老真理。否定這些真理的人，就是否定他們的家庭、他們的文化、他們的天生權利、他們的自我！他們是不會得到寬貸的！」這些古老真理不幸地有其道理，政治家與學者不宜忽視。尋求認同與重建種族身分的民族在根本上就需要敵人，而潛在最危險的敵對關係存在於世界各大文明斷層線的兩側。

這本書的中心題旨在探討文化和文化定位在後冷戰世界正在塑造分合和衝突的不同形態,而按最廣義的解釋,文化定位就是文明定位。全書共分五大部分,分別闡述由這個大前提所衍生的推論。

第一部分:國際政治學有史以來第一次是多極的,也是多元文化並存的,現代化有別於西化,既未能產生任何有意義的世界文明,也未能產生非西方社會式的西化。

第二部分:文明的均勢正在轉變,西方的相對影響力正在沒落;亞洲文明正在擴張其經濟、軍事和政治實力;穆斯林人口爆炸,對伊斯蘭國家及其鄰邦會產生不穩定的影響。至於非西方文明,一般而言,則正重新肯定本身的文化價值。

第三部分:以文明為基礎的世界秩序正在成形。具有文化臨近性的社會彼此合作;欲將社會上某種文明改變成另一種文明的種種企圖均未得逞,而不同國家正凝聚於領導其文明的核心國家周遭。

第四部分:持西方世界觀者和其他文明間的衝突升高,尤以伊斯蘭教和中國最為劇烈,地方層級的斷層線戰爭,多半發生於穆斯林和非穆斯林之間,並因而產生「兄弟之邦」,使威脅的層次升高,核心國調停的努力也相對擴大。

第五部分:西方的存續有賴美國人重新肯定其西方定位,而西方人也要接受其文明之獨特性而非世界性,並團結重建及保存它,以對抗非西方社會的挑戰。為了避免爆發全球文明戰,端看世界領袖是否能接受和合作,以維持全球政治的多元文明特性。

一個多極、多元文明的世界

在後冷戰世界，全球政治有史以來第一次呈多極和多元文明發展。自有人類以來，不同文明之間的接觸時斷時續，甚至根本不存在。在現代紀元約於西元 1500 年登場後，全球政治大致區分為兩大層次。四百多年來，西方的民族國家，包括英國、法國、西班牙、奧地利、普魯士、德國、美國等等，在西方文明架構上形成一個多極的國際體系，彼此互動、競爭、交戰。同時，西方國家也不斷擴建、征服、殖民或大幅影響其他文明（圖 1-1）。在冷戰時期，全球政治呈兩極發展，世界分成三大集團：以美國為首的民主富國集團，正和以蘇聯為首的貧窮共產社會集團在意識形態、政治、經濟、甚至軍備上展開全面的競賽。這些衝突大部分發生於這兩大集團之外的第三世界國家，這些國家貧窮、政治不穩、新近獨立，並自稱不結盟（圖 1-2）。

到 1980 年代底，共產世界垮台，國際間的冷戰走入歷史。在後冷戰世界中，不同人民最重要的區別，不在意識形態、政治、經濟，而在於文化。不同的人民和國家都想回答人類所面臨的最基本問題：我們到底是誰？而他們自會以人類傳統的方式作答，去參考對他們最有意義的事。人民以族譜、宗教、語言、歷史、價值觀和制度自我界定，他們和文化團體認同，包括族群、族裔、宗教團體、民族及最廣義的文明定位。人民不只以政治謀求其福利，更要為自己定位。唯有在我們知道自己不是什麼，甚至往往在知道我們反對什麼之後，才知道自己是什麼。

民族國家仍是世局要角，一如過去，他們的動向由權力和財富的追求來塑造，但文化趨勢、共通性及差異的影響力也不容忽視。最重要的國家分類不再侷限於冷戰時的三大集團，而是世界

圖 1-1　西方與世界：1920 年

■ 在西方統治下
□ 實際或名義上獨立於西方

圖 1-2　冷戰時期的世界：1960 年代

■自由世界
■共產集團
□未結盟國家

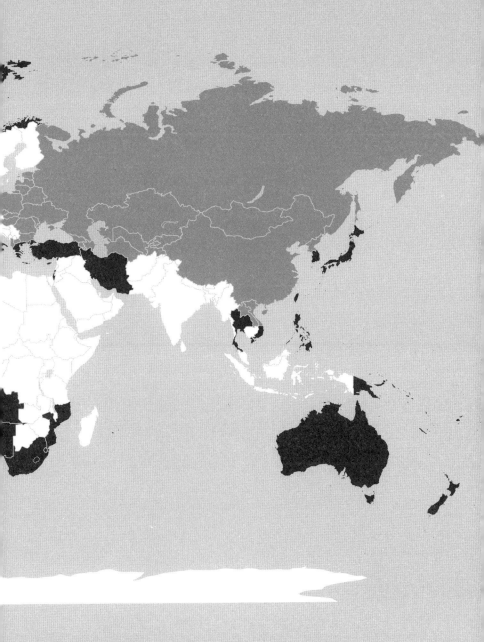

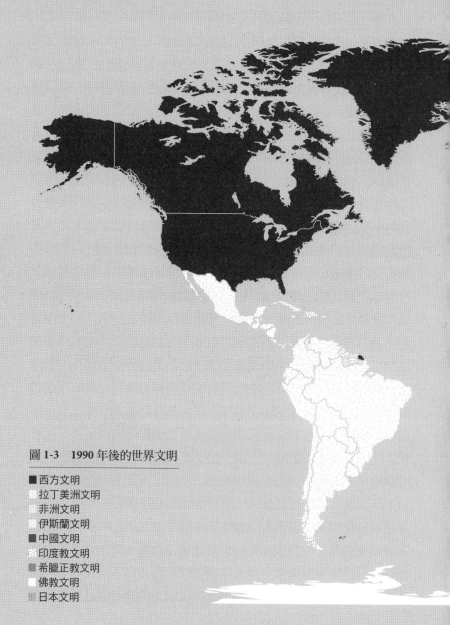

圖 1-3　1990 年後的世界文明

■ 西方文明
▨ 拉丁美洲文明
　 非洲文明
▨ 伊斯蘭文明
■ 中國文明
▧ 印度教文明
■ 希臘正教文明
　 佛教文明
▥ 日本文明

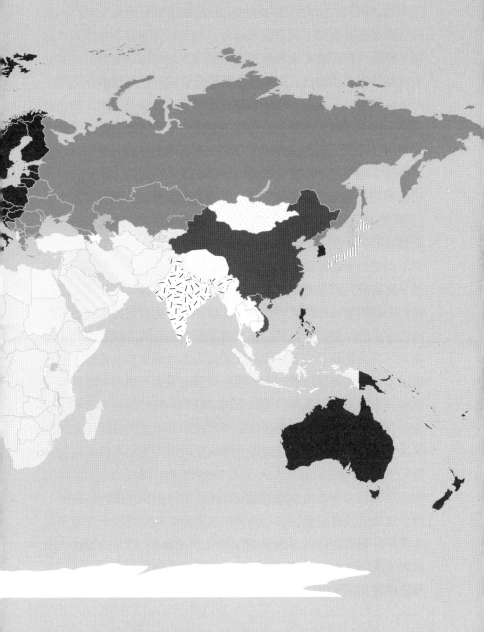

上的七大或八大文明（圖1-3）。非西方國家，尤其是東亞，正在發展其經濟財富，並創造一個可以擴大軍力和政治影響力的基礎。隨著他們的權力和自信日增，非西方社會對其文化價值的主張日益強烈，而對西方所加諸他們的價值觀則越來越排斥。季辛吉曾說：「20世紀的國際制度將至少包括六大強權，即美國、歐洲、中國、日本、俄羅斯，也許再加上印度，至於中小型國家則是多元發展。」[1]季辛吉的六大強權分屬於五大不同文明，此外，還有重要的伊斯蘭國家，其戰略地位、眾多的人口，以及／或石油資源使它們在世局上動見觀瞻。在這個新世界中，地方政治是少數民族政治，全球政治則是文明政治，超強間的對立如今已被文明的衝突取代。

在這個新世界中，最普遍、重要而危險的衝突，不在社會階級、貧富或其他經濟團體的衝突上，而在隸屬於不同文化實體的族群間的衝突。族群戰爭和種族衝突在不同的文明內爆發，在這些文明整合凝聚為「兄弟之邦」的後盾後，不同文明的國家和集團間的暴力卻可能升高。[2]索馬利亞不同派系的血腥衝突沒有蔓延之虞，盧安達不同部落的血腥衝突對烏干達、薩伊和蒲隆地多少有些影響，但也僅止於此。在波士尼亞、高加索、中亞或喀什米爾文明的流血衝突則可能釀成更大型的戰爭。在南斯拉夫的種族衝突中，俄羅斯給塞爾維亞人外交支持，沙烏地阿拉伯、土耳其、伊朗和利比亞則提供波士尼亞人經濟與軍事援助，不是為了意識形態、權力政治或經濟利益之爭，而是因為文化的同質性。捷克總統哈維爾觀察說：「今天，文化衝突越演越烈，比歷史上的任何時期都危險。」歐洲聯盟前執委會主席戴洛則附和說：「未來的衝突將由文化衝突而非經濟或意識形態衝突所引爆。」[3]而最危險的文化衝突也是沿文明斷層線發生。

在後冷戰世界，文化同時擁有分裂和聚合的力量。因意識形態不同而分道揚鑣的人民，卻因文化而凝聚在一起，兩德和兩韓是最現成的例子，兩岸三地的中國人也將踵武這種模式。因意識形態或歷史環境而結合、但因文明而分裂的社會，也許會像前蘇聯、南斯拉夫或波士尼亞分裂成許多國家；但也可能像烏克蘭、奈及利亞、蘇丹、印度、斯里蘭卡等國家的情勢般緊繃。文化屬性相同的國家可以在經濟政治上合作，而像歐洲聯盟等由同文國家所組成的國際組織，也比試圖跨越文化鴻溝的組織要成功得多。45 年來，鐵幕一直是歐洲的中央分界線，這條線已經東移數百英里，如今它分隔西方基督教人民，及另一頭的伊斯蘭教和東正教信徒。

哲學思維、基本價值觀、社會關係、民情風俗和對人生的全面觀照，在不同文明間差異極大。在世界大部分地區，宗教力量復興使文化差距越拉越大。文化可以改變，其對政治經濟影響的本質也隨著不同的時期而有所變化。但不同文明間政治經濟發展的最大歧異，顯然仍根源於不同的文化，東亞各國的經濟成就源於其東亞文化，但東亞各國較難建立穩定的民主政體，似也和文化難脫關係；伊斯蘭文化也是使大部分伊斯蘭世界未能實施民主的根本原因。東歐和前蘇聯後共產黨社會的發展多半由文明的定位所塑造——揭櫫西方基督教傳統的國家在經濟發展和民主政治上大步邁進，但信仰東正教的國家政經發展前景不明，在伊斯蘭國家前景尤其黯淡。

未來數年，西方仍將是最強勢的文明，但和其他文明的相對力量正在式微，當西方力圖固守其價值觀並保護其利益時，非西方文明社會將面臨一項抉擇。有些國家試圖模仿西方，或順應潮流加入西方社會；其他儒家和伊斯蘭社會則力圖擴大其經濟和

軍事力量，以便和西方抗衡及「平分秋色」。所謂中央軸心或後冷戰世界的政治，也因而成為西方強權文化和非西方文明間的互動。

　　總而言之，後冷戰世界是由七大或八大文明構成的世界。文化的異同決定了國家的利益、敵對及結盟。世界上最重要的國家主要來自不同的文明，最可能升高為大型戰爭的地方衝突，多半源於不同文明的集團和國家。不同的文明，其政經發展的主要模式各異，國際間重大議題涉及文明間的歧異，權力正由西方長期獨霸轉向非西方世界的文明。全球政治已朝多極和多元文明發展。

其他世界？

地圖和典範

　　由不同文化因素塑造、並涉及不同文明國家和集團間互動的後冷戰世界政治版圖失之簡約。圖中作了很多省略、扭曲及刻意模糊。但如果我們要認真思考這個世界，並採取有力的行動，仍需要某種簡化的真正地圖，及某種理論、概念、模式和範例。少了智慧的構思，就會像（美國機能心理學創始人）威廉·詹姆斯（William James）所說「治絲益棼」。誠如作家湯瑪士·孔恩（Thomas Kuhn）在其代表作《科學革命的結構》（*The Structure of Scientific Revolution*）中所稱，智慧和科學的進步，涉及將一個越來越無法解釋新發現事實的典範淘汰，代之以一個可以更圓滿詮釋這些事實的新典範。孔恩寫道：「要被接納為新典範，某種理論似乎必須比其他理論更強勢，但不需要、事實上也永遠不能解釋它所可能面對的所有事實。」[4] 約翰·賈迪斯（John Lewis

Gaddis）也在廣泛觀察後說：「到不熟的地方找路，通常需要有某種地圖，製圖就像認路，是個必要的簡化過程，可以讓我們看清自己置身何處，及將往何處去。」他並指出，超強在冷戰期間角力的形象，美國前總統杜魯門最早闡釋為一種「運用地圖，以老嫗能解的話說明國際情勢的模式，並因而為隨即登場的精密複雜的圍堵策略鋪路」。世界觀和因果論是國際政治不可或缺的指南。[5]

40 年來，研究國際關係的學生和學者，依循有用但簡化的冷戰典範來思考和行動，但這個典範無法涵蓋世界政治的一切發展。套句孔恩的說法，有很多例外的情況，有時這套典範也使學者和政治人物無法洞察中俄分裂等重大國際事件。但這個國際政治的簡單模式，比其他理論更能說明較為重大的現象，這是思考國際局勢的重要起點，這點幾乎舉世公認，同時也主導了兩代人對世局的思考方向。

簡化的典範或地圖在幫助人類思考和行動上是少不了的。一方面，我們可以明確的陳述理論或模式，並自覺的利用它們來指引我們的行為。或者，我們也可以否認需要這類指引，並假設我們只會根據特定的「客觀」事實採取行動，並按事件的是非曲直分別處理，但這項假設會誤導我們自己，因為在我們的思緒後面潛伏著一些假設、偏見和成見，而這將決定我們如何觀察事實、我們所看到的事實，以及我們如何判斷其重要性和是非曲直。我們需要明確或絕對的模式才能：

一、釐清及歸納事實。

二、了解不同現象的因果關係。

三、預期，甚至如果幸運的話，預言未來的發展。

四、區分事情的輕重緩急。

五、告訴我們該走什麼路徑才能達成目標。

每個模式或地圖都是抽象的，在某些方面很管用，但在其他方面則不行。一張地圖可以告訴我們如何從甲地到乙地，但如果開飛機的話就不太管用了，這時我們反而需要標示出機場、導航塔台、飛行路徑和地形的地圖。如果沒有地圖的話，我們就會迷路。地圖越詳細越能反映現實環境，但一張鉅細靡遺的地圖用途反而不大。如果我們要走高速公路，從一座大城到另一座大城，地圖上若有很多和行車無關的資料，重要幹道反而埋在一大片錯綜複雜的次要公路網中間，我們自然不需要這種使人混淆的地圖。相反的，如果地圖上只標示出一條高速公路，則必然會省略很多事實，萬一高速公路發生重大車禍而必須改道行駛，就很難找到其他出路。簡而言之，我們需要一張既可以呈現事實，又加以簡化到最適合我們使用的地圖。冷戰結束後，已經有幾張世界政治地圖或典範出爐。

一個世界：樂觀和諧

一個經常為人提起的典範，是假設冷戰結束後全球重大的政治衝突跟著落幕，一個比較和諧的世界逐漸成形。其中尤以法蘭西斯・福山（Francis Fukuyama）所提的「歷史終結論」的模式引起最多爭議。福山說：「我們可能正在見證歷史的終結，也就是人類意識形態進展及西方自由民主普及，為人類最後的政府形式的終點。」他強調，可確定的是有些衝突可能在第三世界國家發生，但全球性的衝突已經結束，而不單單僅只於歐洲，「即使是在非歐洲的世界」，尤其是中國和前蘇聯也發生了最重大的變革。理念之爭已經結束。信奉馬列主義者可能仍存在於「（尼加拉瓜首都）馬納瓜、平壤和麻州劍橋」，但整體而言，自由民主體制

已經獲勝。未來將不再致力於推動大型的意識形態鬥爭，而會放在解決經濟和技術等世俗問題上。他悲傷的總結說，這將會十分無聊。[6]

一般人都期望世界和諧，政治知識界領袖也闡述類似的觀點。柏林圍牆倒塌、共產黨政權垮台、聯合國重要性提升，曾參與冷戰的對立國家將加入「合夥關係」及一項「優厚的交易」，維持和平與謀和是國際政治的焦點。全球首屈一指的國家領袖提出「世界新秩序」的概念，而世界首屈一指的大學校長也取消國家安全研究這門課，因為已經沒有必要了：「讚美主，我們不需要再研究戰爭，因為戰爭不會再發生。」

冷戰結束後粉飾太平的假相，很快證實使人對和諧產生幻覺。1990 年代初期的世界容貌已經改變，但不一定意味更多的和平。變革是必然的，進步則未必。在 20 世紀其他幾次重大衝突結束後，都曾短暫產生類似的太平盛世幻覺。第一次世界大戰是「終結所有戰爭的一場戰爭」，將保證世界民主國家的安全；第二次世界大戰則如小羅斯福總統說的：「結束了片面行動的體制，連帶也使排他性結盟、權力均勢等其他試行數世紀都失敗的權宜之策都瓦解。」取而代之的是一個由「愛好和平的國家」組成的「全球機構」，並為「永恆的和平結構」揭開序幕。[7] 實則，第一次世界大戰催生共產主義、法西斯主義，也使一個世紀來的民主進程大開倒車；第二次世界大戰則產生了真正籠罩全球的冷戰。冷戰結束後的和平幻覺，也因無數種族衝突和「種族淨化」而很快煙消雲散，法律秩序蕩然無存，國與國之間有新的結盟形式但也產生新的衝突，新共產主義和新法西斯主義運動抬頭，急進的宗教信仰方興未艾，俄羅斯對西方「微笑外交」和「唯唯諾諾政策」的結束，聯合國及美國沒有能力鎮壓各地的血腥衝突，崛起

中的中國也越來越咄咄逼人。在柏林圍牆倒塌 5 年後，「滅種大屠殺」（genocide）這個字出現的頻率，遠比冷戰期間任一個 5 年來得高。顯然，在後冷戰世界，寄望一個粉飾太平的模式來作為實用的指南是不切實際的。

兩個世界：我們和他們

雖然在重大戰爭後，大家總期待出現一個大一統的世界，但人類有史以來，再三以兩個世界的方式來思考。人類總喜歡把人分為我們和他們、圈內人和其他人、我們的文明對野蠻的文明；學者曾以東方和西方、北半球和南半球，以及核心和邊陲地區來解析這個世界，穆斯林常把世界分為和平和戰爭的處所。這種區分在冷戰結束後，轉而由美國學者把世界劃分為「和平地帶」和「動亂地區」。前者包括西方和日本，其人口占全球所有人口的15%，其他則全被打為「動亂地區」。[8]

把世界劃分為兩部分，隨所謂「部分」的定義不同，在某種程度上頗能反映事實。雖然名目不同，最常見的劃分法是分為富國（已開發的現代化國家）和窮國（傳統未開發或開發中國家）。在歷史上，和經濟劃分對應的是東西方的文化分野，重點不在經濟榮枯的差異，而在哲學、價值觀和生活方式的不同。[9]這些形象各自反映了現實環境的某些因素，但也都受到某些限制。現代化的富國有些共同的特徵，使其有別於傳統的窮國，這些窮國也有其共同點。貧富懸殊可能導致社會衝突，但證據顯示，主要衝突是在比較強勢的富國試圖征服或拓殖比較傳統的窮國時發生。西方遂行這套作法已有 400 年之久，後來有些殖民地反撲，並對殖民強權發起解放戰爭，這些強權可能無力支撐其殖民帝國。在

當前的世界中，「非殖民地化」仍持續進行，而解放殖民地的戰爭則為被解放人民間的衝突所取代。

一般而言，富國和窮國比較不可能發生衝突，因為除了特殊狀況，窮國沒有統合的政治、經濟和軍事力量去向富國挑戰，亞洲和拉丁美洲的經濟發展也使貧富二分法界線模糊。富國可能彼此打貿易戰，窮國間也可能爆發激烈的戰爭，但貧窮的南方和富有的北方要在國際間打一場階級戰，和締造一個幸福和諧的大同世界一樣不切實際。

在國際間，文化分歧還是比較起不了作用。在某些層次上，西方仍是一個實體，非西方社會除了非西方這個共通點，還有什麼交集？日本、中國、印度、伊斯蘭教和非洲文明在宗教、社會結構、制度和優勢價值觀方面鮮有共同點。非西方的統合及東西二分法是西方創造出來的迷思，這些迷思如愛德華‧塞依德（Edward Said）所說，帶有東方文化的缺陷，因其倡言「熟知的（歐洲、西方、我們的）文化和生疏的（東方、他們的）文化間的歧異」，同時認定前者在本質上優於後者。[10] 冷戰時期，世界在某種程度上沿意識形態光譜分裂，但沒有單一的文化光譜。東西方文化分裂，一部分源於一般通稱歐洲文明為西方文明的這個語病，與其把世界區分為「東方和西方」，不如逕稱之為「西方和其他地方」，至少這意味著很多非西方世界並存。世界錯綜複雜，不可能為了滿足大部分的目的，而簡單的在經濟上區分為南北，或在文化上劃分為東西。

184 國左右

後冷戰世界的第三張地圖得自常被稱為國際關係「現實主義」的理論。根據這套理論，國家是國際關係中最基本、事實

上也是唯一重要的演員，國與國之間的關係混亂失序，為了保障本身的生存和安全，國家難免要極度擴張其權勢。如果一個國家看到另一個國家擴權，因而變成潛在的威脅，它自會力圖補強本身的實力或和其他國家結盟或雙管齊下，來保障自己的安全。後冷戰時期的約 184 個國家的利益和行動，可以從這些推論中預見。[11]

在解析國際關係時，這種「現實主義」的世界藍圖是很有用的起點，這也可以解釋很多國家的策略。國家目前是、將來也仍將是主導世局的實體。它們部署兵力、進行外交斡旋、談判和約、打仗、控制國家組織，影響並在極大的程度上擬定生產和貿易活動。這些國家的政府優先要務是確保國家的外在安全（雖然它們常把保障政府免於內部威脅的安全列為更優先的工作）。整體而言，這種國家統治主權主義的典範，比起一個世界或兩個世界的典範，提供國際政治一個更務實的藍圖和指南。

但這也有比較嚴格的限制。

這套「現實主義論」認定所有國家皆以同樣的方式來看待它們的利益及制定政策。它簡單的假設權力就是一切，是了解一個國家施政的起點，但無法深入。國家固然以權力來界定其利益，但仍有其他諸多因素，國與國之間固然經常試圖維持均勢，但如果僅止於此，西歐各國在 1940 年代末就會和蘇聯合力對抗美國。基本上，國家會針對可見的威脅作出回應，而西歐各國當時看出東歐在政治、意識形態和軍事上的威脅。它們以傳統現實主義無法預測的方式來看待它們的利益。價值觀、文化和制度廣泛的影響國家如何界定它們的利益，國家的利益並非單單由國內價值和制度來決定，也受國際規範和制度左右。除了對安全的關切，不同類型的國家以不同的方式來界定它們的利益。有共同文化和制

度的國家就會有共同的利益，民主國家和其他民主國家有些共同點，因此彼此不會動干戈，加拿大不需要和其他強權結盟來遏阻美國入侵。

歷史上有關國家典範的假設基本上是正確的，因此，這些假設無助於我們了解後冷戰國際政治和冷戰期間及冷戰前有何不同。但顯然其間是有一些差異，而這些國家在歷史上的不同階段，也會以不同的方式謀求它們的利益。在後冷戰世界，國家越來越以文明條件來界定其利益，它們和有類似或共同文化的國家合作結盟，也比較常和不同文化的國家發生衝突。國家以其他國家的意向來界定其威脅，而這些意向及觀察這些意向的方式，則由文化考量出發。群眾和政治人物比較不能看穿來自他們自以為可以了解和信任的國家的威脅，因為有著共同的語言、宗教、價值觀、制度和文化。他們比較容易感受到來自不同文化國家的威脅，因為不了解也不信任這種異質文化。既然奉行馬列主義的蘇聯對自由世界不再構成威脅，美國也不再對共產世界構成反威脅，這兩個世界的國家倒越來越感受到不同文化國家的威脅。

國家雖然仍是世界政治要角，但其主權、功能和權力仍會流失。今天，國際組織認為，它們有權判斷及強制執行國家在其領土上的作為。在有些情形下，尤其是歐洲，國際組織已承擔原由國家執行的重要功能，而有力的國際官僚機構也已應運而生，可直接影響到個別的市民。國際間也出現一種趨勢，國家政府逐步將權力轉移給次級政府及區域、省級和地方政治實體。在很多國家，連已開發國家也不例外，區域間的移動有助於大幅提高自治或獨立。國家政府幾乎已經喪失控制金錢流進和流出的能力，同時也越來越難控制理念、技術、商品及人的交流。簡而言之，國家的疆界越來越容易滲透。所有這些發展使很多人相信，1648 年

通過《西伐利亞條約》[12]以來，可能存在的如「撞球」般堅實的國家逐漸結束，代之而起的是一個多樣、複雜、多層次的國際秩序，和中世紀的結構遙相呼應。

一團混亂

　　國家式微加上「弱國」出現，造成無政府世界的第四種意象。這個典範強調：政府威權的解體、國家分裂，部族、種族和宗教衝突的升高，國際黑手黨出頭、難民快速增加、核子和其他大規模毀滅性武器擴散、恐怖暴行蔓延、謀殺和種族淨化頻傳。這幅世界亂象在 1993 年出版的兩本書中有透澈而深入的觀察，這兩本書是布里辛斯基（Zbignew Brzezinski）所著的《失控》（*Out of Control*）及（美國參議員）莫乃漢（Daniel Patrick Moyniham）所著的《地獄》（*Pandemonium*）。[13]

　　一如「國家典範」，「混亂典範」也很接近現實，它對世界上發生的一切提供一個生動正確的圖像；但和「國家典範」不同的是，「混亂典範」凸顯了後冷戰時代世界政局所發生的重大變革。以 1993 年初為例，當時全球總共發生了 48 起種族淨化戰爭，而前蘇聯也發生 164 件「邊界恐怖暴行和種族淨化衝突」，其中 30 個涉及某種形式的武裝衝突。[14] 但正因為太接近事實，混亂典範更為人所詬病。世界也許混亂，但並非完全失序，這種「一竿子打盡」的無政府狀態意象，無助於了解世界，也無助於整頓及釐清世局並評估其重要性，更無助於預測混亂的趨勢、區分不同類型的亂象及其可能的因果關係，更無助於發展一套供政府決策參考的藍圖。

比較不同的世界：現實主義、極度簡約及預測

　　這四種典範各提出有點不同的現實主義和極度簡約的結合體，每種類型各有其缺陷和限制。可以想見的，這可以經由不同典範的結合來加以反制，並假定世界正同時進行分裂和整合的過程。[15] 這兩股趨勢的確存在，而一個比較複雜的模式也比簡單的模式更接近事實，但無疑是犧牲了簡約的代價才換得現實主義。如果推太遠，終將演變成拒斥所有的典範或理論。此外，在同時包容兩種對立的趨勢後，這種分合的模式並未說明在什麼情況下，某種趨勢抬頭；或在什麼情況下，另一種趨勢取而代之。最大的挑戰是要發展出一套典範，可以比別種典範在類似的抽象知識水平上，說明更多重大的國際情勢，並使人更容易掌握趨勢。

　　這四大典範彼此也是不相容的，世界不可能既是一統的，基本上又分為東西或南北。民族國家如果分崩離析，又被不斷蔓延的內戰肆虐，也不可能是國際事務的基石。世界不是一個，就是兩個，或有 184 個國家，或可能幾乎成為無限多的部族、種族團體和民族國家。以七、八種文明的角度來看世界，能避免很多問題，可以不必像一個或兩個世界的典範，為了簡約而犧牲事實；也不至於像民族國家和混亂的典範，為了事實而犧牲簡約的原則。文明的方式提供極為清晰易懂的架構來了解世界，在不斷繁衍的衝突中，分辨什麼是重要的、什麼是不重要的，並預測未來的發展供決策人士參考。文明的方式也建立於並包容其他典範的要素，它和他們比他們彼此更相容。文明的方式主張：

- 世界的整合力量很大，也正因此產生文化主張和文明意識這些反制力量。
- 在某種意義上，世界有兩個，但主要的區分是至今仍占優

勢的西方及其他地方，但這些地方即使有任何共同點，也少之又少。一言以蔽之，世界分成一個西方和許多非西方國家。

- 民族國家一向是、也仍將是世界事務最重要的角色，但它們的利益、合作和衝突越來越由文化和文明因素主導。
- 世界的確是無政府狀態，充滿了部落和民族紛爭，但最可能危及穩定的衝突存在於不同文明的國家和群體之間。

文明的典範因此產生一個比較簡單但不至於失之簡約的地圖，可以了解 20 世紀結束後世界所發生的事。但沒有任何典範是永恆的，國際政治學上的冷戰模式，在 40 年間很管用，也很切題，但到 1980 年代末期就過時了。同樣的，在某一點，文明的典範就會面臨同樣的命運。但在當代，它提供一個有用的指標，以便區分什麼較重要、什麼較不重要。像 1993 年初，全球 48 處民族衝突中，不到一半發生於不同文明的團體之間。這種文明的觀點，使聯合國祕書長和美國國務卿把他們的謀和計畫集中於這些衝突點，這些地方比起其他地方更可能升高為較大型的戰爭。

典範也會產生預測，而檢驗典範效力及用途的重要指標之一，則是得自某個典範的預測比其他典範正確的程度。舉例而言，民族國家的典範就使米爾希默（John Mearsheimer）預言：「烏克蘭和俄羅斯之間的情勢，已經足以使它們爆發安全競賽。強權之間如果共同邊界又長又沒有屏障，像俄羅斯和烏克蘭，往往會因安全顧慮而陷入競爭。俄烏雙方也許可以克服這個變數，學習和睦共存。果真如此，倒是十分罕見。」[16] 另一方面，文明的方式強調俄烏之間密切的文化、人民及歷史聯繫，以及俄羅斯人和烏克蘭人在兩國的混合，並把焦點放在區隔信奉東正教的烏克蘭東部和信奉希臘東正教的烏克蘭西部之間的文明斷層線上。這個

歷史悠久的史實，和視國家為統一和自我認定實體的「現實主義」概念，均為米爾希默所忽視。雖然國家模式強調俄烏之間可能發生戰事，文明的方式則把這個可能性減到最小，轉而強調烏克蘭有一分為二的可能性，這種分裂的文化因素難免使人預測可能比捷克暴力，但不像南斯拉夫內戰那麼血腥。這些預言可能影響決策的優先順序，米爾希默由國家統治主義出發，預言可能爆發戰爭，而因俄羅斯可能征服烏克蘭，使他支持烏克蘭擁有核武。文明的方式則會鼓勵俄羅斯和烏克蘭合作，並促使烏克蘭放棄核武，主張提供巨額經濟援助等其他措施，來幫助維持烏克蘭的統一和獨立，並對烏克蘭分裂的可能性提出權宜之計。

冷戰結束後，國際間很多重要的發展和文明的典範是相容的，也能據以預言：蘇聯和南斯拉夫的分裂；戰爭在它們從前的領土上開打；全球宗教基本教義派興起；俄羅斯、土耳其和墨西哥為它們的定位而鬥爭；美日之間的貿易戰升溫；伊斯蘭國家抗拒西方向伊拉克及利比亞施壓；伊斯蘭和儒教國家計畫收購核子武器及運送的方式；中國繼續扮演超強「局外人」的角色；某些國家新民主政權的統合，但某些國家則否；以及東亞日益升高的武器競賽。

「文明典範」和即將來臨的世界之間的關係，可以藉著 1993 年 6 個月期間所發生的國際大事說明：

- 在前南斯拉夫，克羅埃西亞、穆斯林和塞爾維亞內戰持續升高。
- 西方未能大力支持波士尼亞穆斯林，也未以譴責塞爾維亞暴行的方式，對克羅埃西亞的暴行大加撻伐。
- 俄羅斯不願和聯合國安理會其他成員國一起促使克羅埃西亞境內的塞裔和克國政府謀和，也不同意伊朗等伊斯蘭國

家所提派 1.8 萬名部隊去保護波境穆斯林的提議。

- 亞美尼亞人和亞塞拜然人戰火轉劇,土耳其和伊朗要求亞美尼亞人放棄他們占領的地方,在亞塞拜然邊界部署土耳其和伊朗部隊,俄羅斯並警告,伊朗的行動將使衝突升高,並「將其推到國際共管的危險限度」。
- 俄羅斯部隊和伊斯蘭聖戰組織游擊隊在中亞繼續作戰。
- 在維也納人權會議中,以美國國務卿克里斯多福(譯註:已下台)為首的西方,批判「文化相對論」,而伊斯蘭和儒家國家則拒斥「西方普世論」。
- 俄羅斯和北大西洋公約組織軍事策士同樣重新關注「來自南方的威脅」。
- 顯然幾乎完全沿文明斷層線所作的投票,讓雪梨而不是北京得以主辦西元 2000 年的奧運。
- 中國出售飛彈零組件給巴基斯坦,使美國對中國施加制裁,及中國和美國就據傳轉移核子技術給伊朗而發生對立。
- 雖然美國強烈抗議,中國仍打破禁令,進行核子試爆,北韓也拒絕就其核武發展計畫進一步會談。
- 美國國務院對伊朗和伊拉克展開「雙重圍堵」政策。
- 美國國務院宣布一項新策略,準備應付「兩大區域性衝突」,一場是對北韓,另一場是對伊朗或伊拉克。
- 伊朗總統呼籲和中國及印度結盟,這樣「我們在國際事務上才有分量」。
- 德國立法大幅刪減接納難民的人數。
- 俄羅斯總統葉爾欽和烏克蘭總統克拉夫邱克就黑海艦隊等議題達成協議。
- 美國轟炸巴格達,西方各國政府幾乎口徑一致,表示支持,

而幾乎所有伊斯蘭國家則斥之為西方另一個「雙重標準」。

- 美國把蘇丹列為恐怖主義國家，並指控埃及盲教士拉曼和他的信徒陰謀「向美國發起一場都市恐怖行動」。

- 波蘭、匈牙利、捷克和斯洛伐克加入北約的前景大增（譯註：波蘭、匈牙利、捷克於 1999 年加入；斯洛伐克於 2004 年加入）。

- 1993 年俄羅斯總統選舉證明，俄羅斯的確是個「分裂的」國家，其人口和精英分子對他們是否應加入西方或向西方挑戰舉棋不定。

在 1990 年代初期任何半年期間，都可以編列一張足證有關「文明典範」的類似大事紀。

在冷戰初期，加拿大政治家皮爾森（Lester Pearson）有先見之明，他指出非西方社會將崛起並展現蓬勃的朝氣。他警告說：「奢望這些在東方誕生的新政治社會，是我們西方所熟悉的複製品，無異天方夜譚。這些古文明會以新的形式捲土重來。」他指出，國際關係「數世紀以來」一直指歐洲各國的關係，「影響最深遠的問題不再存在於單一文明的國家之間，而在於不同的文明之間[17]。」冷戰期間長期的兩極發展，延後了皮爾森以為即將登場的發展。冷戰結束釋出他於 1950 年代所確認的文化和文明力量，不少學者和觀察家都認知並強調這些因素在國際政治上所扮演的新角色。[18] 布勞岱（Fernand Braudel）曾睿智的警告說：「任何對當代世界有興趣的人，尤其是那些想在裡面扮演要角的人，應該知道如何從世界地圖上解讀今天全球的文明，才能界定他們的邊界、他們的地理核心和四周、他們的省市和他們所呼吸的空氣，以及他們內部存在和想像的普通及特別的『形式』，否則，其觀點可能會產生極大的問題！」[19]

註釋

1. Henry A. Kissinger, *Diplomacy* (New York: Simon & Schuster, 1994), pp. 23-24。
2. H.D.S. Greenway's phrase, *Boston Globe*, 3 December 1992, p.19。
3. Vaclav Havel, "The New Measure of Man," *New York Times*, July 1994, p. A27; Jacques Delors,"Questions Concerning European Security," Address, International Institute for Strategic Studies, Burssels, 10 September 1993, p. 2。
4. Thomas S. Kuhn, *The Structure of Scientific Revolution* (Chicago: University of Chicago Press, 1962), pp. 17-18。
5. John Lewis Gaddis, "Toward the Post-Cold War World," *Foreign Affairs*, 70 (Spring 1991), 101; Judith Goldstein and Robert O. Keohane, "Ideas and *Foreign Policy*: An Analytical Framework," in Goldstein and Keohane, eds., *Ideas and Foreign Policy: Beliefs, Institutions, and Political Change* (Ithaca: Cornell University Press, 1993), pp. 8-17。
6. Francis Fukuyama, "The End of History," *The National Interest*, 16 (Summer 1989), 4, 18。
7. "Address to the Congress Reporting on the Yalta Conference," l March 1945, in Samuel I. Rosenman, ed., *Public Papers and Addresses of Franklin D. Roosevelt* (New York: Russell and Russell, 1969), XIII, 586。
8. See Max Singer and Aaron Wildavsky, *The Real World Order: Zones of Peace, Zones of Turmoil* (Chatham, NJ: Chatham House, 1993); Robert O. Keohane and Joseph S. Nye, "Introduction: The End of the Cold War in Europe," in Keohane, Nye, and Stanley Hoffmann, eds., *After the Cold War: International Institutions and State Strategies in Europe, 1989-1991* (Cambridge: Harvard University Press, 1993), p. 6; and James M. Goldgeier and Michael McFaul, "A Tale of Two Worlds: Core and Periphery in the PostCold War Era," *International Organization*, 46 (Spring 1992), 467-491。
9. See F.S.C. Northrop, *The Meeting of East and West: An Inquiry Concerning World Understanding* (New York: Macmillan, 1946)。
10. Edward W. Said, *Orientalism* (New York: Pantheon Books, 1978), pp. 43-44。
11. See Kenneth N. Waltz, "The Emerging Structure of International Politics," *International Security*, 18 (Fall 1993）, 44-79; John J. Mearsheimer, "Back to the Future: Instability in Europe after the Cold War," *International Security*, 15 (Summer 1990), 5-56。
12. 克萊斯納質疑西伐利亞為分界點的重要性，參考他所著："Westphalia and All That," in Goldstein and Keohane, eds., *Ideas and Foreign Policy*, pp. 235-264。
13. Zbignew Brzezinski, *Out of Control: Global Turmoil on the Eve of the Twentyfirst Century* (New York: Scribner, 1993); Daniel Patrick Moynihan, *Pandaemonium: Ethnicity in International Politics* (Oxford: Oxford University Press, 1993); see also Robert Kaplan, "The Coming Anarchy," *Atlantic Monthly*, 273 (Feb. 1994), 44-76。
14. 參　閱：*New York Times*, 7 February 1993, pp. 1, 14; and Gabriel Schoenfeld, "Outer Limits" *Post-Soviet Prospects*, 17 (Jan. 1993), 3。引述俄羅斯國防部的數字。

15. See Gaddis, "Toward the Post-Cold War World"; Benjamin R. Barber, "Jihad vs. McWorld," *Atlantic Monthly*, 269 (March 1992), 53-63, and *Jihad vs. McWorld* (New York: Times Books, 1995); Hans Mark, "After Victory in the Cold War: The Global Village or Tribal Warfare," in J. J. Lee and Walter Korter, eds., *Europe in Transition: Political, Economic, and Security Prospects for the 1990s* (LBJ School of Public Affairs, University of Texas at Austin, March 1990), pp. 19-27。

16. John J. Mearsheimer, "The Case for a Nuclear Deterrent," *Foreign Affairs*, 72 (Summer 1993), 54。

17. Lester B. Pearson, *Democracy in World Politics* (Princeton: Princeton University Press, 1995), pp. 82-83。

18. 賈爾東（Johan Galtung）獨立發展出一套分析，和我對世界政局的七大或八大文明及其核心國家的主要論點不謀而合，可參閱其所著 "The Emerging Conflict Formations," in Katharine and Majid Tehranian, eds., *Restructuring for World Peace: On the Threshold of the Twenty-first Century* (Cresskill NJ: Hampton Press, 1992), pp. 23-24。賈爾東認為，由七大強權美國、歐洲共同體（歐洲聯盟前身）、日本、中國、俄羅斯、印度和一個「伊斯蘭核心國家」所主導的七個地區性文化集團正要登場。其他作家也在 1990 年代初提出有關文明的類似論調，包括：Michael Lind, "American as an Ordinary Country," *American Enterprise*, 1 (Sept./Oct. 1990), 19-23; Barry Buzan,"New Patterns of Global Security in the Twenty-first Century" *International Affairs*, 67(1991), 441, 448-449; Robert Gilpin, "The cycle of Great Powers: Has It Finally Been Broken?" (Princeton University, unpublished paper, 19 May 1993), pp. 6ff.; William S. Lind,"North-South Relations: Returning to a World of Cultures in Conflict," *Current World Leaders*, 35 (Dec. 1992), 1073-1080, and "Defending Western Culture," *Foreign Policy*, 84 (Fall 1994), 40-50; "Looking Back from 2992: A World History, chap. 13: The Disastrous 21st Century," *Economist*, 26 December 1992-8 January 1993, pp. 17-19; "The New World Order: Back to the Future," *Economist*, 8 January 1994, pp. 21-23; "A Survey of Defence and the Democracies," *Economist*, 1 September 1990; Zsolt Rostovanyi, "Clash of Civilizations and Cultures: Unity and Disunity of World Order," (unpublished paper, 29 March 1993); Michael Vlahos,"Culture and Foreign Policy," *Foreign Policy*, 82 (Spring 1991), 59-78; Donald J. Puchala, "The History of the Future of International Relations," *Ethics and International Affairs*, 8 (1994), 177-202; Mahdi Elmandjra,"Cultural Diversity: Key to Survival in the Future," (Paper presented to First Mexican Congress on Future Studies, Mexico City, September 1994)。1991 年，艾曼吉拉（Elmandjra）以阿拉伯文出版一本書，並於次年出版法文本，書名為：*Premiere Guerre Civilisationnelle* (Casablanca: Ed. Toubkal, 1982, 1994)。

19. Fernand Braudel, *On History* (Chicago: University of Chicago Press, 1980), pp. 210-211。

歷史和今天的文明

文明的本質

　　人類的歷史是一部文明史。事實上，人類的發展很難再以其他詞彙來思考。歷史延伸了好幾代文明，從古老的蘇美文明到埃及、古希臘羅馬、中美洲到基督教及伊斯蘭文明，並歷經好幾代中國和印度文明。綜觀人類歷史，文明提供人民最廣義的認同。因此，一切文明的源起、出現、起落、互動、成就和式微，都經傑出的歷史學家、社會學家和人類學家作深入透徹的研究。包括德國社會政治經濟學家馬克思‧韋伯（Max Weber），法國實證主義社會學家涂爾幹（Emile Durkheim），以《西方的沒落》一書傳世的德國哲學家史賓格勒（Oswald Spengler），俄裔美籍社會學家索洛金（Pitirim Sorokin），英國社會經濟學家湯恩比（Arnold Toynbee），美國人類學家克魯伯（A. L. Kroeber），

及威柏爾（Alfred Weber）、巴格比（Philip Bagby）、奎格利（Carroll Quigley）、庫波恩（Rushton Coulborn）、道森（Christophe Dawson）、艾森史塔特（S. N. Eisenstadt）、布勞岱、麥克尼爾（William H. Mcneill）、波茲曼（Adda Bozeman）、瓦倫斯坦（Immanuel Wallerstein）及費南德茲—阿默斯托（Felipe Fernandez-Armesto）等大師。[1] 這些作家曾就文明發表無數精闢深入的比較分析，這類文獻的角度、方法、焦點和概念各異，但在有關文明的本質、定位和動力等方面的主要論述則達成廣泛的共識。

首先，單數的文明和複數的文明有些區隔。文明的概念濫觴於 18 世紀，法國哲學家為了和「野蠻」的概念對照而發展出來。文明社會異於原始社會者在於前者是穩定、都市化和開化有教養的。文明是好的，不文明是不好的，文明的概念提供一個評斷社會的尺度。19 世紀，歐洲人投入大量智慧、外交和政治力量來闡釋這個標準，並據以判定非歐洲社會已經夠「文明」，可以成為由歐洲主宰的國際體系的成員。但是，文明並非單一之說逐漸興起。此說摒棄以某個文明為理想文明之論，脫離文明開化只有單一標準的認定。借布勞岱的說法，即脫離文明開化只有幾個得天獨厚的民族、群體（人類中之「精英」）得享的認定。新說認為世上存在許多文明，每個文明各有特色。簡言之，單數的文明「已經喪失一些正字標記」，而複數文明論中的文明可能十分不符合單一文明論所說的文明開化。[2]

這本書主要探索複數文明，但單複數之間的區隔仍有些關聯，單數文明的概念也在探討是否有所謂世界性的文明時出現。這項論點很難立足，但如本書最後一章所述，探討一個文明是否變得更加文明開化是非常有幫助的。

其次，文明是一個文化實體，只有德國例外。19 世紀德國哲學家在文明之間劃分出明顯的區隔，文明牽涉到機械、科技、物質因素和文化，而文化涵蓋價值觀、理想，及一個社會比較高層的知性藝術和道德品質。這種區分在德國哲學思想中根深蒂固，但一直未為世界其他任何地方所接受。有些人類學家甚至推翻這種關係，認為文化具有原始、不變、非都市社會等特性，而比較複雜、發展、都市和生機勃勃的社會則是文明的。這種釐清文明和文化的意圖並不普及，除了德國，幾乎舉世一致同意布勞岱的看法，即「德國區分文化及其根基文明的方式和意圖是虛矯的」。[3]

　　文明和文化都指人類的整體生活方式，文明不過是文化的擴大，兩者都涉及「價值觀、規範、制度及思考方式，據此某個特定社會世世代代的人民都賦予根本的重要性」[4]。布勞岱認為，文明是「某種空間，某種『文化領城』，集合了文化的特徵和現象」。瓦倫斯坦則界定為「一連串特定的世界觀、習俗、架構和文化（包括物質文化和高等文化）形成某種完整的歷史，同時和此一現象的其他變化並存（也許並非一直並存）」。道森也指出，一種文明是「某些人在某種文化創造原始過程」中的產物。而對涂爾幹和莫斯（Mauss），文明是「一種道德環境，其中包括某些國家，而每個國家的文化只是這個整體的某一特定形式」。至於史賓格勒則視文明為「文化必然的『命運』……是某一支系已進化的人類靠外力和人工所能締造的國家，……是一種結論，使正在轉變的事成真」。文化則是幾乎所有文明定義的共同主題。[5]

　　界定文明的主要文化要素，在雅典人向斯巴達人保證不會向波斯人出賣他們時，以古典的形式宣布：

即使我們有此意向，仍有很多有力的顧慮阻止我們去做。首先最重要的，神祇的形象和住處被燒成廢墟：關於這點，我們有必要全力報復，而不是和幹下這些敗行的人妥協。其次，希臘民族有同樣的血緣和語文，也有共同神祇的宮殿和祭禮，何況我們的民情風俗相同。叫雅典人去出賣弟兄是不對的。

血緣、語文、宗教和生活方式是希臘人的共同點，也是他們有別於波斯和其他非希臘人之處。[6]而在所有界定文明的客觀因素中，誠如雅典人所強調的，最重要的應推宗教。在很大的程度上，人類歷史中最重要的文明和世界最大的宗教信仰幾乎融為一體。即使同文同種，如果宗教信仰各異，也可以彼此兵戎相見，黎巴嫩、前南斯拉夫和印度次大陸即為典型的例子。[7]

人類按文化特性區分為不同的文明，和由身體特徵區分為不同的種族類似，但文明和種族還是不能劃上等號。同一種族的人可以按不同的文明進一步劃分；不同種族的人也可能因文明而結合。尤其是基督教和伊斯蘭教涵蓋了不同種族的社會，而不同族群間最大的區分則在他們的價值觀、信仰、制度、社會結構；而不在他們個子的大小、頭顱的形狀和膚色。

第三，文明是包羅萬象的，因此欲了解其構成要素必須參考概括的文明。據湯恩比說，文明「包含但無法為其他要素所涵蓋」。梅爾科（Melko）也指出，文明是「整體性」的，他並闡釋說：

文明有某種程度的整合，其組成部分由彼此以及與整體的關係來界定。如果文明是由國家組成，這些國家彼此間的關係，必定比非屬於此一文明的國家間的關係要

密切，它們也許更常打仗，但也更常建立外交關係；它們在經濟上更互相依存，也有更多共同的美學和哲學潮流。[8]

文明是最廣義的文化實體。不同的村莊、地區、種族、民族及宗教團體，都在不同層級的文化異質性上表現出鮮明的文化。義大利南部某村莊的文化，也許和義大利北部某村莊的文化不盡相同，但它們仍有共同的文化淵源，使其有別於德國的村落。同樣的，歐洲社會揭櫫共同的文化特色，而和中國或印度社會不同。至於中國、印度和西方則不屬於任何比較廣義文化實體的一部分，它們構成了不同的文明。因此，除了人類有別於其他物種之外，文明是最高層次的文化組合，也是最廣泛的文化定位。文明不只由共同的客觀因素像語言、歷史、宗教信仰、民情風俗及制度來界定，也包括人類主觀的自我定位。人類有不同層次的定位：羅馬市民可以用不同的強度來界定自己是羅馬人、義大利人、天主教徒、基督徒、歐洲人、西方人。其所屬的文明由於自身強烈的認同，因此是最廣義的定位。文明是在我們覺得有歸屬感的文化中最大的「我們」，和外面其他那些「他們」不同。文明可能涉及很多人口，像中國文明；也可能涉及較少數人，像英語系加勒比海人。歷史中有不少小型群體，他們有獨特的文化，而缺乏比較廣泛的文化認同。巴格比指出，主文明和周邊文明是依規模和重要性區分；湯恩比則認為，主文明和被壓抑或夭折的文明據此劃分。本書將側重探討人類歷史的主文明。

文明沒有明顯的界線，也沒有明確的始末。人類可以、也的確重新界定他們的定位，結果文明的構成和形式與時更迭。人類的文化互動重疊，文明中的文化彼此異同的程度也有極大的變

化。但文明是有意義的實體，雖然不同文明間的界線並不尖銳，卻是真實的。

第四，文明會滅亡，但也可以延續很久，文明不斷進化調整，是人類所有交往關係中最持久的，其「最獨特的精髓」是「長久延續的歷史，文明事實上是最源遠流長的史實」。帝國興衰、政府改朝換代，而文明獨留，「歷經政治、社會、經濟甚至意識形態的變動」而仍生生不息。[9] 波茲曼得到的結論是：「世界歷史正確的記錄一套理論說，政治制度是文明表層暫時的權宜之計，每個語文和道德統一的社會命運，終將繫於某些基本架構理念的存續，使世世代代的人民可以結合於這個社會延續性的象徵四周。」[10] 在 20 世紀，幾乎世界上所有重要的文明都已經存在 1000 年，或像拉丁美洲是另一個源遠流長文明的分支。

隨著文明的延續，它們也不斷進化，並充滿動力，它們有起有落，分分合合。而且正如研讀歷史的學生所知，文明也會消失，埋葬在時間的沙流裡。文明進化的階段可用不同的方式記載。奎格利認為，文明經過七個不同的階段：融合、醞釀、擴張、衝突的年代、世界性的帝國、式微和入侵。梅爾科則歸納出一種改變的模式：從具體的封建制度，進化到轉型期的封建制度，到一個轉型中的國家制度，再到一個具體的帝國制度。湯恩比認為文明的興起，是對挑戰的回應，再經過一段成長期，其中涉及加強對由少數人創立的一種環境的控制，跟著是變亂的時代，世界國家的產生及整合。雖然這些理論有很大的出入，但基本上都認為，文明經過一段變動或衝突時代的演進，而達到世界國家再式微和整合。[11]

第五，由於文明是文化而非政治實體，因此並未建立一套秩序或司法，也不涉及收稅、征戰、談判條約，或政府的其他一切

施政。文明的政治構成因不同的文明而異，而一個文明內也因時間推移而更替。某種文明因此可能包括一種或很多政治單位，這些單位也許是城市國家、帝國、聯邦政府、同盟、民族國家、多族群國家，凡此種種都有不同形式的政府。隨著文明進化，其構成政治單位的數目和本質常常改變，在一種最極端的情形下，某種文明和政治實體也許正好合而為一。白魯恂（Lucian W. Pye）曾評論說，中國文明「曾自封為國家」，[12] 日本文明則「的確是」國家。但大部分文明包含了一個以上的國家或其他政治實體；在現代世界，大部分文明則包括兩個以上的國家。

最後，學者在界定歷史上的主文明和現代世界所存在的文明時多半都能取得共識，但對歷史上到底一共有多少文明則仍有歧見。奎格利認為，歷史上有 16 個明顯的文明，另外可能還有 8 個；湯恩比最早說有 21 個，後又修正為 23 個；史賓格勒記載說有八大文化；麥克尼爾則辯稱歷史上有九大文明；巴格比認為有九大文明，但如果日本和正統教派從中國和西方文明分離出來，則共有十一大文明；布勞岱說有九大；羅斯托凡伊（Rostovanyi）則指認當代有七大文明。[13] 這些數字上的出入，部分要看中國及印度等文化族群在歷史上是否可視為單一文明，或兩個甚至更多密切相關的文明，其中一個是否為另一個的分支。

儘管有這些差異，對主文明的定位倒沒什麼爭議。誠如梅爾科在檢視文獻後所稱，「合理的共識」是至少有十二大文明，其中七大文明已經消失，包括美索不達米亞、埃及、克里特、希臘羅馬古文明、拜占庭、中美洲及安地斯文明；另外五大文明，包括中國、日本、印度、伊斯蘭和西方文明仍然存在。[14] 幾位學者另外再加上俄羅斯東正教文明，作為有別於拜占庭母文明和西方

基督教文明的獨立文明。除了這六大文明，如果再加上拉丁美洲或非洲文明，對我們研究當代世界政治比較實用。

因此，當代主要文明依次為：

中國文明（Sinic）

所有學者一致認為，單一獨特的中國文明早在至少西元前1500 年，甚至更往前推 1000 年左右就存在了，或兩大中國文明在西元最初幾個世紀接踵而至。我在《外交事務》中曾撰文指出，這是儒家文明，但更正確的用法應該稱之為中國文明。因為儒家也許是中國文明的一大要素，但中國文明卻絕不止於儒家文明，同時也超越中國這個政治實體。很多學者遂稱之為中國文明，的確適度的形容中國及東南亞等其他中國以外地方華人社會的共同文化，乃至於越南和韓國的相關文化。

日本文明

有些學者把日本和中國文明結合名之為遠東文明，但大部分的學者並不苟同。相反的，他們認為日本是個獨特的文明，是在西元 100 ～ 400 年間由中國文明分出來的一支文明。

印度文明（Hindu）

由一個或更多接踵而至的文明構成。一般認為，印度文明至少在西元前 1500 年就已經存在於次大陸，通稱為印度文明。而在西元前 2000 年，印度文明已經是次大陸的主要文化了，「不只是宗教或社會制度，而是印度文明的核心」[15]。雖然印度本身有一個相當大的伊斯蘭社會，及幾個比較小的少數文化團體，印度文明現在仍扮演這個角色。一如中國文明，印度文明也把文明

和其核心國家分閉，因為其文化已延伸到國家之外。

伊斯蘭文明

所有重要的學者都認知獨特伊斯蘭文明的存在。伊斯蘭文明西元 7 世紀發軔於阿拉伯半島，並迅速蔓延到北非和伊比利半島及東南亞。結果，伊斯蘭文明內很多獨特的文明或次文明並存，其中包括阿拉伯、土耳其、波斯及馬來文明。

西方文明

西方文明咸信在西元 700、800 年間產生。學者指由三大文明組成：歐洲、北美和拉丁美洲文明。

拉丁美洲文明

拉丁美洲有個和西方不同的獨特定位，雖然拉丁美洲文明是歐洲文明的產物，卻沿歐洲和北美兩條不同路徑發展。拉丁美洲有種總體的威權文化，歐洲相形之下較小，北美則完全沒有這種威權文化。歐洲和北美都感受到宗教改革的效應，並結合了天主教和新教文化。拉丁美洲則一直只信仰天主教，雖然在歷史上也許曾做了一些改變。拉丁美洲文明包括本土文化，本土文化根本不存在於歐洲，北美也已經蕩然無存，這種本土文化一方面依重要性沿墨西哥、中美洲、祕魯和玻利維亞發展，另一方面則沿阿根廷和智利發展。拉丁美洲的政治經濟發展和北大西洋各國的模式迥異，主觀上，拉丁美洲本身的自我定位分裂。有人說：「對，我們是西方的一部分。」另有人稱：「不，我們有自己獨特的文化。」而拉丁美洲和北美洲豐富的文獻也詳細剖析其在文化上的差異。[16] 拉丁美洲可以視為西方文明內的

次文明，或是另一個和西方息息相關的獨立文明，至於是否屬於西方則有仁智之見。如果把分析焦點鎖定於文明和國際政治關係，包括拉丁美洲間的關係，及北美和歐洲的關係，則後者似乎比較合宜實用。

　　準此以觀，西方包括了歐洲、北美，加上歐洲移民所建立的國家，如澳洲和紐西蘭，而西方這兩大文明間的關係也與時遞嬗。美國人在歷史中多半界定其社會和歐洲對立，美國自詡有自由、平等的土地，充滿機會和未來；歐洲則代表壓迫、階級鬥爭、封建和落後。甚至有人說，美國是個獨特的文明。這種美歐對立的假定，大體而言，肇因於美國和非西方文明至少在 19 世紀末之前，只進行有限度的接觸。一旦美國站上世界舞台，就感受到和歐洲之間比較廣泛的定位。[17] 19 世紀的美國自我定位和歐洲不同甚至對立，20 世紀的美國則自我界定為包括歐洲在內比較廣義的西方定位的一部分，甚至為其龍頭老大。

　　「西方」這個名詞，如今泛指原來的西方基督教國家。西方因此只是指南針上所標示出來的唯一文明，而不是由某個特定的民族、宗教或地理位置來命名。[*] 這種定位提升這個文明到歷史、地理和文化關係的層次之上。歷史上，西方文明是歐洲文明；而到現代，西方文明是歐美或北大西洋文明。地圖上可以找到歐洲、美國和北大西洋，但不可能找到西方。「西方」這個名詞也衍生出「西化」的概念，同時誤把西化和現代化混為一談：我們比較

---

[*] 在使用「東方」和「西方」來界定地理位置時容易混淆，並帶有民族優越感。「北方」和「南方」在兩極則有普遍為人接受的參考點。問題是：誰的東方或西方？這要看你站在哪裡而定。一般推測，「西方」和「東方」原指歐亞大陸的西部和東部；但美國觀點認為，遠東其實是遠西；在中國大部分歷史中，西方意指印度；而「在日本，西方通常指中國」。典出 William E. Naff, "Reflections on the Question of 'East and West' from the Point of View of Japan," *Comparative Civilizations Review*, 13-14（Fall 1985 & Spring 1986），228。

容易想像日本「西化」而不是「歐美化」。但歐美文明已被通認為西方文明，雖然這個名詞有諸多語病，本書仍援例使用。

非洲文明（也許存在）

　　除了布勞岱，大部分研究文明的學者都不承認有一獨立的非洲文明。非洲大陸北方及其東岸屬於伊斯蘭文明；而在歷史上，衣索匹亞自成一套文明；在其他地方，歐洲領土擴張主義和殖民政策引進了西方文明的要素，在南非，荷蘭、法國和英國移民創造一個多面向的歐洲文化，[18] 最有意義的是歐洲領土擴張主義也把基督教引進撒哈拉以南的大部分大陸。在非洲，部落的定位普遍而強烈，但非洲人也越來越發展出一種非洲的定位，可以想見的是，非洲次撒哈拉大陸可能凝聚為獨特的文明，而南非可能是其核心國家。

　　宗教是界定文明的最重要特性，誠如道森所說：「偉大的宗教是建立偉大文明的基石。」[19] 在韋伯的五大「世界宗教」中，基督教、伊斯蘭教、印度教和儒教這四大宗教和主文明關係密切，第五大宗教佛教則否，為什麼？一如伊斯蘭教和基督教，佛教早期再分為兩派，同時也像基督教並未在其發源地留傳下來。在西元 1 世紀，大乘佛教出口到中國，再到韓國、越南和日本。在這些國家裡，佛教經過不同的修正而和當地文化融合，像在中國，就和儒教及道教合流，並因而淡化。因此，佛教雖然還是其文化的重要成分，這些社會並未構成也不願自我定位為佛教文明，但斯里蘭卡、緬甸、泰國、寮國和柬埔寨倒是有一支「上座部」佛教文明。此外，西藏、蒙古、不丹人民在歷史上則多半信仰由大乘佛教衍生出來的喇嘛教，這些社會構成佛教文明的第二區。整體而言，佛教在印度幾近消失，在經過修正後融入中國及日本

現存的文化中，這意味著佛教雖然是一大宗教，卻不是文明的基礎[†]。[20]

文明的關係

接觸：西元 1500 年之前的文明

文明間的關係經由兩階段發展，如今已進入第三階段。文明最早的萌芽距今已三千多年，除了某些特例，不同文明間的交流不是不存在，就是有限，或斷斷續續，有時也很密集，歷史學家稱之為「接觸」（encounter）。[21]文明被時空所隔，在任何一段時間，只有極少部分存在，而且有極大的不同。史華慈（Schwartz）和艾森史塔特指出，軸心時代和前軸心時代文明最大的區別，在於他們是否認知「抽象和世俗的秩序」。軸心時代文明不像之前的文明，已經超越由一群知識分子所傳播的迷思，他們包括「猶太先知和教士、希臘哲學家和詭辯家、中國知識階層、印度教的文人雅士、佛教博儒及伊斯蘭教學者」[22]。有些地區有兩三代附屬的文明，在一種文明滅亡，而另一種文明繼起之間的真空期尤其如此。圖 2-1 由奎格利的圖表複製而成，表中將長久以來歐亞主文明的關係簡化表列。

[†] 猶太文明呢？大部分研究文明的學者很少提到猶太文明。以人口論，猶太教的確不是主文明。湯恩比形容它是一支「被壓抑」的文明，從較早期的古代敘利亞文明發展而來。在歷史上，它隸屬於基督教和伊斯蘭教，歷數世紀之久，猶太人在西方文明、東正教文明及伊斯蘭文明內維持其文化定位，在以色列建國後，他們有了一個文明的客觀要件，包括宗教、語言、習慣、文學、制度及領土和政治發祥地，但主觀的定位呢？生活在其他文化的猶太人，沿著一連續地帶散布，從完全和猶太教及以色列認同，到有名無實的猶太教徒和他們居住的文明完全認同，後者主要指住在西方的猶太人。見 Mordecai M. Kaplan, *Judaism as a Civilization*（Philadelphia: Reconstructionist Press, 1981; 原版於 1934 年出版），頁 173-208。

文明也按地理位置劃分。西元 1500 年之前，安地斯和美索不達米亞文明彼此未有接觸，和其他文明也沒什麼往來。尼羅河、底格里斯—幼發拉底河、印度河和黃河流域的早期文明彼此並未互動。到最後，地中海東岸、西南亞和印度北部才開始頻頻接觸，但囿於區隔不同文明的距離極遠、往來的交通工具有限，彼此的溝通和商業關係均受到限制。地中海和印度洋間雖然有些海上商

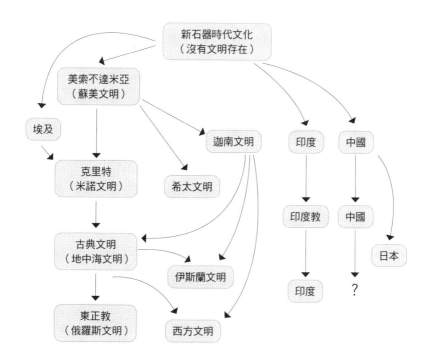

圖 2-1　東半球文明

來源：Carroll Quigley, *The Evolution of Civilizations: An Introduction to Historical Analysis* (Indianapolis: Liberty Press, 2nd ed., 1979), p.83。

業往來，「但是橫越大草原的馬匹，而非航行海上的船，才是西元 1500 年之前聯繫世界上不同文明的主要交通工具，雖然範圍很小，彼此的確有接觸」[23]。

思想和技術從一個文明轉到另一個文明，但通常要好幾個世紀才能完成。在非經武力征服所達成的文化普及中，最重要的也許是把佛教引進中國，這是在佛教發源於印度北部約 600 年後的事。中國在西元 8 世紀發明印刷術，11 世紀再發明活版印刷，但到 15 世紀才傳到歐洲。紙在西元 2 世紀引進中國，到 7 世紀才傳到日本，8 世紀再往西傳到中亞，10 世紀到北非，12 世紀到西班牙，13 世紀到北歐。中國另一大發明火藥在第 9 世紀問世，過了幾百年後才傳到阿拉伯國家，並在 14 世紀傳到歐洲。[24]

不同文明間最戲劇化和最重要的接觸，在某個文明的人民征服並消滅另一個文明的人民時發生。這些接觸通常充滿暴力，但為時短暫，而且只偶然發生。第 7 世紀開始，伊斯蘭和西方以及伊斯蘭和印度文明之間進行比較持久、有時甚至密集的接觸，但大部分商業、文化和軍事互動是在文明內進行。像印度和中國雖然有時被其他民族像蒙古人所征服，這兩大文明在本身文明內也長時間處於爭戰狀態。同樣的，希臘人比起波斯人和其他非希臘人，兄弟鬩牆或進行貿易的次數也頻繁得多。

影響：西方的興起

歐洲基督教國家在 8、9 世紀之交開始發展出獨特的文明，但有數百年之久，這些國家的文明水平落後其他文明。中國的唐朝、宋朝和明朝，伊斯蘭世界從 8 〜 12 世紀，拜占庭帝國從 8 〜 11 世紀，在財力、領土、軍力，和藝術、文學及科學成就上都遠超過歐洲。[25] 在 11 〜 13 世紀之間，歐洲文化「在熱切而有系統

的吸納伊斯蘭和拜占庭比較高層文明中適當的要素，並將這個豐厚的文化遺產依西方特殊的環境和利益加以修正後」開始發展。在同一時期，匈牙利、波蘭、斯堪地那維亞、波羅的海濱已改信西方的基督教，隨後並引進羅馬律法及其他西方文明的特質，至此西方文明的東方疆界才穩定下來，並一直維持現狀，沒有太大的變化。在 12、13 世紀，西方人力圖擴大他們對西班牙的控制，並有效主宰地中海，但隨後土耳其勢力勃興，導致「西歐第一個海外帝國」崩垮。[26] 但到西元 1500 年，歐洲文藝復興如火如荼的進行，社會多元化、貿易擴增及技術成就都為全球政治的新紀元奠基。

不同文明間偶發性或有限的多方位接觸，逐漸被西方對所有其他文明持續、強勢而單向的影響取代。15 世紀末，從摩爾人手中再奪回伊比利半島，葡萄牙人則開始向亞洲擴張勢力，西班牙人也開始向美洲滲透。在隨後 250 多年間，整個西半球及亞洲絕大部分都在歐洲的統治或控制之下。到 18 世紀末，歐洲開始撤回對殖民地的直接控制，美國率先發難，接著海地和大部分拉丁美洲國家都起而反抗歐洲的統治，爭取獨立。而在 19 世紀下半葉，西方帝國主義捲土重來，使西方將其勢力延伸到幾乎所有的非洲國家，並鞏固了西方在印度次大陸及亞洲其他地方的統治。到了 20 世紀初，幾乎整個中東地區都直接、間接淪為西方統治，只有土耳其倖免。1800 年，歐洲各國及其在美洲的前殖民地，總共控制了地表 35% 的土地；1878 年增為 67%；1914 年再增為84%。到了 1920 年，由於鄂圖曼帝國為英、法、義三國瓜分，比率一路走高。在西元 1800 年，大英帝國幅員達 150 萬平方哩，人口更多達 2,000 萬；西元 1900 年，維多利亞女王帝國號稱日不落國，占地之廣達到 1,100 萬平方哩，人口也衝破 3.9 億。[27] 在歐洲

擴張過程中，安地斯和美索不達米亞文明已經被消滅了，印度和伊斯蘭文明及非洲則被征服，中國也被西方勢力入侵宰制。只有俄羅斯、日本和衣索匹亞文明，由於三者都由極端中央集權的帝國統治，而得以有效對抗西方的攻勢，維持獨立。有 400 年之久，文明間的關係以其他社會向西方文明稱臣為其主軸。

引發這次獨特而戲劇性發展的原因，包括西方的社會結構和階級關係、城市和商業的興起、西方社會不同階層和君主及世俗和宗教當局間相對的分權、西方人逐漸覺醒的民族意識，及國家文官體制的發展。但西方擴張的近因則是科技的發展：航海法發明後可以到遙遠的地方，新開發的武器也可以征服當地人民。派克曾說：「在很大的程度上，西方的興起全靠力量的運作，而歐洲和它們在海外的對手在軍力較量時，歐洲漸占上風，……西方於 1500 ～ 1750 年締造第一個真正的全球帝國，主要關鍵正是兵力的改善，當時稱之為『軍事革命』。」西方擴張也拜其軍隊組織、紀律和訓練精良，及因發動工業革命而使武器、運輸、後勤和醫療服務改善所賜。[28] 西方贏得世界並非靠思想或價值觀或宗教勝人一籌，因為其他文明國家因而歸順者少之又少，而是靠其在運用組織暴力上的優勢。西方人經常忘了這個事實，但非西方人無時或忘。

西元 1910 年，在人類歷史中，世界上的政治經濟比其他任何時刻都要一統；國際貿易占世界生產總額的比率比以往要高，這個數字到 1970 和 1980 年代才改寫；國際投資占總投資額的比率也比其他任何時刻要高。[29] 文明意指西方文明，國際法是指荷蘭國際法鼻祖格勞秀斯所創的那套西方國際法，國際制度則指濫觴於西方西伐利亞那套伸張主權但「文明」的民族國家制度，以及它們所控制的殖民地。

這套西方界定的國際制度興起，是西元 1500 年後數世紀以來國際政治的第二大發展。除了和非西方社會以「主從模式」互動外，西方社會也在一個彼此更平等的基礎上互動。這些在單一文明內政治實體間的互動，和中國、印度及希臘文明內的互動十分類似，是建立於「語文、法律、宗教、行政措施、農業、文化、土地，也許加上血源關係」等文化同質性上。歐洲人「透過活絡的貿易網路、頻繁的人際互動，和統治家族的密切結合，分享共同的文化並維持廣泛的接觸」。他們也幾乎無止無休地彼此爭戰，在歐洲國家中，和平並非常態。[30] 雖然這段期間，過去經常認定的歐洲有四分之一被鄂圖曼帝國所控制，但其並未被視為歐洲國際體系的成員之一。

有 150 年之久，西方文明內的政治是由宗教分裂，及宗教和王朝間的戰爭主導。在西伐利亞條約簽訂後又過一個半世紀，西方世界的衝突多半發生於王族之間，包括帝王、專制君主，及力圖擴大文官制度、兵力、重商主義的經濟實力，尤其是其領地的君主立憲政體。在創立民族國家的過程中，從法國革命開始，主要的衝突路線是在國家之間而非王族之間。1793 年，帕瑪（R. R. Palmer）說：「帝王間的戰爭已經結束，人民的戰爭才登場。」[31]19 世紀的模式一直維持到第一次世界大戰為止。

1917 年，由於俄羅斯革命，民族國家衝突之外，又加上意識形態衝突，先是法西斯主義、共產主義和自由民主制度間的衝突，後來則是後兩者間的衝突。在冷戰時代，這些意識形態以兩大超強為代表，每個都由其意識形態所定位，而按傳統歐洲定義，這兩大超強都不是民族國家。馬克思主義先在俄羅斯，後在中國和越南當道，代表從歐洲國際體制轉型到後歐洲多元文化體制的過渡階段。馬克思主義是歐洲文明的產物，但在歐洲既未生根也不

成功。相反的，現代化和革命精英將其引進非西方社會；列寧、毛澤東和胡志明按照各人的目的修正，並利用它來向西方強權挑釁，動員其人民，並伸張他們國家對西方的民族定位和自治權。這種意識形態在蘇聯瓦解後，中國和越南相繼大幅修正，但這未必代表這些社會會自西方引進自由民主思想。持相反看法的，很可能對非西方文化的創意、彈性和特性感到意外。

互動：多文明體制

到了 20 世紀，不同文明間的關係，已由單一文明對所有其他文明的單向影響階段，進展到一個文明密集、持續而多向互動的階段。在前一個世代，文明間關係的兩大特色也開始消失。

其一，在歷史學家最喜愛的階段，「西方擴張」結束，「反西方」登場。相對於其他文明國家勢力，西方強權開始走下坡，雖然過程不順，偶爾還會停頓，甚至東山再起。1990 年和 1920 年的世界地圖迥異，軍事、經濟均勢，及政治影響力的改變，在以後幾章會陸續詳加探討。西方繼續大幅影響其他社會，但西方和其他文明的關係，越來越為西方對那些文明發展的反應所主導。非西方社會不僅只於西方歷史的產物，而越來越成為它們自己的歷史乃至於西方歷史的催生者和塑造者。

其次，由於這種種發展，國際制度擴及西方之外，而成為多元文明。同時，數世紀以來主導那套制度的西方國家衝突也逐漸消失。到 20 世紀末，西方已走出其文明發展中「交戰國」階段，而邁向「世界國」階段。在 20 世紀末，當西方民族國家凝聚為歐洲和北美兩個「半世界國」時，這個階段仍未結束。這兩大實體及其組成單位，已經為正式或非正式的制度及關係所形成的複雜網路綁在一起。過去那些文明的「世界國」是帝國，但因民主

已成西方文明的政治形式，西方文明中所出現的世界國已經不再是帝國，而是聯邦、聯盟和國際政權及組織的綜合體。

20 世紀重要的政治思想包括自由主義、社會主義、無政府主義、社團主義、馬克思主義、社會民主、保守主義、民族主義、法西斯主義和基督教民主主義。它們都有一個共同點：皆為西方文明的產物。其他文明並未出現重要的政治意識形態；但西方也一直未能產生一個重要的宗教。世界上重要的宗教都是非西方文明的產物，而且大部分發生於西方文明之前。隨著世界走出西方階段，代表西方文明晚期式微的意識形態及其地位，已經被以宗教和其他文化為基礎的認同和承諾形式所取代。西伐利亞將宗教和國際政治分治，是西方文明一個奇特的產物，但這種情形即將結束，而如摩迪瑪（Edward Mortimer）所稱，宗教「越來越有可能闖入國際事務中」[32]。西方所引發的文明內部的政治理念衝突，已經為文化和宗教等文明間的衝突取代。

全球政治版圖因此從 1920 年的一個世界，增加為 1960 年代的三個世界，再到 1990 年代的至少六個世界。伴隨而生的，1920 年的西方全球帝國，縮小為 1960 年代規模小得多的「自由世界」（其中包括很多非西方反共國家），再到 1990 年代受到更多限制的「西方」。這種轉變也反映於語意學上：1988 ～ 1993 年間，「自由世界」這個意識形態用語越來越少用，而文明用語「西方」比較常用（表 2-1）。同樣的，伊斯蘭這個代表文化及政治現象的用語常為人提及，「大中華」、俄羅斯及其「外國近鄰」（near abroad）、歐洲聯盟等用語也都帶有文明意涵。在第三階段，文明間的關係要比第一階段頻繁密集，也比第二階段平等互惠得多。同時，不像冷戰時代只有一個裂口，在西方和其他文明，以及很多非西方文明之間都有很多裂口。

表 2-1 「自由世界」與「西方」

	提到的次數		百分比增減 %
	1988	1993	
紐約時報			
自由世界	71	44	-38
西方	46	144	+213
華盛頓郵報			
自由世界	112	67	-40
西方	36	87	+142
國會紀錄			
自由世界	356	114	-68
西方	7	10	+43

來源：*Lexis / Nexis*。表列數字為有關或使用「自由世界」或「西方」的報導。在提到「西方」時，特別看內文是指文明或政治實體。

布爾（Hedley Bull）曾說，「當兩個或更多國家彼此充分接觸，對彼此的決策有充分的影響力，使它們至少在採取行動時，適度的從整體的一部分考量」，就會有一套國際制度存在。但也唯有當國際體系中的國家有「共同的利益和價值觀」，「並自認由共同的規範約束」，「由共同的制度運作」，並「擁有共同的文化和文明」，國際社會才可能存在。[33] 像蘇美、希臘、中國、印度和伊斯蘭等古文明，歐洲 17 到 19 世紀的國際制度也自成一國際社會。在 19、20 世紀之交，歐洲國際制度擴大，幾乎納入其他文明的所有社會。有些歐洲制度和措施也出口到這些國家，但這些社會仍缺乏為歐洲國際社會奠基的共同文化。按照英國的

國際關係理論，世界因此是個發展健全的國際制度，但充其量只是個很原始的國際社會。

每個文明均自視為世界核心，在記錄其歷史時，也以人類歷史的重頭戲自居。比起其他文化，西方尤其如此。但這種單文明觀點在一個多文明世界中，已經越來越無足輕重，也不實用。研究文明的學者早已認知這個道理。1918 年，史賓格勒批判西方歷史觀缺乏遠見，因為西方史觀只以西方為準，將歷史分割為古代、中世紀和現代三個階段。他強調，研究歷史時，應以哥白尼將太陽作為宇宙中心的「日心說」，取代托勒密以地球為宇宙中心的「地心說」，「並以幾個強勢文化共存，來替代線性歷史的空洞想像」。[34] 數十年後，湯恩比痛批西方在「自我中心幻覺」中所表現的「偏狹傲慢」，因為西方自以為世界繞著它轉，並有一個「不變的東方」，而「進步」是必然的趨勢。像史賓格勒，他認為歷史統一這種假設毫無用處，因為這種假設認定「文明的大河只有一條，而且是我們自己的，所有其他文明都只是支流或消失在沙漠裡」[35]。湯恩比之後 50 年，布勞岱同樣力主，應擴大視野，並了解「世界重大的文化衝突，及文明的多樣性」[36]。但這些學者警告說，這些幻覺和偏見在 20 世紀末仍然存在，並繼續擴大為普遍而狹隘的自負，以為西方的歐洲文明現在已經成為世界文明。

註釋

1. "World history is the history of large cultures." Oswald Spengler, *Decline of the West* (New York: A. A. Knopf, 1926-1928). II, 170。這些學者的重要作品分析文明的本質和動力，其中包括：Max Weber, *The Sociology of Religion* (Boston: Beacon Press, trans. Ephraim Fischoff, 1968); Emile Durkheim and Marcel Mauss, "Note on the Notion of Civilization," *Social Research*, 38 (1971), 808-813; Oswald Spengler, *Decline of the West*; Pirtirim Sorokin, *Social and Cultural Dynamics* (New York: American Book Co. 4 vols., 1937-1985); Arnmold Toynbee, *A Stuudy of History* (London: Oxford University Press, 12 vols., 1934-1961); Alfred Weber, *Kulturgeschichte als Kultursoziologie* (Leiden: A. W. Sijthoff's Uitgerversmaatschappij N. V., 1935); A. L. Kroeber, *Configurations of Culture Growth* (Berkeley: University of California Press, 1944), and *Style and Civilizations* (Westpot, CT: Greenwood Press, 1973); Philip Bagby, *Culture and History: Prolegomena to the Comparative Study of Civilizations* (London: Longmans, Green, 1958); Carroll Quigley, *The Evolution of Civilizations: An Introduction to Historical Analysis* (New York: Macmillan, 1961); Rushton Coulborn, *The Origin of Civilized Societies* (Princeton: Princeton University Press, 1959); S. N. Eisenstadt, "Cultural Traditions and Political Dynamics: The Origins and Modes of Ideological Politics," *British Journal of Sociology*, 32 (June 1981), 155-181; Fernand Braudel, *History of Civilizations* (New York: Allen Lane-Penguin Press, 1994) and *On History* (Chicago: University of Chicago Press, 1980); William H. McNeill, *The Rise of the West: A History of the Human Community* (Chicago: University of Chicago Press, 1963); Adda B. Bozeman, "Civilizations Under Stress," *Virginia Quarterly Review*, 51 (Winter 1975), 1-18, *Strategic Intelligence and Statecraft* (Washington: Brassey's (US), 1992), and *Politics and Culture in International History: From the Ancient Near East to the Opening of the Modern Age* (New Brunswick, NJ: Transaction Publishers, 1994); Christopher Dawson, *Dynamics of World History* (LaSalle, IL: Sherwood Sugden Co., 1978), and *The Movement of World Revolution* (New York: Sheed and Ward, 1959); Immanuel Wallerstein, *Geopolitics and Geoculture: Essays on the Changing World-system* (Cambridge: Cambridge University Press, 1992); Felipe Fernández-Armesto, *Millennium: A History of the Last Thousand Years* (New York: Scribners, 1995)。除了這些作品，還要加上哈茲（Louis Hartz）最後悲劇性的作品《世界史綜論》（*A Synthesis of World History* [Zurich: Humanity Press, 1983]），誠如畢爾（Samuel Beer）所評論的：「真知灼見，他預見人類以目前後冷戰世界的模式分裂為五大文化地區：基督教、伊斯蘭教、印度教、儒家和非洲。」Memorial Minute, Louis Hartz, *Harvard University* Gazette, 89（May 27, 1994）。另一本有關文明分析的必備綱要和緒論是梅爾科的《文明的本質》（*The Nature of Civilizations* [Boston: Porteer Sargent, 1969]）。我在《外交事務》發表的論文，也得艾爾克（Hayward W. Alker, Jr.）的評論〈如果不是杭亭頓的「文明」會是誰的文明〉

（"If Not Huntington's 'Civilizations,' Then Whose?" [unpublished paper, Massachusetts Insitute of Technology, 25 March 1994]）甚多啟發。

2. Braudel, *On History*, pp. 177-181, 212-214, and *History of Civilizations*, pp. 4-5; Gerrit W. Gong, *The Standard of "Civilization" in International Society* (Oxford: Clarendon Press, 1984), 81ff., 97-100; Wallerstein, *Geopolitics and Geoculture*, pp. 160ff. and 215ff.; Arnold J. Toynbee, *Study of History*, X, 274-275, and *Civilization on Trial* (New York: Oxford University Press, 1948). p.24。

3. 布勞岱《論歷史》（Braudel, *On History*, p. 205）對文化和文明的定義，尤其是德國的卓越作了深入的析論，參閱 A. L. Kroeber and Clyde Kluckhohn, *Culture: A Critical Review of Concepts and Definitions* (Cambridge: Papers of the Peabody Museum of American Archaeology and Ethnology, Harvard University, Vol. XLVII, No. 1, 1952), passim but esp. pp. 15-29。

4. Bozeman, "Civilizations Under Stress," p. 1。

5. Durkheim and Mauss, "Notion of Civilization," p. 811; Braudel, *On History*, pp. 177, 202; Melko, *Nature of Civilizations*, p. 8; Wallerstein, *Geopolitics and Geoculture*, p. 215; Dawson, *Dynamics of World History*, pp. 51, 402; Spengler, *Decline of the West*, I, p. 31。有意思的是《國際社會科學百科字典》（*International Encyclopedia of the Social Sciences* [New York: Macmillan and Free Press, ed. David L. Sills, 17 vols., 1968]）並未包括有關「單一文明」或「多文明」的文章（單一文明見於一篇題為〈城市革命〉的文章項下，多文明在一篇題為〈文化〉的文章中僅附帶提起）。

6. Herodotus, *The Persian Wars* (Harmondsworth, England: Penguin Books, 1972), pp. 543-544。

7. Edward A. Tiryakian, "Reflections on the Sociology of Civilizations," *Sociological Analysis*, 35 (Summer 1974), 125。

8. Toynbee, *Study of History*, I, 455, quoted in Melko, *Nature of Civilizations*, pp. 8-9; and Braudel, *On History*, p. 202。

9. Braudel, *History of Civilizations*, p. 35, and *On History*, pp. 209-210。

10. Bozeman, *Strategic Intelligence and Statecraft*, p. 26。

11. Quigley, *Evolution of Civilizations*, pp. 146ff.; Melko, *Nature of Civilizations*, pp. 101 ff. See D. C. Somervell, "Argument" in his abridgment of Arnold J. Toynbee, *A Study of History*, vols. I-VI (Oxford: Oxford University Press, 1946), pp. 569ff。

12. Lucian W. Pye, "China: Erratic State, Frustrated Society," *Foreign Affairs*, 69 (Fall 1990), 58。

13. See Quigley, *Evolution of Civilizations*, chap. 3, esp. pp. 77, 84; Max Weber, "The Social Psychology of the World Religions," in *From Max Weber: Essays in Sociology* (London: Routledge, trans.and ed. H. H. Gerth and C. Wright Mills, 1991), p. 267; Bagby, *Culture and History*, pp. 165-174; Spengler, *Decline of the West*, II, 31ff; Toynbee, *Study of History*, I, 133; XII, 546-547; Braudel, *History of Civilizations*, passim; McNeill, *The Rise of the West*, passim; and Rostovanyi, "Clash of Civilizations," pp. 8-9。

14. Melko, *Nature of Civilizations*, p. 133。

15. Braudel, *On History*, p. 226。

16. For a major 1990s addition to this literature by one who knows both cultures well, see Claudio Veliz, *The New World of the Gothic Fox* (Berkeley: University of California Press, 1994)。

17. See Charles A. and Mary R. Beard, *The Rise of American Civilization* (New York: Macmillan, 2 vols., 1927) and Max Lerner, *America as a Civilization* (New York: Simon& Schuster, 1957)。勒納鼓吹愛國意識,他辯稱「不管好壞,美國就是美國:本身就很有價值的文化」,有很多特殊的權力路線和意義,可以和希臘羅馬並列歷史上偉大的獨特文明之一」。但他也承認,「幾乎毫無例外的,歷史的偉大理論容不下美國文明自成一格的概念。」(pp. 58-59)。

18. 歐洲文明部分的角色在北美、拉丁美洲、南非和澳洲創造了新的社會,參閱 Louis Hartz, *The Founding of New Societies: Studies in the History of the United States, Latin America, South Africa, Canada, and Australia* (New York: Harcourt, Brace & World, 1964)。

19. Dawson, *Dynamics of World History*, p. 128. See also Mary C. Bateson, "Beyond Sovereignty: An Emerging Global Civilization," in R. B. J. Walker and Saul H. Mendlovitz, eds., *Contending Sovereignties: Redefining Political Community* (Boulder: Lynne Rienner, 1990), pp. 148-149。

20. 湯恩比把「上座部」佛教和喇嘛教都列為化石文明,見《歷史的研究》第一冊(*Study of History*, I, 35,91-92)。

21. See, for example, Bernard Lewis, *Islam and the West* (New York: Oxford University Press, 1993); Toynbee, *Study of History*, chap. IX, "Contacts between Civilizations in Space (Encounters between Contemporaries)," VIII 88ff; Benjamin Nelson, "Civilizational Complexes and Inetercivilizational Encounters," *Sociological Analysis*, 34 (Summer 1973), 79-105。

22. S. N. Eisenstadt, "Cultural Traditions and Political Dynamics: The Origins and Modes of Ideological Politics," *British Journal of Sociology*, 32 (June 1981), 157, and "The Axial Age: The Emergence of Transcendental Visions and the Rise of Clerics," *Archives Europeennes de Sociologie*, 22 (No. 1, 1982), 298. See also Benjamin I. Schwartz, "The Age of Transcendence in Wisdom, Revolution, and Doubt: Perspectives on the First Millennium B. C.," *Daedalus*, 104 (Spring 1975), 3. The concept of the Axial Age derives from Karl Jaspers, *Vom Ursprung and Ziel der Geschichte* (Zurich: Artemisverlag, 1949)。

23. Toynbee, *Civilization on Trial*, p. 69. Cf. William H. McNeill, *The Rise of the West*, pp. 295-298。他強調基督教時代來臨,「組織貿易路線,走陸路和海路……並把歐陸的四大文化串連起來」。

24. 布勞岱,《論歷史》:「文化影響的劑量很小,被旅程的漫長和緩慢所延誤。如果歷史學家可以相信,唐朝(618~907年)的中國時尚傳播太慢,直到15世紀才傳到塞浦路斯島路西南的輝煌王宮,從那裡再繼續傳播,以地中海貿易比較快

的步調傳到法國和查理六世的王宮，使圓錐形尖帽和長尖姆指的鞋子蔚為風尚，這是消逝已久的世界的傳統，就像光芒仍從已經消逝的星體上送到我們這裡一樣。」（p. 14）。

25. See Toynbee, *Study of History*, VIII, 347-348。

26. McNeill, *Rise of the West*, p. 547。

27. D. K. Fieldhouse, *Economics and Empire, 1830-1914* (London: Macmillan, 1984), p. 3; F. J. C. Hearnshaw, *Sea Power and Empire* (London: George Harrap and Co., 1940), p. 179。

28. Geofffrey Parker, *The Military Revolution: Military Innovation and the Rise of the West* (Cambridge: Cambridge University Press, 1988), p. 4; Michael Howard, "The Military Factor in European Expansion," in Hedley Bull and Adam Watson, eds., *The Expansion of International Society* (Oxford: Clarendon Press, 1984), pp. 33ff。

29. A. G. Kenwood and A. L. Lougheed, *The Growth of the International Economy 1820-1990* (London: Routledge, 1992), pp. 78-79; Angus Maddison, *Dynamic Forces in Capitalist Development* (New York: Oxford University Press, 1991), pp. 326-27; Alan S. Blinder, reported in the *New York Times*, 12 March 1995, p. 5E. See also Simon Kuznets, "Quantitative Aspects of the Economic Growth of Nations – X. Level and Structure of Foreign Trade: Longterm Trends," *Economic Development And Cultural Change*, 15 (Jan. 1967, part II), pp. 2-10。

30. Charles Tilly, "Reflections on the History of European Statemaking." in Tilly, ed., *The Formation of National States in Western Europe* (Princeton: Princeton University Press, 1975), p. 18。

31. R. R. Palmer, "Frederick the Great, Guibert, Bulow: From Dynasticop National War," in Peter Pare, ed. *Makers of Modern Strategy from Machiavelli to the Nuclear Age* (Princeton: Princeton University Press, 1986), p. 119。

32. Edward Mortimer, "Christianity and Islam." *International Affairs*, 67 (Jan. 1991), 7。

33. Hedley Bull, *The Anarchical Society* (New York: Columbia University Press, 1977), pp. 9-13. See also Adam Watson, *The Evolution of International Society* (London: Routledge, 1992), and Barry Buzan, "From Intemational System to Intemational Society: Structural Realism and Regime Theory Meet the English School," *International Organization*, 47 (Summer 1993), 327-352. 他區分「文明」和「功能性」的國際社會模式，結論是「文明的國際社會主導歷史紀錄」以及「似乎沒有單純功能性國際社會的例子」（p. 336）。

34. Spengler, *Decline of the West*, I, 93-94。

35. Toynbee, *Study of History*, I, 149ff, 154, 157ff。

36. Braudel, *On History*, p. xxxiii。

世界文明？
現代化與西化

世界文明：意義

　　有人說，這個世代見證了奈波（V. S. Naipaul）所謂「世界文明」的興起。[1]到底「世界文明」是什麼意思？大體而言，這意味著人類在文化上的匯聚，及世界各地人民越來越接受共同的價值觀、信仰、方向、措施和制度。更明確的說，這可能意指有些事物深刻但無關宏旨，有些事物很重要但沒有深度，還有一些既不相干又膚淺。

　　首先，幾乎在所有社會中，人類都共有某些基本價值觀，像謀殺是邪惡的；也有些基本制度，像某種形態的家庭。在大部分社會中，大部分人也有共同的「道德倫理」，對是非有起碼的「薄弱」基本道義概念。[2]如果這就是所謂的世界文明，則它雖然淵博又重要，卻了無新意也無關宏旨。如果人類在歷史中分享

一些基本的價值觀和制度，也許可以解釋人類某些經常出現的行為，但卻無法說明或解釋歷史，因為歷史包含了人類行為的改變。此外，如果世界文明適用於所有人類，則除了種族之外，我們還可以用什麼詞彙來界定人類主要的文化團體？人類可以分為次團體，包括部落、民族和更廣義的文化實體，一般通稱為文明。如果文明這個詞彙僅限指人類全體，則我們必須另外發明一個新的詞彙，來指僅次於全人類的最大文化團體，或我們必須假設這些非指全人類的大型團體都消失了。捷克總統哈維便指稱，「我們現在住在一個單一的全球文明中」，而這「不過是隱藏或掩飾極端駁雜的文化、人民、宗教世界、歷史傳統及由歷史塑造的態度的『一層薄薄的虛飾』，在某種意義上，一切都潛伏於它下面」。[3]將「文明」限制為全球層次，而將歷史上素來以「文明」為名的那些大規模文化實體稱為「文化」或「次文明」，只有造成語意混淆罷了。*

其次，「世界文明」可以用來指文明社會所共有的城市、教育等特性，使其有別於原始社會和野蠻人。這當然是指 18 世紀單一的文明而言，當時世界文明蓄勢待發，看著原始人類消失，不少人類學家十分沮喪震撼。在這層意義上，文明在人類歷史中逐漸擴大，而單一文明的傳播，和複數文明的存在其實是十分相容的。

第三，「世界文明」一詞可能意指西方文明中很多人和其他文明某些人目前的假定、價值觀和理論。這也許可以稱為「達弗

---

* 阿克爾（Hayword Alker）曾正確的指出，我在《外交事務》發表的文章中「不同意把世界文明界定為除了人類和其他物種之間的差異之外，人類最高層次的文化集團，及最廣義的文化定位」。但大部分研究文明的學者都以這種方式使用這個詞彙。在第三章，我把這個定義鬆綁，讓世界各地人民有機會認同一個鮮明的全球文化，以補西方、伊斯蘭或中國文明之不足。

斯文化」（Davos Culture），每年大約有來自數十個國家的 1,000
名商人、銀行家、政府官員、知識分子和記者，參加在瑞士達弗
斯舉行的世界經濟論壇（World Economic Forum）。幾乎所有與
會者都有物理學、社會學、商學或法學學位，他們的工作和文字
或數字或兩者都有關，英文相當流利，受雇於政府機關、企業和
學術機構，對國際事務涉獵很廣，並常到國外旅行。一般而言，
他們對個人主義、市場經濟和政治民主有共同的信仰，這些是西
方文明社會的人民所共有的。達弗斯人幾乎控制所有國際機構、
世界上不少國家的政府機構，及世界上大部分的經濟和軍事力
量，達弗斯文化因此極為重要。但在全世界，究竟有多少人和我
們共享這個文化？除了西方之外，也許只有不到 5,000 萬人或世
界人口的 1%，甚至可能少到千分之一的人共享這種文化。這絕
對稱不上世界文化，而分享達弗斯文化的領袖，也不一定在他們
自己的社會中牢牢掌握政權。誠如布爾所說，這個「共同的知識
文化只存在於精英階層：在很多社會中根基不穩……而且，即使
在外交層面上，它是否擁抱所謂共同的道德文化，或一套共同知
識文化之外的共同價值觀，也值得懷疑」[4]。

第四，一般認為，西方消費形態及全世界通俗文化的普及，
正在創造一種世界文明，這種論調既不深刻也無關題旨。歷史上，
文化潮流不斷從一個文明傳到另一個文明，某種文明的創新經常
被其他文明吸收。這些若非是缺乏深刻文化影響力的技術，就是
來來去去的時尚，未能調整以接受一個文明的文化潛質。這些進
口的文化「吸引」接受的國家，也許因為它們是舶來品或強迫推
銷。過去數世紀以來，西方世界經常狂熱的流行中國或印度文化
的各種事物。到 19 世紀，西方進口的文化在中國和印度都很受
歡迎，因為它們似乎反映了西方的權勢。通俗文化和消費品普及

全球代表西方文明勝利的說法，把西方文化說成雜碎了。西方文明的精髓是大憲章而不是大漢堡。非西方人也許大啖漢堡，但這並不代表他們接受大憲章。

這也不影響他們對西方的態度。在中東某個地方，也許年輕人會穿牛仔褲、喝可樂、聽饒舌歌，並在他們向麥加朝聖的空檔弄個炸彈，炸毀一架美國班機。在 1970 和 1980 年代，美國人購買千百萬輛日本製汽車、電視機、相機和電子產品，但並未被「日本化」，事實上反而對日本有更多敵意。只有天真無知才會使西方人認定，非西方人在購買西方產品後就會「西化」。西方人如果將自己的文明界定為氣泡飲料、褪色牛仔褲和油膩的食物，那麼他們想讓世界認知的「西方」到底是何種模樣？

世界通俗文化略微世故的說法，是把焦點鎖定媒體而非一般消費品，以及好萊塢而不是可口可樂。美國在全球所控制的影視產業，甚至超過其所控制的航空工業。1993 年全世界最多人看的電影中，有 88% 是美國出品；此外，美國和歐洲各有兩大公司主宰了全球新聞的報導和傳播發布。[5] 這種情形反映了兩大現象，第一，是一般人都對愛情、性、暴力、偵探、英雄主義、財富感興趣，而唯利是圖的企業，尤其是美國公司，就藉此獲利。但很少或根本沒有證據足以佐證，全球無孔不入的傳播業勃興，已經使態度和信仰大為融合。弗拉何斯（Michael Vlahos）就會說：「娛樂業並不等於文化改造。」其次，一般人往往以他們預設的價值觀和角度來詮釋傳播業。馬布巴尼（Kishore Mahbubani）觀察說：「同樣的視訊同時傳送到全球各地的客廳，引發了相反的看法。當巡戈飛彈攻擊巴格達時，西方的客廳大聲叫好，但大部分非西方人認為，西方會快速的懲罰非白人的伊拉克或索馬利亞人，卻放過白種塞爾維亞人，這以任何標準來看都是一個危險的訊號。」[6]

全球傳播是當代最重要的西方強權表現，但這個西方霸權也促使非西方社會走民粹路線的政治人物宣斥西方的文化帝國主義，號召群眾保存其本土文化的存續和完整。全球傳播被西方操控的程度，因此成為非西方人民對西方敵意和仇恨的一大來源。此外，1990 年代初，非西方社會的現代化和經濟發展，已經引領地方和區域媒體業出頭，以迎合那些社會獨特的口味。[7] 像在 1994 年，有線電視新聞網（CNN）估計，一共有 5,500 萬潛在的觀眾，或世界人口的 1%（和達弗斯文化人的數目不謀而合，而且無疑大部分是同一批人）。CNN 總裁並預言，英語廣播可能終將占市場的 2% ～ 4%。因此，區域性，亦即按文明區分的傳播網紛紛成立，以西班牙文、日文、阿拉伯文、法文（對西非）和其他語文播放。有三位學者得到的結論是：「全球新聞編輯室仍然只是個夢想。」[8] 多爾（Ronald Dore）曾力主，外交官和公務員會出現一種全球性的知識文化。但連他也對密集傳播的衝擊，作成相當保留的結論：「在其他一切都平等的原則上，越來越密集的傳播可以確保不同國家，或至少中產階級，再不濟，世界上的外交官都有一種兄弟般的情誼，」但他也說，「有些不平等的事，卻可能很重要。」[9]

語言

任何文化或文明的核心成分是語言和宗教。如果世界文明出現，勢必會出現世界語和世界宗教。《華爾街日報》主編曾說：「世界語是英語。」[10] 這可能代表兩件事，只有其中一件可以支持世界文化的產生。這可能意味著越來越多人說英語，但沒有任何證據可以支撐這項論點，現存最可靠的證據雖然可能不太準確，卻顯示越來越少人說英語。

根據 1958 ～ 1992 年這 30 多年來的資料，世界一般使用的語言模式並未大幅改變，但說英語、法語、德語、俄語和日語的人銳減，說中文的人降幅較小，而說印度語、馬來印尼語、阿拉伯語、孟加拉語、西班牙語、葡萄牙語和其他語言的人增加。至於說英語的人則從 1958 年，占 100 萬人以上使用的語言的 9.8%，到 1992 年只剩 7.6%（表 3-1）。而會說世界五大西方語言——英語、法語、德語、葡萄牙語和西班牙語——的人口比例，也從 1958 年的 24.1% 減少為 1992 年的 20.8%。1992 年，說中文的人口約為說英語的 2 倍，約占世界人口的 15.2%，另外並有 3.6% 說中國各地的方言（表 3-2）。

　　一方面，世界上 92% 的人不會說的語言，不可能是世界語。另一方面，如果是來自不同語文團體和文化的人用來彼此溝通的語言，或是混合的國際語，或從語言學上來說，是世界上主要的「擴大傳播語言」，就可以稱之為世界語。[11] 人類要互相溝通必須要找到溝通的管道，在某一個層次上，他們可以靠經過特殊訓練、精通兩三種語言的專業人才居中翻譯。但這既麻煩又花時間，而且又貴。

　　因此，歷史上曾出現所謂共同的語言，古希臘羅馬時代和中世紀的拉丁語，西方數世紀所說的法語，非洲很多地區通行的史瓦希里語，及 20 世紀下半葉世界通行的英語。外交官、商人、科學家、遊客及服務業都要會說，飛機駕駛、航管人員也必須要有一些彼此可以流利溝通的工具，今天，大部分都使用英語。

表 3-1　會說各大語言的人口（占世界人口百分比 †）

語言 ＼ 年	1958	1970	1980	1992
阿拉伯文	2.7	2.9	3.3	3.5
孟加拉文	2.7	2.9	3.2	3.2
英文	9.8	9.1	8.7	7.6
印度文	5.2	5.3	5.3	6.4
中文	15.6	16.6	15.8	15.2
俄文	5.5	5.6	6.0	4.9
西班牙文	5.0	5.2	5.5	6.1

來源：西雅圖華盛頓大學心理系柯伯特（Sidney S. Culbert）教授所彙編的數據，為至
　　　少 100 萬人使用的語言所占的百分比，每年在《世界年鑑》（*World Almanac
　　　and Book of Facts*）上發表。估計數字包括說「母語」和「非母語」的人，從
　　　全國人口普查局、人口取樣、電視、廣播調查、人口成長資料等數字彙編而成。

　　換言之，英語是世界上不同文化間溝通的工具，一如基督教
日曆（紀元）是世界上追蹤記錄時間的方式，阿拉伯數字是世界
通行的計算方式，而公制也是世界上大部分國家度量衡的單位。
以這種方式使用英語是跨文化的溝通，前提是不同的文化並存。
世界語是應付語言和文化差異的方式之一，是溝通的工具，而不
是用來消除文化差異，也不是認同和社會的來源。日本銀行家和
印尼商人以英語交談，並不意味著其中有一方母語是英語或西方
語言。德語和法語系的瑞士人可能以英語交談，也可能以母語溝
通。同樣的，雖然尼赫魯反對，印度仍保留英語為國家共同語言，

---

† 表中所列皆為 100 萬人以上使用的語言。

而這也印證了印度非印度語系人民想保留自己的語言及文化的強烈意願，及印度維持多語言社會的必要性。

表 3-2　說主要中國方言和西方語言的人數

語言	1958		1992	
	人數（百萬）	占世界百分比	人數（百萬）	占世界百分比
國語	444	15.6	907	15.2
粵語	43	1.5	65	1.1
吳語（上海、漸江地區）	39	1.4	64	1.1
閩南語	36	1.3	50	0.8
客家語	19	0.7	33	0.6
中文	581	20.5	1,119	18.8
英文	278	9.8	456	7.6
西班牙文	142	5.0	362	6.1
葡萄牙文	74	2.6	177	3.0
德文	120	4.2	119	2.0
法文	70	2.5	123	2.1
西方語言	684	24.1	1,237	20.8
全球總數	2,845	44.5	5,979	39.4

來源：西雅圖華盛頓大學心理系柯伯特教授所編語文資料所占百分比，《世界年鑑》1959 年版及 1993 年版。

誠如重量級語言學者費希曼（Joshua Fishman）所說，語言如果未被某個特別的種族、宗教或意識形態認同，比較可能被接受為國際語或「擴大傳播語言」。過去，英語有很多定位，比較

晚近之後，英語的「種族色彩已經解除或降到最低」，像過去閃族語的分支阿卡得語及阿拉姆語、希臘語和拉丁語皆然。「英語成為附加的語言比較幸運的是，源頭的美國和英國在過去四分之一個世紀左右，都未被廣泛視為帶有嚴重的種族或意識形態色彩」[12]。以英語為不同文化的溝通工具，因此有助於維繫和加強人類個別的文化定位。正因人民想保留自己的文化，因此他們使用英語來和其他文化的人民溝通。

世界上所說的英語也越來越分歧。英語已經本土化，並帶有地方色彩，使其有別於英式語或美式語，在最極端的情形下，有些英語根本已經聽不懂，就像中國各省的腔調。奈及利亞的洋涇濱英語、印度英語和其他形式的英語已經併入各自的主文化中，可以預見將繼續劃清界線，以便成為相關但獨特的語言，就像羅曼斯語是從拉丁文演變而來。但從英語衍生出來的語言，不像義大利語、法語和西班牙語，社會上只有少數人會說，主要是充當特定語文團體間的溝通工具。

所有這些過程都在印度運作。1983 年，在全國 7 億 3,300 萬人口中，有 1,800 萬人說英語；而到了 1991 年，在全國 8 億 6,700 萬人中，有 2,000 萬說英語。說英語的人在印度人口中所占的比例，因此一直穩定的維持於 2% ～ 4% 之譜。[13] 除了相當少數的精英階層，英語並未成為全國共同語。新德里大學兩位英文教授指稱：「基本事實是，從喀什米爾到最南端的坎亞庫馬里，最好的溝通方式是某種印度語而不是英語。」此外，印度英語本身也有很多特色，像它已經印度化，或因不同的方言所說的英語也各異，[14] 像較早的梵文及波斯文，英語已被吸收到印度文化中。

歷史上，世界語言的分布反映了世界權力的分布。最多人

說的語言，像英語、中語、西班牙語、法語、阿拉伯語和俄語，過去或目前是帝國主義國家的語言，在這些國家的鼓吹下為其他民族所用。權力分布的轉變也使所用的語言生變，「兩個世紀的英美殖民、商業、工業、科學和財政權力，已經在全球各地比較高層的教育、政府、貿易和科技方面留下很大的遺業」[15]。英法兩國堅持殖民地使用它們的語言，但在獨立後，大部分前殖民地試圖在不同的程度上，以本土語言來取代這些帝國主義國家的語言，同時也有不同程度上的成功。在前蘇聯全盛時期，俄文是從布拉格到河內的國際語，俄羅斯權力式微，附帶也使俄文這種第二外國語走下坡。

就像其他形式的文化，權力不但使說母語的人更肯定自己的語言，也可以鼓舞其他民族的人去學習。在柏林圍牆倒塌之後不久，統一的德國意氣風發，有如新的強權，當時英語流利的德國人在國際會議中顯然傾向於說德文；日本的經濟力激發非日本人去學日語，而中國的經濟發展也正使中文當紅。至少，中文正迅速取代英文成為香港最常用的語言，[16] 再加上海外華人在東南亞所扮演的角色，該區的國際商業多半是以中文交易。當西方權勢相對於其他文明日漸式微之際，其他社會使用英語和其他西方語言以及作為不同社會間的溝通工具也將慢慢耗蝕。如果中國在未來取代西方成為主導世界的文明，則中文將取代英語成為世界語。

隨著前殖民地紛紛獨立，提倡使用本土語言及打壓帝國語言，是民族主義精英和西方殖民強權區隔及自我定位的方式之一。但在獨立後，這些社會的精英又必須和他們社會的尋常百姓作個區隔，英、法文等西方語言流利就有這個作用。結果，非西方社會的精英往往比較能和西方人及彼此溝通，和他們社會的

其他百姓溝通則比較困難。西方就有先例，在 17、18 世紀，不同國家的貴族很容易以法文溝通，卻不會說本國方言。非西方社會似乎正出現兩股相反的趨勢，一方面，大學階層越來越常用英語，以便學生在全球競逐資本和消費者中可以有效的運作。另一方面，社會和政治壓力使本土語言更為普及，在北非，阿拉伯語取代了法語；在巴基斯坦，烏都語也取代英語成為官方和教育所用的語言；在印度，本土語言所印行的媒體取代英文媒體。印度教育委員會於 1948 年預見了這項發展，該會辯稱：「使用英語⋯⋯把人民劃分為兩個國家，少數統治者及多數被統治者，一方不能說另一方的語言，彼此不懂對方在說什麼。」在英語一直是精英語言 40 年後，證實了這項預言，並「在一個基於成人投票的現行民主制度下產生一種不自然的情境⋯⋯說英語的印度，和政治意識抬頭的印度之間越來越分歧，使在最高層通曉英語的少數人，和千百萬有投票權而不會說英語的人之間關係緊繃」[17]。隨著非西方社會建立民主制度，及那些社會的人民有更高的參政權，西方語言的使用走下坡，而本土語言則越來越強勢。

前蘇聯帝國及冷戰結束，使慘遭壓抑和遺忘的語言繁衍再生，前蘇聯大部分共和國已經投入重大的計畫要恢復傳統的語言。愛沙尼亞語、拉脫維亞語、立陶宛語、烏克蘭語、喬治亞語和亞美尼亞語現在都是獨立國家的語言。伊斯蘭共和國也出現類似的語言主張，亞塞拜然、吉爾吉斯、土庫曼和烏茲別克已經背離前俄羅斯宗主國所使用的古斯拉夫文字，轉而使用土耳其兄弟盟邦所用的西方文字，而說波斯語的塔吉克則說阿拉伯語。另一方面，塞爾維亞人現在也稱他們的語言為塞爾維亞語而不是塞爾維亞—克羅埃西亞語，並已經放棄其天主教敵人

所用的西方文字，轉而使用俄羅斯兄弟之邦所用的古斯拉夫文字。同樣的，克羅埃西亞人現在也稱他們的語言為克羅埃西亞語，並力圖刪除土耳其等其他外國文字；而在波士尼亞，「由鄂圖曼帝國在巴爾幹半島統治 450 年所留下來的土耳其和阿拉伯外來語再度當道」[18]。語言依文明的認同和輪廓而重整及重建，隨著權力擴散，語言也更錯綜複雜。

宗教

　　世界宗教比世界語出現的機率高一點。20 世紀末，世界各地再出現宗教熱（見第四章）。這次宗教復甦涉及宗教意識的加強及基本教義派運動的興起，並因而加大了不同宗教間的歧異。這未必對全球人民信仰不同宗教產生任何重大的改變。有關宗教信仰的資料甚至比現存所說語言的資料更零碎和不可靠。表 3-3 從一個普遍使用的來源取得數據。這種種數據顯示，本世紀全世界的宗教信仰並未出現重大變化。這個資料來源所記載的最大變動，是被列為「沒有宗教信仰」和「無神論」者從 1900 年的 0.2% 躍增為 1980 年的 20.9%。可以想見，這反映了一次重大的宗教轉移，而在 1980 年宗教復甦正蓄勢待發。無宗教信仰者增加 20.7%，而被列為信仰「中國民間宗教」的人從 1900 年的 23.5% 驟減為 1980 年的 4.5%，總共減少了 19%。一增一減兩個數字相去不遠，顯示隨著共產主義席捲中國大陸，中國人大部分從信仰民間宗教改為無神論。

表3-3　固守主要宗教傳統的世界人口百分比

年 宗教	1900	1970	1980	1985 （估計值）	2000 （估計值）
1. 西方基督教	26.9	30.6	30.0	29.7	29.9
2. 正統基督教	7.5	3.1	2.8	2.7	2.4
3. 伊斯蘭教	12.4	15.3	16.5	17.1	19.2
4. 無宗教信仰	0.2	15.0	16.4	16.9	17.1
5. 印度教	12.5	12.8	13.3	13.5	13.7
6. 佛教	7.8	6.4	6.3	6.2	5.7
7. 中國民間信仰	23.5	5.9	4.5	3.9	2.5
8. 部落的宗教	6.6	2.4	2.1	1.9	1.6
9. 無神論	0.0	4.6	4.5	4.4	4.2

來源：David B. Barrett, ed., *World Christian Encyclopedia: A comparative study of churches and religions in the modern world A.D. 1900-2000* (Oxford: Oxford University Press, 1982)。

　　但這些數據也的確顯示，過去8年來，世界上改信兩大宗教伊斯蘭教和基督教的人口已經增加。西方基督教在1900年約占世界人口26.9%，到1980年則增加為30%；穆斯林更是大幅增加，從1900年的12.4%增加為1980年的16.5%，或據其他估計，高達18%。在20世紀最後數十年，伊斯蘭教和基督教在非洲大幅成長，南韓人民更大批改信基督教。在快速現代化的社會之中，如果傳統的宗教無法適應現代化的要求，則西方基督教和伊斯蘭教便有擴張的潛力。在這些社會裡，西方文化最成功的角色並非新古典主義的經濟學家或推動民主的人士，或跨國企業的主管。他們目前是、將來也可能繼續是基督教傳教士。不管是（撰著《國

富論》的英國古典政治經濟學家）亞當斯密或（起草獨立宣言的美國前總統）傑佛遜都無法滿足都市工人和第一代高中畢業生在心理、感情、道德和社會上的需求。連耶穌基督也可能無法達成，但祂成功的機率較高。

但最後證明穆罕默德贏了。基督教主要吸收改信的教徒，伊斯蘭教則是皈依和再生雙管齊下。1980 年代，全世界信仰基督教的人口達到頂峰，約占 30%，在數字持平後如今開始下滑，而到西元 2025 年，可能會占世界人口的 25%。由於人口成長率極高（見第五章），世界上穆斯林所占的比率將繼續大幅增加，到世紀末應可達 20%，超過數年後的基督教信徒；也許在西元 2025 年，穆斯林將占世界人口的 30%。[19]

世界文明：來源

世界文明的概念是西方文明的獨特產物。19 世紀，「白人的負擔」這種觀念，使西方得以在政治經濟上理直氣壯的延伸對非西方社會的控制。20 世紀末，世界文明的概念更使西方文化得以義正詞嚴的支配其他社會，及那些社會踵武西方措施和制度的必要性。世界性是西方在和非西方文化抗爭時的意識形態，而最力主單一文明概念的則是移民到西方的知識分子，像奈波及阿亞米（Fouad Ajami）等遊走兩種文化之間的邊緣人或改變信仰的人。對這些人而言，單一文明概念對他們的核心問題「我是誰」提供一個十分滿意的答覆。但一位阿拉伯知識分子嘲諷這些移民是「白人的黑奴」[20]，而世界文明的觀念在其他文明中很難得到認同。非西方人所謂的西方，就是西方所謂的世界；而西方人所稱良性的全球整合，像世界媒體的擴散，非西方人則斥之為窮凶極

惡的西方帝國主義。非西方人即使視世界為一體，也是視之為一種威脅。

辯稱某種世界文明正在成形，主要根據以下三種假設中其中一種以上的論證。第一，第一章所提的假設，即前蘇聯共產主義的瓦解代表歷史的結束，及世界上自由民主的普遍勝利。這種論點犯了單一選擇的謬誤。冷戰時期根深蒂固的觀念是除了共產主義之外，唯一的選擇就是自由民主，而共產主義的死亡，已為全世界的自由民主催生。但顯然，不同形式的威權主義、民族主義、企業化及中國市場導向的共產主義至今仍雜然並陳。更重要的是，在世俗的意識形態世界之外，還有各種另類宗教。在現代世界，宗教是可以激勵和動員人民的一種或某種核心力量。自以為在蘇維埃共產政權垮台後，西方就永遠贏得世界，而且穆斯林、中國和印度人以及其他民族都會擁抱西方自由主義，則未免失之妄自尊大。冷戰對人類的劃分已經結束，不過人類在種族、宗教和文明上更根本的區隔，仍孕育了新的衝突。

其次，有人說人類在貿易、投資、觀光、媒體、電子通訊上一般而言互動日益頻繁，正在產生一種共同的世界文化。運輸和通訊技術的改進的確使世界各地金錢、貨物、人民、知識、觀念及影像的流動更容易、也更便宜，這些東西在國際間的流通無疑已經增加，但必須對增進交流所造成的衝擊存疑。貿易到底使衝突增加或減少？說它可以降低國與國之間爆發戰爭的機率，不但尚未證實，且還有很多反證。在 1960 和 1970 年代，國際貿易大幅擴張，而在 1980 年代，冷戰結束。但是在 1913 年，國際貿易創下新高，而在隨後幾年間，國與國之間彼此屠殺，傷亡無數。[21] 如果國際貿易到這個水平還無法預防戰爭，什麼時候才行？證據不足以支持國際間自由派所稱貿易可以帶來和平的假設，1990 年

代的分析顯示，這種假設只會製造更多問題。有一項研究的結論是：「貿易水平水漲船高，對國際政治可能是一股極為分裂的力量……而且國際制度中貿易日增，不太可能紓解國際緊張情勢或提高國際穩定。」[22] 另一項研究指稱，高度經濟依存度，「可能帶來和平，也可能帶來戰爭，全視對未來貿易的期望而定」。經濟依存度只有在「國家預期高度貿易額足以延續到可預見的未來時」才會帶來和平，如果這些國家並不預期高經濟依存度會繼續下去，則可能招致戰爭。[23]

貿易和傳播未能帶來和平或歸屬感，和社會科學的發現一致。在社會心理學上，「特色理論」主張，人類以在某種情況下和他人不同之處來界定自己：「一個人以有別於其他人的特色來看自己，尤其是從一個人平常的社會環境中出發……一個女性心理學家在和十來個其他行業的女性共處時，便會自視為心理學家，但當她和十來個男性心理學家相處時，她就會認為自己是女人。」[24] 人往往以「自己不是什麼」來界定自己是什麼。隨著傳播、貿易和旅行增加，不同文明間的互動頻繁，人逐漸以其所屬文明來自我定位。一個德國人和一個法國人互動時，會界定彼此為德國人和法國人。如果一個德國人與一個法國人，以及一個沙烏地阿拉伯人與一個埃及人互動，則他們會界定自己為歐洲人和阿拉伯人。移民法國的北非人，會引起法國人敵視，但同時使歐洲天主教波蘭人對移民的包容力提高。美國人對日本投資的反應，遠比對加拿大和歐洲國家的大型投資要負面得多。同樣的，霍洛維茲（Donald Horowitz）指出：「奈及利亞黑人種族伊布人，在奈及利亞東部地區稱為歐威利伊布人或歐尼特沙伊布人；但在奈及利亞首都拉哥斯就簡稱為伊布人；在倫敦是叫奈及利亞人；在紐約則改叫非洲人。」[25] 從社會學的觀點，全球化理論產生了一個類似的結論：

「一個日益全球化的世界，其特色是歷史上不同程度的文明、社會和其他模式的交互依存及普遍的覺醒，而這個世界裡，文明、社會和種族自覺卻日益加劇。」全球宗教復甦，「重回神聖的境界」，是對人類視世界為「單一地方」的一個回應。[26]

西方和現代化

　　世界文明說的第三個、也是最常見論證認為，世界文明是18世紀以來持續進行的廣泛現代化進程的結果。現代化涉及工業化、都市化，及讀寫能力、教育、財富和社會現代化的提升，以及比較複雜多元的職業結構，這是18世紀以降科技工程知識爆炸的產品，也使人類能以前所未見的方式，控制並塑造環境。現代化是個革命的進程，唯有從原始社會到文明社會的進程差堪比擬，後者指單一文明於西元前5000年在底格里斯河、幼發拉底河和尼羅河河谷誕生。[27] 現代社會人民的態度、價值觀、知識和文化，和傳統社會的不同。作為第一個現代化的文明，西方率先吸收現代文化。當其他社會納入同樣模式的教育、工作、財富和階級架構時，一般認為，現代西方文化將成為世界性的文化。

　　現代和傳統文化間的巨大差異毋庸置疑，但這並不意味著現代文化社會彼此的同質性，比傳統文化社會之間的同質性要高。顯然，在一個世界中，某些社會十分現代化，而其他的仍十分傳統，比起所有社會都相當現代化的世界，其同質性一定比較低。如果換成一個所有社會都很傳統的世界又如何？這個世界數百年前曾經有過，其同質性是否比一個普遍都很現代化的未來世界要低？也許不盡然如此。布勞岱指稱：「中國明朝和法國中世紀瓦羅亞王朝的關係，絕對比毛澤東時代的中國和法國第五共和的關

係要密切。」[28]

但現代社會之間的同質性仍可能比傳統社會來得高，考其原因有二：第一，現代社會互動增加，也許無法產生共同的文化，卻助長了技術、創新發明和措施從一個社會快速移轉到另一個社會，而在某種程度上，這在傳統世界中是不可能的。第二，傳統社會務農，現代社會則以工業為主，並從手工藝進化到一般重工業再到資訊工業。農業模式及伴隨而生的社會結構，遠比工業模式要更倚賴自然環境，它們因泥土和氣候而異，並產生了各種不同的土地所有權、社會結構和政府。不管魏復古（Wittfogel）的水力文明理論有什麼優點，農業仍要靠大型灌溉系統的興建和運作，而這也促成中央集權和官僚政治威權的產生。這也難怪，肥沃的泥土和良好的氣候可能促成大型養殖農業及其後的社會結構的發展，包括一小撮有錢的地主和一大群在農場工作的農民、奴隸或農奴；而不適合大型農業發展的條件，則可能鼓動獨立農民自成一個社會。簡而言之，在農業社會中，社會結構是由地理塑造；相反的，工業對地方天然環境的依存度要低得多。工業組織的差異，可能源自文明和社會結構的不同，而不是地理上的區隔，可以想見的，前者可以凝聚，後者則否。

現代社會因此有很多共同點，但它們是否必然會融合出任何同質性？持肯定意見的人假定，現代社會必須接近單一的西方模式，亦即現代文明是西方文明，而西方文明也是現代文明。但這種定位完全錯誤。西方文明在8、9世紀誕生，並在隨後數世紀發展出獨特的特色，但直到17、18世紀才開始現代化。西方早在現代化之前就是西方了，使西方有別於其他文明的主要特色，早在西方現代化之前就存在了。

西方社會現代化之前數百年的主要特色是什麼？不同的學

者已經就這個問題獲得解答，這些問題在某些細目上容或有些差異，但在可以名正言順定位為西方文明核心的制度、措施和信仰等要項上則取得共識。這些特性包括以下諸點。[29]

古文明遺澤

作為第三代文明，西方繼承了無數前朝文明，包括最知名的古文明，像希臘哲學和理性思維、羅馬法律、拉丁文。基督教、伊斯蘭教和東正教文明也繼承了古文明，但遠不及西方豐厚。

天主教和新教

西方的基督教，先是天主教再來是天主教和新教，是歷史上西方文明唯一最重要的特色。在西元 1000 年之前大半時候，今天所謂的西方文明，當時稱為西方基督教世界，當時信奉西方基督教的人民有一種發展健全的共同體意識，和土耳其、摩爾、拜占庭等人完全不同，而在 16 世紀，西方人為了上帝及黃金，出去征服世界。宗教改革及反宗教改革，以及西方基督教世界分裂為北部的新教和南部的天主教，也是西方歷史的獨特風格，這在東正教中完全付諸闕如，而在拉丁美洲經驗中則大半已經除去。

歐洲語言

在區隔不同的文化時，語言是僅次於宗教的重要因素，西方語言的多樣性有別於其他大部分文明。日文、印度文、中文、俄文甚至阿拉伯文被視為各大文明的核心語言。西方傳承了拉丁文，但不同的國家出現後，民族語言鬆散的匯集為羅曼斯語和日耳曼語兩大類。到 16 世紀，這些語言已經大概具備現在的雛型。

劃分精神和俗世權威

在西方歷史中，教會和國家並立。上帝和凱撒、教會和國家、精神權威和俗世權威，在西方文化中一直呈二元發展。唯有在印度文明中，宗教和政治涇渭分明。在伊斯蘭教，上帝就是凱撒；在中國和日本，凱撒是上帝；在正教，上帝是凱撒的小夥伴。教會和國家之間的分裂和反覆出現的衝突，是西方文明的代表，在其他文明中不曾存在過。這種權威的劃分，對西方自由的發展貢獻卓著。

法治

文明世界法律中立的概念得自羅馬人。中世紀的思想家會詳細闡述自然法的觀念，根據自然法，君主帝王理應行使其權力，及英國所發展出來的不成文法傳統。在 16、17 世紀專制獨裁時期，法治主要著眼於違法的部分，而不是實際的運用，但基本理念還是人力受制於某些外來的限制。法治傳統為立憲政體及保護人權和財產權不受專斷的權力運作奠基。在其他大部分文明中，法律在塑造思想和行為上是比較不重要的因素。

社會多元化

在歷史上，西方社會十分多元化，誠如德國人所說，西方最大的特徵之一在「非基於血源或婚姻所成立的各種自治團體的興起和持續存在」[30]。自 6、7 世紀之交，這些團體原本包括修道院、修道會及同業工會，後來擴大包括歐洲很多地區形形色色的其他協會和組織。[31] 組織的多元化並且由階級多元化補強，大部分西歐社會包括比較強勢而自主的貴族政治、可觀的農民階級，以及一小撮有力的商賈階級。封建貴族的力量限制專制政治在大部分

歐洲國家之中扎根，這一點尤其重要。歐洲這種多元化發展，和民間社會的貧窮、貴族的缺點及中央集權的官僚王國的強勢形成強烈的對比，而後三者特質並存於俄羅斯、中國、鄂圖曼帝國的土地及其他非西方社會中。

代議制

社會多元化發展產生了不同的階級、國會及其他制度，以代表貴族、神職人員、商人等團體的權益。這些團體提供代議的形式，並在現代化的過程中，發展為現代民主機制。在專制獨裁統治時期，某些情形下，這些團體被廢止或其權力受到大幅限制。但即使在這種情形下，像在法國，這些團體仍可能起死回生，為擴大政治參與提供一個管道。其他當代文明在過去 1000 年之間，沒有類似的代議制傳統。在地方階層，大約從 9 世紀開始，義大利城市開始推展自治政府運動，並再往北延伸，「迫使主教、地方仕紳及其他貴族和市民分享權力，但最後往往會釋放所有的權力」[32]。國家層級的代議制因此由世界其他地區所沒有的地方自治措施補強。

個人主義

上述的西方文明特色中，不少帶動個人主義、個人權利傳統和文明社會中獨有的自由的興起。個人主義濫觴於 14、15 世紀，但到 17 世紀，西方才普遍接受個人選擇權，這也就是德國人所謂的「羅密歐與茱麗葉的革命」。甚至提出每個人對平等權的主張，亦即「英國最貧窮的人和最富有的人都有生命權」，雖然這種主張並未普遍為人接受。在 20 世紀文明中，個人主義仍是西方獨特的標記。在一項涉及 50 個國家的類似採樣中，個人主義

指數排行前 20 名的國家包括西方各國，除了葡萄牙和以色列。[33] 另一項針對個人主義和集體主義所作的跨文化調查同樣顯示，西方為個人主義主導，其他地方則是集體主義盛行，結論是「西方最重要的價值觀，在世界各地最無足輕重」。一而再，再而三的，西方人和非西方人都說個人主義是西方最重要的標記。[34]

以上各點並非西方文明特色的清單，也不代表這些特色在西方社會中永遠普遍的存在。事實顯然並非如此：西方歷史中很多專制君主，經常罔顧法治，中止代議制。這也不代表這些特色不存在於其他文明中，因為顯然是存在的：可蘭經和伊斯蘭律法是組成伊斯蘭社會的基本法律；日本和印度也有類似西方的階級制度，因此也可能是非西方社會僅存的兩個長期維繫民主政府的國家。就個別因素而論，其中幾乎沒有一項是西方所獨；但這些特色加在一起，過去是、現在仍是西方獨具的特色。而這些觀念、作法和制度在西方遠比其他文明要更普遍，它們至少持續形成西方主要核心文明的一環。拜它們之賜，西方西化但並非現代化，它們也是使西方帶頭促使本身和世界現代化的因素。

對西方和現代化的反應

西方擴張促使非西方社會現代化和西化。這些社會的政治和知識界領袖，對西方的影響，至少以下面三種方式之一作出回應：拒絕現代化和西化；擁抱現代化和西化；擁抱現代化但拒斥西化。[35]

拒斥

日本從 1542 年第一次和西方接觸到 19 世紀中葉，一直走大

力排斥的路線，只接受少數有限的現代化模式，像收購軍火及進口西方文化，尤其是基督教，都受到很大的限制。17 世紀中葉，西方人完全被驅逐出境。這種抗拒的立場隨著 1854 年培里艦隊司令強行打開日本門戶，並在 1868 年明治維新全力向西方取經之後才結束。有幾個世紀之久，中國也試圖抗拒大幅現代化或西化。雖然基督教特使於 1601 年獲准進入中國，但在 1722 年也被驅離。不過中國不像日本，這種排外政策大半根源於中國古老王國的形象，及篤信中國文化比所有其他民族優越這兩大因素。中國的孤立主義，正如日本的孤立主義，是在 1839 ～ 1842 年鴉片戰爭中英國所提供的西方武器下結束。而誠如這些例子所顯示的，19 世紀西方強權使非西方社會越來越難、終至不可能堅守完全排外的策略。

在 20 世紀，運輸及通訊改善，全球依存度提高，使排外的代價大增。除了孤立狹小的農業社會願意過只能糊口的日子，在這個全面現代化和高度互動的社會中，要完全拒斥現代化和西化幾乎是不可能的。派普斯（Daniel Pipes）在寫到伊斯蘭教時說：「只有最極端的基本教義派分子才會拒斥現代化及西化。他們把電視機丟到河裡、禁止戴手錶，並拒絕接受內燃機。他們的計畫窒礙難行，並嚴重限制這類團體的吸引力。而在有些例子中，像奈及利亞北部商業大城卡諾的伊札拉，暗殺沙達特的殺手、攻擊麥加清真寺的人，以及有些馬來西亞的達克瓦等團體，他們在和當局的暴力衝突中失敗以致幾乎消失，不留痕跡。」[36] 幾乎完全消失不留痕跡，正是 20 世紀末排外政策命運的寫照。套句湯恩比的話，狂熱絕非可行之道。

凱末爾主義

　　對西方第二個可能的反應，是湯恩比的希律王主義（Herodianism），亦即同時擁抱現代化和西化。這種反應植基於現代化可行而且必要、本土文化和現代化不相容因此必須揚棄或撤廢，以及社會必須完全西化以成功現代化這三大假設上。現代化和西化互補而且並行不悖，這種方式從 19 世紀末日本和中國有些知識分子辯說，為了現代化，社會必須放棄歷史的語言，以英語為國語等論調具體而微的表現出來。可以想見，這種觀點在西方人之間，比在非西方社會精英分子之間要更受歡迎，其間所傳達的訊息是：「要成功，就得像我們；我們的方法是唯一可行之道。」至於其論點則是「這些『非西方』社會的宗教價值、道德責任和社會結構充其量是外國的，有時對工業化的價值和措施充滿敵意」。因此，經濟發展將「需要對生活和社會作大幅度的破壞性重建，而且往往要就生活在這些文明的人所了解的存在意義重新加以詮釋」[37]。派普斯在提到伊斯蘭教時也曾發表同樣的論點：

> 為了逃避社會失序狀態，穆斯林只有一個選擇，因為現代化需要西化……伊斯蘭教沒有其他方式可以現代化……世俗化難以避免，現代科技需要吸收伴隨它們的思考過程；政治制度亦然。因為實質和形式都一樣要學習，我們要先認知西方文明的優越，才能取法乎上。歐洲語言和西方教育制度無法避免，雖然西方教育制度的確會鼓勵自由思考和輕鬆的生活。唯有當穆斯林明確的接受西方模式，他們才有立場發展技術。[38]

但在派普斯說這些話之前 60 年，凱末爾已經作成類似的結論，並從鄂圖曼帝國的廢墟中創建一個新的土耳其，發動大規模的西化和現代化計畫。在走上這條路並揚棄過去的伊斯蘭包袱之前，凱末爾把土耳其弄成一個「分裂的國家」，這個社會仍堅持伊斯蘭教的宗教、傳統、習俗和制度，但其統治精英階層決定要現代化、西化並和西方合而為一。在 20 世紀末，有些國家正在追隨凱末爾主義，試圖拔除非西方的標籤，代之以西方的定位。這些國家的計畫將於第六章另外分析。

改革運動

　　排外是從正在縮小的現代化世界中孤立一個社會，是一件不可能的事。凱末爾主義牽涉到破壞一種已經存在數世紀的文化，代之以從另一個文明進口的全新文化，艱鉅且痛苦。第三個選擇則是試圖融合現代化，但保留這個社會本土文化最核心的價值觀、措施和制度。在非西方精英中，這種選擇可以想見是最受歡迎的。中國清朝末年喊出來的口號是「中學為體，西學為用」；日本人則標榜「日本精神，西洋技術」；在 1830 年代，埃及的穆罕默德·阿里「試圖進行技術現代化，文化上又不至於太西化」。但當英軍迫使他放棄大部分現代化的改革時，這項計畫失敗了，結果，一如馬茲瑞（Ali Mazrui）所說：「埃及的命運既不是日本科技現代化而文化未西化的模式，也不是凱末爾透過文化西化來推動科技現代化的模式。」[39] 在 19 世紀後半，阿夫干尼及阿布都等改革派試圖推動新的妥協方案，以融合伊斯蘭教和現代化，他們主張「伊斯蘭教和現代科學以及西方最優秀的思想是相容的」，從伊斯蘭教立場，為「接受現代理念和制度，不管是科學、技術或政治方面的（憲政體制和代議制），提供理論根據」[40]。這是

個寬容的改革派，傾向於凱末爾主義，接受現代化，兼及一部分西方體制。這種改革主義是 1870 至 1920 年代這 50 年間，伊斯蘭精英對西方的主要反應，當時先面臨凱末爾主義興起，及隨後的基本教義派比較激進的改革主義挑戰。

排外主義、凱末爾主義和改革主義是基於不同的假設，來決定什麼是可能及什麼是可行的。對排外主義而言，現代化和西化是不可行的，應加以拒斥；對凱末爾主義來說，現代化和西化都是可行的，因為西化是達到現代化所必經的過程，兩者都有可能實現；對改革主義的話，即使未經大幅西化，現代化是可行也可能實現的，西化則是不可行的。由此觀之，排外主義和凱末爾主義對現代化和西化的可行性看法矛盾，而凱末爾主義和改革主義對現代化是否可以不經西化達成也有仁智之見。

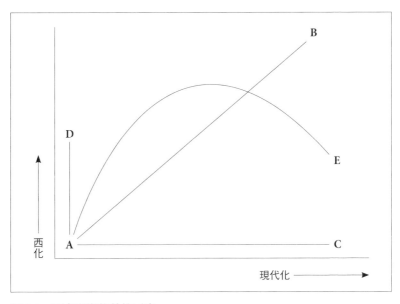

圖 3-1　西方影響的其他反應

由圖 3-1 可以看出這三大主義的發展路徑：排外主義者會留在 A 點，凱末爾主義者沿對角線到 B 點，改革派則會水平移動到 C 點。但社會到底會沿什麼路徑發展？顯然每個非西方社會各有一套方式，這可能和這三種原型完全不同。馬茲瑞甚至聲稱，埃及和非洲已朝 D 點移動，但是「透過未經技術現代化的痛苦的文化西化進程」。只要是任何現代化和西化的一般模式，存乎於非西方社會對西方的反應，就可能是沿 A 點到 E 點的曲線移動。最初，西化和現代化關係密切，非西方社會吸納了西方文化的重要成分，朝現代化緩步前進。隨著現代化的腳步加快，西化的比率降低，本土文化則開始復甦。進一步現代化再改變了西方和非西方社會文明權力的均勢，並加強了對本土文化的投入。

　　在早期變革階段，西化因而促進了現代化。但到晚期階段，現代化又以兩種方式促成非西化及本土文化的再生。就社會層面而論，現代化提高了社會上整體的經濟、軍事和政治力，鼓勵社會上的人民對他們的文化要有信心，並有自己的文化主張；但在個人層面上，現代化製造了疏離感和社會失序，因為傳統的社會關係已被打破，並導致定位危機，而宗教則提供了一個答案。圖 3-2 簡單地呈現這個因果關係。

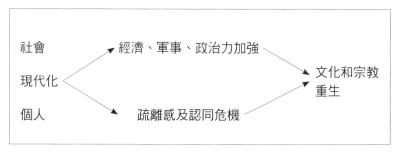

圖 3-2　現代化及文化重生

這套假設的一般模式和社會科學理論及歷史經驗不謀而合。詳細檢討「不變的假設」現有的證據之後，包姆（Rainer Baum）的結論是：「人類不斷尋找有意義的威權及有意義的個人自主性，而這正表現於獨特的文化時尚上。在這些事情上，對邁向跨文化的同質性世界顯然並沒有交集；相反的，在歷史上和現代化早期階段，這些模式似已以獨特的形式發展出不變的常態。」[41] 弗羅本紐斯（Le Frobenius）、史賓格勒和波茲曼等人所闡述的理論強調，接受文明的一方選擇性的從其他文明引進一些項目，並加以調適、轉變、同化，以加強並保障本土文化核心價值的存續。[42] 世界上幾乎所有非西方文明都至少存在 1000 年，在某些情形下，甚至已經存在數千年。它們為了提高自己的存活希望而向其他文明取經，已經有紀錄可考。學者都同意，中國從印度引進佛教，卻未將中國「印度化」。中國人依中國的目的和需求修改佛教，中國文化仍是中國的。今天，中國人不斷推翻西方意圖將其基督教化的密集計畫。如果在某段時期，他們真的進口基督教，料將會被吸收修改，以便和中國文化的核心要素相容。同樣的，信奉伊斯蘭教的阿拉伯人「為了功利原因，接受、重視並利用希臘人的遺業。由於大部分人對引進某種外來的形式或技術層面感興趣，他們知道如何揚棄希臘思想架構所有的構成要素，因為這會和他們在可蘭經基本形式和訓誡中所建立的『真理』相牴觸」[43]。日本也是類似的模式。在第 7 世紀，日本進口中國的文化，並「自動自發的加以轉變，未受高等文明的經濟和軍事壓力」。「隨後幾世紀，在不受大陸影響的相對孤立時期，將過去所引進的東西分門別類理清，吸收可用的部分，然後重新接觸移植」[44]。經過所有這些階段後，日本文化仍維持其特質。

　　比較溫和的凱末爾主義者稱，非西方社會可能藉著尚未證

實的西化而現代化；極端的凱末爾主義者則說，非西方社會必須西化才能現代化。這種論調並非世界性的提議，卻引發了一個問題：有沒有哪一種非西方社會，由於本土文化對現代化所構成的障礙太大，如果推動現代化，本土文化勢必被西方文化大幅換血？理論上，這在完美的文化中比在中介文化中可行性更高。中介文化「的特色是有一大部分的中介目標，這類目標和終極目標不同也無關」。這些制度「在變革本身全面撒下傳統的網，而得以輕易創新。……這類制度可以創新，而不須要根本改變其社會制度。創新是為了換取不朽」。相形之下，完美的制度「其特色是中介和終極目標之間關係密切……社會、國家、權威等等都是維繫周密、極為強固的制度的一環，在其間，宗教普遍被視為認知的指南。這類制度對創新充滿相當的敵意」[45]。艾普特（David E. Apter）使用這些分類來分析非洲族群的改變。艾森史塔特在偉大的亞洲文明上進行類似的分析，結果得到類似的結論。內部的蛻變「由社會、文化和政治制度自主性來大力推動」[46]。由於這個理由，比較實用主義的日本和印度社會，比起儒家和伊斯蘭社會文明更早也更容易推動。它們更能進口現代科技，並利用它來補強現有的文化。這是否意味著，中國和伊斯蘭社會不是必須放棄現代化和西化，就是必須同時擁抱這兩者？選擇似乎沒那麼少。除了日本、新加坡、台灣、沙烏地阿拉伯，及較廣義的伊朗，已經成為現代化社會，但並未西化。事實上，伊朗國王想走凱末爾主義的路，的確產生強烈的反西方而非反現代化的反應。中國顯然已經走上改革之路。

伊斯蘭社會調適現代化，則路途多艱。派普斯支持他所稱，在指向伊斯蘭教和現代化在利率、齋戒、遺產法和女性投入工作等經濟事宜上衝突時指稱西化是先決條件。但他在引述羅汀遜

（Maxine Rodinson）時也同意他所稱，「伊斯蘭教無法以任何強制的方式阻止伊斯蘭世界不沿現代資本主義的道路發展」，他並稱：

> 除了經濟問題外，在大部分事務上伊斯蘭教和現代化並不互相衝突。虔誠的穆斯林可以主修科學，在工廠有效率的工作，或利用先進武器。現代化不需要某一種政治思想或幾套制度，選舉、國家疆界、公民意識和其他西方生活指標並非經濟發展所必需。作為宗教信條，伊斯蘭教滿足了管理顧問和農民，伊斯蘭律法對伴隨現代化而生的改變、像從農業轉型為工業，從鄉村到都市，或從社會安定到社會流動，並無異議；它也不侵害群眾教育、快速傳播、新式運輸或健保等事宜。[47]

同樣的，即使是極力主張反西方和恢復本土文化的人，在使用現代電子郵件、錄音帶和電視來推銷他們的理念時也毫不遲疑。

現代化，簡而言之，不一定意味著西化。非西方社會可以現代化，完成現代化後，未必要放棄它們自己的文化來全盤採取西方價值觀、制度和措施。後者的確也許幾乎不可能：不管非西方文化在現代化過程中遭遇什麼障礙，在和西化相比時，往往小巫見大巫。誠如布勞岱所觀察的，認定現代化或「單一文明的勝利」可以導致數世紀來一直包含於世界偉大文明中的多數歷史文化終結，這種想法是「幼稚的」。[48] 相反的，現代化加強那些文化，並降低西方的強勢。在基本的方式上，世界越來越現代化，但比較少西化。

註釋

1. V. S. Naipaul, "Our Universal Civilization," The 1990 Wriston Lecture, The Manhattan Institute, *New York Review of Books*, 30 October 1990, p. 20。

2. See James Q. Wilson, *The Moral Sense* (New York: Free Press, 1993); Michael Walzer, *Thick and Thin: Moral Argument at Home and Abroad* (Notre Dame: University of Notre Dame Press, 1994)。尤其是第一～四章，簡短的概要，參見 Frances V. Harbour, "Basic Moral Values: A Shared Core," *Ethics and International Affairs*, 9 (1995), 155-170。

3. Vaclav Havel, "Civilization's Thin Veneer" *Harvard Magazine*, 97 (July-August 1995), 32。

4. Hedley Bull, *The Anarchical Society: A Study of Order in World Politics* (New York: Columbia University Press, 1977), p. 317。

5. John Rockwell, "The New Colossus: American Culture as Power Export," and several authors, "Channel-Surfing Through U. S. Culture in 20 Lands," *New York Times*, 30 January 1994, sec. 2, pp. 1 ff; David Rieff, "A Global Culture," *World Policy Journal*, 10 (Winter 1993-94), 73-81。

6. Michael Vlahos, "Culture and Foreign Policy," *Foreign Policy*, 82 (Spring 1991), 69; Kishore Mahbubani, "The Dangers of Decadence: What the Rest Can Teach the West," *Foreign Affairs*, 72 (Sept./Oct. 1993), 12。

7. Aaron L. Friedberg, "The Future of American Power," *Political Science Quarterly*, 109 (Spring 1994), 15。

8. Richard Parker, "The Myth of Global News," *New Perspectives Quarterly*, 11 (Winter 1994), 41-44; Michael Gurevitch, Mark R. Levy, and Itzhak Roeh, "The Global Newsroom: convergences and diversities in the globalization of television news," in Peter Dahlgren and Colin Sparks, ed., *Communication and Citizenship: Journalism and the Public Sphere in the New Media* (London: Routledge, 1991), p.215。

9. Ronald Dore, "Unity and Diversity in World Culture," in Hedley and Adam Watson, eds., *The Expansion of International Society* (Oxford: Oxford University Press, 1984), p. 423。

10. Robert L. Bartiey, "The Case for Optimism – The West Should Believe in Itself," *Foreign Affairs*, 72 (Sept./Oct. 1993), 16。

11. See Joshua A. Fishman, "The Spread of English as a New Perspective for the Study of Language Maintenance and Language Shift," in Joshua A. Fishman, Robert L. Cooper, and Andrew W. Conrad, *The Spread of English: The Sociology of English as an Additional Language* (Rowley, MA: Newbury House, 1977), pp. 108ff。

12. Fishman, "Spread of English as a New Perspective," pp. 118-119。

13. Randolf Quirk, in Braj B. Kachru, *The Indianization of English* (Delhi: Oxford, 1983), p. ii; R. S. Gupta and Kapil Kapoor, eds., *English in India-Issues and Problems* (Delhi: Academic Foundation, 1991), p. 21. Cf. Sarvepalli Gopal, "The English Language in India,"

Encounter, 73 (July/Aug. 1989), 16；他估計約 3,500 萬印度人「能說寫某種英文」。World Bank, *World Development Report 1985, 1991* (New York: Oxford University Press), table 1。

14. Kapoor and Gupta, "Introduction," in Gupta and Kapoor, eds., *English India*, p.21; Gopal, "English Language," p. 16。

15. Fishman, "Spread of English as a New Perspective," p. 115。

16. See *Newsweek*, 19 July 1993, p. 22。

17. Quoted by R. N. Srivastava and V. P. Sharma, "Indian English Today," in Gupta and Kapoor, eds., *English in India*, p. 191; Gopal, "English Language," p. 17。

18. *New York Times*, 16 July 1993, p. A9; *Boston Globe*, 15 July 1993, p.13。

19. 除《世界基督教百科全書》（*World Christian Encyclopedia*）所作的預測，另見 Jean Bourgeois-Pichat, "Le nombre des hommes: État et prospective," in Albert Jacquard et al., *Les Scientifiques Parlent* (Paris: Hachette, 1987), pp. 140, 143, 151, 154-156。

20. Edward Said on V.S. Naipaul, quoted by Brent Staples, "Con Men and Conquerors," *New York Times Book Review*, 22 May 1994, p.42。

21. A. G. Kenwood and A. L. Lougheed, *The Growth of the International Economy 1820-1990* (London: Routledge, 3rd ed., 1992), pp. 78-79; Angus Maddison, *Dynamic Forces in Capitalist Development* (New York: Oxford University Press, 1991), pp. 326-327; Alan S. Blinder, *New York Times*, 12 March 1995, p. 5E。

22. David M. Rowe, "The Trade and Security Paradox in International Ploitics," (unpublished manuscript, Ohio State University, 15 Sept. 1994), p. 16。

23. Dale C. Copeland, "Economic Interdependence and War: A Theory of Trade Expectations," *International Security* 20 (Spring 1996), 25。

24. William J. McGuire and Claire V. McGuire, "Content and Process in the Experience of Self," *Advances in Experimental Social Psychology*, 21 (1988), 102。

25. Donald L. Horowitz, "Ethnic Conflict Management for PolicyMakers," in Joseph V. Montville and Hans Binnendijk, eds., *Conflict and Peacemaking in Multiethnic Societies* (Lexington, MA: Lexington Books, 1990), p. 121。

26. Roland Robertson, "Globalization Theory and Civiliztional Analysis," *Comparative Civilizations Review*, 17 (Fall 1987), 22; Jeffery A. Shad, Jr., "Globalization and Islamic Resurgence," *Comparative Civilizations Review*, 19 (Fall 1988), 67。

27. See Cyril E. Black, *The Dynamics of Modernization: A Study in Comparative History* (New York: Harper & Row, 1966), pp. 1-34; Reinhard Bendix, "Tradition and Modernity Reconsidered," *Comparative Studies in Society and History*, 9 (April 1967), 292-293。

28. Fern and Braudel, *On History* (Chicago: University of Chicago Press, 1980), p. 213。

29. 有關西方文明特色的文獻十分浩瀚，像麥克尼爾（William H. McNeill），《西方的興起：人類社會史》（*Rise of the West: A History of the Human Community* [Chicago: University of Chicago Press, 1963]）；布勞岱，《論歷史》及更早期的作品；瓦勒斯坦（Immanuel Wallerstein），《地緣政治學及地緣文化：論改變

中的世界制度》（*Geopolitics and Geoculture: Essays on the Changing World-System* [Cambridge: Cambridge University Press, 1991]）。德意希（Karl W. Deutsch）就西方和其他九大文明提出一套周延、精簡及高度暗示性的比較，強調西方和其他文明在地理分布、文化、經濟、技術、社會和政治因素上的差異。參閱 Karl W. Deutsch, "On Nationalism, World Regions, and the Nature of the West," in Per Torsvik, ed., *Mobilization, Center-Periphery Structures, and Nation-building: A Volume in Commemoration of Stein Rokkan* (Bergen: Universi-tetsforlaget, 1981), pp. 51-93。有關 1500 年西方文明明顯特色的簡明版，參閱 Charles Tilly, "Reflections on the History of European Statemaking," in Tilly, ed., *The Formation of National States in Western Europe* (Princeton: Princeton University Press, 1975), pp. 18ff。

30. Deutsch, "Nationalism, World Regions, and the West," p. 77。

31. See Robert D. Putnam, *Making Democracy Work: Civil Traditions in Modern Italy* (Princeton: Princeton University Press, 1993), p.121ff。

32. Decutsch, "Nationalism, World Regions, and the West," p. 78. See also Stein Rokkan, "Dimensions of State Formation and Nationbuilding: A Possible Paradigm for Research on Variations within Europe." In Charles Tilly, *The Formation of National States in Western Europe* (Princeton: Princeton University Press, 1975), p. 576, and Putnam, *Making Democracy Work*, pp. 124-127。

33. Geert Hofstede, "National Cultures in Four Dimensions: A Research-based Theory of Cultural Differences among Nations," *International Studies of Management and Organization*, 13 (1983), 52。

34. Harry C. Triandis, "Cross-Cultural Studies of Individualism and Collectivism," in *Nebraska Symposium on Motivation 1989* (Lincoln: University of Nebraska Press, 1990), 44-133, and *New York Times*, 25 December 1990, p. 41. See also George C. Lodge and Ezra F. Vogel. eds., *Ideology and National Competitiveness: An Analysis of Nine Countries* (Boston: Harvard Business School Press 1987), passim。

35. 有關文明互動的討論幾乎無可避免的總會出現這類反應。參閱 Amold J. Toynbee, *Study of History* (London: Oxford University Press, 1935-61), II, 187ff., VIII, 152-153, 214; John L. Esposito, *The Islamic Threat: Myth or Reality* (New York: Oxford university Press, 1992), pp. 53-62; Daniel Pipes, *In the Path of God: Islam and Political Power* (New York: Basic Books, 1983), pp. 105-142。

36. Pipes, *Path of God*, p. 349。

37. William Pfaff, "Reflections: Economic Development," *New Yorker*, 25 December 1978, p. 47。

38. Pipes, *Path of God*, pp. 197-198。

39. Ali Al-Amin Mazrui, *Cultural Forces in World Politics* (London: James Currey, 1990), pp. 4-5。

40. Esposito, *Islamic Threat*, p. 55; See generally, pp. 55-62; and Pipes, *Path of God*, pp. 114-120。

41. Rainer C. Baum, "Authority and Identity-The invariance Hypothesis II," *Zeitschrift fur Soziologie*, 6 (Oct. 1977), 368-369. See also Rainer C. Baum, "Authority Codes: The Invariance Hypothesis," *Zeitschrift fur Soziologie*, 6 (Jan. 1977), 5-28。

42. See Adda B. Bozeman, "Civilizations Under Stress," *Virginia Quarterly Review*, 51 (Winter 1975), 5ff.; Leo Frobenius, *Paideuma: Umrisseeiner Kultur-und Seelenlehre* (Munich: C. H. beck, 1921), pp. 11ff; Oswald Spengler, *The Decline of the West* (New York: Alfred A. Knopf, 2 vols., 1926, 1928), II, 57ff。

43. Bozeman, "Civilizations Under Stress," p. 7。

44. William E. Naff, "Reflections on the Question of 'East and west' from the Point of View of Japan," *Comparative Civilizations Review*, 13/14 (Fall 1985 & Spring 1986), 222。

45. David E. Apter, "The Role of Traditionalism in the Political Modernization of Ghana and Uganda," *World Politics*, 13 (Oct. 1960), 47-68。

46. S. N. Eisenstadt, "Transformation of Social, Political, and Cultural Orders in Modemization," *American Sociological Review*, 30 (Oct. 1965), 659-673。

47. Pipes, *Path of God*, pp. 107, 191。

48. Braudel, *On History*, pp. 212-213。

Part
II

變動中
的文明均勢

The Clash of Civilizations and the Remaking of World Order

Chapter

4

西方的消退
權力、文化和本土化

西方強權：優勢和沒落

西方強權和其他文明的關係由兩張圖可見一斑。第一張是西方壓倒性的勝利，幾乎全面占優勢。前蘇聯解體，除去對西方唯一嚴重的挑戰，世界仍將由西方主要國家的目標、優先要務和利益塑造而成，其間也許偶爾還有日本為西方助勢。身為世界唯一超強，美國和英法兩國就政治安全等重大問題作成重要決策；美國也和德日兩國就經濟問題作成重大決定。西方是唯一在每個其他文明或地區都有重大利益的文明，也有能力影響其他每個文明或地區的政治、經濟和安全。其他文明社會通常需要西方的協助，以達成它們的目標並保護其利益。西方各國，如一位作者所歸納的：

- 擁有和操作國際銀行體系。

- 控制所有強勢貨幣。
- 是世界上的消費大國。
- 提供全球大部分的商品。
- 主導國際資本市場。
- 在很多社會中行使相當大的道德領導力量。
- 有能力作大規模軍事干預。
- 控制海路。
- 進行最先進的科技研發。
- 控制最先端的科技教育。
- 主控太空計畫。
- 控制航太工業。
- 控制國際傳播通訊。
- 控制高科技的武器工業。[1]

第二張西方圖像完全不同。這是一個正在沒落的文明，相對於其他文明，西方的政治、經濟和軍力都在走下坡。西方在冷戰時期的勝利並未因而帶來成功，反而資源枯竭。西方越來越關切國內的問題和需要，因為它面臨經濟成長遲緩、人口停滯、失業、政府龐大赤字、工作倫理式微、低儲蓄率，及美國等不少國家社會解體、毒品和犯罪等問題。經濟力量正快速移轉到東亞，軍力和政治影響力則正準備跟進移轉。印度正在經濟起飛的邊緣，伊斯蘭世界對西方的敵意越來越重，其他社會接受西方擺布或唯命是從的意願已經迅速消失，西方的自信和主控的意願也跟著消失。到 1980 年代末，美國沒落論引起各方激辯，到 1990 年代中期，一個平衡的分析得到有點類似的結論：

> 在很多重要的問題上，美國的相對力量將加速式微。

以其原始的經濟力為例，美國的地位相對於日本乃至於中國，很可能進一步流失。在軍事方面，美國和幾個正在成長的區域強權（也許包括伊朗、印度和中國）之間戰鬥實力的均勢，將從中央轉移到外圍地區。美國有些結構力量將流向其他國家，有些（包括軟性的力量）也流向多國企業等非國家角色手中。[2]

這兩張描繪西方在世界地位的圖形成強烈的對比，到底哪一張比較接近事實？答案當然是：兩者皆是。西方不但今天壓倒性的主導世界，在邁入 21 世紀時，其力量和影響力仍將高居世界之冠。但不同文明間的均勢，仍在緩緩進行堅定不移的基本變革。相對於其他文明，西方勢力將繼續式微，當西方第一的地位遭到侵蝕後，大部分權力將消失無蹤，其他權力則將向幾大文明及其核心國家不同的區域擴散，其中尤以亞洲文明的力量增幅最大，而中國也將逐步嶄露頭角，成為在全球影響力上最可能向西方挑戰的社會。這些不同文明間的權力移轉，將繼續帶動非西方社會的文化自我肯定，並越來越排斥西方文化。

西方的沒落有三大特點。

第一，過程緩慢。西方花了 400 年才使其勢力得以勃興，其沒落也可能得花同樣長的時間。1980 年代，知名英國學者布爾指稱：「歐洲或西方控制了國際社會，這種優勢也許在西元 1900 年即已達到巔峰。」[3] 德國哲學家史賓格勒所著《西方的沒落》第一卷早在 1918 年就問世，其「西方沒落」一直是 20 世紀歷史的中心主題。這個過程延續了 20 世紀大半時候，但可以想見，它也可能加速進行。經濟成長和國家其他力量的增加多呈 S 曲線進行，起步緩慢，加速後再降低擴張的速度，最後再平穩下來。

國家的沒落也可能沿倒 S 形曲線行進，前蘇聯就是最現成的例子，起步平穩、加速度、跌到谷底。西方的沒落仍是開始時緩慢，但在某一時點上可能大幅加速。

第二，沒落並非直線進行，而是極不規則的，在西方顯示其弱點後，西方勢力時而中斷、時而逆轉，再抬頭。西方開放的民主社會有很大的空間可以重建，此外，不像很多文明，西方有兩大權力核心。布爾所謂的沒落大約始於 1900 年，主要是西方文明中的歐洲成分日漸式微。而從 1910 ～ 1945 年，歐洲鬧內訌，正忙於處理內部的經濟、社會和政治問題。到 1940 年代，美國主控下的西方登場，而在 1945 年，美國曾短暫的控制世界，其程度幾乎和 1918 年協約國的力量相當。戰後的「非殖民地化」進一步降低歐洲的影響力，但美國未受影響，一個新的跨國帝國主義取代傳統的本土帝國。但在冷戰時期，美國的軍力和前蘇聯只在伯仲之間，而美國的經濟力量則相對於日本來說逐漸式微，但的確會出現周期性的軍事和經濟重建計畫。1991 年，另一位知名的英國學者布贊（Barry Buzan）曾說：「比較深一層的事實是：自非殖民地化展開以來，核心地區現在比起任何時候要占優勢，周邊地區則變得更為從屬。」[4] 但這項觀察的正確性，隨著引發這項觀察的軍事勝利走入歷史而消退。

第三，權力是一個人或團體改變另一個人或團體行為的能力。行為也許透過勸誘、強制或獎勵等方式改變，而行使權力的人要有經濟、軍事、制度、人口統計學、政治、技術、社會或其他方面的資源。一個國家或團體的權力因此通常是由計算它們手中可以自由使用的資源，和其所試圖影響的國家或團體的資源的對比來衡量。西方擁有大部分、但並非全部重要的權力資源，並在 20 世紀初達到巔峰，其後，相對於其他文明，開始走下坡。

領土和人口

1490 年，西方社會控制了巴爾幹之外歐洲半島大部分地區，或全球土地面積（南北極除外）5,250 萬平方哩中的 150 萬平方哩。在 1920 年領土擴張的巔峰時期，西方直接統治了大約 2,550 萬平方哩的土地，將近地球土地面積的一半。到 1993 年，西方對領土的控制已經減半為大約 1,270 萬平方哩。西方重新回歸原始的歐洲核心，加上其移民在北美、澳洲和紐西蘭占有廣闊的土地。相形之下，獨立的伊斯蘭社會領土從 1920 年的 180 萬平方哩，增加為 1993 年的逾 1,100 萬平方哩。人口的控制也出現類似的變化。1900 年，西方人口占世界人口的 30% 左右，而西方政府當時統治了將近 45% 的人口，到 1920 年則統治了 48%。到 1993 年，除了少數帝國主義殘存的小型殖民地，如香港，西方政府只統治西方人。西方人略增為占所有人類的 13% 以上，並將在 21 世紀初跌到 11% 左右，而在西元 2025 年再降為 10%。[5] 以總人口而論，1993 年，西方排行第四，在中國、伊斯蘭和印度文明之後。

在量的方面，西方人在世界人口中自然逐步減少而成為少

表 4-1　1990 ～ 1993 年在各文明的政治控制下的地區[①]

估計不同文明所占土地面積（以千平方哩計）								
年分	西方	非洲	中國	印度	伊斯蘭	日本	拉丁美洲	東正教	其他
1900	20,290	164	4,317	54	3,592	161	7,721	8,733	7,468
1920	25,447	400	3,913	54	1,181	261	8,098	10,258	2,258
1971	12,806	4,636	3,936	1,316	9,183	142	7,833	10,346	2,302
1993	12,711	5,682	3,923	1,279	11,054	145	7,819	7,169	2,718

占世界土地百分比[2]								
年分	西方	非洲	中國	印度	伊斯蘭	日本	拉丁美洲	東正教	其他
1900	38.7	0.3	8.2	0.1	6.8	0.3	14.7	16.6	14.3
1920	48.5	0.8	7.5	0.1	3.5	0.5	15.4	19.5	4.3
1971	24.4	8.8	7.5	2.5	17.5	0.3	14.9	19.7	4.4
1993	24.2	10.8	7.5	2.4	21.1	0.3	14.9	13.7	5.2

備註：①占世界領土比例估計值以表述年分之國界為準。
　　　②世界領土估計約 5,250 萬平方哩，不含南極洲。

來源：*Statesman's Year-Book* (New York: St. Martin's Press, 1901-1927); *World Book Atlas* (Chicago: Field Enterprises Educational Corp., 1970); *Britannica Book of the Year* (Chicago：Encyclopaedia Britannica, Inc., 1992-1994)。

表 4-2　世界各大文明所屬國家總人口，**1993** 年（以千人計）

中國	1,340,900	拉丁美洲	507,500
伊斯蘭	927,600	非洲	392,100
印度	915,800	東正教	261,300
西方	805,400	日本	124,700

來源：數字估算採自：*Encyclopaedia Britannica, 1994 Book of the Year* (Chicago:Encyclopaedia Britannica, 1994), pp. 764-769。

數；在質的方面，西方和其他人口間的均勢也正在改變。非西方人變得比較健康和都市化、識字率提高、受比較良好的教育。1990 年代初，拉丁美洲、非洲、中東、南亞、東亞和東南亞的嬰兒死亡率，約為 30 年前的三分之一到二分之一。這些地區的平均壽命大幅提高，至於延長的壽命從非洲的 11 年，到東亞的 23 年不等。1960 年代初，在大部分第三世界國家，成年人口不到三

表 4-3　各文明政治控制下的人口占世界人口的百分比，1900 ～ 2025 年（以百分比計）[①]

年分	世界總人口[②]	西方	非洲	中國	印度	伊斯蘭	日本	拉丁美洲	東正教	其他
1900	1.6	44.3	0.4	19.3	0.3	4.2	3.5	3.2	8.5	16.3
1920	1.9	48.1	0.7	17.3	0.3	2.4	4.1	4.6	13.9	8.6
1971	3.7	14.4	5.6	22.8	15.2	13.0	2.8	8.4	10.0	5.5
1990	5.3	14.7	8.2	24.3	16.3	13.4	2.3	9.2	6.5	5.1
1995	5.8	13.1	9.5	24.0	16.4	15.9[③]	2.2	9.3	6.1[④]	3.5
2010	7.2	11.5	11.7	22.3	17.1	17.9	1.8	10.3	5.4	2.0
2025	8.5	10.1	14.4	21.0	16.9	19.2	1.5	9.2	4.9	2.8

備註：①占世界人口比例估計值以表述年分之國界為準。1995 ～ 2025 年人口估計值以 1994 年邊界為準。
②世界人口估計值（以 10 億計）。
③估計值不包括獨立國家國協或波士尼亞。
④估計值包括獨立國家國協、喬治亞和前南斯拉夫。

來源：United Nations, Population Division, Department for Economic and Social Information and Policy Analysis, *World Population Prospects, The 1992 Revision* (New York: United Nations, 1993); *Statesman's Year-Book* (New York: St. Martin's Press, 1901-1927); *World Almanac and Book of Facts* (New York：Press Pub. Co., 1970-1993)。

分之一識字；到 1990 年代初，除了非洲，極少國家的人口識字率不到一半，大約 50% 印地安人及 75% 的中國人可以讀寫。開發中國家 1970 年的識字率平均 41%，1992 年則增加為 71%。到 1990 年代初，也許除了非洲，每個地區幾乎整個年齡層都接受基本教育。最重要的是到 1960 年代初，亞洲、拉丁美洲、中東和非洲，不到三分之一適齡人口接受中等學校教育；1990 年代初，除了非洲，這個年齡層有一半入學。1960 年，都市居民占比較低

度開發世界人口的不到四分之一；但在 1960 ～ 1992 年之間，都市人口的百分比，在拉丁美洲從 49% 增加為 73%，在阿拉伯國家則從 34% 增加為 55%，非洲從 14% 增加為 29%，中國從 18% 增加為 27%，印度則從 19% 增加為 26%。[6]

識字率、教育和都市化的轉變，創造了社會流動人口，他們能力提高、期望也高，他們可以為了政治目的被動員，不識字的農民則不行。有社會流動性的社會，是比較有活力的社會。在 1953 年，識字的伊朗人不到 15%，都市人口也不到 17%，羅斯福和幾名中央情報局幹員輕而易舉的鎮壓一起暴亂，幫伊朗國王復辟。到了 1979 年，伊朗人有一半識字，並有 47% 住在都市裡，美軍已經無力幫國王巴勒維保住王位。中國、印度、阿拉伯及非洲人和西方人、日本人、俄國人仍有道鴻溝，但這道鴻溝正迅速縮小，而且同時出現了一種不同的鴻溝。西方人、日本人和俄國人的平均年齡正穩定提高，而且大部分不再工作的人口對那些仍在工作的人形成越來越大的負擔。其他文明則因生育過多，而成為沉重的負擔，但兒童是未來工作和作戰的主力。

經濟產值

西方占全球經濟產值的比例到 1920 年代達到高峰，顯然自第二次世界大戰以來就走下坡。1750 年，中國幾乎占世界製造總值的三分之一，印度約占四分之一，西方則占不到五分之一。到 1830 年，西方略微超前中國。隨後數十年，一如白洛克（Paul Bairoch）所說，西方工業化導致世界其他地方非工業化。到 1913 年，非西方國家的製造業總值約只及 1800 年的三分之二。19 世紀中葉開始，西方所占的比例大幅增加，到 1928 年占世界總產值的 84.2% 時達到最高峰。此後，西方所占比例漸降，開始沒落，

經濟一直微幅成長，而比較低度工業化的國家，則在二次大戰後迅速擴大其產值。到 1980 年，西方占全球製造總產值的 57.8%，大約和 120 年前，也就是 1860 年代相當。[7]

表 4-4 不同文明或國家所占世界製造產值比例，1750 ～ 1980 年（以百分比計算，世界總人口 = 100%）

國家	1750	1800	1830	1860	1880	1900	1913	1928	1938	1953	1963	1973	1980
西方	18.2	23.3	31.1	53.7	68.8	77.4	81.6	84.2	78.6	74.6	65.4	61.2	57.8
中國	32.8	33.3	29.8	19.7	12.5	6.2	3.6	3.4	3.1	2.3	3.5	3.9	5.0
日本	3.8	3.5	2.8	2.6	2.4	2.4	2.7	3.3	5.2	2.9	5.1	8.8	9.1
印度／巴基斯坦	24.5	19.7	17.6	8.6	2.8	1.7	1.4	1.9	2.4	1.7	1.8	2.1	2.3
俄羅斯／前蘇聯①	5.0	5.6	5.6	7.0	7.6	8.8	8.2	5.3	9.0	16.0	20.9	20.1	21.1
巴西／墨西哥	-	-	-	0.8	0.6	0.7	0.8	0.8	0.8	0.9	1.2	1.6	2.2
其他	15.7	14.6	13.1	7.6	5.3	2.8	1.7	1.1	0.9	1.6	2.1	2.3	2.5

備註： ①包括冷戰時期的華沙公約國。

來源： Paul Bairoch, "International Industrialization Levels form 1750 to 1980," *Journal of European Economic History* (Fall 1982), pp. 269-334。

有關二次大戰前經濟總產值的可靠資料仍付諸闕如。但在 1950 年，西方占世界總產值的 64% 左右；到 1980 年代，這個比率降到 49%（見表 4-5）。到了西元 2013 年，根據一項估計，西方將只占世界總產值的 30%。而根據另一項估計，到 1991 年，世界七大經濟體有四個並非西方國家：日本占第二位、中國占第

三位、俄羅斯占第六位、印度占第七位。1992 年，美國是世界最大的經濟體，而世界十大經濟體中包括五個西方國家，加上其他五大文明的主要國家中國、日本、印度、俄羅斯和巴西。在西元 2020 年，可信的預測顯示，五大經濟體將散布於五個不同的文明中，而最重要的十大經濟體將只包括三個西方國家。西方這種相對的式微，當然大部分是東亞快速竄升所造成。[8]

表 4-5　不同文明占世界經濟總產值百分比，1950 ～ 1992 年（以百分比計）

年分	西方	非洲	中國	印度	伊斯蘭	日本	拉丁美洲	東正教[1]	其他[2]
1950	64.1	0.2	3.3	3.8	2.9	3.1	5.6	16.0	1.0
1970	53.4	1.7	4.8	3.0	4.6	7.8	6.2	17.4	1.1
1980	48.6	2.0	6.4	2.7	6.3	8.5	7.7	16.4	1.4
1992	48.9	2.1	10.0	3.5	11.0	8.0	8.3	6.2	2.0

備註：① 1992 年信奉東正教估計值包括前蘇聯和南斯拉夫。
　　　② 「其他」包括其他文明及四捨五入的誤差。

來源：1950、1970、1980 年的百分比按 Herbert Block, *The Planetary Product in 1980：A Creative Pause?*（Washington, D. C.：Bureau of Public Affairs, U.S. Dept. of State, 1981），pp. 30-45 的固定美元計算。1992 年百分比按，*World Development Report*（New York：Oxford University Press, 1994）表 30 所列世界銀行購買力平價估計。

　　經濟總產值部分模糊了西方在品質上所占的優勢。西方和日本幾乎完全壟斷科技工業。科技已經廣為傳播，如果西方希望維持優勢，可能會盡可能減少這種傳播。但由於西方創造了一個互相連結的世界，要減緩科技散播到其他文明已經越來越難。此外，冷戰時代有一個公認的強權威脅，面對這一威脅，科技管制還算有效，如今沒有了那種威脅，管制甚難。

綜觀歷史，中國可能大部分時間都身為世界最大的經濟體。20 世紀下半葉，非西方社會的科技普及加上經濟發展，那個歷史模式正在重現。這將是個緩慢的進程，但到 21 世紀中葉或更早，主要文明分配到的經濟產品和總產值也可能和 1800 年近似。西方在世界經濟中長達 200 年的「光點」也將熄滅。

軍力

軍方有四個層次：量方面包括兵員、武器、設備和資源的數目；科技方面包括武器和設備的效力和精密度；組織方面包括部隊的協調、紀律、訓練和士氣，以及指揮和管制的關係；社會方面包括社會有效行使軍力的能力和意願。在 1920 年代，西方在所有這些層面上遙遙領先。但自此以後，西方軍力相對於其他文明已經沒落，這種沒落反映於軍事人員均勢的變動，這是衡量軍力的一個尺度，雖然顯然不是最重要的尺度。現代化和經濟發展，使國家擁有資源和意願發展軍力，而且大部分國家都這麼做。1930 年代，日本和蘇聯一如它們在第二次世界大戰時所證明的，創造了非常強盛的軍力。在冷戰時期，蘇聯擁有世界上兩個最強大的軍力之一。目前，西方仍壟斷在世界各地部署大規模傳統兵力的能力，它是否能繼續維繫那種能力仍不確定，但未來數十年，沒有一個非西方國家或一群國家可以擘建與此相當的兵力，理論上似乎也可以確定。

整體而言，冷戰後數年全球軍力的發展由五大趨勢主導。

第一，蘇聯的武裝部隊在前蘇聯瓦解後不久解體。除了俄羅斯，只有烏克蘭接收了可觀的兵力。俄羅斯部隊不但大幅縮編，還從中歐和波羅的海各國撤軍。華沙公約廢除了，向美國海軍挑戰的目標也已放棄。軍事設備已經拆除，或任其投閒置散直到無

表 4-6　各大文明占世界軍力比例（百分比）[1]

年分	世界總兵力	西方	非洲	中國	印度	伊斯蘭	日本	拉丁美洲	東正教	其他
1900	10,086	43.7	1.6	10.0	0.4	16.7	1.8	9.4	16.6	0.1
1920	8,645	48.5	3.8	17.4	0.4	3.6	2.9	10.2	12.8[2]	0.5
1970	23,991	26.8	2.1	24.7	6.6	10.4	0.3	4.0	25.1	2.3
1991	25,797	21.1	3.4	25.7	4.8	20.0	1.0	6.3	14.3	3.5

備註：①估計值以表述年分通行國界為準。世界（現役）陸軍總兵力按表述年分估算。
　　　②前蘇聯的數字按 1924 年 J. M. Mackintosh in B. H. Liddell-Hart, *The Red Army: The Red Army — 1946 to present*（New York：Harcourt, Brace,1956）中的數字估算。

來源：U.S.Arms Control and Disarmament Agency, *World Military Expenditures and Arms Transferrs*（Washington, D.C.: The Agency, 1971-1994）; *Statesman's Year-Book*（New York: St. Martin's Press, 1901-1927）。

法運作。國防預算分配大幅刪減，官兵士氣低落。同時，俄羅斯軍方正在重新界定他們的任務和主義，並為了保護俄羅斯的新角色而重新編組，以處理在鄰近的外國所發生的區域衝突。

其次，大幅刪減俄羅斯軍力，連帶使西方的軍事開支、部隊和兵力大幅緩慢滑落。按照布希和柯林頓政府的計畫，美國軍事開支從 1990 年的 3,423 億美元（按 1994 年的美元計算）重挫 35%，到 1998 年為 2,223 億美元。當年的兵力結構將只及冷戰結束時的一半到三分之二。軍事人員總額也將從 210 萬銳減為 140 萬人。很多重大的武器方案已經或正在取消。1985 ～ 1995 年間，每年所購買的重要軍火中，船隻從 29 艘減為 6 艘，飛機從 943 架劇減為 127 架，戰車從 720 輛減為 0 輛，戰略飛彈則從 48 枚減為 18 枚。從 1980 年代末起，英國和德國都經歷同樣刪減國防經費和軍力的過程，法國也一樣，只是規模較小。在 1990 年代中期，

德國武裝部隊將從 37 萬人刪減為 34 萬，甚至可能減為 32 萬；法國部隊則預定從 1990 年的 29 萬，減少為 1997 年的 22 萬 5,000 人；英國兵力已經從 1985 年的 37 萬 7,100 人，縮減為 1993 年的 27 萬 4,800 人。北大西洋公約組織在歐陸的會員國也縮短服役年限，並就可能放棄徵兵制展開辯論。

第三，東亞的趨勢和俄羅斯及西方迥異。提高軍費及改善兵力是當務之急，隨中國亦步亦趨。受到中國經濟繁榮及建軍刺激，其他東亞國家爭相將其軍力現代化及擴編。日本不斷改良其十分精密先進的軍力；台灣、南韓、泰國、馬來西亞、新加坡和印尼則提高軍費，向俄羅斯、美國、英國、法國、德國和其他國家購買戰機、戰車和船艦。在 1985 ～ 1993 年間，北約的國防預算下跌了大約 10%，從 5,396 億降為 4,850 億美元（以 1993 年美元幣值計）；東亞的軍費竄升了 50%，在同一時期從 898 億美元增加為 1,348 億美元。[9]

第四，包括大規模毀滅性武器在內的兵力，正在世界各地擴散。隨著國家經濟發展，它們有能力製造武器，像 1960 到 1980 年代之間，第三世界國家所生產的戰機數目從 1 架增為 8 架，戰車從 1 部增為 6 部，直升機從 1 架增為 6 架，而戰術飛彈則從 0 枚增為 7 枚。1990 年代的一大趨勢是國防工業全球化，這很可能進一步腐蝕西方軍力的優勢。[10] 很多非西方社會，像俄羅斯、中國、以色列、印度、巴基斯坦，可能再加上北韓，已經擁有核子武器；或像伊朗、伊拉克、利比亞，可能再加上阿爾及利亞，正卯盡全力要取得核子武器；或像日本只要有必要，隨時準備很快取得這些武器。

最後，所有這些發展使區域化成為後冷戰世界軍事策略和力量的主軸。區域化可以說明俄羅斯和西方裁軍及其他國家建軍的

理由；俄羅斯不再有部署於世界各地的軍力，而是把焦點鎖定近鄰；中國已經重新調整策略和部隊，以強調區域兵力評估為主，維護中國在東亞的利益；歐洲各國同樣也在調整軍力方向，透過北大西洋公約組織和西歐聯盟處理西歐周邊地區的不穩情勢；美國的軍事計畫已經明確的轉向，從在全球遏阻和對抗蘇聯，轉為準備同時處理波斯灣和東北亞等區域性偶發事件。但美國不可能有兵力達成這些目標，為了擊敗伊拉克，美國在波斯灣部署了75% 的現役戰術戰機、42% 的現代戰車、46% 的航空母艦、37% 的陸軍人員及46% 的海軍人員。由於未來兵力大幅裁減，在面對西半球以外的強大區域性兵力時，美國要執行一次干預行動都有困難，遑論兩次。全球軍事安全越來越不是依靠全球的權力分配及超強的行動，而是仰賴世界上每個地區權力的分配及不同文明的核心國家所採取的行動。

總而言之，整體而言，西方在 21 世紀最初數十年仍是最強勢的文明，之後西方仍可能在科學人才、研發能力和民間及科技創新上大幅領先。但其他權力資源的控制，越來越分散於非西方文明的核心國家和其他重要國家中。西方對這些資源的控制在 1920 年代達到最高峰，此後便不規則的大幅走下坡。而在這個高峰之後 100 年，到西元 2020 年代，西方可能控制世界領土的 24%（全盛時期占 49%），其人口將占世界人口 10%（從 48% 下挫），而且可能占社會上可動員人力的 15% ～ 20%，世界經濟產值的約 30%（從大約 70% 高峰降低），也許占製造總產值的 25%（從 84% 的高峰下跌），而占全球軍力不到 10%（原為 45%）。

1919 年，當時的美國總統威爾遜、英國首相勞合喬治和法國總理克里蒙梭幾乎聯手控制了世界。他們坐在巴黎，決定哪些國家可以存在，哪些國家不行，要建立哪些新國家，國界在

哪裡，由誰統治，戰勝國如何瓜分中東和世界其他地區。他們也決定在俄羅斯進行軍事干預，同時從中國取得經濟讓步。100年後，再也未見任何一小群政治人物如此呼風喚雨，而任何發揮力量的團體也不會由三位西方人士組成，而是由世界上七大、八大文明核心國家的領袖組成。美國前總統雷根、英國前首相柴契爾夫人、法國前總統密特朗及德國總統柯爾的繼任人選，將面對中國最高領導人鄧小平、日本前首相中曾根康弘、印度前總理甘地、俄羅斯總統葉爾欽、伊朗宗教領袖何梅尼及印尼總統蘇哈托等對手的繼任者。西方壟斷的時代即將過去，同時，西方的式微和其他權力中心的興起已經促成全球本土化的進程及非西方文化的復甦。

本土化：非西方文化的復甦

世界文化的分布反映了權力的分布。貿易可能有、也可能沒有國界，但文化幾乎永遠是跟著權力走。綜觀歷史，一個文明權力的擴張，通常伴隨文化的開花結果，同時幾乎永遠涉及使用權力以延伸其價值觀、措施和制度到其他社會。一個世界性的文化需要世界性的權力。羅馬帝國在古典文明的有限世界中，創造了一個近乎世界性的文明。19 世紀歐洲殖民主義式的西方強權和20 世紀的美國霸權，在當代世界中擴展了西方的文化。歐洲殖民主義已經結束，美國霸權正在沒落，接踵而來的是西方文化的侵蝕，因為本土化、植根於歷史的習俗、語言、信仰和制度再度抬頭。現代化使非西方社會權力日增，也促成全世界非西方文化的

復甦。*

　　美國前助理國防部長奈伊（Joseph Nye）曾經指稱，「硬實力」（hard power）指靠經濟和軍事實力支配的力量，「軟實力」（soft power）則指一個國家透過文化和意識形態的訴求，使「其他國家『想要』它所想要的」。而在硬實力和軟實力之間是有區隔的。一如奈伊所認知，世界上的硬實力正在廣泛的散布，而主要國家「比起過去，比較不能使用傳統的權力資源去達成它們過去的目的」。奈伊繼續指出，如果一個國家的「文化和意識形態很吸引人，其他國家就比較願意追隨」其領導，因此軟實力「和硬實力一樣重要」。[11] 到底是什麼使文化和意識形態有其吸引力？答案是當它們植根於物質成就和影響力上時。軟實力唯有建立於硬實力的基礎上才能彰顯其力量。硬性的經濟和軍事力的增強，可以提高自信、自尊，或在和其他民族相比時，相信自己的文化或軟實力的優越性，並大幅提高對其他人民的吸引力。經濟和軍事力量削弱，則會導致自疑、認同危機，往其他文化找尋經濟、軍事和政治成就之鑰。當非西方社會提高其經濟、軍事和政治實力時，它們也加強宣揚自己的價值觀、制度和文化的優點。

　　在 1950 和 1960 年代，共產主義思想由於被與蘇聯的經濟成就和軍事力量聯想在一起，而吸引世界各地的人民。但當蘇聯經濟停滯，無法維持蘇聯的軍力時，這種吸引力就消失了。西方的價值觀和制度因為被視為西方權勢和財富的來源，而

---

* 權力和文化的關聯，主張有一個世界文化正在出現、應該正在出現的人幾乎無不忽視，力主西化是現代化先決條件的人也未加以正視。他們拒絕認知，依照他們論證的邏輯，他們必須支持西方擴展並鞏固其對世界的支配，而如果其他社會可以自由決定他們自己的命運，他們就會重振世界文化論者說不利於進步的那些舊信念、舊習慣、舊作法。不過，那些主張一個世界文明的種種好處的人，通常並不主張世界帝國的好處。

吸引其他文化的人民。這個過程一直延續了好幾世紀。在西元1000 到 1300 年，誠如麥克尼爾說的，匈牙利、波蘭和立陶宛接收了基督教、羅馬法律和西方文化的其他要素，而這種「對西方文明的接納，是源於對西方王國軍力恐懼和欽慕交織的心理」[12]。當西方勢力沒落後，西方將其人權、自由主義和民主的概念強加於其他文明的力量也跟著減弱，那些價值對其他文明的吸引力也跟著減少。

事實如此。數世紀來，非西方世界的民族欽羨西方社會繁榮的經濟、精密的科技、軍事力量和政治凝聚力。他們在西方價值觀和制度中尋找成功的訣竅，他們找到可能的鑰匙時，自會試圖運用在自己的社會上。要變得有錢有勢，他們必須效法西方。但今天，東亞這種凱末爾主義的態度已經消失。東亞各國認為，它們的經濟起飛並非來自西方文化的輸入，相反的，是來自對本土文化的堅持。它們辯稱，它們之所以成功，是因為它們和西方不同。同樣的，當非西方社會覺得和西方相比處於弱勢時，它們便祭出源自西方的自決、自由主義、民主和獨立等價值觀，為自己的反西方立場辯護。如今，它們已經從弱勢中翻身，而且越來越強勢有力，便毫不留情的攻擊那些它們原本用來提倡自己利益的價值觀。它們對西方的反動，原本藉著重申西方價值的普遍性加以合理化，如今另提非西方價值的優越性來合理化。

這些態度是多爾所謂「第二代本土化現象」的表徵。在西方的老舊殖民地和獨立的國家，像中國和日本，「第一代『現代化』或『後獨立』世代，往往到外國（西方）大學以一種西方的世界性語言去深造，一部分由於他們第一次出國時只有十來歲，容易受影響，他們大量吸收西方的價值觀和生活方式」。相形之下，人口大增的第二代，大部分在第一代所創立的大學受教育，所使

用的語言也多半是本土的語言而不是殖民時代的語言。這些大學「所提供的大都會世界性文化要淡化得多」，而「知識也藉著翻譯而本土化，但通常範疇有限，品質也很差」。這些大學的畢業生痛恨早期接受西方教育一代的宰制，因此經常「向本土化的反對運動的訴求屈服」。[13] 當西方的影響力退燒時，有企圖心的年輕領袖無法向西方爭取權力和財富的奧援。他們必須在本土社會中找到成功之路，因此也必須包容那個社會的價值觀和文化。

本土化的進程不一定得等第二代推動。能幹、敏銳和適應力強的第一代領袖就會先行本土化。三個最明顯的例子是（出任巴基斯坦首任總督的伊斯蘭領袖）真納、（新加坡的）李光耀和（斯里蘭卡的）班達拉乃克，他們分別以優異的成績畢業於英國劍橋大學、牛津大學和林肯律師學院，他們是這三個國家完全西化的社會精英代表。真納是世俗主義者，主張教育和宗教分離；李光耀依英國一位閣員的說法是「蘇伊士運河以東最優秀的英國人」；班達拉乃克自幼信奉基督教。然而，為了領導他們的國家追求獨立，他們必須本土化。他們回歸其祖先的文化，而在過程中不時改變認同、姓名、地址和信仰。英國律師真納搖身一變，成為巴基斯坦的艾占姆；李光耀原來的英文名字是哈瑞李。世俗主義者真納變成狂熱的穆斯林，以伊斯蘭教為巴基斯坦的立國基礎；英國化的李光耀學習中文，大力提倡儒家思想；信奉基督教的班達拉乃克則改信佛教，並以錫蘭的民族主義為主要訴求。

在 1980 和 1990 年代，非西方世界大力推行本土化。伊斯蘭教復甦和「再伊斯蘭化」是伊斯蘭社會的中心題旨。在印度，主要的潮流是拒斥西方的形式和價值，以及政治和社會「印度教化」。在東亞，政府正大力提倡儒家思想，政界和知識界領袖也談到要把他們的國家「亞洲化」。1980 年代中期，日本高唱「日

本和日本人理論」。結果，一位日本知識界領袖聲稱，從歷史觀之，日本已經經歷了「進口外來文化的周期」，並「透過複製與精煉，將那些文化『本土化』，在窮盡進口的創意脈動之後，出現無可避免的混亂，再向外在世界開放」。目前日本正「投入這個循環的第二階段」。[14] 冷戰結束後，俄羅斯再度成為「分裂的」國家，西化派和斯拉夫派的典型鬥爭再現。有 10 年之久，大勢是西化派衰微而斯拉夫派漸興：西化的戈巴契夫不敵葉爾欽，葉爾欽作風是俄羅斯式而口出西方信念，但他隨即飽受標準俄羅斯正教本土化的民族主義勢力威脅。

民主的矛盾進一步推動了本土化：非西方社會採行西方民主制度，本土主義和反西方政治運動由之得以掌權。1960 和 1970年代，在開發中國家，西化和支持西方的政府飽受軍事政變和革命威脅；到 1980 和 1990 年代，他們因選舉而下台的風險越來越大。民主化和西化衝突，本質上民主是個地域性而非國際化的過程。在非西方社會，政治家並未因表現他們有多西化而贏得選舉，在選舉競爭下，反而刺激他們提出他們認為最受選民歡迎的訴求，而其特性通常是種族的、民族主義的和宗教的。

結果，民眾被動員反對接受西方教育和西化定位的精英。在伊斯蘭國家舉行的少數選舉中，伊斯蘭激進團體表現不錯，事實上，如果軍方沒有取消 1992 年的選舉，伊斯蘭激進團體將在阿爾及利亞掌權。在印度，候選人為爭取選民支持，競趨社群訴求和社群暴力。[15] 斯里蘭卡的民主使斯里蘭卡自由黨能在 1956 年擊敗親西方的精英政黨「聯合民族黨」，並促成「欽塔納雅錫蘭民族主義運動」在 1980 年代趁勢崛起。在 1949 年之前，南非和西方精英都視南非為西方國家。在實施種族隔離政策的政府組成後，西方精英逐漸不以南非為西方陣營一員，南非白人則仍以西

方人自居。但是，為了恢復在西方國際秩序的地位，他們必須引進西方民主制度，促使極為西化的黑人精英得以掌權。如果第二代本土化的因素可以起作用，他們的繼任人選將比較具有柯沙人、祖魯人及非洲人的觀點，而南非也會越來越自我界定為非洲國家。

在 19 世紀前不同的時程，相對於西方人，拜占庭、阿拉伯、中國、鄂圖曼、蒙兀兒和俄羅斯人對他們的力量和成就都很有信心。在這些時期，他們蔑視西方文化的劣勢、制度的落後、貪汙和衰頹。隨著西方的成就相形褪色，這種態度再度出現。人民覺得「不必再接受西方文化」。伊朗是最極端的例子，誠如一位旁觀者所說的：「西方價值觀被以不同的方式排斥，但都是被堅定排斥，在馬來西亞、印尼、新加坡、中國和日本都如此。」[16] 我們見證了一個主要由西方意識形態主導的「進步時代的結束」，正邁向一個多元和多角文明互動、競爭、共存和彼此包容的時代。[17] 這個全球本土化的進程，廣泛表現於世界上很多地方的宗教復興上，尤其是亞洲和伊斯蘭國家，拜經濟和人口成長之賜，其文化再生最為顯著。

上帝復仇

20 世紀上半葉，知識精英多半認定，經濟和社會現代化使宗教不再是人類生存重要的一環。不論支持或反對這個趨勢的人都作此假設。現代化的世俗主義者謳歌科學，理性主義和務實主義正要淘汰迷信、神話、不理性，以及形成目前大部分宗教核心的儀式。正要出現的社會是包容、理性、務實、進步、人性和世俗的。但在另一方面，憂心忡忡的保守派警告宗教信仰和宗教制

度消失的慘痛後果，極言宗教提供個人和人類集體行為的道德指南。最後的結果是無政府、腐敗及文明生活的破壞。詩人艾略特曾說：「如果你不信上帝（一個嫉惡如仇的神），你應該去膜拜希特勒或史達林。」[18]

　　20 世紀下半葉證明，這些希望和恐懼都沒有根據。經濟社會現代化已達全球化規模，同時全球宗教也已經復興。誠如凱波爾（Gilles Kepel）所說，「上帝復仇」深入每個大陸、每個文明及幾乎每個國家。1970 年代中葉，世俗化包容宗教的趨勢「已經逆轉。新的宗教取徑出現，也就是宗教不再汲汲適應世俗價值觀，而是要恢復社會組織的神聖基礎，有必要的話甚至不惜改造社會。宗教的這種新取向以許多方式表現出來，主要是鼓吹超越已經失靈的現代主義，並將現代主義的挫敗與無路可走歸因於它悖離上帝。如今的主題不再是要羅馬天主教現代化，而是『歐洲第二次皈依基督教』；目標不再是將伊斯蘭教現代化，而是把『現代事物伊斯蘭化』」。[19]

　　這種宗教復興一部分涉及某些宗教的擴大發展，在原來不信教的社會廣收新的信徒，但更大的趨勢是人民重返、重振、賦新義於其傳統的宗教。基督教、伊斯蘭教、猶太教、印度教、佛教和東正教都有原本漫不經心的信徒重新投入、信奉和實踐。所有宗教都曾出現激進運動，它們以武裝行動淨化宗教教規和制度，並按宗教教義重新界定個人、社會和公共行為。這些激進運動都很戲劇化，也可能會造成重大的政治衝擊。但這只是更廣泛、更激進的宗教潮流表面的波濤，這些潮流使 20 世紀末人類的生活形態完全改觀。世界宗教復興遠超過激進狂熱分子的活動，在這些社會中，一一表現於人民日常生活和工作，以及政府的事業和計畫之中。世俗儒家文化復甦，在形式上是對亞洲價值觀的肯定，

但在世界其他地方，則表現於對宗教價值的肯定。誠如韋戈爾（George Weigel）所說：「世界的非世俗化是 20 世紀末重要的社會事實之一」。[20]

在前共產主義國家，宗教顯然無所不在，而且十分重要。為了填補意識形態瓦解後遺留的真空，宗教復興橫掃阿爾巴尼亞到越南等國。在俄羅斯，東正教歷經一次重大的復興。1994 年，25 歲以上的俄羅斯人有 30% 說他們已經從無神論者變成信仰上帝。莫斯科地區現有的教會，也從 1988 年的 50 家激增為 1993 年的 250 家。政治領袖一律尊重宗教，政府也支持宗教。誠如 1993 年一名敏銳的觀察家所說的，在俄羅斯城市裡，「教堂鐘聲再度響起。新鍍金的小圓頂在陽光下閃爍，最近還是一片廢墟的教堂，再度響起莊嚴的聖歌。教會是全鎮最忙碌的地方」[21]。而在斯拉夫各共和國東正教復興之際，伊斯蘭教也在中亞捲土重來。1989 年，中亞有 160 座還在使用的清真寺及 1 所伊斯蘭教神學院；到了 1993 年初，躍增為 1 萬座清真寺和 10 所伊斯蘭教神學院。這種宗教復興雖然涉及政治運動，並得到沙烏地阿拉伯、伊朗和巴基斯坦等外力之助，但基本上是一種極廣泛的主流文化運動。[22]

到底應該如何詮釋這次全球宗教復興？每個國家的文明顯然各有不同的成因，但指望形形色色不同的理由，在世界大部分地區同時出現類似的發展，不啻緣木求魚。一種全球現象要有全球的解釋。雖然在某些國家，大部分事情也許會受個別因素影響，但必定有些共同的成因，是什麼呢？

全球宗教復興最明顯、突出和有力的因素，正是導致宗教死亡的成因，亦即 20 世紀後半葉橫掃全世界的社會、經濟和文化的現代化過程。長久以來，定位和威權制度的來源中斷了。人民從鄉下移居都市，失了根，他們有的找到新工作，有的失業。他

們和無數陌生人互動，重新建立關係。他們需要新的定位來源，新式的穩定社區及新的道德戒律，讓他們覺得生命有意義和目標。宗教，不管是主流派或激進派，都要滿足這些需求，一如李光耀為東亞所作的詮釋：

> 我們原本是農業社會，在一兩代之內完成工業化。在西方要花200多年才能完成的工作，新加坡只花了大約50年，甚至更短時間就完成了。一切都壓縮到一個很緊密的時間架構中，因此一定會出現混亂失序的情形。只要看看正快速成長的國家，像南韓、泰國、香港和新加坡，都有一個很了不起的現象：宗教的興起……老舊的習慣和宗教，古老的崇拜、黃教再也不能完全滿足人民的需求，對人類生存的目的以及存在於此的理由，要求某種更高層次的解釋。這和出現極大的社會壓力周期有關。[23]

人民不只靠理性生活。在能夠界定自我之前，他們在追尋自我的利益時，無法理性的評估和行動。利益政治要以定位為前提。在社會快速變遷之際，原有的定位瓦解，自我必須重新定位，再建立新的定位。對需要決定「我是誰」、「我屬於哪裡」的人，宗教提供有力的解答，而宗教團體也提供小型社會團體，以取代在都市化過程中所失去的社會團體。誠如阿土拉比（Hassanal-Turabi）所說的，所有宗教「都提供人民一種定位和生命的方向。」在這個過程中，人民發現或創造新的歷史定位。不管他們有什麼世界性的目標，宗教藉著信和不信、比較優越的圈內集團和低劣的圈外集團之間的基本區分來為人民定位。[24]

在伊斯蘭世界，路易斯（Bernard Lewis）指稱：「在緊急時，

會反覆出現一種趨勢，讓穆斯林在宗教社會中尋找基本的定位和忠誠。換言之，在由伊斯蘭教而不是種族或地域標準所界定的實體中去找。」在尋找定位時，凱波爾同樣強調其中心定位：「在一個失去意義、毫無章法的疏離世界中，『從下而上』再伊斯蘭化，重新定位是第一也是最重要的方式。」[25] 在印度，為了回應現代化所產生的緊張和疏離感，「目前正在建立新的印度定位」。[26] 在俄羅斯，宗教復興源於「只有俄國國教會這個和俄羅斯過去 1000 年唯一未切斷的環節，可以滿足定位的熱切希望」。而在伊斯蘭共和國中，宗教復興同樣來自「中亞最有力的渴望：界定莫斯科當局打壓了數十年的定位」[27]。激進的宗教運動尤其是「一種處理因現代社會和政治模式、世俗主義、科學文化和經濟發展所製造的混亂經驗，定位的失落、人生的意義和世俗社會結構」。麥克尼爾同意說：「攸關重要的激進，是那些從社會大眾吸收，並因為他們對人性新的需求有回應或似有回應而廣為傳播者。……這些運動都以土地上有人口壓力的國家為據點，使大部分人不可能再繼續過老式的農村生活，而總部位於都市的大眾傳播系統，在滲透到農村之後，已經開始腐蝕農村生活的古老架構，這並非偶然。」[28]

更廣義的說，全球各地的宗教復甦是對世俗主義、道德相對論和自我放任的反動，同時也重新肯定秩序、紀律、工作、互助和人類團結的價值。宗教團體滿足官僚機構所忽略的社會需求，其中包括提供醫療和病院服務、幼稚園和學校、老人照顧、在發生天災人禍之後的立即紓困，以及在經濟匱乏時提供社會福利措施。秩序和文明社會解體後所留下的真空，由宗教，而且多半是激進宗教團體來填補。[29]

如果傳統上占優勢的宗教，未能滿足失根者情感和社會方面

的需求，其他宗教團體便進而取而代之，並在過程中大張旗鼓吸收新信徒，突顯出社會和政治生活中宗教的重要性。在歷史上，南韓是個壓倒性的佛教國家，1950 年時，南韓基督教信徒大概只占全人口的 1% ～ 3%。隨著南韓經濟快速起飛，大規模都市化和職業的差異，佛教已經無法滿足人民的需求。「對千百萬湧入都市，以及無數滯留在變動中的鄉下的民眾，南韓農業時代靜態的佛教已經喪失吸引力。基督教倡言個人救贖的訊息及個人的命運，在混亂和改變的時代提供一個更明確的心靈安慰」[30]。到了 1980 年代，信奉基督教者，其中又以長老會和天主教占大宗，至少占南韓全部人口的 30%。

拉丁美洲也曾發生一起方向相似的轉變。拉丁美洲新教徒從 1960 年大約 700 萬，到 1990 年增為 5,000 萬人。拉丁美洲天主教主教在 1989 年表示，新教成功的原因包括：天主教會「在應付都市生活的技術問題方面緩不濟急」，以及「天主教的結構使它有時無力回應今天人民的心理需要」。不像天主教會，巴西一名神職人員觀察說，新教教會能「滿足民眾的基本需要，人性的溫暖、癒合及深刻的精神經驗」。新教在貧窮的拉丁美洲流傳，主要並非由一種宗教取代另一種，而是在有名無實和保守被動的天主教徒變成活躍虔誠的福音教派信徒後，對宗教奉獻和參與全面而重要的增加。例如，1990 年代初期的巴西，20% 的人口自稱是新教徒，73% 自稱是天主教徒，但到了星期天，有 2,000 萬人上新教教會，而大約只有 1,200 萬人在天主教會。[31] 就像另一個世界的宗教，基督教因現代化而再生，而在拉丁美洲，新教取代了天主教。

南韓和拉丁美洲這些改變，反映了佛教和確立的天主教未能滿足人民心理上、情感上和社會上的需求，因為這些人都陷入現

代化的精神創傷中。宗教信仰其他重大的改變是否發生在其他地方，全視占優勢的宗教滿足這些需要的程度而定。儒家思想由於精神上的貧乏而顯然特別容易受影響。新教和天主教對信奉儒教國家的吸引力，就像福音派新教之於拉丁美洲，基督教之於南韓，或基本教義派之於伊斯蘭教和印度教。在 1980 年代末期，中國經濟全速起飛，基督教在「年輕人之間」尤其快速傳開。也許有 5,000 萬中國人是基督徒，中國當局為收嚇阻之效，曾試圖藉監禁神職人員、傳教士和福音傳教士，查禁及打壓宗教儀式和活動，並在 1994 年通過一項法律，禁止外國人吸收新教徒，或設立宗教學校及其他宗教組織，並嚴禁宗教團體參加獨立或海外資助的活動。新加坡和中國一樣，基督徒約占全國人口 5%。在 1980 年代末期和 1990 年代初期，政府各部會首長警告傳教士，不准破壞星國「微妙的宗教平衡」，扣留神職人員，包括天主教機構的人員，並以不同的方式騷擾基督教團體和個人。[32] 冷戰結束後，政治隨之開放，西方教會也進駐信奉東正教的前蘇聯各共和國，並和東山再起的俄國國教會抗衡。俄羅斯也和中國一樣力挽狂瀾，阻止人民改信其他宗教。1993 年，在俄國國教會施壓下，俄羅斯國會通過立法，規定外國宗教團體必須得到政府認可才合法，或如果它們要從事傳教或教育工作，要隸屬於一個俄羅斯的宗教組織才行。但俄羅斯總統葉爾欽拒絕簽署這項法案。[33] 整體而言，過去的紀錄顯示，在發生衝突時，「上帝復仇」會鼓吹本土化。如果傳統的宗教信仰不能滿足現代化的宗教需求，人民多半轉而寄託於能滿足他們情感需要的外來宗教。

除了現代化在心理上、情感上和社會上所留下的創傷之外，其他刺激宗教復興的要素包括西方的撤退及冷戰的結束。從 19 世紀開始，非西方文明對西方的反應，多半從西方進口的意識形

態逐步發展而來。在 19 世紀，非西方精英吸收西方自由化的價值觀，而他們率先反對的是西方自由化的民族主義形式。在 20 世紀，俄羅斯、亞洲、阿拉伯、非洲和拉丁美洲的精英進口社會主義和馬克思主義思想，並和民族意識結合，以和西方資本主義及西方帝國主義抗衡。前蘇聯共產主義瓦解、中國對共產主義的大幅修正，以及社會主義經濟未能達成持續的成長，都造成意識形態的真空。西方的政府、團體和國際制度，像國際貨幣基金和世界銀行，都想以新的正統經濟和民主政治等學說填補真空。這些教義影響非西方文化的程度仍不確定。同時，人民認為共產主義只是最後一個失敗的世俗神祇，在缺乏具號召力的新世俗神祇的情況下，他們放心而熱切的轉而皈依真正的宗教。宗教接管了意識形態，而宗教的民族主義也取代了世俗的民族意識。[34]

宗教復興運動是反世俗的、反世界化的，而且除了基督教，也是反西方的。這些運動也反相對論、利己主義及消費主義等勞倫斯所謂有別於「現代事物」的「現代主義」。整體而言，它們並不排斥都市化、工業化、發展、資本主義、科學和技術，以及這些對社會組織的寓意。在這層意義上，它們是反西方的。就像李光耀所說的，他們接受現代化，及「科技的必然性及其所帶來的生活方式的改變」，但他們「不會接受他們是西化的這種想法」。阿土拉比辯稱，民族主義或社會主義都未在伊斯蘭世界中有任何發展。「宗教是發展的原動力」，而一個淨化的伊斯蘭教會在當代扮演一個角色，和西方歷史中的新教教義相去不遠。宗教和現代化國家的發展也不是不相容的。[35] 伊斯蘭基本教義派運動在比較先進而又似比較世俗的伊斯蘭社會中是很強大的，像阿爾及利亞、伊朗、埃及、黎巴嫩及突尼西亞。[36] 宗教運動，尤其包括基本教義派的運動，極擅長使用現代化的溝通和組織技術傳

播它們的訊息，中美洲新教福音派的成功最足以說明這點。

參與宗教復興運動的人來自各行各業，但勢力最大的是兩大選民，他們是都市化和流動的。新近移居城市的人，在情感上、社會上和物質上通常需要支援指導。在這方面，宗教團體提供的比任何其他來源來得多。一如德布瑞（Règis Debray）所說，宗教對他們而言並非「人民的鴉片，而是弱者的維他命」[37]。另一大選民是新崛起的中產階級，包括多爾的「第二代本土化現象」。一如凱波爾所稱，伊斯蘭基本教義派團體的活躍分子，並非「老邁的保守派或不認字的農民」。一如其他宗教，伊斯蘭復興是一種都市現象，對現代化、受過良好教育，在專業、政府和工商界建立事業的人最有吸引力。[38] 在穆斯林中，年輕人有宗教信仰，但他們的父母不信教。印度教的情形也大同小異，相信宗教復興運動的領袖也來自本土化的第二代，同時多半「是成功的商人和主管」，印度媒體把他們貼上「穿著藏紅色衣服的雅痞」。1990年代初期，支持他們的人越來越多來自「印度殷實的中產階級，包括商賈、會計師、律師和工程師」，也來自「高層公務員、知識分子和記者」。[39] 在南韓，1960 和 1970 年代，天主教和長老教會中也越來越多這一類人。

宗教不管是本土或外來的，都提供現代社會崛起的精英階層生命的意義和方向。多爾指出：「傳統宗教的價值歸屬，是對『其他支配的』國家主張平等尊重的權利，而且往往比較同時而直接的針對一個地方的統治階層，他們擁抱那些其他支配國家的價值觀和生活方式。」麥克尼爾也指出：「最重要的是，對伊斯蘭教的再度肯定，不管其特定宗派形式的差異，意味著拒斥歐美對當地社會、政治和道德的影響。」[40] 在這層意義上，非西方宗教復興，是非西方社會反西化最有力的證言。這次宗教復興不是排斥

現代事務，而是拒斥西方及和西方有關的世俗、相對論和退化的文化。這也是對非西方社會所稱「西毒」（Westoxification）的排斥。這是在文化上獨立於西方的宣言，一項驕傲的聲明：「我們會現代化，但我們不是你。」

註釋

1. Jeffery R. Barnett, "Exclusion as National Security Policy," *Parameters*, 24 (Spring 1994), 54。

2. Aaron L. Friedberg, "The Future of American Power," *Political Science Quarterly*, 109 (Spring 1994), 20-21。

3. Hedley Bull, "The Revolt Against the West," in Hedley Bull and Adam Watson, eds., *Expansion of International Society* (Oxford: Oxford University Press, 1984), p. 219。

4. Barry G. Buzan, "New Patterns of Global Security in the Twenty-first Century," *International Affairs*, 67 (July 1991), 451。

5. *Project 2025*, (draft) 20 September 1991, p. 7; World Bank, *World Development Report 1990* (Oxford: Oxford University Press, 1990), pp. 229, 244; *The World Almanac and Book of Facts 1990* (Mahwah, NJ: Funk & Wagnalls, 1989), p. 539。

6. United Nations Development Program, *Human Development Report 1994* (New York: Oxford University Press, 1994), pp. l36-l37, 207-211; World Bank, "World Development Indicators," *World Development Report 1984, 1986, 1990, 1994*; Bruce Russett et al., *World Handbook of Political and Social Indicators* (New Haven：Yale University Press, 1994), pp. 222-226。

7. Paul Bairoch, "International Industrialization Levels from 1750 to 1980," *Journal of European Economic History*, 11 (Fall 1982), 296, 304。

8. *Economist*, 15 May 1993, p. 83, citing International Monetary Fund, *World Economic Outlook*; "The Global Economy," *Economist*, 1 October 1994, pp. 3-9; *Wall Street Journal*, 17 May 1993, p. A12; Nicholas D. Kristof, "The Rise of China," *Foreign Affairs*, 72 (Nov./Dec. 1993), 61; Kishore Mahbubani, "The Pacific Way," *Foreign Affairs*, 74(Jan./Feb. 1995), 100-103。

9. International Institute for Strategic Studies, "Tables and Analyses," *The Military Balance 1994-95* (London：Brassey's, 1994)。

10. *Project 2025*, p. 13; Richard A. Bitzinger, *The Globalization of Arms Procuction: Defense Markets in Transition* (Washington, D.C.: Defense Budget Project, 1993), passim。

11. Joseph S. Nye, Jr., "The Changing Nature of World Power," *Political Science Quarterly*, 105 (Summer 1990), 181-182。

12. William H. McNeill, *The Rise of the West: A History of the Human Community* (Chicago: University of Chicago Press, 1963), p. 545。

13. Ronald Dore, "Unity and Diversity in Contemporary World Culture," in Bull and Watson, eds., *Expansion of International Society*, pp. 420-421。

14. William E. Naff, "Reflections on the Question of 'East and West' from the Point of View of Japan," *Comparative Civilizations Review*, 13/14 (Fall 1985 and Spring 1986), 219; Arata Isozaki, "Escaping the Cycle of Eternal Resources," *New Perspectives Quarterly*, 9 (Spring

1992), 18。

15. Richard Sission,"Culture and Democratization in India," in Larry Diamond, *Political Culture and Democracy in Developing Countries*(Boulder：Lynne Rienner, 1993), pp. 55-61。

16. Graham E. Fuller, "The Appeal of Iran," *National Interest*, 37 (Fall 1994), 95。

17. Eisuke Sakakibara, "The End of Progressivism: A Search for New Goals," *Foreign Affairs*, 74 (Sept./Oct. 1995), 8-14。

18. T. S. Eliot, *Idea of a Christian Society* (New York: Harcourt, Brace and Company, 1940), p. 64。

19. Gilles Kepel, *Revenge of God: The Resurgence of Islam, Christianity and Judaism in the Modern World* (University Park,PA: Pennsylvania State University Press, trans. Alan Braley 1994), p.2。

20. George Weigel, "Religion and Peace: An Argument Complexi-fied," *Washington Quarterly*, 14 (Spring 1991), 27。

21. James H. Billington, "The Case for Orthodoxy," *New Republic*, 30 May 1994, p. 26; Suzanne Massue, "Back to the Future," *Boston Globe*, 28 March 1993, p. 72。

22. *Economist*, 8 Jan. 1993, p. 46; James Rupert, "Dateline Tashkent: Post-Soviet Central Asia," *Foreign Policy*, 87 (Summer 1992), 180。

23. Fareed Zakaria, "Culture Is Destiny: A Conversation with Lee Kuan Yew," *Foreign Affairs*, 73 (Mar./Apr. 1994), 118。

24. Hassan Al-Turabi, "The Islamic Awakening's Second Wave," *New Perspectives Quarterly*, 9 (Summer 1992), 52-55; Ted G. Jelen, *The Political Mobilization of Religious Belief* (New York: Praeger, 1991), pp. 55ff。

25. Bernard Lewis, "Islamic Revolution," *New York Review of Books*, 21 January 1988, p. 47; Kepel, *Revenge of God*, p. 82。

26. Sudhir Kakar, "The Colors of Violence: Cultural Identities, Religion and Conflict" (Unpublished manuscript), chap. 6, "A New Hindu Identity," p. 11。

27. Suzanne Massie, "Back to the Future," p. 72; Rupert, "Dateline Tashkent," p. 180。

28. Rosemary Radford Ruther, "A World on Fire with Faith," *New York Times Book Review*, 26 January 1992, p. 10; William H. McNeill, "Fundamentalism and the World of the 1990s," in Martin E. Marty and R. Scott Appleby, eds., *Fundamentalisms and Society* (Chicago:University of Chicago Press, 1993), p. 561。

29. *New York Times*, 15 January 1993. p. A9; Henry Clement Moore, *Images of Development: Egyptian Engineers in Search of Industry* (Cambridge: M.I.T. Press, 1980), pp. 227-228。

30. Henry Scott Stokes, "Korea's Church Militant," *New York Times Magazine*, 28 November 1972, p. 68。

31. Rev. Edward J. Dougherty, S. J., *New York Times* 4 July 1993, p.10; Timothy Goodman, "Latin America's Reformation," *American Enterprise*, 2 (July-August 1991), 43; *New York Times*, 11 July 1993, p.l; Time, 21 January 1991, p. 69。

32. *Economist*, 6 May 1989. p. 23; 11 November 1989, p. 41; *Times* (London), 12 April 1990, p. 12; *Observer*, 27 May 1990, p. 18。

33. *New York Times*, 16 July 1993, p. A9; *Boston Globe*, 15 July 1993, p.13。

34. See Mark Juergensmeyer, *The New Cold War? Religious Nationalism Confronts the Secular State* (Berkeley: University of Califomia Press, 1993)。

35. Zakaria, "Conversation with Lee Kuan Yew", p. 118; Al-Turabi, "Islamic Awakening's Second Wave", p. 53. See Terrance Carroll, "Secularization and States of Modernity," *World Politics*, 36 (April 1984), 362-382。

36. John L. Esposito, *The Islamic Threat: Myth of Reality* (New York: Oxford University Press, 1992), p. 10。

37. Régis Debray, "God ant the Political Planet," *New Perspectives Quarterly*, 11 (Spring 1994), 15。

38. Esposito, *Istamic Threat*, p. 10; Gilles Kepel quoted in Sophie lannes, "Larevanche de Dien-Interview wiht Gilles Kepel," *Geopolitique*, 33 (Spring 1991), 14; Moore, *Images of Development*, pp.214-216。

39. Juergensmeyer, *The New Cold War*, p. 71; Edward A. Gargan, "Hindu Rage Against Muslims Transforming Indian Politics," *New York Times*, 17 September 1993, p. Al; Khushwaht Singh, "India, the Hindu State," *New York Times*, 3 August 1993, p. A17。

40. Dore in Bull and Watson, eds., *Expansion of International Society*, p. 411; McNeill in Marty and Appleby eds., *Fundamentalisms and Society*, p.569。

Chapter

5

經濟學、人口統計學 與文明挑戰者

本土化和宗教復興已蔚為全球現象，其中尤以亞洲和伊斯蘭向西方文化的自我肯定及挑戰最為顯著，它們也是 20 世紀最後 25 年最充滿動力的文明。伊斯蘭教的挑戰表現於伊斯蘭教在伊斯蘭世界中普遍的文化、社會和政治復興，及因而對西方價值觀和制度的排斥。至於亞洲的挑戰則表現於所有東亞文明，包括中國、日本、佛教和伊斯蘭文明中，並強調它們和西方文化的差異，有時也強調它們之間的同質性，而以儒家思想最有代表性。亞洲人和穆斯林都強調，他們的文化比西方文化優越。相形之下，印度、東正教、拉丁美洲和非洲等其他非西方文明的人民，也許會肯定他們文化的鮮明特色，但在 1990 年代中期之前，他們在自稱對西方文化占優勢這點上相當猶豫。亞洲和伊斯蘭在面對西方越來越有信心和自我肯定方面，有時各自表態，有時口徑一致。

在這些挑戰背後有些相關但不同的原因。亞洲的自我肯定發

韌於經濟成長，伊斯蘭教的自我肯定則絕大部分來自社會動員和人口成長。這些挑戰每一宗都對邁入 21 世紀的全球政治造成極不穩定的衝擊，但衝擊的本質迥異。中國和其他亞洲社會的經濟發展給它們的政府誘因和資源，使其在與其他國家打交道時更加苛求。伊斯蘭國家的人口成長，尤其是 15 ～ 24 歲的軍人大幅擴編，提供從事基本教義、恐怖主義、叛亂和移民的兵源。經濟成長強化了亞洲政府；人口成長則威脅到伊斯蘭政府和非伊斯蘭社會。

亞洲的自我肯定

　　東亞經濟成長是 20 世紀下半葉世界最重大的發展之一。整個過程始於 1950 年的日本，有一陣子，日本一枝獨秀：非西方國家已經成功的現代化，經濟上也有長足的進步。但經濟發展過程先傳到亞洲四虎（香港、台灣、南韓和新加坡），再到中國大陸和馬來西亞、泰國及印尼，接著傳到菲律賓、印度和越南。這些國家多半已經維持 8% ～ 10% 的年平均成長率 10 年，甚至更久。同樣巨幅的貿易成長先發生於亞洲和世界之間，再發生於亞洲各國內部。亞洲的經濟表現，相較於歐美經濟的微幅成長，及世界其他地方的經濟蕭條形成強烈的對比。

　　因此，一枝獨秀的不再侷限於日本，而逐漸擴大到全亞洲。西方為富國、非西方為低度開發國的定位，到下個世紀將不再適用。這種轉變的速度極快。馬布巴尼（Kishore Mahbubani）便指出，英國花了 58 年，美國也花了 47 年，才把個人平均產值增加 1 倍，但日本 33 年就辦到了，印尼更短，只花了 17 年，南韓 11 年，中國只花了 10 年。中國經濟在 1980 年代和 1990 年代上半葉，以每年平均 8% 的比率成長，四小虎緊追在後（見圖 5-1）。世界銀

行於 1993 年宣稱,「中華經濟圈」和美國、日本及德國,已經
成為世界上「第四大成長極」。根據大部分估計,中國經濟在 21
世紀初將高居世界之冠。亞洲在 1990 年代已經有世界上第二和
第三大經濟體,到西元 2020 年,可能在世界五大經濟體中居其
四,而在十大經濟體中占有七席。屆時,亞洲社會可能會占全球
經濟產值的 40% 以上。比較有競爭力的經濟體大部分也可能都位
於亞洲。[1] 即使亞洲經濟成長比預期的要早回穩,甚至大幅下挫,
亞洲和世界各地既有的成長結果仍很可觀。

　　東亞的經濟發展正在改變亞洲和西方之間,尤其是和美國之

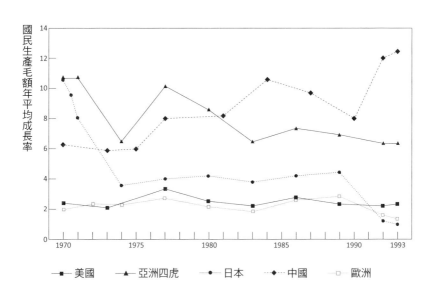

圖 5-1　經濟的挑戰:亞洲與西方

備註:表列數字為三年加權平均值。
來源: World Bank, *World Tables 1995, 1991* (Baltimore: Johns Hopkins University Press,
　　　1995, 1991);中華民國審計部,《1951-1995 年中華民國台灣區國民所得統計》
　　　(1995 年)。

間的權力均勢。在經濟發展上的成功對那些主導和受惠的人都可以產生自信和自我肯定，財富一如權勢，被視為美德的明證，也是道德和文化優越感的表現。東亞經濟起飛之後，在和西方及其他社會比較時，毫不猶豫的強調它們文化的特色，並倡言其價值觀及生活方式的卓越。亞洲社會對美國的要求和利益越來越不願回應；對來自美國和其他西方社會的壓力，則越來越勇於抗拒。

1993 年，新加坡駐美大使許通美表示，「文化復興傳遍」亞洲，因為亞洲人「越來越有自信」，這意味著他們「不再視西方或美國的東西必然是最好的」。[2] 這次文化復興形之於外的是越來越強調每個亞洲國家獨特的文化定位，及亞洲文化有別於西方文化的共通點。這次文化復興的意義主要在於東亞兩大社會和西方文化動態的互動關係之上。

當西方在 19 世紀中葉強行侵入中國和日本時，主流派精英階層，在短暫的凱末爾主義狂熱之後，改採改革主義的策略。明治維新期間，日本由一群企圖心旺盛的改革派當權，他們研究並引進西方的技術、作法和制度，並展開日本現代化的進程。他們以這種方式保存了傳統日本文化的精髓，而日本文化在很多方面促成了現代化，並使日本因而得以喚醒，重塑、擴充那種文化的神髓，而在 1930 和 1940 年代喚起人民支持其領土擴張論，並將其合理化。另一方面，在中國，腐敗的滿清政府未能成功的適應西方的影響，中國戰敗，慘遭日本和歐洲強權掠奪和羞辱。1910年清朝敗亡後，軍閥割據加上內戰相繼，互相較勁的中國知識分子和政治領袖，引進不同流派的西方觀念：孫中山倡言民族、民權、民生的三民主義；梁啟超鼓吹自由思想；毛澤東則揭櫫馬列主義。到 1940 年代末，自蘇聯引進的文化已經凌駕西方的民族主義、自由主義、民主和基督教信仰之上，中國已經定位為社會

主義社會。

在日本，二次大戰失敗，導致文化全盤失序。一名介入日本事務甚深的西方人士在 1994 年評論說：「我們現在很難了解每件事，包括宗教、文化，乃至於這個國家精神的每個層面被硬拉去為戰爭所用的程度。戰敗對這套制度是一大震撼。他們認為，那整套制度毫無價值，應該揚棄。」[3] 取而代之的是一切和西方，尤其是戰勝國美國有關的事務都被視為理想可行的。日本想模仿美國，中國則師法蘇聯。

1970 年代末期，共產主義未能促成經濟發展，加上日本資本主義成功及其他亞洲社會急起直追，使中國領導層開始偏離蘇聯模式。10 年後蘇聯垮台，進一步凸顯這次文化進口的失敗，中國大陸因此面對是否西進或轉向內需發展的問題。很多知識分子及另外其他人則主張量販西化，這種趨勢在電視影集《河殤》及在天安門廣場豎立民主女神像時，不論文化界或在民間都達到頂點。但這種西化發展的方向，既未得到北京夠分量的幾百人支持，也未贏得廣大國土上的 8 億農民認同。在 20 世紀末中國大陸要全盤西化，不見得比 19 世紀末可行。中國領導層選擇新版「中學為體，西學為用」的模式：一方面倡言資本主義及投入世界經濟活動；一方面，還要加上政治威權及對傳統中國文化的重新肯定。中國政權以經濟高度成長帶來的績效正當性，援引有中國特色的文化所產生的民族意識正當性，來取代馬列主義的革命正當性。一位評論員說：「天安門事件之後的中國政權，已經急切的擁抱中國的民族意識，以作為正當性的新源頭。」同時，也下意識的喚起反美情緒，以賦與其權力和行為正當性。[4] 中國的文化民族主義因此開始成形，這由香港一位領袖在 1994 年所說的話可見一斑：「我們中國人感到前所未有的民族意識。我們是中國

人，也以身為中國人為榮。」在中國大陸，1990 年代初「人民也渴望回歸純正的中國文化，這文化往往是家長式的、排外的和威權的。在這次歷史輪迴中，民主遭到貶抑，就像列寧主義，列寧主義如今只被當成另一個外來的包袱。」[5]

20 世紀初，中國知識分子和德國社會學家兼哲學家韋伯殊途同歸，都指出儒家思想是造成中國落後的根源；到了 20 世紀末，中國政治領袖和西方社會學家則不約而同弘揚儒家思想是中國進步的源頭。在 1980 年代，中國政府開始大力提倡儒家思想的優點，共產黨領袖更宣稱，這是中國文化的「主流」。[6] 李光耀也大力提倡儒家思想，他認為這是新加坡成功的主因，並成為向世界其他地方宣揚儒家價值觀的使者。1990 年代，台灣政府自稱「承襲了儒家思想」，李登輝總統界定台灣民主化源於中國的「文化傳統」，而這可以上溯到西元前 21 世紀的堯舜時期，或西元前 5 世紀的孔子及西元前 3 世紀的孟子。[7] 不管他們是否想使威權統治或民主政治合理化，中國領導人在共同的中國文化、而非外來的西方概念中尋求正當性。

中國政權所倡議的民族主義是漢人至上的民族主義，而這也有助於打壓 90% 中國人之間的語言、區域和經濟歧異。同時，這也凸顯了和非中國的少數民族之間的差異，這些少數民族占中國人口 10% 以下，但占所有土地的 60% 以上。民族主義使中國政權在反對基督教、基督教組織和皈依基督教時有所本，不讓基督教變成一個信仰選項，以充填馬列毛主義瓦解後所留下來的真空。

同時，日本在 1980 年代的經濟成就，和美國經濟及社會制度明顯的失敗和「走下坡」，使日本人對西方模式越來越感到幻滅，同時也越來越相信，他們的成功是源於自己的文化。日本在排斥導致 1945 年二次大戰失利的日本文化之後，到 1985 年因帶

動經濟起飛而再度擁抱日本文化。日本人對西方社會日益熟悉，使他們「了解西方文化本身沒什麼神奇的魅力，魅力來自於其制度」。明治維新時，日本人採行「重歐輕亞」的政策；20世紀末文化復興時期，日本人改採「重亞輕美」的政策。[8]這種趨勢牽涉到幾點。第一，重新認同日本的文化傳統，以及對那些傳統價值的再肯定。第二點，也是比較有問題的一點是，力圖將日本「亞洲化」，同時，將日本文化視為普遍性的亞洲文化（儘管日本有其獨特的文明）。鑑於第二次世界大戰後，日本有別於如中國般的認同西方；以及西方儘管有諸多缺失，並未像蘇聯一樣完全解體，日本完全拒斥西方的動機，不像中國和蘇聯及西方都保持距離那麼強烈。另一方面，日本文明的獨特性，其他國家對日本帝國主義的記憶，及中國人在其他大部分亞洲國家中的經濟中立，也意味著日本要和西方保持距離，比和亞洲融合容易得多。[9]藉著重新伸張其文化地位，日本強調其獨特性以及和西方及亞洲文化的差異。

雖然中國人和日本人在自己的文化中找到新的價值，和西方文化比起來，他們比較能共享重新肯定的亞洲文化價值。伴隨而來的工業化和經濟成長，在1980和1990年代促成東亞各國的「亞洲肯定」說。造成這種複雜的態度有四大要素。

第一，亞洲人相信，東亞各國可以維持快速的經濟成長，在經濟產值上可以超越西方，也因此相對於西方，在世局上會越來越有分量。經濟成長刺激了亞洲社會產生一種權力感，同時也肯定它們有能力和西方抗衡。1993年，日本一位名記者宣稱，「美國打噴嚏，亞洲感冒」的日子已經過去了。馬來西亞的官員也舉醫學方面的暗喻說：「就算美國發高燒，亞洲也不會咳嗽。」另一位亞洲領袖指出，亞洲人和美國的關係，「正處於敬畏時代的

結束，和反唇相譏的起點」。馬來西亞副總理堅稱，「亞洲日益繁榮，意味著今天亞洲已經準備主導全球政治、社會和經濟布局，並提出嚴肅的另類想法」[10]。東亞各國也指出，這意指西方正快速喪失使亞洲社會在人權和其他價值觀上接受西方標準的能力。

其次，亞洲人相信，經濟成功多半拜亞洲文化比西方文化優越之賜，西方文化和社會日益衰敗。在 1980 年代全盛時期，日本的經濟、出口、貿差和外匯存底暴漲，日本人就像他們之前的沙烏地阿拉伯人，誇耀他們新掌握的經濟權力，對西方的沒落語多輕蔑，並把他們的成功和西方的失敗歸因於自己文化的優越性，及西方文化的墮落。1990 年代初，「亞洲必勝的信念」在「新加坡文化攻勢」中再次清楚的表達出來。從李光耀以降，新加坡領導人大事鼓吹亞洲在和西方的關係上占優勢，並將締造亞洲文化成功的優點，像秩序、紀律、家庭關係、勤奮、群策群力、生活簡樸等美德，和造成西方式微的種種缺點，像放縱、懶散、個人主義、犯罪、教育水平低、不尊重權威及「思想僵化」作個對比。為了和東方競爭，美國據稱「必須質疑其有關社會和政治布局的根本假設，並在這過程中向東亞各國學習一二」[11]。

對東亞人而言，東亞各國的成功尤其拜東亞文化重視團體而非個人之賜。李光耀說：「日本、韓國、台灣、香港和新加坡等東亞各國比較帶有群體主義色彩的價值觀和作法，在急起直追的過程中，已經證明是一大資產。東亞各國文化所標榜的價值觀，包括團體利益第一，個人利益其次；以及支持加速發展所需的集體式付出。」馬來西亞總理馬哈迪附和說：「日本人和韓國人的工作倫理，包括紀律嚴明、忠誠勤勞，已經成為這兩個國家經濟和社會發展的原動力。這種工作倫理濫觴於團體和國家這些比個人重要的理念上。」[12]

第三，在認知亞洲不同社會和文明之間的差異之後，東亞各國表示，它們也有重要的共通性。一位中國異議人士指出，其中心主幹是「儒家思想的價值體系不但得到歷史肯定，也為區內大部分國家所共享」，尤其是對簡樸、家庭、工作和紀律的重視。同樣重要的是這些國家都抗拒個人主義，並普遍推行有限民主的「軟式」威權主義。亞洲社會在對西方捍衛這些鮮明的價值觀及提倡自己的經濟利益時有共同的利益。亞洲人堅稱，這必須發展新模式的亞洲內部合作，像東南亞國家協會的擴張及東亞經濟論壇的創立。東亞各國最直接的經濟利益是打開西方市場。長遠觀之，經濟區域化可能會占優勢，因此，東亞必須加強提倡亞洲內部的貿易和投資。[13] 日本身為亞洲發展的龍頭，尤其必須放棄歷史性的「貶抑亞洲、支持西方」的政策，改走「再亞洲化」的路；或者更廣義的說，提倡「亞洲化的亞洲」這條新加坡官員所屬意的路。[14]

第四，東亞各國堅稱，亞洲發展和亞洲價值是其他非西方社會的樣板，這些非西方國家在力圖追上西方時應該效法，而西方也應採納以重建其文化。東亞各國指稱：「英語系民族發展的模式，過去 40 年來，被發展中國家推崇為經濟現代化及建立可行的政治制度最好的管道，但這已不管用了。」東亞模式取而代之，因為從墨西哥到智利、伊朗、土耳其和前蘇聯各共和國，雖然過去無數代祖先都試圖向西方的成功借鏡，如今競相向這套成功的模式取經。亞洲必須「告知世界其他地方，亞洲價值放諸四海皆準……傳播這套理念意味輸出亞洲，尤其是東亞的社會制度」。日本和其他亞洲國家有必要提倡「太平洋全球性干涉政策」，把「亞洲全球化」，因而「決定性的打造新世界秩序的特性」[15]。

強勢社會是世界性的；弱勢社會是排他性的。東亞的自信與

日俱增，促成亞洲世界化的興起，而這和過去西方的特色可以相提並論。馬來西亞總理馬哈迪 1996 年曾向歐洲政府領袖說：「亞洲價值觀是世界性的價值觀，歐洲價值觀只是歐洲價值觀。」[16] 隨之而來的是亞洲人眼中的「西洋文化」，以制式的負面方式呈現西方，和過去西方眼中所呈現的東方文化如出一轍。對東亞各國，經濟繁榮證明了其道德的優越性。如果未來印度取代東亞，成為世界經濟發展最快速的地區，世界應該拭目以待，闡述印度文化的優越性、種姓制度對經濟發展貢獻的長篇大論勢必大量出籠，有些文章也會論及印度如何藉著回歸尋根，並克服英國帝國主義所留傳下來的西方遺毒，終於在最高層級的文明中占有一席之地。物質上的成功孕育了文化上的主張，強硬的政權產生了軟性的權力。

伊斯蘭復興

正當經濟發展使亞洲各國越來越肯定自我之際，大批穆斯林也同時轉向伊斯蘭教尋求定位，意即穩定、正當性、發展、權力和希望，而希望則具體而微的歸納於「伊斯蘭教是解決之道」這句口號中。伊斯蘭文明向西方調適，後來變成在伊斯蘭教而不在西方尋求解決之道，這次「伊斯蘭復興」*以其廣度和深度，便是這個調適過程的最晚近階段，其中包括接受現代化，拒斥西方文化，並再次肯定伊斯蘭教為現代世界的生命指南。誠如沙烏地阿拉伯一位高層官員在 1994 年所闡釋的：「閃亮或高科技的『舶

---

* 「伊斯蘭復興」（Islamic Resurgence），兩個英文字之所以大寫，是因為這是一次極為重要的歷史事件，影響世界上五分之一甚至更多人口，這次伊斯蘭復興至少和「美國革命」、「法國革命」或「俄羅斯革命」一樣重要，甚至和西方社會的「宗教改革」（Protestant Reformation）也等量齊觀。

來品』是不錯，但從其他地方引進的無形社會和政治制度可能會致命，問問伊朗國王沙勒維就知道了⋯⋯伊斯蘭教對我們而言，不只是宗教而是一種生活方式。我們沙烏地阿拉伯人希望現代化，但不一定要西化。」[17]

穆斯林力圖藉著伊斯蘭復興來達成這個目標。這是一個廣泛的知識、文化、社會和政治運動，在伊斯蘭世界暢行無阻。伊斯蘭「基本教義運動」，一般視為泛政治化的伊斯蘭教，是伊斯蘭理念、習俗及語言更大幅的復甦，以及伊斯蘭人對伊斯蘭教的再奉獻。這次伊斯蘭復興深入主流，而不限於極端分子，普遍而不孤立。

這次復興不但影響每個國家的穆斯林，大部分伊斯蘭國家社會政治的大部分層面也受到波及。艾斯波西托（John L. Esposito）曾寫道：

> 伊斯蘭復甦在個人生活方面有很多指標，包括提高宗教參與（上清真寺、禱告和齋戒），增闢宗教節目和出版品，強調伊斯蘭的穿著和價值觀，以及（奉行神祕主義及禁慾主義的）蘇菲教派的興起。這個比較廣泛的宗教復興，伴隨著伊斯蘭教對公眾生活的再主張：擴增伊斯蘭導向的政府、組織、法律、銀行、社會福利服務和教育制度。政府和反對運動都轉向伊斯蘭教去提高它們的威權和動員群眾的支持⋯⋯大部分統治者和政府，包括比較世俗的國家，像土耳其和突尼西亞，都變得比較了解伊斯蘭教的潛力，對伊斯蘭教問題也比較敏感和關心。

另一位知名的伊斯蘭學者戴舒基（Ali E. Hillal Dessouki）以幾乎同樣的用語來看伊斯蘭復興。他認為，這次伊斯蘭復興涉及

重新確立伊斯蘭律法，以取代西方的法律，增加使用宗教用語和象徵，擴大伊斯蘭教育（像廣建伊斯蘭學校，並在一般公立學校加開有關伊斯蘭的課程），堅持伊斯蘭教有關社會行為的規範（婦女要包覆全身及戒酒），以及多參加宗教儀式，由伊斯蘭組織主導，反對伊斯蘭社會中的世俗政府，以及擴大計畫，促成伊斯蘭國家和社會在國際間的團結。[18]上帝復仇是一種全球現象，但上帝或阿拉的復仇在伊斯蘭社會最普遍透徹。

伊斯蘭復興的政治宣言和馬克思主義有些類似，包括聖經的經文、對完美的社會有遠見、致力推動根本的改革、抗拒現有的權勢及民族國家，以及從溫和的改革主義者到暴力的革命家的多元化教義。一個更實用的類比是宗教改革。兩者都是對現行體制停滯不前及腐敗的反動；主張回歸其宗教比較純淨但更嚴苛的形式；宣揚工作、秩序和紀律；並以正在竄起的有力中產階級為主要訴求對象。兩者也都是錯綜複雜的運動，除了兩大宗派之外，有不同流派的路德教派和喀爾文教派，及伊斯蘭教的什葉派和激進的正統派，甚至16世紀法國宗教改革家喀爾文和伊朗革命精神領袖何梅尼，以及他們想在社會上推行的清修戒規。宗教改革和伊斯蘭復興的中心精神則是根本上的改革。一位清教徒教士曾宣稱：「宗教改革應該普及全世界……改革所有的地方、所有人和職業，改革法官、比較低層級的推事……改革大學、城市、鄉村、壞學校、安息日、宗教儀式及對上帝的崇拜。」阿土拉比附和他的意見說：「這次復甦是全面的，不只限於個人的虔誠與否，也不只限於知識和文化，更不只是政治面，而是所有的總和，是一種從上而下廣泛的社會重建。」[19]忽視伊斯蘭復興在20世紀末葉對東半球政治的衝擊，將有如忽視新教改革運動在16世紀末葉對歐洲政治的衝擊。

伊斯蘭復興和宗教改革只有一個最大的不同：宗教改革的影響主要侷限於北歐，在西班牙、義大利、東歐和一般哈布斯堡土地上進展有限；相形之下，宗教復興幾乎已經觸及伊斯蘭社會的每個層面。自 1970 年代開始，伊斯蘭教的象徵、信仰、習俗、制度、政策和組織已經贏得越來越多人投入和支持，全世界從摩洛哥到印尼，從奈及利亞到哈薩克共有 10 億名穆斯林。伊斯蘭化似先發軔於文化領域，再推進到社會和政治層面。知識界和政界領袖，不管是否支持，既無法忽視它，也無法避免以某種方式修正。一概而論有其風險，而且往往會犯錯，但有一個論點是站得住腳的。在 1995 年，除了伊朗，每個穆斯林人口占多數的國家，在文化、社會和政治上都比 15 年前信仰更虔誠，文化也更伊斯蘭化。[20]

在大部分國家，伊斯蘭化的核心要素之一，是由伊斯蘭組織發展出伊斯蘭社會團體，並掌握原來已經存在的組織。皈依伊斯蘭教的人特別注意建立伊斯蘭學校及擴大伊斯蘭教對公立學校的影響力。事實上，伊斯蘭團體帶來的伊斯蘭教「公民社會」，在範圍和活動上往往和世俗文明社會比較弱質的制度平行，甚至超越或取而代之。1990 年代初在埃及，伊斯蘭組織已經發展出大規模的組織網絡，填補由政府所忽略的真空，提供埃及眾多窮人健保、社會福利、教育和其他服務。1992 年開羅地震之後，這些組織「數小時內走上街頭，分發食物和毛毯，官方賑濟計畫反而成效不彰。」

在約旦，「伊斯蘭兄弟會」刻意採行一套政策，以發展「伊斯蘭共和國社會及文化基層組織」。到 1990 年代初，這個人口 400 萬的小國，有 1 所大醫院、20 家診所、40 所伊斯蘭學校及 120 個可蘭經研究中心。在鄰近的西岸和加薩走廊，伊斯蘭組織

建立並管理「學生自治會、年輕人的社團，及宗教、社會和教育協會」，包括從幼稚園到伊斯蘭大學的各級學校、診所、托兒所、老人安養中心及伊斯蘭的法官和仲裁者。伊斯蘭組織於 1970 和 1980 年代傳遍印尼，到 1980 年代初期，最大的伊斯蘭聖戰組織有 600 萬名成員，儼然自成「世俗國家內的一個宗教福利國」，並透過學校、診所、醫院和大學層級的精密網路組織，提供印尼人民「從出生到死亡」的服務。在這些以及其他伊斯蘭社會中，伊斯蘭組織被禁止參與政治活動，卻提供了相當於美國在 20 世紀初的政治機器所提供的社會服務。[21]

伊斯蘭復興在政治上的表現，並不如其在社會與文化上的表現來得普遍，但仍是 20 世紀最後 25 年伊斯蘭社會最重要的政治發展。政治界支持伊斯蘭運動的程度和組成，每個國家各異。大體而言，那些運動得不到鄉下精英、農民和老年人支持，像其他宗教的基本教義派，絕大多數穆斯林既是現代化進程的參與者也是其產品。他們是流動性較大和現代化的年輕人，主要來自三大團體。

一如大部分革命運動，伊斯蘭復興的核心分子由學生和知識分子組成。在大部分國家中，激進派控制學生自治會及性質類似的組織，是政治伊斯蘭化進程的第一步。在 1970 年代，伊斯蘭教「突破」了埃及、巴基斯坦和阿富汗等國的大學，再進駐到其他伊斯蘭國家。伊斯蘭教的訴求在技術學院、工程學院和科學系所的學生中最強烈。1990 年代，在沙烏地阿拉伯、阿爾及利亞及其他地方，「第二代本土化」正在抬頭，越來越多大學生接受本國語言教育，因此也越來越受伊斯蘭教勢力影響。[22] 伊斯蘭文化信徒對婦女也有很大的吸引力，在土耳其，主張教育和宗教分治的老一代婦女和她們接受伊斯蘭文化的女兒及孫女之間，界線分

明。[23] 針對埃及伊斯蘭團體好戰領袖的一項研究顯示，他們有五大特色似和其他國家伊斯蘭文化信徒近似。他們年紀輕，大半在二三十歲之譜，80% 是大學生或大學畢業，有一半以上來自精英學院或知識水平最高的科技專才領域，像醫學和工程，70% 以上來自中下階層，「家境普通，但並不貧窮」，多半是家庭中第一代接受比較高等教育者。他們童年時住在小鎮或鄉下地區，但後來遷居大都市。[24]

學生和知識分子固然形成伊斯蘭運動的好戰幹部和突擊隊，活躍的成員主要還是由都市的中產階級組成。在某種程度上，這些人主要來自「傳統」的中產階級，包括商人、交易員、中小企業業者和店主。這些人在伊朗革命中扮演重要角色，並給阿爾及利亞、土耳其和印尼的激進運動重大的聲援。更重要的是，這些激進派屬於中產階級比較「現代化」的層級，伊斯蘭文化的活躍人士「大概絕大多數屬於各行各業受過最好教育和最聰明的年輕人」，包括醫生、律師、工程師、科學家、教師和公務員。[25]

組成伊斯蘭文化信徒第三大力量的選民，最近從鄉村移居都市。在 1970 和 1980 年代，伊斯蘭世界的都市人口驚人的成長。他們湧入日漸破落和原始的貧民區，都市遊民需要也受惠於伊斯蘭組織所提供的社會服務。除此之外，蓋納（Ernest Gellner）指出，伊斯蘭教提供這些「新近流離失所的廣大民眾」「一個有尊嚴的身分」。在伊斯坦堡、安卡拉、開羅、（埃及）阿休、（阿爾及利亞首都）阿爾及爾、（摩洛哥）非茲及加薩走廊，伊斯蘭文化政黨成功的組成，並向「被踐踏和失去財產的人」提出訴求。羅伊（Oliver Roy）解釋說：「伊斯蘭革命大部分是現代社會的產物……新來的千百萬農民湧入伊斯蘭大都會，使都市人口暴增 3倍。」[26]

到 1990 年代中期，鮮明的伊斯蘭文化政府只有在伊朗和蘇丹當權。少數伊斯蘭國家，像土耳其和巴基斯坦政府自稱具有民主法統，其他四十幾個伊斯蘭國家的政府絕大多數並不民主：君主專制、一黨獨大、軍事政權、個人獨裁或以上這些的組合，通常由有限的家族、派系或宗族組成，而在某些情形下，十分依賴外力的支援。在摩洛哥和沙烏地阿拉伯的兩大政權試圖祭出某種形式的伊斯蘭法統，但這些政府無論按伊斯蘭教、民主或民族主義的價值來看，大部分缺乏可以使其統治合法化的基礎。套用摩爾（Clement Henry Moore）的說法，這些都是負嵎固守的「碉堡政府」，實施高壓統治、貪汙腐敗、背離社會的需要和期待。這些政府可以維繫很長的時間，它們不會垮台；但在現代世界，它們改變或垮台的機率極高。因此，在 1990 年代中期，可能繼任的人選是個核心議題：它們的繼任人選是誰，是做什麼的？在 1990 年代中期，幾乎每個國家最可能接掌權柄的都是伊斯蘭政權。

　　在 1970 和 1980 年代，世界刮起民主風潮，數十個國家望風披靡。這波浪潮對伊斯蘭社會造成衝擊，但幅度有限。當民主運動在南歐、拉丁美洲、東亞周邊地區及中歐日漸壯大、甚至掌權之際，伊斯蘭運動也在伊斯蘭國家得勢。伊斯蘭文化取代了基督教社會中反威權主義的民主力量，而兩者多半是類似運動的產物：社會動員、威權主義政權喪失績效正當性、國際環境變遷，包括油價上漲，這些在伊斯蘭世界中助長了伊斯蘭文化而非民主潮流。牧師、神職人員及世俗的宗教團體，在反抗基督教社會的威權主義政權時扮演要角，而以清真寺為大本營的團體及伊斯蘭文化信徒，則在伊斯蘭世界中扮演重要的反對角色。教宗若望保祿二世在結束波蘭共產黨統治上是一股核心力量，和何梅尼打垮伊朗巴勒維王朝如出一轍。

在 1980 和 1990 年代，伊斯蘭文化運動主控而且往往壟斷了伊斯蘭國家反政府的力量。它們的力量有一部分出自於其他反對勢力衰弱不振，左派和共產主義運動失勢，並因蘇聯和國際共產政權垮台而嚴重受挫。民主自由的反對組織已經存在於大部分伊斯蘭社會中，但通常只限於少數知識分子以及其他和西方有淵源或聯繫的人。除了少數例外，自由派民主團體在伊斯蘭社會中無法長期贏取民心，連伊斯蘭自由主義也未能扎根。阿亞米（Fouad Ajami）分析說：「為文討論伊斯蘭社會中的自由主義與中產階級傳統，有如為一些知其不可為而為之的人寫訃聞。遍數伊斯蘭社會，比比皆是。」[27] 自由民主在伊斯蘭社會多半未能生根，是從 1800 年代末期開始一整個世紀以來反覆持續出現的現象。追根究柢，至少一部分可以歸因於伊斯蘭文化與社會和西方自由概念格格不入。

　　伊斯蘭運動能主導反對勢力，將自己設定為可以取代現有政府的唯一選擇，也得力於那些政權的政策。冷戰時期很多政府，包括阿爾及利亞、土耳其、約旦、埃及和以色列等國，曾在某個時刻鼓勵和支持以伊斯蘭教來對抗共產主義或敵對的民族主義運動。至少波斯灣戰爭前，沙烏地阿拉伯和其他波灣國家曾提供大量資金給「伊斯蘭兄弟會」及不同國家的伊斯蘭團體。伊斯蘭組織控制反對派的能力，也因為政府鎮壓世俗的反對力量而提高。激進派的力量通常和世俗的民主或民族主義黨派成反比，在摩洛哥和土耳其等開放某種程度多黨競爭的國家，比鎮壓所有反對黨派的國家要來得弱。[28] 但世俗的反對派比宗教的反對派容易成為鎮壓的祭品。宗教的反對派可以從清真寺、福利機構、基金會和其他政府覺得無力壓制的伊斯蘭組織所串聯成的網絡內部與背面運作；自由民主黨派少了這層掩護，因而較易為政府控制或消滅。

為了因應伊斯蘭文化成長的趨勢，政府先發制人，在公立學校擴大推行宗教教育（結果這些學校往往被伊斯蘭教師和理念所控制），並加強支持宗教和宗教教育制度。這些行動本來就部分證明了政府對伊斯蘭教的承諾，只是它們透過提供資金，擴大政府對伊斯蘭制度和教育的控制。但這麼一來，他們也灌輸伊斯蘭價值觀給無數學生和人民，使他們對伊斯蘭教的訴求更開放，無數好戰分子畢業後，就為伊斯蘭教的目標工作。

　　伊斯蘭復興的力量和伊斯蘭運動的訴求，促使政府提倡伊斯蘭制度和措施，並把伊斯蘭教的象徵和措施融入政府中。在最廣泛的層面上，這意味著肯定或再肯定它們國家和社會的伊斯蘭性格。在 1970 和 1980 年代，政治領袖競相以伊斯蘭教來為政府和自己定位。約旦國王胡笙相信，世俗的政府在阿拉伯世界中沒什麼前途，他們說，有必要創造「伊斯蘭民主」和「現代化的伊斯蘭教」。摩洛哥國王哈珊二世再三強調，他是穆罕默德的後代，並以「穆斯林的司令」自居。連原先並非以伊斯蘭措施知名的汶萊蘇丹也「越來越虔誠」，並界定他的政權為「馬來人伊斯蘭君主政體」。突尼西亞（被黜的總統）班阿里也經常言必稱阿拉，並「以伊斯蘭教的金身包裝自己」，以遏阻伊斯蘭組織越來越大的魅力。[29] 在 1990 年代初期，印尼總統蘇哈托也擺明採行「更伊斯蘭」的政策。在孟加拉，「世俗化」的原則在 1970 年代中期由憲法中刪除，而到 1990 年代初期，凱末爾主義所界定的世俗化土耳其，首次面臨嚴峻的挑戰。[30] 為了凸顯他們對伊斯蘭教的承諾，政府領袖像（土耳其前總統）歐薩爾、印尼總統蘇哈托及（烏茲別克總統）卡里莫夫都爭相擁抱伊斯蘭教。

　　伊斯蘭國家的政府也遵行伊斯蘭律法。在印尼，伊斯蘭教的法律概念和習俗已經融合到世俗的法律系統中。相形之下，馬來

西亞為了龐大的非穆斯林人口，採取行動發展兩套不同的法律制度，一套是伊斯蘭的，另一套是世俗的。[31] 在巴基斯坦，（前總統）齊亞哈克任內曾投入龐大的力量，將法律和經濟伊斯蘭化，不但引進伊斯蘭刑罰，並建立伊斯蘭法庭審判制度，而伊斯蘭律法已宣布為最高法典。

伊斯蘭復興就像全球其他宗教復興的表徵，是處理現代化問題的產物和計畫之一。而像都市化、社會動員、高識字率和教育水平，加強傳播及媒體的消費，及和西方等其他文化擴大互動，都是引發非西方社會本土化潮流的根本原因。這些發展破壞了傳統鄉鎮和部落間的關係，產生了疏離感及定位危機。伊斯蘭教的象徵、奉獻和信仰滿足了這些心理需要，伊斯蘭福利機構則滿足了卡在現代化進程中的穆斯林社會、文化和經濟的需要。穆斯林覺得需要回歸伊斯蘭教的理念、作法和制度，以提供現代化的藍圖和原動力。[32]

有是一說，伊斯蘭復興也是「西方權勢式微的產物……當西方放棄完全的優勢之後，其理念和制度也失去了光芒」。更明確的說，伊斯蘭復興是受 1970 年代油價上揚刺激和點燃，不但很多國家的財富和權勢大增，也使它們得以扭轉西方所存在的主從關係。一如凱利（John B. Kelly）當時所說的：「沙烏地阿拉伯人，無疑可以從對西方人施加羞辱的刑罰中，得到雙重滿足。因為這不只代表沙國的權力和獨立，更證明了對基督教的輕蔑及伊斯蘭文化的優越。」盛產石油的伊斯蘭國家所採取的行動，「從歷史、宗教、種族和文化的背景觀之，不啻試圖要脅西方基督教世界向東方的伊斯蘭世界俯首稱臣」[33]。沙烏地阿拉伯、利比亞和其他國家的政府，運用石油所賺取的財富去刺激並資助伊斯蘭復興，而伊斯蘭教的財富也使穆斯林從原本對西方文化的著迷，轉而為

自願深入參與，到願意重申伊斯蘭教在非西方社會中的地位和重要性。就像西方的財富原先曾被視為西方文化優越性的證明，如今油元也被看成伊斯蘭教優勢地位的明證。

　　油價上漲的動力在 1980 年代消退，但人口成長是一股持續的力量。東亞的興起是由驚人的經濟成長率所帶動，伊斯蘭復興同樣是由驚人的人口成長率推波助瀾。伊斯蘭國家，尤其是巴爾幹半島、北非和中亞的人口成長，比鄰近的國家甚至全世界都可觀。在 1965 ～ 1990 年間，地球上總人口從 33 億躍增為 53 億，年成長率達 1.85%。在伊斯蘭社會，成長率幾乎永遠都超過 2%，並經常衝上 2.5%，偶爾更飆上 3% 以上。舉例而言，在 1965 ～ 1990 年間，撒哈拉沙漠的北非地區馬格里布的人口，以每年 2.65% 的比率成長，在 25 年間，從 2,980 萬人激增為 5,900 萬人，其中阿爾及利亞人更以高達 3% 的年率增加。在同一時期，埃及人口以 2.3% 的年率，從 2,940 萬人劇增為 5,240 萬人。中亞地區從 1970 ～ 1993 年間的人口成長率，塔吉克是 2.9%、烏茲別克 2.6%、土庫曼 2.5%、吉爾吉斯 1.9%；但人口幾乎一半是俄羅斯人的哈薩克，人口成長率僅 1.1%。巴基斯坦和孟加拉的人口成長率每年都超過 2.5%，印尼則每年超過 2%。整體而言，一如我們所說的，穆斯林在 1980 年占世界人口的 18%，西元 2000 年可能上漲到 20%，到西元 2025 年，更可能攀升到 30%。[34]

　　北非撒哈拉沙漠地區和其他地區的人口成長率已經觸頂，開始走下坡，但絕對數值仍居高不下，這對 21 世紀前期影響甚大。在未來數年中，穆斯林人口絕大部分是年輕人，青少年和 20 來歲的年輕人在人口統計學曲線上呈高峰膨脹的態勢（圖 5-2）。除此之外，這個年齡層的人絕大多數住在都市，而且至少受過中學教育。龐大的人口加上社會動員，產生了三大政治後遺症。

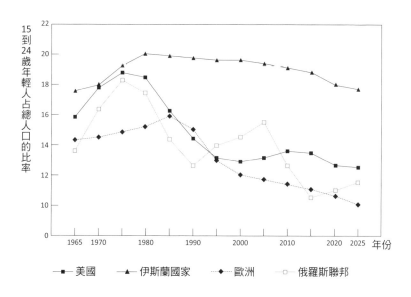

圖 5-2 民主的挑戰：伊斯蘭、俄羅斯和西方

來源：United Nations, Population Division, Department for Economic and Social Information and Policy Analysis, *World Population Prospects, The 1994 Revision* (New York: United Nations, 1995); United Nations, Population Division, Department for Economic and Social Information and Policy Analysis, *Sex and Age Distribution of the World Population, The 1994 Revision* (New York: United Nations, 1994)。

　　第一，年輕人是搞抗議示威、製造社會不安、推動改革和革命的主力。以史為鑑，大批年輕大軍出現之時，往往就是這類運動興發之際。有人說：「宗教革命就是歷史上由年輕人推動的最成功的運動之一。」高德史東（Jack Goldstone）曾說，人口成長是推動 17 世紀中葉和 18 世紀後期歐亞大陸兩波革命的核心要素，這項論點頗有說服力。[35] 西方國家年輕人的比率顯著增加，就與 18 世紀最後數十年的「民主革命紀元」同時。在 19 世紀，工業化成功，加上人口外移，降低了歐洲社會年輕人對政治所造成的衝

擊。年輕人口所占的比率在 1920 年代再次上揚，適時提供法西斯主義及其他激進運動兵源。[36]40 年後，二次世界大戰之後的嬰兒潮世代，藉著 1960 年代的示威抗議而在政壇留下深遠的影響。

伊斯蘭年輕人在伊斯蘭復興中也舉足輕重。當伊斯蘭復興運動在 1970 年代展開，並在 1980 年代如火如荼進行時，在各大伊斯蘭國家中，15 ～ 24 歲的年輕人所占的比率大增，已經開始超過全部人口的 20%。在無數伊斯蘭國家中，年輕人在 1970 和 1980 年代達到最高峰，在其他伊斯蘭國家，也將在下個世紀初登頂（表 5-1）。在所有伊斯蘭國家中，不管是真正或預測的最高數值，都超過 20%，只有一個例外，沙烏地阿拉伯預測將在西元 2010 年之前達到巔峰，估計值略低於 20%。這些年輕人提供伊斯蘭組織和政治運動兵源。1970 年代，年輕人在伊朗人口中所占的比率劇增，在 1976 ～ 1980 年間達 20%。

表 5-1　年輕人口在伊斯蘭國家的膨脹情形

1970 年代	1980 年代	1990 年代	2000 年代	2010 年代
・波士尼亞 ・巴林 ・阿拉伯聯合大公國 ・伊朗 ・埃及 ・哈薩克	・敘利亞 ・阿爾巴尼亞 ・葉門 ・土耳其 ・突尼西亞 ・巴基斯坦 ・馬來西亞 ・吉爾吉斯 ・塔吉克 ・土庫曼 ・亞塞拜然	・阿爾及利亞 ・伊拉克 ・約旦 ・摩洛哥 ・孟加拉 ・印尼	・塔吉克 ・土庫曼 ・埃及 ・伊朗 ・沙烏地阿拉伯 ・科威特 ・蘇丹	・吉爾吉斯 ・馬來西亞 ・巴基斯坦 ・敘利亞 ・葉門 ・約旦 ・伊拉克 ・阿曼 ・利比亞 ・阿富汗

備註：15 ～ 24 歲年輕人在不同的年代占所有人口的比率曾達最高峰，或預期將達最高峰（幾乎超過 20%）。在某些國家這個比例曾兩度登頂。

來源：參閱圖 5-2。

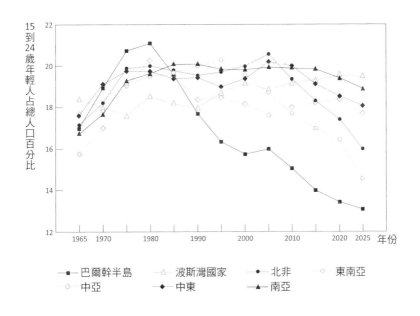

圖 5-3　不同地區伊斯蘭年輕人口的膨脹情形

來源：參閱圖 5-2。

　　伊朗革命發生於 1979 年，阿爾及利亞在 1990 年代初期達到這個基準，就像伊斯蘭教 FIS 贏得人民的支持並在選舉中獲勝，這些現象也許並非完全巧合。伊斯蘭年輕人激增也因地域不同而出現重大的變化（圖 5-3）。雖然在處理這些數據時必須審慎，預測顯示波士尼亞和阿爾巴尼亞年輕人的比率在世紀之交會大幅下滑；但在波斯灣地區國家，年輕人口仍將居高不下。1988 年，沙烏地阿拉伯親王阿布杜拉說，沙國所面臨的最大威脅來自伊斯蘭年輕激進派的增加。[37] 根據這些預測，這個威脅將一直延續到 21 世紀。

　　在主要的阿拉伯國家，像阿爾及利亞、埃及、摩洛哥、敘利

亞和突尼西亞,到西元 2010 年,廿歲出頭、想找工作的年輕人將會擴增。和 1990 年相比,突尼西亞新加入就業市場的人口將增加 30%,阿爾及利亞、埃及和摩洛哥約增加 5%,而敘利亞則增加 100% 以上。阿拉伯國家識字人口迅速增加,也使識字的年輕一代和多半不識字的老一輩之間出現鴻溝,因此「知識和權力分離」很可能「對政治制度構成壓力」。[38]

人口越多,需要越多資源,因此來自人口稠密及快速成長社會的人往往會向外推進、占領土地,並對人口比較少的地區形成壓力。穆斯林人口的成長,因此是導致穆斯林和其他民族間沿伊斯蘭世界邊界發生衝突的重大因素之一。人口壓力加上經濟不景氣,促使穆斯林外移到西方和其他非伊斯蘭社會,使移民成為那些國家檯面上的問題。在一種文化中快速成長的人口,和另一種文化緩慢或停止成長的人口並列,對這兩個社會的經濟和社會的調適就會產生壓力。例如,在 1970 年代,前蘇聯的人口均勢,因穆斯林增加了 24%,但俄羅斯人只增加 6.5% 而發生劇變,並引起中亞各共產國家領袖極度關切。[39] 同樣的,阿爾巴尼亞的人口直線上升,也使塞爾維亞人、希臘人或義大利人忐忑不安;以色列人十分關心巴勒斯坦人的高成長率;西班牙也由於每年人口成長率不到 0.2%,在面對人口成長率幾為其 10 倍以上、而國民生產毛額僅及十分之一的北非撒哈拉沙漠地區時,自然感到芒刺在背。

轉變中的挑戰

沒有一個社會可以永遠維持兩位數字的經濟成長率,亞洲經濟的繁榮在 21 世紀初也會趨軟,日本經濟成長率在 1970 年代中

期重挫，隨後不比美國及歐洲各國高多少。其他出現亞洲「經濟奇蹟」的國家也將一一步其後塵，經濟成長率將開始走下坡，接近複雜經濟體所維持的「正常」水平。同樣的，沒有任何宗教復甦或文化運動可以無限期持續下去，有朝一日，伊斯蘭復興勢必式微，並消失於歷史中。這在 21 世紀第二或第三個 10 年，當人口動力減弱時最可能發生。屆時，好戰分子、戰士和移民將會減少，而伊斯蘭國家內部，以及伊斯蘭教和其他民族之間頻率極高的衝突也可能會降溫（參閱第十章）。伊斯蘭教和西方的關係也不會因而拉近，但衝突會減少，而「半戰爭」（參閱第九章）也可能為冷戰甚至冷和所取代。

亞洲經濟發展則會留下比較富有但也更複雜的經濟體，除了擴大參與國際活動，並會出現富裕的工商界和有錢的中產階級。這些都可能導向更多元、可能也更民主的政治，但卻不一定更親西方。相反的，亞洲各國在權勢加強後，在國際事務上會繼續重視自主性，並力圖主導全球趨勢，而其方式與西方格格不入，並超脫西方的模式和標準，以重塑國際制度。伊斯蘭復興，正如宗教改革等類似的運動，也會留下重要的遺澤，伊斯蘭國家則會更意識到彼此之間的共通點，及使它們有別於非穆斯林的差異。當激增的年輕人年紀漸長，新一代領袖將接掌政權，他們不一定是激進派，但會比他們的前輩更為伊斯蘭教奉獻心力。本土化將會加強，伊斯蘭復興將在社會內部，甚至超越社會，留下一個社會、文化、經濟和政治組織網。伊斯蘭復興也會彰顯伊斯蘭教是解決道德、認同、意義和信心問題的良方，但對社會不公、政治迫害、經濟落後和經濟疲軟等弊病將束手無策。這些缺失將使人對伊斯蘭政治的理想普遍感到幻滅，繼而產生反動，並另覓其他解決問題的方法。可以想見的，更強烈反西方的民族主義將會抬頭，並

把伊斯蘭教的失敗歸咎於西方。或者，如果馬來西亞和印尼繼續推動經濟發展，它們可能提供一個「伊斯蘭模式」的發展，以便和西方及亞洲模式競爭。

無論如何，未來數十年亞洲經濟的成長，將對西方主導建立的國際秩序造成極為震盪的效應，尤其如果中國繼續成長，將在各大文明之間產生大規模的權力變動。此外，印度可能會加速經濟發展，而躍居影響世局的一大競逐者。同時，穆斯林人口成長，對伊斯蘭社會和它們的鄰邦也會成為一股不安定的力量。受過中等教育的一大批年輕人將繼續推動伊斯蘭教的好戰性、窮兵黷武及人口流動。結果，21 世紀最初幾年，非西方的勢力和文化可能繼續出頭，而非西方文明內部之間，以及其和西方民族之間，也將繼續衝突下去。

註釋

1. Kishore Mahbubani, "The Pacific Way," *Foreign Affairs*, 74 (Jan./Feb. 1995), 100-103; IMD Executive Opinion Survey, *Economist*, 6 May 1995, p. 5; World Bank, *Global Economic Prospects and the Developing Countries 1993* (Washington: 1993) pp. 66-67。

2. Tommy Koh, *America's Role in Asia: Asian Views* (Asia Foundation, Center for Asian Pacific Affairs, Report No. 13, November 1993), p. 1。

3. Alex Kerr, *Japan Times*, 6 November 1994, p. 10。

4. Yasheng Huang, "Why China will Not Collapse," *Foreign Policy*, 95 (Summer 1995), 57。

5. *Cable News Network*, 10 May 1994; Edward Friedman, "A Failed Chinese Modernity," *Daedalus*, 122 (Spring 1993), 5; Perry Link, "China's 'Core' Problem," ibid., pp. 201-204。

6. *Economist*, 21 January 1995, pp. 38-39; William Theodore de Bary, "The New Confucianism in Beijing," *American Scholar*, 64 (Spring 1995), 175ff.; Benjamin L. Self, "Changing Role for Confucianism in China," *Woodrow Wilson Center Report*, 7 (September 1995), 4-5; *New York Times*, 26 August 1991, A19。

7. Lee Teng-hui, "Chinese Culture and Political Renewal," *Journal of Democracy*, 6 (October 1995), 6-8。

8. Alex Kerr, *Japan Times*, 6 November 1994, p. 10; Kazuhiko Ozawa, "Ambivalence in Asia," *Japan Update*, 44 (May 1995), 18-19。

9. 要了解這些問題，可參閱：Ivan P. Hall, "Japan's Asia Card," *National Interest*, 38 (Winter 1994-95) , 19ff。

10. Casimir Yost, "America' s Role in Asia: One Year Later" (Asia Foundation, Center for Asian Pacific Affairs, Report No. 15, February 1994), p. 4; Yoichi Funabashi, "The Asianization of Asia." *Foreign Affairs*, 72 (Nov./Dec. 993), 78; Anwar Ibrahim, *International Herald Tribune*, 31 January 1994, p. 6。

11. Kishore Mahbubani, "Asia and a United States in Decline" *Washington Quarterly*, 17 (Spring 1994), 5-23。反制的觀點，可參閱：Eric Jones, "Asia's Fate: A Response to the Singapore School," *National Interest*, 35 (Spring 1994), 18-28。

12. Mahathir bin Mohamad, *Mare jirenma* (The Malay Dilemma) (Tokyo: Imura Bunka Jigyo, trans. Takata masayoshi, 1983), p. 267, quoted in Ogura Kazuo, "A Call for a New Concept of Asia," *Japan Echo*, 20 (Autumn 1993), 40。

13. Li Xiangiu, "A Post-Cold War Alternative from East Asia," *Straits Times*, 10 February 1992, p. 24。

14. Yotaro Kobavashi, "Re-Asianize Japan," *New Perspectives Quarterly*, 9 (Winter 1992), 20; Funabashi, "The Asianization of Asia," pp. 75ff; George Youg-Soon Yee, "New East Asia in a Multicultural World," *International Herald Tribune*, 15 July 1992, p. 8。

15. Yoichi Funabashi, "Globalize Asia," *New Perspectives Quarterly*, 9 (Winter 1992), 23-24; Kishore M. Mahbubani, "The West and the Rest," *National Interest*, 28 (Summer 1992), 7; Hazuo, "New Concept of Asia," p. 41。

16. *Economist*, 9 March 1996, p. 33。

17. Bandar bin Sultan, *New York Times*, 10 July 1994, p. 20。

18. John L. Esposito, *The Islamic Threat: Myth or Reality* (New York: Oxfork University Press, 1992), p. 12; Ali E. Hillal Dessouki, "The *Islamic Resurgence*," in Ali E. Hillal Dessouki, ed., *Islamic Resurgenc in the Arab World* (New York: Praeger, 1982), pp. 9-13。

19. Thomas Case, quoted in Michael Walzer, *The Revolution of the Saints: A Study in the Origins of Radical Politics* (Cambridge: Harvard University Press, 1965), pp. 10-11; Hassan Al-Turabi, "The Islamic Awakening's Second Wave," *New Perspectives Quarterly*, 9 (Summer 1992), 52。如欲了解 20 世紀末伊斯蘭基本教義派的特色、訴求、限制和歷史性角色，最實用的一本書也許是華爾澤（Michael Walzer）對 16 和 17 世紀英國喀爾文派清教徒所作的研究。

20. Donald K. Emerson, "Islam and Regime in Indonesia: Who's Coopting Whom?" (unpublished paper, 1989), p. 16; M. Nasir Tamara, *Indonesia in the Wake of Islam, 1965-1985* (Kuala Lumpur: Institute of Strategic and International Studies Malaysia, 1986), p. 28; *Economist*, 14 December 1985, pp. 35-36; Henry Tanner, "Islam Challenges Secular Society," *International Herald Tribune*, 27 June 1987, pp. 7-8; Sabri Sayari, "Politicization of Islamic Re-traditionalism: Some Preliminary Notes," in Metin Heper and Raphael

Israeli, eds., *Islam and Politics in the Modern Middle East* (London: Groom Helm, 1984), p. 125; *New York Times*, 26 March 1989, p. 14; 2 March 1995, p. A8. See, for example, reports on these countries in *New York Times*, 17 November 1985, p. 2E; 15 November 1987, p. 13; 6 March 1991, p. All; 20 October 1990, p. 4; 26 December 1992, p.1; 8 March 1994, p. A15; and *Economist*, 15 June 1985, pp.36-37, and 18 September 1992, pp. 23-25。

21. *New York Times*, 4 October 1993, p. A8; 29 November 1994, p. A4; 3 February 1994, p. 1; 26 December 1992, p. 5; Erika G. Alin, "Dynamies of the Palestinian Uprising: An Assessment of Causes, Character, and Consequences," *Comparative Politics*, 26 (July 1994), 494; *New York Times*, 8 March 1994, p. Al5; James Peacock, "The Impact of Islam," *Wilson Quarterly*, 5 (Spring 1981), 142; Tamara, *Indonesia in the Sake of Islam*, p. 22。

22. Olivier Roy, *The Failure of Political Islam* (London: Tauris, 1994), p. 49ff; *New York Times*, 19 January 1992, p. E3; *Washington Post*, 21 November 1990, p. A1. See Gilles Keppel, *The Revenge of God: The Resurgence of Islam, Christianity, and Judaism in the Modern World* (University Park, PA: Pennsylvania State University Press, 1994), p. 32; Farida Faouzia Charfi, "When Galileo Meets Allah," *New Perspectives Quarterly*, 11 (Spring 1994), 30; Esposito, *Islamic Threat*, p. 10。

23. Mahnaz Ispahani,"Varieties of Muslim Experience," *Wilson Quarterly*, 13 (Autumn 1989), 72。

24. Saad Eddin Ibrhahim, "Appeal of Islamic Fundamentalism," (Paper presented to the Conference on Islam and Politics in the Contemporary Muslim World, Harvard University, 15-16 October 1985), pp. 9-10, and "Islamic Militancy as a Social Movement: The Case of Two Groups in Egypt," in Dessouki ed., *Islamic Resurgence*, pp. 128-131。

25. *Washington Post*, 26 October 1980, p. 23; Peacock, "Impact of Islam," p. 140; Ilkay Sunar and Binnaz Toprak, "Islam in Politics: The Case of Turkey," *Government and Opposition*, 18 (Autumn 1983), 436; Richard W. Bulliet, "The Iisraeli-POL Accord: The Future of the Islamic Movement," *Foreign Affairs*, 72 (Nov./Dec. 1993), 42。

26. Ernetst Gellner, "Up from Imperialism," *New Republic*, 22 May 1989, p. 35; John Murray Brown, "Tansu Ciller and the Question of lurkish Identily," *World Policy Journal*, II (Fall 1994), 58; Roy, *Failure of Political Islam*, p. 53。

27. Fouad Ajami, "The Impossible Life of Tuslim Liberalism," *New Republic*, 2 June 1986, p. 27。

28. Clement Moore Henry, "The Mediterranean Debt Crescent," (Unpublished manuscript), p. 346; Mark N. Katz, "Emerging Patterns in the International Relations of Central Asia," *Central Asian Monitor*, (No. 2, 1994), 27; Mehrdad Haghayeghi, "Islamic Revival in the Central Asian Republics," *Central Asian Survey*, 13 (No. 2, 1994), 255。

29. *New York Times*, 10 April 1989, p. A3; 22 December 1992, p. 5; *Economist*, 10 October 1992, p. 41。

30. *Economist*, 20 July 1991, p. 35; 21 December 1991-3 January 1992, p. 40; Mahfulzul Hoque Choudhury, "Nationalism, Religion and Politics in Bangladesh," in Rafiuddin Ahmed, ed.,

Bangladesh: Society, Religion and Politics (Chittagong: South Asia Studies Group, 1985), p. 68; *New Your Times*, 30 November 1994, p. Al4; *Wall Street Journal*, 1 March 1995, pp. 1, A6。

31. Donald L. Horowitz, "The Qur'an and the Common Law: Islamic Law Reform and the Theory of Legal Change," *American Journal of Comparative Law*, 42 (Spring and Summer, 1994), 234ff。

32. Dessouki, "*Islamic Resurgence*," p. 23。

33. Daniel Pipes, *In the Path of God: Islam and Political Power* (New York: Basic Books, 1983), pp. 282-283, 290-292; John Barrett Kelly, *Arabia, the Gulf and the West* (New York: Basic Books, 1980), pp. 261, 423, as quoted in Pipes, *Path of God*, p. 291。

34. 聯合國人口分裂，參閱：*World Population Prospects: The 1992 Revision* (New York: United Nations, 1993), table Al8; World Bank, *World Development Report 1995* (New York: Oxford University Press, 1995), table 25; Jean Bourgeois-Pichat, "Le Nombre des Hommes: Etat et Prospective," in Albert Jacquard, ed., *Les Scientifiques Parlent* (Paris: Hachette, 1987), pp. 154, 156。

35. Jack A. Goldstone, *Revolution and Rebellion in the Early Modern World* (Berkeley: University of California Press, 1991), passim, but esp. 24-39。

36. Herbert Moeller, "Youth as a force in the Modern World," *Comparative Studies in Society and History*, 10 (April 1968), 237-260; Lewis S. Feuer, "Generations and the Theory of Revolution," *Survey*, 18 (Summer 1972), pp. 161-188。

37. Peter W. Wilson and Douglas F. Graham, *Saudi Arabia: the Coming Storm* (Armonk, NY: M. E. Sharpe, 1994) pp. 28-19。

38. Philippe Fargues, "Demographic Explosion or Social Upheaval," in Ghassen Salame ed., *Democracy Without Democrats? The Renewal of Politics in the Muslim World* (London: I. B. Tauris, 1994), pp. 158-162, 175-177。

39. *Economist*, 29 August 1981, p. 40; Denis Dragounski, "Threshold of Violence," *Freedom Review*, 26 (March/April 1995), 11。

Part
III

文明的新秩序

The Clash of Civilizations and the Remaking of World Order

Chapter

6

全球政治依文化重組

尋找歸類：認同政治學

　　在現代化刺激下，全球政治沿文化斷層線重新組合，文化近似的人民和國家聚在一起；不同文化的人民和國家則分道揚鑣。由意識形態和超強關係所界定的組合，被文化和文明所界定的關係取代。政治版圖重劃，越來越和種族、宗教及文明的文化版圖重劃不謀而合。文化社會正逐漸取代冷戰集團，而不同文明間的斷層線，也變成全球政治衝突的中心線。

　　在冷戰時期，一個國家正如其他很多國家，可能是不結盟的；或者像有些國家，改變結盟夥伴，由一方倒戈到另一方。一個國家的領袖可以依他們的安全利益及對均勢的估計，以及他們的意識形態偏好來作選擇。但在新世界，文化認同是決定一個國家敵友的核心要素。一個國家雖然可以避免冷戰的結盟，卻不能沒有

認同。過去問「你站在哪一邊？」如今要改口問更根本的問題「你是誰？」每個國家一定要有個答案，答案便在於文化認同，其界定了國家在世界政局中的地位及其敵友關係。

1990 年代爆發了全球認同危機，幾乎我們所見的每個地方，人民都在問：「我們是誰？」「我們屬於哪裡？」以及「我們不是誰？」這些問題不只對試圖成立像前南斯拉夫等新民族國家的人民攸關重要，也是一個對整體世界而言更普遍性的問題。在1990 年代中期，激烈辯論民族定位的國家包括阿爾及利亞、加拿大、中國、德國、英國、印度、伊朗、日本、墨西哥、摩洛哥、俄羅斯、南非、敘利亞、突尼西亞、土耳其、烏克蘭和美國。認同問題在由不同文明的民族所組成的分裂國家之中，自然特別嚴重。

為了因應認同危機，對人民比較重要的是血緣、信仰、信心和家庭。人民向有同樣祖先、宗教、語言、價值觀和制度的人靠攏，而與那些文化不同的人劃清界線。在歐洲，文化上隸屬於西方的奧地利、芬蘭和瑞典，在冷戰時期必須和西方撇清，保持中立，如今，它們得以加入在歐洲聯盟的文化家族。前華沙公約組織中的天主教和新教國家，像波蘭、匈牙利、捷克及斯洛伐克，正朝加入歐洲聯盟和北大西洋公約組織推進，而波羅的海諸國也在後面排隊等候。這些歐洲強權已經表明，它們不希望伊斯蘭國家土耳其加入歐盟，對歐洲大陸出現第二個伊斯蘭國家波士尼亞也感到不滿。再往北，前蘇聯結束，刺激了波羅的海共和國新（和舊的）組合形式，而介於其間的是瑞典和芬蘭。瑞典總理率直的提醒俄羅斯，波羅的海各國是瑞典「國外近鄰」的一部分，如果俄羅斯侵略它們，瑞典不可能保持中立。

巴爾幹半島也經歷同樣的重組。在冷戰時期，希臘和土耳

其曾是北約成員國，保加利亞和羅馬尼亞則是華沙公約成員國，南斯拉夫是不結盟國家，阿爾巴尼亞則一度與中國結盟。如今，這些冷戰的重組已經被根源於伊斯蘭教和俄羅斯東正教的文明所取代。巴爾幹半島的領袖論及落實希臘—塞爾維亞—保加利亞的東正教聯盟。希臘總理指稱：「巴爾幹戰爭已經使東正教的關係浮上檯面……這是一種盟約，過去形同虛設，但隨著巴爾幹情勢的發展，已經開始具有實質的內容。在一個瞬息萬變的世界，人們想找尋定位和安全，他們也在尋根和建立關係，以便在未知世界裡自保。」塞爾維亞主要反對黨領袖也附和這些觀點：「鑑於歐洲東南部的情勢發展，必須馬上由包括塞爾維亞、保加利亞和希臘組成東正教聯盟以對抗伊斯蘭教的侵略。」往北看，信奉東正教的塞爾維亞和羅馬尼亞密切合作，以處理它們在面對天主教匈牙利時的共同問題。隨著蘇聯威脅消失，希臘和土耳其的「不自然」結盟變得毫無意義，它們因愛琴海和塞浦路斯、軍事均勢及在北約和歐盟所扮演的角色，以及它們和美國的關係，發生的衝突與日俱增。土耳其再次強調其保護巴爾幹穆斯林的角色，並提供波士尼亞支援。在前南斯拉夫，俄羅斯支持信奉東正教的塞爾維亞，德國為信奉天主教的克羅埃西亞抬轎，塞爾維亞人則和克羅埃西亞、波士尼亞境內的穆斯林以及阿爾巴尼亞的穆斯林干戈相向。整體而言，巴爾幹再次沿宗教斷層線巴爾幹化。葛藍尼（Misha Glenny）曾觀察說，「已經出現兩把巨斧，其中一把披著東正教外衣，另一把則藏在伊斯蘭教外衣下」，而且「貝爾格勒／雅典軸心和阿爾巴尼亞／土耳其同盟之間可能為了爭取影響力，而使衝突擴大」[1]。

同時，在前蘇聯，信奉東正教的白俄羅斯、摩爾多瓦和烏克蘭向俄羅斯輸誠，而亞美尼亞和亞塞拜然兄弟鬩牆，它們的俄羅

斯和土耳其盟邦則一方面支持它們，一方面試圖控制衝突範圍。俄羅斯部隊在塔吉克和伊斯蘭基本教義派作戰，並在車臣和伊斯蘭民族主義人士對抗。信奉伊斯蘭教的前蘇聯共和國力圖在內部發展不同形式的政治經濟關係，並擴大和伊斯蘭鄰國的關係，而土耳其、伊朗及沙烏地阿拉伯則投入巨大的心力，要和這些新國家維持關係。至於在印度次大陸，印度和巴基斯坦仍因喀什米爾問題以及它們之間的軍事平衡而交惡，喀什米爾的戰鬥升高，而在印度內部，穆斯林和印度基本教義派也爆發新的衝突。

東亞是六個不同文明人民的大本營，這裡正積極建軍，領土衝突也引人注目。三個比較小型的華人社會台灣、香港、新加坡及東南亞的海外華人圈越來越朝向、介入及依賴中國大陸；南北韓猶豫的朝統一邁出重要的步伐；東南亞穆斯林之間及華人和基督徒之間的關係則越來越緊繃，有時流於血腥暴力。

在拉丁美洲，經濟組織像南方共同市場、安地斯協定、三國條約（墨西哥、哥倫比亞、委內瑞拉）、中美洲共同市場等都有了新生命，並有力的重新證明歐盟所提的理論：經濟整合如建立在文化同質性上，進展更快也更深入。同時，美國和加拿大也試圖把墨西哥納入北美自由貿易協定內。長期看來，這個過程如要成功，墨西哥要在文化上重新定位，脫離拉丁美洲而和北美洲認同。

冷戰秩序結束後，世界各國不但開始發展新的敵友關係，也重新挑起老舊的敵我意識。它們要尋求歸類，它們要和相同文化與文明的國家結盟，政治家祭出「更大的」文化社會，民眾也會和這個跨越民族國家畛域的大社會認同，包括「大塞爾維亞」、「大中國」、「大土耳其」、「大匈牙利」、「大克羅埃西亞」、「大亞塞拜然」、「大俄羅斯」、「大阿爾巴尼亞」、「大伊朗」

和「大烏茲別克」。

但政治和經濟重組是否永遠和文化及文明重組一致？當然不是。權力平衡的考量有時會導向跨文明的結盟，就像（法國16世紀國王）法蘭西斯一世和鄂圖曼土耳其人聯手對抗哈布斯堡王朝。此外，為了完成某個時代國家使命而形成的組織模式，將會延續到新的時代，但可能會變得比較衰弱也比較沒有意義，並將加以修正來完成新時代的使命。希臘和土耳其無疑仍將是北約的成員，但它們和北約其他成員國之間的關係可能會削弱。同樣的，美國和日本、南韓的結盟關係，和以色列的務實結盟，以及和巴基斯坦的安全關係也可能會動搖。像東南亞國家協會等多文明國際組織，在維持其一致性時可能面對越來越多困難。印度和巴基斯坦等國，在冷戰時期是不同超強的盟友，如今在重新界定其利益和組合時，反映了文化政治的現實。非洲國家原本靠用來反制蘇聯影響力的西方支持，如今越來越唯南非馬首是瞻，並爭取南非的奧援。

為什麼文化同質性助長不同人民間的合作和凝聚力，而文化差異則加深了裂痕和衝突？

第一，每個人都有多重定位，可能因血源關係、職業、文化、制度、領土、教育、黨派、意識形態等因素而彼此競爭或強化。某個層面的定位可能和不同層面的定位衝突，最典型的例子是在1914年，德國工人必須在與國際無產階級作階級認同，或與德國人民和帝國作民族認同之間抉擇。在當代世界，和其他層次的定位相比，文化認同的重要性大增。

在任何單一範疇，最直接面對面層次的認同通常最有意義。但比較狹隘的定位不一定會和比較廣義的定位衝突。在制度上，一位軍官可以和他所屬的連、團、師和軍種認同；同樣的，在文

化上，一個人可以和他或她的族群、種族、國籍、宗教和文明認同。加強凸顯低層次的文化認同，可以強化比較高層次的文化認同。一如柏克（Burke）所說的：「對整體的愛不會被這種附屬的局部性澆熄……民眾感情的第一個原則（就像細菌）是和更細的分支單位認同，去愛我們所屬社會的小步兵排。」在文化掛帥的世界，步兵排相當於族群和種族，兵團則是國家，而軍隊就是文明。全世界人民沿文化斷層線劃分的程度越高，意味著不同文化團體間的衝突越來越重要。文明是最廣泛的文化實體，因此不同文明團體間的衝突成為全球政治的主軸。

其次，文化認同越來越凸顯，就如第三章和第四章所說的，多半是個人層次的社會經濟現代化的結果，因為失序和疏離使人尋求更有意義的定位。至於在社會層次上，非西方社會能力和權勢的擴增，刺激了本土認同和文化的復興。

第三，任何層次的認同，不管是個人的、部族的、種族的、文明的，都只能從和「另一個」個人、部落、種族或文明之間的關係來界定。同一個文明下不同國家或其他實體的歷史關係，和不同文明間的國家或實體的關係不同。對「像我們」這種人以及「不像我們」的「野蠻人」，行為自有不同的規範。基督教國家在和另一個基督教國家或土耳其等其他「異教」國家打交道時，有不同的規範。穆斯林對非穆斯林的行為也迥異，中國人也以不同的方式對中國籍的外國人和非中國籍的外國人。文明上的「我們」和文明外的「他們」是人類歷史的常數。這些文明內外的行為差異源於四大因素：

一、 對被視為極為不同的人的優越感（還有偶爾出現的自卑感）。

二、 對這些人的恐懼及不信任。

三、 語言及文明行為定義的差異，導致溝通困難。

四、 不熟悉其他人的想法、動機、社會關係和社會習俗。

在今天的世界，交通和通訊改善已經使不同文明間的人民互動更頻繁、密集、對稱，也更為包容。結果，文明認同也越來越重要。法國人、德國人、比利時人和荷蘭人越來越認為他們是歐洲人。中東的穆斯林則和波士尼亞人以及車臣人認同並支持他們。東亞各國的華人認為，他們的利益和中國大陸息息相關。俄羅斯人則認同並支持塞爾維亞人及其他東正教徒。這些層次比較廣泛的文明定位，代表對文明差異更深入的覺醒，以及保護「我們」和「他們」之間差異的必要。

第四，不同文明的國家和團體間的衝突，和經常造成不同團體衝突的緣由如出一轍，包括對人民、土地、財富和資源的控制，以及可以把一方的價值觀、文化和制度強加於對方的能力。但文化團體間的衝突也可能涉及文化問題。馬列主義和自由民主在世俗上的意識形態差異，如果無法解決，至少可以公開辯論。重大利益差異可以討論，並經常透過妥協解決，文化問題則否。印度教徒和穆斯林是否應在（印度教主拉瑪王誕生地）烏塔省阿育達雅同時建一座寺廟和一座清真寺，或兩者都不建，或蓋一棟兼具兩者之長的建築，這個問題是不可能解決的。阿爾巴尼亞穆斯林和信奉東正教的塞爾維亞人之間有關科索伏省的領土紛爭，或猶太人和阿拉伯人有關聖城耶路撒冷的爭議都不易解決，因為對雙方的人民而言，每個地方都有深厚的歷史、文化和情感淵源。同樣的，法國教育當局或信奉伊斯蘭教的父母，對是否每隔一天讓女學童穿伊斯蘭傳統服飾上學也絕不妥協。這類文化問題的答案是一種「是」或「不是」的零和選擇。

第五，也是最後一點，是衝突無所不在。仇恨是人情之常。

為了自我定位和動機，人類需要敵人，像商場上、學業上和政壇上的競爭對手。對那些與自己不同又有能力加害他們的人，自然不信任甚至視為威脅。一場衝突化解和一個敵人消失後，所產生的個人、社會和政治力量，可能製造新的衝突和敵人。一如馬茲瑞所說的：「這種『我們』對『他們』的趨勢在政界尤其普遍。」[2]在當代世界，「他們」越來越可能指不同文明的人。冷戰結束並末終結衝突，卻產生了根源於文化的新定位，並在不同文化團體間製造新的衝突模式，這在最廣義的層次就是文明。同時，共同的文化也鼓勵同質文化的國家和團體合作，這可以從不同國家所出現的模式和地區性組合，尤其是經濟領域中看出端倪。

文化和經濟合作

1990 年代初期，經常有人談論世界政治的區域色彩或區域化。在世界安全議題上，區域衝突取代了全球衝突。主要強權像俄羅斯、中國和美國，以及次要強權像瑞典和土耳其，以明確的區域性用語來重新界定它們的安全利益。區域內的貿易比不同地區間的貿易更快速擴大，很多人預見歐洲、北美、東亞及其他地域性經濟集團的出現。

但「區域色彩」這個用語不足以適切形容所發生的一切。區域是地理而不是政治或文化實體。一如巴爾幹或中東，它們可能被文明內外的衝突撕裂。區域是不同國家間的合作基礎，但只有在地理和文化合而為一時才適用。少了文化，地緣鄰近性不會產生通性，反而可能適得其反。軍事結盟和經濟組織需要其成員間的合作，合作要靠互信，而共同的價值觀和文化最容易滋生互信。

結果，區域性組織成立的歷史和目標也許舉足輕重，整體效率則和其成員文明之多元性成反比。大體而言，單一文明組織做事，比多元文明組織成功，政治和安全組織以及經濟組織都是此理。

北約之所以成功，絕大部分因為這是個有著共同價值觀和哲理的西方國家核心安全組織，西歐聯盟則是歐洲共同文化的產物。另一方面，歐洲安全合作組織至少由三大文明的國家組成，它們的價值觀和利益各異，這對發展重大的制度定位及各種重要的活動都形成極大的阻力。由單一文明所組織的加勒比海社會，則由 13 個英語系的前英國殖民地組成，已經創造極為不同的合作關係，而一些次級團體間的合作尤其密切。擴建加勒比海組織的計畫跨越了加勒比海英、西語系的斷層線，但這些計畫一再失敗。同樣的，「南亞地區合作協會」創立於 1985 年，由七個分屬印度教、伊斯蘭教和佛教的國家組成，幾乎形同虛設，甚至連會議都開不成。[3]

文化對區域主義的關係在經濟整合上尤其明顯。從最不整合到最能夠整合，不同國家的經濟組織公認要經過四個層次：

一、自由貿易區。

二、關稅聯盟。

三、共同市場。

四、經濟統合。

歐洲聯盟在整合的路上走最遠，已成為共同市場並擁有許多經濟聯盟的元素。南方共同市場和安地斯協定各國由於同質性較高，1994 年正準備建立關稅同盟。在亞洲，多文明的東協到 1992年才開始朝自由貿易區的發展推進。其他多元文明的經濟組織更是瞠乎其後。在 1995 年，除了北美自由貿易協定之外，沒有任何類似的組織創立自由貿易區，遑論更廣泛的經濟整合形式。

在西歐和拉丁美洲，文明的通性助長了地區組織的合作。西歐和拉丁美洲國家知道，它們有很多共同點。東亞有五大文明（如果加上俄羅斯就是六大文明），東亞因此是非源於共同文明的組織發展的試金石。到1990年代初期，東亞沒有任何足以媲美北約的安全組織或多邊軍事聯盟。東協這個唯一多元文化的區域組織創立於1967年，包括一個中國、一個佛教、一個基督教和兩個伊斯蘭教成員國，而所有這些國家都面對共產黨叛亂的挑戰，以及北越和中國的潛在威脅。

東協常被舉為多元文化組織有效的案例，實則東協反而暴露這類組織有其極限。東協並非軍事聯盟，其成員國偶爾進行雙邊軍事合作，它們提高軍費並競相建軍，和西歐及拉丁美洲各國形成強烈對比。在經濟方面，東協從一開始就是為了達成「經濟合作而不是經濟整合」，結果，區域化發展「牛步化」，甚至自由貿易區也推遲到21世紀才列入考慮。[4]在1978年，東協創立了後部長級會議，成員國的外交部長得以和其「對話夥伴國」，像美國、日本、加拿大、澳洲、紐西蘭、南韓及歐盟的外交部長會晤。但後部長級會議主要是雙邊對話的論壇，無法處理「重大的安全議題」。[5]1993年，東協發展出更大型的「東協區域論壇」，除了東協成員國及對話夥伴，還包括俄羅斯、中國、越南、寮國及巴布亞紐幾內亞。誠如其名稱所影射的，這個組織是集體對話而不是集體行動的處所。東協成員國利用1994年7月第一次會議「發展它們對區域安全議題的觀點」，但爭議性的問題則避而不談，因為誠如一位官員所評論的，如果去碰這些問題，「與會各造將會開始彼此攻擊」。[6]東協及其衍生出來的組織證明，多元文明的區域組織的確有其原本就存在的極限。

唯有在充分的文化通性支撐下，東亞重要的區域組織才會出

現。東亞社會無疑分享一些共同的事物，這也使它們有別於西方。馬來西亞總理馬哈迪辯稱，這些通性提供組織的基礎，並促成「東亞經濟會議」的成立，成員包括東協各國、緬甸、台灣、香港、南韓及最重要的中國和日本。馬哈迪指出，「東亞經濟會議」發軔於共同的文化，不應只是「因為在東亞，而視之為地緣組織，這也是一個文化組織。雖然東亞人可能是日本人、韓國人或印尼人，在文化上他們有某些共同點……歐洲人和美國人各自聚在一起，我們亞洲人也應聚在一起」。而誠如他一個盟友所說的，其目的則是要促進「亞洲擁有共同點的國家間的區域貿易」。[7]

「東亞經濟會議」的基本前提因此是經濟隨著文化發展。澳洲、紐西蘭和美國被排除在外，因為文化上它們不屬於亞洲，但東亞經濟會議的成功絕大部分視日本和中國的參與而定。馬哈迪已經邀請日本加入，他告訴一群日本人說：「日本是亞洲人，日本位於東亞。你們不能昧於這個地理文化事實。你們屬於這裡。」[8]但日本政府不太願意加入「東亞經濟會議」，一部分是擔心得罪美國，一部分則因為是否要和亞洲認同，意見分歧。如果日本加入東亞經濟會議，勢必扮演主導力量，這可能會引起成員國之間的恐懼和不安定感，也可能招致中國的強烈對立。多年來，常有人談起要建立亞洲的「日圓集團」，以和歐盟及北美自由貿易區抗衡。但日本是個獨來獨往的國家，和其鄰邦幾乎完全沒有文化關係，到 1995 年為止，所謂「日圓集團」仍未實現。

雖然東協發展緩慢，「日圓集團」仍是個夢想，日本立場搖擺不定，而東亞經濟會議也未起步，但東亞地區的經濟互動仍大幅增加，主要源於東亞華人社會的文化關係。這些關係為一個以華人為基礎的國際經濟「連續性的非正式整合」催生，在很多方面可以和（14 ～ 17 世紀北歐商業都市的政商同盟）「漢撒同盟」

媲美，同時「也許走向一個事實上的華人共同市場」。[9] 在東亞，一如其他地方，文化通性是重大經濟整合的先決條件。

冷戰結束，刺激老式區域經濟組織的創立和捲土重來。這些計畫的成敗端視所涉及的國家的文化同質性而定。（以色列）前總理裴瑞斯 1994 年所提的中東共同市場計畫，在可見的未來可能是「沙漠中的海市蜃樓」。一名阿拉伯官員評論說：「阿拉伯世界不需要一個有以色列參加的制度或開發銀行。」[10]「加勒比海國家協會」創立於 1994 年，以便將「加勒比海共同市場」和海地以及該地區的西班牙語系國家結合，但該協會在克服不同會員的語言和文化差異上鮮有進展，在打破前英國殖民地偏狹的島國根性及擁抱美國的傾向上也乏善可陳。[11] 但在另一方面，涉及更多同質文化組織的計畫則大有進展。雖然沿著次文化斷層線分裂，在 1985 年，巴基斯坦、伊朗和土耳其聯手將創立於 1977 年、已經奄奄一息的「區域合作發展組織」起死回生，並重新命名為「經濟合作組織」，隨後並就關稅減讓和其他各種不同的措施達成協議；而在 1992 年「經濟合作組織」的成員國已經擴編，包括阿富汗及前蘇聯六個伊斯蘭共和國。同時，五個中亞的前蘇聯共和國在 1991 年也原則同意創立一個共同市場，而在 1994 年，兩大共和國烏茲別克和哈薩克也簽署協議，同意讓「貨物、勞務和資本自由流通」，並協調它們的財政、金融和關稅政策。在 1991 年，巴西、阿根廷、烏拉圭和巴拉圭也加入南方共同市場，目的是要跳過經濟整合的正常階段。到 1995 年，一個局部的關稅同盟已經成立。1990 年，原本有如一灘死水的中美洲共同市場建立了一個自由貿易區，而在 1994 年，本來被動消極的安地斯集團也建立了關稅同盟。1992 年波蘭、匈牙利、捷克和斯洛伐克也同意成立一個中歐自由貿易區，並在 1994 年加速其成立的時程。[12]

經濟整合，貿易隨之擴大，在 1980 年代和 1990 年代初期，地區內的貿易比跨區域貿易重要。歐洲共同體內部的貿易占其 1980 年總貿易額的 50.6%，到 1989 年更增為 58.9%。北美和東亞的地區性貿易也有類似的轉變。在拉丁美洲，南方共同市場創立及安地斯協定死灰復燃，帶動了拉丁美洲 1990 年代初期內部貿易的揚升，在 1990 〜 1993 年間，巴西和阿根廷的雙邊貿易額便暴增為 3 倍，哥倫比亞和委內瑞拉的貿易額更增為 4 倍。1994 年，巴西取代美國成為阿根廷最大的貿易夥伴，北美自由貿易區成立後，同樣使美國和墨西哥的貿易大增。東亞內部的貿易也比跨地區貿易成長快速得多，但其擴增受制於日本封閉市場的意圖。另一方面，中華文化圈（東協、台灣、香港、南韓和中國）不同國家間的貿易，也從 1970 年占總數的不到 20%，增加為 1992 年占總數的近 30%，而與日本貿易所占比重則從 23% 減少為 13%。1992 年，大中華文化圈出口到同區其他地區國家的總額，超過出口到美國以及輸出到日本和歐洲共同體的總額。[13]

　　日本獨樹一幟的社會和文明，使其在和東亞發展經濟關係，以及和歐美各國處理經濟紛爭時遭遇種種困難。不管日本和其他東亞國家的貿易及投資關係有多強烈，它們之間的文化差異，尤其是和華人經濟精英的文化差異，使日本無法帶頭創立一個足以和北美自由貿易區及歐盟媲美的區域經濟集團。同時，日本和西方的文化差異，也使日本和歐美經濟關係的誤解和敵意加深。如果經濟整合有賴文化的同質性，日本身為一個文化獨立的國家，未來經濟發展也會陷於孤立。

　　過去，不同國家之間的貿易模式沿襲這些國家結盟的模式，或並行不悖；[14] 在即將來臨的世界，貿易模式必定會受文化模式影響。商人和他們可以了解信任的人打交道；同樣的，國家也把

主權交給由它們了解和信任的同質國家所組成的國際組織。經濟
合作源於文化的同質性。

文明的結構

在冷戰時期，和美蘇兩大超強維持關係的國家稱為盟國、
附庸國、從屬國、中立國和不結盟國家。在後冷戰世界，這些國
家和不同的文明維持著成員國、核心國、分裂或分化的國家等關
係。一如部落和國家，文明有其政治結構。所謂成員國意指和一
個文明在文化上完全認同的國家，像埃及和阿拉伯的伊斯蘭文明
認同，義大利則和歐洲的西方文明認同。一個文明也可能包容那
些分享並認同其文化，但生活在由別一文明的國家主宰的地方的
人。文明通常會有一個或更多地方被其成員國視為該文明文化的
主要源頭，這些來源通常可以在該文明的一個或數個核心國家內
部找到，這也是該文明最強勢和位居文化核心的國家。

核心國家的數目和角色隨不同的文明而異，也可能因時而
異。日本文明幾乎和單一的日本核心國家完全認同。中國、東正
教和印度文明則各有一個強勢核心國，加上其他成員國，以及隸
屬於其文明但住在不同文明控制的國家內的人，像海外華人、俄
羅斯的海外近鄰、斯里蘭卡的塔米爾之虎。在歷史上，西方通常
有幾個核心國，但如今只剩兩大核心：美國和歐洲的法德軸心，
英國則遊走於兩者之間。伊斯蘭、拉丁美洲和非洲缺乏核心國家，
所以如此，部分起源於西方強權的帝國主義，因為帝國主義瓜分
了非洲和中東，並在早數世紀比較不明顯的瓜分了拉丁美洲。

伊斯蘭文明沒有核心國家，對伊斯蘭和非伊斯蘭社會都構
成重大的問題，這在第七章將會討論。至於拉丁美洲，也許西班

牙可以變成西班牙語系甚至伊比利文明的核心國家，但其領袖有意識的選擇成為歐洲文明的成員國，同時和前殖民地維持文化關係。以幅員、資源、人口、軍力和經濟力而論，巴西夠格成為拉丁美洲的龍頭，有朝一日也可能實現。但巴西和拉丁美洲的關係，一如伊朗之於伊斯蘭教，雖然在其他方面都夠格成為核心國家，次文明的分歧（如伊朗的宗教問題和巴西的語言問題）使其很難出頭。拉丁美洲幾個國家，像巴西、墨西哥、委內瑞拉和阿根廷因此在爭取領導權上維持既合作又競爭的關係。墨西哥則由於試圖從和拉丁美洲文明認同改為和北美文明認同，並因智利和其他國家紛紛跟進，而使拉丁美洲情勢益形複雜。最後，拉丁美洲文明可以融合並匯聚為一個三角西方文明的次變體。

任何可能領導非洲撒哈拉沙漠以南地區的核心國家，其能力將因其分裂為法語系和英語系國家而受限。象牙海岸一度是法語系非洲的核心國家，但大體而言，法語非洲的核心國家仍是法國。在其殖民地獨立後，法國仍和它們維持密切的經濟、軍事和政治關係。非洲兩個最夠格當核心國家的都說英語，奈及利亞的幅員、資源和地理位置使其有潛力成為核心國家，但文明間的不睦、大肆貪汙、政治不穩、高壓統治和經濟問題，使其能力大為受限，但偶爾仍客串龍頭的角色。南非由種族隔離政策透過協商和平的轉型，其工業力量及相對於非洲其他國家的高度經濟發展，其經濟力、天然資源和進步的黑白共治，都標示著南非顯然是非洲南部的龍頭，也許稱得上英語非洲的領袖，並可能是所有撒哈拉沙漠以南非洲各國的領袖。

一個孤單的國家和其他社會缺乏文化通性，以衣索匹亞為例，因其官方語言阿姆哈拉語、其主要宗教「哥普特正教」、其帝國歷史、與周遭多半信奉伊斯蘭教的人民的宗教差異，而在文

化上陷於孤立。海地的精英階層傳統上很重視和法國的文化關係，但海地的克里奧語、所信奉的巫毒教、革命的奴隸祖先以及殘暴的歷史，使其成為一個孤獨的國家。敏茲（Sidney Mintz）分析說：「每個國家都有獨特的風格，但海地是獨一無二的。」結果，在 1994 年海地危機時，拉丁美洲國家並未視海地為拉丁美洲問題，它們接納古巴難民，但不願接受海地難民。誠如巴拿馬總統當選人所說：「在拉丁美洲，海地未被視為拉丁美洲國家，海地人說不同的語言，他們有不同的民族根源、不同的文化，他們根本截然不同。」海地和加勒比海地區的英語系黑人國家也同樣隔絕。論者指出，不只美國愛荷華州或蒙大拿州的人對海地人很陌生，連格瑞納達或牙買加的人都感到生疏。海地這個「沒有人要的鄰邦」，的確是個舉目無親的國家。[15]

但在所有孤單的國家中，最重要的首推日本。沒有任何國家和日本有共同的獨特文化，日本在其他國家的移民不多，即使有也已經和那些國家的文化同化，日裔美人就是最好的例子。日本因其文化高度排他自主，又不信基督教或伊斯蘭教等有普世潛力的宗教，也沒有鮮明的思想，像自由主義或共產主義可以輸出到其他社會，並和那些社會的人民建立文化關係，而使日本更加孤立。

幾乎所有國家都由於至少包括兩個民族、種族和宗教派系，因而是異質的。很多國家因為這些團體間的歧異和衝突在政治上扮演重要的角色而分裂，分裂的幅度則隨著時間改變，但一個國家的大分裂可能導致血腥暴動，甚至危及國家的存亡。當文化歧異和地理位置歧異相符時，最可能危及國家生存及催生自治或分離運動。如果文化和地理位置不合，這些國家又可能透過大屠殺或強迫移民使兩者合一。

同一文明內有獨特文化屬性的國家可能四分五裂，像捷克已經分裂為兩個共和國，加拿大魁北克省也可能獨立。深度分裂比較可能出現在已經分裂的國家內，在這種國家內，大的派系分屬不同的文明。如果屬於某個文明的多數派系意圖界定國家為其政治工具，並使其語言、宗教和象徵成為全國所共有，就會產生分裂並使情勢緊繃，像印度人、錫蘭人和伊斯蘭民族分別在印度、斯里蘭卡和馬來西亞所試圖要做的。

　　分裂的國家如果在領土上跨越不同文明間的斷層線，在維繫其團結統一時尤其棘手。在蘇丹，北部的伊斯蘭民族和南部的基督教徒打了數十年內戰。同一個文明內的分裂也攪和奈及利亞的政治數十年，不但引爆了一場重大的獨立戰爭，並歷經無數次政變、暴動和其他暴力事件。在坦尚尼亞，信奉基督教泛靈論的大陸和信奉阿拉伯伊斯蘭教的桑吉巴分道揚鑣，在很多方面已經形同兩個不同的國家，桑吉巴在 1992 年祕密加入「伊斯蘭會議組織」，但於次年在坦尚尼亞誘使下退出。[16] 肯亞也因基督教和伊斯蘭教分裂，而經歷同樣的緊張和衝突。在非洲之角，大部分人信奉基督教的衣索匹亞和多數信奉伊斯蘭教的厄利垂亞也在 1993 年分裂，但衣索匹亞少數族群「奧洛莫人」仍不乏信奉伊斯蘭教者。其他被文明斷層線切割為兩半的國家包括印度（伊斯蘭教和印度教）、斯里蘭卡（信奉佛教的錫蘭人和信奉印度教的塔米爾人）、馬來西亞和新加坡（華人和馬來伊斯蘭民族）、中國（漢人、信奉佛教的藏人、信奉伊斯蘭教的突厥人）、菲律賓（基督教和伊斯蘭教）及印尼（伊斯蘭教和帝汶島的基督徒）。

　　有些分裂國家，在冷戰期間由倚仗馬列思想的威權式共產政權維繫不散。文明斷層線的分裂效應在這些國家最為顯著。共產主義瓦解後，文化取代意識形態成為決定分合的磁鐵，南斯拉夫

和蘇聯也分崩離析，並沿文明斷層線分裂為新的實體：前蘇聯的波羅的海諸國（新教和天主教）、東正教及伊斯蘭共和國；信奉天主教的斯洛維尼亞和克羅埃西亞；一部分伊斯蘭教波士尼亞赫次哥維那；及前南斯拉夫境內信奉東正教的塞爾維亞—蒙特內哥羅及馬其頓。儘管這些繼起的政治實體仍包括多元文明的派系，第二階段的分裂仍在醞釀中。波士尼亞赫次哥維那因戰爭而分裂為塞爾維亞、伊斯蘭教和克羅埃西亞區，而塞裔和克裔則在克羅埃西亞境內交戰。在信奉斯拉夫正教的塞爾維亞境內，阿爾巴尼亞穆斯林所在的科索伏省雖然維持和平但情勢不穩；在信奉伊斯蘭教的阿爾巴尼亞少數民族和馬其頓信奉斯拉夫正教的多數民族之間，情勢也十分緊繃。很多前蘇聯下的共和國也跨越文化斷層線，一部分因為蘇聯政府重劃疆界，製造分裂的共和國，像俄羅斯把克里米亞劃歸烏克蘭；亞美尼亞把納哥爾諾克拉巴劃歸亞塞拜然。俄羅斯有幾個比較小型的少數伊斯蘭民族，尤以高加索山脈北麓和窩瓦河流域最顯著，愛沙尼亞、拉脫維亞和哈薩克有不少俄羅斯少數民族，這多少也肇因於前蘇聯的政策。烏克蘭則分裂為希臘東正教和操烏克蘭語的西部以及說俄羅斯語的東正教東部。

在一個「分裂的國家」（cleft country），來自兩個以上文明的重要派系可能會說，其實，「我們屬於不同地方的不同民族」，排斥的力量使他們分裂，而他們也被其他社會文明的磁鐵吸引。相反的，一個「分化的國家」（torn country）有個單一的主文化，使其位於一個文明內，但其領袖希望轉到另一個文明去。他們會說，事實上，「我們是一個民族，我們要一起留在一個地方」。不像分裂的國家的人民，分化的國家對他們的身分雖有共識，但對哪一個文明才完全是他們的文明則有歧見。一般而言，大部分

領袖採行凱末爾主義策略，並決定社會應該拒斥非西方的文化和制度，加入西方，同時還要現代化和西化。俄羅斯自彼得大帝以來一直是個分化的國家，對俄羅斯到底是屬於西方文明或是歐亞東正教文明的核心一直爭論不休。凱末爾所創立的土耳其當然是最典型的分化的國家，自 1920 年代以來一直試圖現代化、西化，並成為西方的一部分。墨西哥在經過近兩個世紀力圖自我界定為拉丁美洲國家並和美國保持距離後，墨國領袖在 1980 年代試圖重新界定為北美社會之後成為一個分化的國家。相反的，1990 年代，澳洲領袖正努力想和西方切斷關係，使其成為亞洲的一部分，使其成為逆向分化的國家。分化的國家可以由兩個現象界定。他們的領袖認為他們是兩種文化的「橋梁」，觀察家則指他們是「兩面人」。報上的標題像「俄羅斯看看西方——和東方」；「土耳其：東方，西方，哪一個最好？」；「澳洲民族主義：分裂的忠誠度」等都凸顯出分化國家的定位問題。[17]

分化的國家：文明轉型的失敗

一個分化的國家如要成功的重新界定其文明定位，至少要有三個必備的條件：第一，這個國家的政治和經濟精英必須普遍熱心支持這項行動；第二，民眾至少必須默許重新定位；第三，主文明的主導因素，在大部分情形下，指西方文明必須願意接納「倒戈」的國家。重新定位的過程冗長、無止無休，而且在政治、社會、制度和文化上都會出現陣痛，而且到今天一直失敗。

俄羅斯

在 1990 年代，墨西哥曾有幾年是一個分化的國家，土耳其

則長達數十年之久。相形之下，俄羅斯有數世紀之久也是分化的國家，同時不像墨西哥或行共和政體的土耳其，俄羅斯是一個主文明的核心國家。土耳其或墨西哥重新定位為西方文明的成員國，對伊斯蘭或拉丁美洲文明的影響微不足道；俄羅斯變成西方國家，東正教文明就滅亡了。前蘇聯垮台使俄羅斯人再就俄羅斯和西方的核心問題展開辯論。

　　俄羅斯和西方文明的關係有四大發展階段。第一階段持續到彼得大帝統治的時代（1689～1725年）。不管是（11、12世紀的）基輔俄羅斯（Kievan Rus）或（建立於13世紀的）莫斯科公國（Muscovy），都和西方風馬牛不相及，也很少和西歐社會接觸。俄羅斯文明從拜占庭文明衍生出來，從13世紀中葉到15世紀中葉有200年之久，俄羅斯在蒙古宗主權控制下。對羅馬天主教、封建制度、文藝復興、宗教改革、海外擴張和殖民時期、啟蒙運動及民族國家的興起等等西方文明重大的歷史事件，俄羅斯很少或根本沒有接觸。西方文明原本清楚界定的八大特色中的七項，像宗教、語言、宗教和政治分離、法治、社會多元化、代議政體、個人主義，在俄羅斯的經驗中幾乎完全付諸闕如。唯一可能的例外是古典文明的遺澤，而這是由拜占庭引進俄羅斯，和直接從羅馬引進西方的文明完全不同。俄羅斯文明是基輔俄羅斯和莫斯科公國本土的根，加上拜占庭的巨幅影響及蒙古長期統治的產物。

　　在17世紀末，俄羅斯不僅和歐洲不同，更比歐洲落後，彼得大帝在1697～1698年遊歐時便有深刻的體會，他因此決心要使他的國家現代化和西化。為了使人民看起來像歐洲人，彼得大帝回莫斯科後第一件事就是剃掉貴族的鬍鬚，並禁止他們穿長袍和戴圓錐形帽子。雖然彼得大帝並未廢除古斯拉夫字母，他的確

進行改革並加以簡化,並引進西方的字句。但他的第一優先要務是使俄羅斯軍隊發展和現代化,他創立一支海軍,開始實行徵兵制、建立國防工業、創設技術學校,派人到西方深造,並從西方引進有關武器、船艦和造船、航海、文官體制及其他有關作戰效力重要項目的最新相關知識。為了帶動革新,他大幅改革及擴大稅制,並在他統治快結束時重建政府的組織。為了使俄羅斯成為不只是歐洲強權,也是對歐洲舉足輕重的強權;他從莫斯科遷都聖彼得堡,對瑞典發動北方大戰,以將俄羅斯塑造為波羅的海的主導強權,並在歐洲立足。

但是,彼得為了使俄羅斯現代化和西化,過程中將專制制度加強得滴水不漏,將社會或政治多元化的源頭消滅殆盡,因此也強化了俄羅斯的亞洲特性。俄羅斯貴族權勢一直不大,彼得大帝進一步削權,為軍方貴族擴權,並按個人功過而不是出生或社會地位來建立官階。貴族一如農民,也被徵募去為國效命,形成作家庫斯丁(Custine)後來怒斥的「卑躬屈膝的貴族」。[18]農奴由於和土地及主人更緊密結合,使其自治進一步受到限制。一向由官方控制的俄國國教會也改組,並由沙皇直接指派一個宗教會議管轄。沙皇也有權指派繼任人選,不再沿襲舊有的繼位制度。在推動這些變革之後,彼得大帝發動並示範了俄羅斯現代化和西化以及專制獨裁之間的密切關係。列寧、史達林,及在較小的程度上,凱撒琳二世和亞歷山大二世,都踵武彼得大帝的模式,他們也嘗試以不同的方式來現代化和西化及加強專制。至少到1980年代,俄羅斯主張民主化者通常也主張西化,主張西化者則不一定主張民主化,俄羅斯的歷史教訓為中央集權是推動社會和經濟改革的先決條件。在1980年代末期,戈巴契夫的幕僚曾感嘆他們未能了解這個事實,還指責開放政策對經濟自由化所造成的障礙。

彼得大帝在使俄羅斯成為歐洲的一部分上，做的要比使歐洲成為俄羅斯的一部分成功。相對於鄂圖曼帝國，俄羅斯帝國已經被視為歐洲國際體制中一個主要合法的成員。在國內，彼得大帝的改革帶動某些變革，但他的社會仍是混雜的：除了一小部分精英，亞洲和拜占庭的風格、制度和信仰主導俄羅斯社會，歐洲人和俄羅斯人也都認為如此。麥斯特（de Maistre）就說：「抓破一個俄羅斯人的表皮，你會發現底下是個韃靼人。」彼得大帝創立了一個分化的國家，19 世紀時，斯拉夫人和西方人對這種不快的狀態都很不滿，並對是否要藉徹底歐化或根絕歐洲的影響及回歸俄羅斯真正的精神來結束這種狀態，有很大的歧見。像查達耶夫（Chaadayev）這種西化派便指稱，「太陽是西方的太陽」，俄羅斯必須用其陽光來照亮並改變其所世襲的制度。像達尼列夫斯基（Danilevskiy）這樣的斯拉夫人，就用 1990 年代經常入耳的說法，指責歐化的計畫「扭曲人民的生活，並以外來異域的方式來取代他們原有的方式」，「引進外來的制度並移植到俄羅斯土壤上」，及「從一個外來歐洲的觀點，透過一個歐洲折射角度的玻璃，來透視俄羅斯生活的國內外關係及問題」[19]。由俄羅斯後來的歷史觀察，彼得大帝變成西化的英雄，但也被反西化者指為撒旦，1920 年代歐亞派更走極端，給他貼上叛徒的標籤，並擁戴俄共拒斥西化，向歐洲挑戰，遷都回莫斯科。

布爾什維克革命使俄羅斯和西方的關係步入第三階段，和已經存在兩個世紀的搖擺不定的關係迥異。這革命以西方創造的一種意識形態為名，造出一套在西方不可能存在的政經制度來。斯拉夫人和主張西化的人曾經辯論，俄羅斯是否可能有別於西方，但又不至於相形見絀。共產主義很高明的解決了這個問題，俄羅斯和西方不同，而且基本上是反西方的，因為俄羅斯比西方進步。

俄羅斯帶頭發動無產階級革命，而這終將橫掃全世界。俄羅斯非但沒有納入落後的亞洲過去，反而朝蘇聯進步的未來邁進。事實上，革命使俄羅斯得以跳過西方，使自己與眾不同，但並非像斯拉夫人所說的，因為「你不一樣，我們不願像你」，而是像「第三國際」所說，是因為「我們與眾不同，因此你們終將變得和我們一樣」。

共產主義固然使前蘇聯領袖得以有別於西方，但也使他們得以和西方建立強而有力的關係。馬克思和恩格斯是德國人，19世紀末、20世紀初鼓吹他們學說的大部分是西歐人。1910年，西方國家很多工會及社會民主黨和勞工黨也都致力於倡言他們的理論，影響歐洲政局甚鉅。布爾什維克革命後，左派政黨分裂成共產黨和社會黨，而這兩種政黨在歐洲國家經常是強勢的力量。在西方大部分地區，馬克思主義觀點盛行：共產主義和社會主義被視為未來的主流，政治和知識精英無不以某種方式加以擁抱。俄羅斯的斯拉夫文化優越論者和西化派之間，針對俄國未來所展開的辯論，代之而起的是左右兩派對西方的未來以及蘇聯是否足以代表未來展開辯論。在第二次世界大戰後，蘇聯的權力強化了共產主義對西方文明的吸引力，尤其是對如今開始向西方反撲的非西方文明的吸引力。西方主導的非西方社會精英為了吸引西方，以自決和民主用語交談；那些想和西方對抗的，則祭出革命和民族解放思潮。

俄羅斯人在擷取西方理念，並利用它來向西方挑戰之後，在某種意義上和西方的關係已經是有史以來空前親密的了。雖然自由民主和共產主義思想南轅北轍，但兩者在某方面所要說的話是一樣的。共產主義及前蘇聯垮台，結束了西方和俄羅斯之間的政經互動。西方希望並相信，結果必將在前蘇聯帝國帶來自由民主

的勝利，但這並非預先註定的。到 1995 年，俄羅斯及其他東正教共和國自由民主的未來仍不確定。何況當俄羅斯人不再採行馬克思主義教條，他們的行動比較像俄羅斯人時，俄羅斯和西方的差距越來越大。自由民主和馬列主義的衝突是理念之爭，儘管其間也有很大的鴻溝，卻都現代化和世俗化，表面上也都揭櫫自由、平等和物質生活的終極目標。一個西化的民主人士可以和蘇聯的馬克思主義信徒進行知性的辯論，但他絕對不可能和俄國東正教的民族主義人士辯論。

在前蘇聯時期，斯拉夫文化優越論者和西化派之間的鬥爭中止，索忍尼辛和沙卡洛夫則質疑雙方在共產主義之下形成的混合體。共產主義瓦解後，有關俄羅斯真正定位的爭論再度如火如荼的展開。俄羅斯應該接受西方的價值觀、制度和措施，並試圖成為西方的一部分嗎？或者應該說，俄羅斯體現著一個鮮明的、與西方截然有別的東正教和歐亞文明，而負有將歐洲與亞洲連接起來的獨特使命？知識和政治精英以及普羅眾生對這些問題看法十分分歧，一方面是西化派，「世界主義者」或「大西洋主義者」；另一方面，斯拉夫文化優越論者的信徒則被冠以「民族自決主義者」、「歐亞派」或「強勢國家支持者」等不同的名稱。[20]

這些派別最大的不同在外交政策及經濟改革和國家結構等次要問題上，意見從一端連續散布到另一端。在光譜的一端是戈巴契夫大力提倡的「新思維」，從他所揭示的「歐洲共同的家」的目標中可見一斑，俄羅斯總統葉爾欽的最高階幕僚也曾表示，葉爾欽希望俄羅斯成為「一個正常的國家」，並成為由各大民主工業國所組成的七大工業國（G7）的第八個成員。比較溫和的民族主義人士，像史坦柯維奇（Sergei Stankevich）曾力主俄羅斯應拒

走「大西洋主義」路線，以保護其他國家的俄羅斯人，強調俄國和土耳其及伊斯蘭教的淵源，並「以朝亞洲或東方有利的方向重新分配我們的資源、選擇、關係和利益」。[21] 有這種信念的人批評葉爾欽不但使俄羅斯的利益屈從於西方利益之下，並裁減俄羅斯軍力，又未能支持像塞爾維亞這種傳統盟邦，並以危害俄羅斯人民的方式推動經濟和政治改革。1920 年代主張俄羅斯是個獨特歐亞文明的沙維斯基（Peter Savitsky）的看法再度受到歡迎，當今趨勢尤其可見一斑。

比較極端的民族主義人士分散於俄羅斯民族主義人士之間，像索忍尼辛心目中的俄羅斯，應由所有俄羅斯人加上關係密切、信奉斯拉夫正教的白俄羅斯及烏克蘭人組成，其他都摒除在外。帝國民族主義者像吉利諾夫斯基（Vladimir Zhirinovsky）則希望再創蘇維埃帝國及俄羅斯軍力。極端民族主義者有時反猶也反西方，他們希望把俄羅斯的外交政策再次鎖定東方和南方，像吉利諾夫斯基所鼓吹的，控制南方的伊斯蘭國家，或和伊斯蘭國家及中國聯手對抗西方。民族主義人士也贊成在前南斯拉夫塞爾維亞和穆斯林的戰爭中給塞裔更廣泛的支持。「世界主義者」和「民族主義者」的差異，在制度上反映於外交部和軍方的觀點上，也反映於葉爾欽外交和安全政策的轉向上。

俄羅斯人民和精英階層的意見一樣分歧。根據 1992 年向 2,069 名歐洲俄羅斯人所作的抽樣調查顯示，回覆者中有 40%「向西方開放」、36%「向西方封閉」、24%「態度未定」。在 1993 年 12 月的國會選舉中，改革派政黨贏得 34.2% 選票，反改革和民族主義政黨囊括 43.3% 選票，而中立的黨派則得到 13.7% 的選票。[22] 同樣的，在 1996 年 6 月的總統選舉中，俄羅斯選民大約有 43% 支持西化的候選人葉爾欽及其他改革派候選人，但也有 52% 支持

民族主義和共產主義候選人。在俄羅斯的定位等核心問題上，俄國在 1990 年代顯然仍是一個分化的國家，西化和斯拉夫文化優越論者對立，「已經成為民族性中一個少不了的特色」。[23]

土耳其

1920 和 1930 年代，經過精心擘畫的一連串改革，土耳其國父凱末爾想把土國人民和鄂圖曼帝國及伊斯蘭教的過去劃清界線。凱末爾主義「六個箭頭」的基本主義包括民粹主義、共和主義、民族主義、現世主義（宗教與政治分離論）、國家主權主義及改革主義。凱末爾排斥多國帝國的理念，他主張建立一個同質性的民族國家，並在這過程中驅逐及屠殺亞美尼亞和希臘人。他再廢黜君王制，在政治制度上改建西式共和體制。他也罷黜宗教界的權力核心哈里發，終結傳統教育和宗教部會，撤除獨立的宗教學校和大學院校，建立一個統一的普通公民教育體制，並解散採行伊斯蘭律法的宗教法庭，代之以基於瑞士民法的新法律制度。他也廢除傳統曆法，代之以格列哥里曆，並正式取消以伊斯蘭教為國教。他向彼得大帝取經，禁止人民戴象徵宗教傳統主義的土耳其帽，鼓勵人民戴普通的帽子，並規定土耳其文要用羅馬文字而不是阿拉伯文字書寫。最後這項改革尤其重要，「這使接受羅馬文字教育的新世代幾乎完全不可能接觸豐富的傳統文學作品，並鼓勵人民去學歐洲的語文，同時也大幅減輕越來越嚴重的文盲問題」[24]。凱末爾在重新界定土耳其人民的國家、政治、宗教和文化定位後，在 1930 年代大力提倡土耳其的經濟發展。西化和現代化並行不悖，並成為現代化的工具。

1939 ～ 1945 年第二次世界大戰期間，土耳其仍維持中立。但戰後土耳其立刻進一步和西方認同，在擺明了要踵武西方的模

式之後，土耳其從一黨獨大轉而改採有競爭力的多黨政治。土耳其不斷遊說，並終於在 1952 年加入北大西洋公約組織，因而得以坐實成為自由世界的成員。土耳其接受了數十億美元的西方經濟和安全援助，其部隊都接受西式訓練和武器配備，並得以和北約指揮架構整合，土耳其境內也有美國軍事基地。西方視土耳其為推行圍堵政策的東方堡壘，可以防堵蘇聯向地中海、中東及波斯灣擴張。這種和西方認同的聯繫，使土耳其在 1955 年印尼萬隆會議中成為非西方不結盟國家的箭靶，伊斯蘭國家也攻擊土耳其褻瀆宗教。[25]

冷戰後，土耳其精英階層仍大力支持土國向西方和歐洲靠攏，他們認為，土耳其繼續維持北約會籍有其必要，因為藉著和西方維持這層緊密的關係，才能制衡希臘。但土耳其介入西方並納入北約體制，卻是冷戰的產物。冷戰結束排除了土耳其加入北約的主要理由，也削弱並重新界定那層關係。對西方而言，土耳其在防堵北方主要威脅上已經起不了什麼作用；相反的，像在波斯灣戰爭中，卻可能是對付南方較小威脅的夥伴。在波斯灣戰爭中，土耳其關閉境內伊拉克輸送石油到地中海的油管，並准許美國戰機從其基地起飛攻打伊拉克，而提供了反（伊拉克總統）海珊聯盟的重要助力。但土耳其前總統歐薩爾的這些決定，卻引起國內很大的批評聲浪，外交部長、國防部長、參謀總長相繼掛冠求去，民眾也群起示威，抗議歐薩爾和美國的密切合作關係。結果，土耳其總統狄米瑞和總理坦素·席勒都促聯合國提早結束對伊拉克的制裁，因為這也對土耳其造成相當沉重的經濟負擔。[26]比起和西方聯手對抗蘇聯，土耳其和西方合作對付南方伊斯蘭教威脅的意願比較不確定。在波斯灣危機時，土耳其傳統盟邦德國竟反對視伊拉克對土國的飛彈攻擊為對北約的攻擊，這也顯示，

土耳其不能靠西方支持對抗南方的威脅。冷戰時期和蘇聯的對峙，並未使人質疑土耳其的文明定位；後冷戰時期和阿拉伯國家的關係，就引起了問題。

從 1980 年代開始，土耳其西化導向精英階層的基本外交政策目標，就是加入歐洲聯盟。土耳其於 1987 年 4 月正式申請加入歐盟，但在 1989 年 12 月被告知，在 1993 年之前不可能考慮。而在 1994 年，歐盟通過奧地利、芬蘭、瑞典和挪威入會，一般預期，未來幾年也會同意波蘭、匈牙利和捷克，甚至更晚可能給斯洛維尼亞、斯洛伐克和波羅的海三小國加入。對歐盟最有影響力的德國再度未能大力支持土耳其入會，相反的優先考慮讓中歐國家加入，尤其令土耳其十分失望。[27] 在美國施壓下，歐盟的確和土耳其商討關稅同盟協定，但要成為完整的會員，可能性仍不大。

為什麼老是跳過土耳其？為什麼土耳其老是掛車尾？在公開場合，歐洲官員歸咎於土耳其低度經濟發展及對人權的尊重不若斯堪地那維亞半島諸國。但私底下，歐洲和土耳其都指出，真正的原因是希臘強烈反對土耳其這個伊斯蘭國家。歐洲國家不願向一個有 6,000 萬穆斯林及高失業率的國家開放邊界，以免大量移民湧入。更重要的，在文化上，它們覺得土耳其不屬於歐洲。土耳其前總統歐薩爾於 1992 年說，土耳其的人權紀錄是「使土國無法加入歐洲共同體的一個口實。真正的原因是我們是穆斯林，他們是基督徒」。但他強調說，「他們是不會明說的」。歐洲官員並不諱言，歐盟是個「基督教俱樂部」，而「土耳其太窮，人口太多、太信伊斯蘭教、太殘酷、文化差異太大……」。一位觀察家分析，歐洲人「最大的夢魘是重蹈（十字軍東征時）撒拉森穆斯林入侵西歐及土耳其人攻到維也納門口的覆轍」。這些態度相對的，「使土耳其人也產生共識：西方見不得歐洲有個伊斯蘭

國家」[28]。

土耳其在背棄（伊斯蘭教聖地）麥加，又吃了布魯塞爾的閉門羹之後，抓住前蘇聯解體的機會，轉而投向烏茲別克的懷抱。前總統歐薩爾和其他土國領袖的理想是要建立一個土耳其民族社會，並盡力和土耳其「海外近鄰」，從「亞得里亞海到中國邊境」的「外國土耳其人」發展關係，尤其是亞塞拜然及四個土耳其語系的中亞地區共和國烏茲別克、土庫曼、哈薩克和吉爾吉斯。在1991和1992年，土耳其發動各種活動，強化和這些新共和國的關係及影響力，包括提供15億美元長期低利貸款、7,900萬美元直接紓困援助，以及衛星電視（以取代俄羅斯語頻道）、電話通訊、航空服務，並設立數以千計的獎學金鼓勵學生到土耳其深造，也讓中亞和亞塞拜然的銀行家、工商界人士、外交官及數以百計的軍官到土耳其受訓。土耳其甚至派老師到這些新的共和國去教土耳其語，並創設約2,000家合資企業。文化共通性使這些經濟關係穩定成長，誠如一名土耳其商人所說的：「在亞塞拜然或土庫曼，要成功最重要的是找到適當的夥伴，對土耳其人而言，這並不難，我們有共同的文化，多多少少相通的語言，甚至吃同樣的食物。」[29]

土耳其向高加索山及中亞發展，不只受到成為土耳其民族社會領袖的夢想引誘，土國也想節制伊朗和沙烏地阿拉伯在這個地區擴張其影響力及提倡伊斯蘭基本教義運動。土耳其人自認提供另一種「土耳其模式」或「土耳其理念」，亦即一個實施市場經濟的世俗民主的伊斯蘭國家。此外，土耳其也希望節制俄國影響力捲土重來，在提供俄羅斯和伊斯蘭教另一種選擇之後，土耳其可以抬高身價，提高成為歐盟成員的籌碼。

但土耳其甫和這些突厥語系的共和國展開這波行動，1993年

就收斂下來了，因為天然資源受到限制。歐薩爾去世後，由狄米瑞繼任總統，俄羅斯也重新發揮其在所謂「海外鄰國」的影響力。當突厥語系的前蘇聯共和國剛開始獨立時，它們的領袖競相到安卡拉去爭取土耳其奧援。但隨後俄羅斯開始施壓和放下誘餌，它們又掉回頭，並強調必須在文化上的兄弟之邦和前帝國主子之間維持「平衡的」關係。但土耳其人繼續試圖使用它們的文化屬性來擴大經濟和政治的臍帶關係，最重大的收穫是徵得相關政府和石油公司同意，建築一條可以把中亞和亞塞拜然的石油經土耳其送到地中海的油管。[30]

但當土耳其努力和突厥語系的前蘇聯共和國發展關係時，其凱末爾主義的世俗定位已在國內備受挑戰。第一，土耳其一如其他很多國家，冷戰結束及社會經濟發展產生的脫序現象，引發了「國家定位和種族定位」的重大問題[31]，宗教適時提供了答案。凱末爾和土耳其精英階層過去三分之二個世紀所留下來的世俗傳統，遭到越來越猛烈的抨擊。海外土耳其人的經驗似有助長國內伊斯蘭教狂熱之勢。從西德回來的土耳其人「對當地的敵意產生反感，回頭皈依他們所熟悉的伊斯蘭教」。主流派的意見和作法也越來越支持伊斯蘭教，1993 年，報導說：「土耳其又流行蓄伊斯蘭式鬍鬚，女人也戴上頭巾，清真寺吸引大批信眾，書店更是堆滿謳歌伊斯蘭教歷史、教義和生活方式的書籍、期刊、卡帶、雷射唱片和錄音帶，這些出版品也頌揚鄂圖曼帝國在保存先知穆罕默德價值上所扮演的角色。」報導也說：「不到 290 家出版社和印刷廠，及 300 種出版品，包括 4 份日報，約 100 家沒有執照的廣播電台，和大約 30 個同樣沒有執照的電視頻道，都在競相傳播伊斯蘭思想。」[32]

面對越來越高漲的伊斯蘭意識，土耳其統治階層試圖採行激

進的作法，以爭取基本教義派的支持。在 1980 和 1990 年代，這個所謂世俗的土耳其政府仍設一個「宗教事務辦公室」，所編列的預算比某些部會還高，以資助清真寺的興建，並在所有公立學校開設必修的宗教指導課程，同時提供資金給在 1980 年代數量增加為 5 倍的伊斯蘭學校，招收了大約 15% 的中學生，並傳授伊斯蘭教教義，培育了數以千計的畢業生，其中很多人到公家機關服務。在凱末爾禁止人民戴傳統的土耳其帽 70 年後，政府同意讓女性戴傳統的頭巾去上學，和法國的作法形成象徵性的強烈對比。[33] 政府採取這些行動，大半是想收斂伊斯蘭主義者的氣焰，但 1980 和 1990 年代初這股氣焰有多高，由此也可見端倪。

其次，伊斯蘭復興改變了土耳其的政治生態。政治領袖，尤其是前總統歐薩爾，顯然和伊斯蘭教的象徵及政策認同。在土耳其，一如其他地方，民主強化了本土意識並使人民回歸宗教。「為了逢迎民眾以爭取選票，政治家，以及捍衛世俗化的大本營軍方，必須考慮到人民的宗教信仰。他們向選民所作的讓步，不少帶有煽動群眾的色彩」。而這些群眾運動是帶有宗教傾向的。精英和官方團體，尤其軍方，雖是世俗導向的，但伊斯蘭意識仍然出現於軍中，1987 年便有數百名幹部因被指有伊斯蘭意識之嫌而遭軍官學校整肅。各大政黨越來越覺得有必要尋求伊斯蘭社會團體的支持，這些團體被凱末爾查禁，如今又重起爐灶。[34] 在 1994 年 3 月的地方選舉中，基本教義派的福利黨，在土耳其五大政黨中一枝獨秀，選票增為 19% 左右，而總理坦素・席勒所率的真道黨只得到 21% 選票，已故總統歐薩爾所屬的祖國黨也只得 20% 選票。福利黨囊括了土耳其兩大都市伊斯坦堡和安卡拉的選票，在土國南部的表現尤其強勁。在 1995 年 12 月的選舉中，福利黨再下城池，比其他任何政黨贏得更多選票和國會席位，而在半年後接掌

政府，並和另一個世俗黨派組聯合內閣。一如在其他國家，對基本教義派的支持來自回歸故里的年輕移民——「被踐踏、被剝奪的人」，以及「新的都市民工，大都市的激進革命家」。[35]

第三，伊斯蘭復興影響到土耳其的外交政策。在前總統歐薩爾領導下，土耳其在波斯灣戰爭中果斷的和西方站在同一陣線，希望這項行動能使土耳其順利加入歐洲共同體，但未能如願。北約在土耳其如遭伊拉克攻擊應如何回應一事上猶豫難決，使土耳其心生疑慮，不知道自己如遭非俄羅斯勢力攻擊，北約會如何反應。[36]土耳其領袖試圖擴大和以色列的軍事關係，這引發了土耳其伊斯蘭教人士的猛烈抨擊。更重要的是在 1980 年代，土耳其擴大和阿拉伯及其他伊斯蘭國家的關係，並在 1990 年代，提供波士尼亞穆斯林及亞塞拜然大力援助，以積極提倡伊斯蘭教利益。至於巴爾幹半島、中亞或中東，土耳其的外交政策也越來越伊斯蘭教導向。

多年來，土耳其這個分化的國家在轉變其文明定位上，完成了三大根本要件中的兩個：土耳其的精英階層支持這項行動，民眾也表示默許。接受西方文明的精英並不樂於接納這一轉變。當這個問題還不明朗時，土耳其境內的伊斯蘭復興帶動人民反西方的情緒，並開始破壞土耳其精英階層支持西方的世俗化導向。土耳其在完全變成歐洲國家上所遭遇的障礙，及要在突厥語系的前蘇聯共和國扮演主導角色上的能力限制，和伊斯蘭復興對凱末爾遺澤的腐蝕，似乎都使土耳其仍然是一個分化的國家。

土耳其領袖在反映這些互相矛盾的利益時，經常形容他們的國家是不同文化間的「橋梁」。土耳其前總理坦素‧席勒在 1993 年曾說，土耳其既是個「西方民主國家」，也是「中東的一部分」，及「兩大文明物質上和心理上的橋梁」。為了反映這種矛盾的現

象，席勒在土耳其公開場合常以穆斯林的姿態出現，但在向北約演講時，她則辯稱，「從地理和政治現實看來，土耳其是個歐洲國家」。狄米瑞總統也說，土耳其是「一個從西方延伸到東方的地區，也就是從歐洲到中國的重要橋梁」。[37] 但橋梁雖是連接兩大實體的人工產物，卻不屬於任何一邊。土耳其領袖稱他們的國家是一座橋，已經間接承認土耳其是個分化的國家。

墨西哥

土耳其在 1920 年代成為一個分化的國家，墨西哥則遲至 1980 年代才成為分化的國家，但它們和西方的歷史關係有某些類似之處。一如土耳其，墨西哥有一種非常鮮明的非西方文化。（1990 年贏得諾貝爾文學獎的墨西哥作家）帕斯（Octavio Paz）曾說，即使在 20 世紀，「墨西哥的核心仍是印第安人，而不是歐洲人」[38]。在 19 世紀，墨西哥和鄂圖曼帝國一樣被西方列強瓜分；1920 和 1930 年代，墨西哥和土耳其一樣經歷了一場革命，建立了民族定位的新基礎及新的一黨政治體制。但土耳其的革命不但推翻了傳統的伊斯蘭教和鄂圖曼帝國的文化，同時也努力引進西方文化及加入西方。墨西哥則和俄羅斯一樣，革命涉及包容及修正西方文化的要素，這相對於西方的資本主義和民主，也產生了新的民族主義。因此，土耳其有 60 年之久，一直試圖自我定位為歐洲國家，墨西哥則界定本身為反美的國家。從 1930～1980 年代，墨西哥領袖的經濟和外交政策無不在向美國的利益挑戰。

1980 年代，情勢丕變。墨西哥前總統戴拉馬德里開始全面重新界定墨國的目標、作法和定位，繼任的薩林納斯總統也繼續推動，蔚為 1910 年墨西哥革命以來最大幅的改革。薩林納斯事實

上已經是墨西哥的凱末爾。凱末爾倡言世俗主義和民族主義，這也是當時西方的主流思想。薩林納斯則提倡經濟自由化，這也是他那個時代西方兩大思潮之一，另一個是政治民主，但這一點他並未實踐。就像凱末爾，政治和經濟精英階層普遍都有共識，其中不少人，像薩林納斯曾在美國留學。薩林納斯大幅降低通貨膨脹，很多國有企業私有化，鼓勵外人投資、刪減關稅和補貼、重新調整外債、向工會勢力挑戰、提高生產力，並促使墨西哥和美國及加拿大一起加入北美自由貿易區協定。凱末爾的改革是為了把土耳其從一個信奉伊斯蘭教的中東國家，轉化為世俗化的歐洲國家，薩林納斯的改革則是要把墨西哥從一個拉丁美洲國家改為北美國家。

墨西哥並不是非作這個選擇不可。可以想見的，墨西哥精英階層可以接續他們大半世紀所走的反美的第三世界民族主義及保護主義路線。另外，就像某些墨西哥人所說的，他們也可以和西班牙、葡萄牙、南美各國及伊比利半島國家結盟。

墨西哥尋求北美定位時能不能奏功？絕大部分政治、經濟和知識界精英都看好這條路。但墨西哥有別於土耳其，大部分接受文明的政治、經濟和知識精英，也支持墨國的文化重整。跨文明的重大移民問題凸顯了這方面的差異。歐洲精英階層和民眾由於擔心大規模的土耳其移民，而抗拒讓土耳其加入歐洲。相形之下，墨國移民大量湧入美國，不管合不合法，是薩林納斯對墨西哥加入北美自由貿易協定的說詞：「你要接受我們的產品或我們的人民？」此外，墨西哥和美國的文化距離，遠比土耳其和歐洲的距離短得多。墨西哥信奉天主教，說西班牙語，其精英在歷史上都是朝歐洲發展（過去他們送子女到歐洲受教育），到了晚近才往美國發展（現在他們送子女到美國受教育）。英裔美國人的北美

和西裔印第安人的墨西哥之間的互相包容，要比基督教的歐洲和
伊斯蘭教的土耳其容易得多。儘管有這些共通點，在北美自由貿
易協定簽署之後，美國仍反對和墨西哥進一步發展關係，美國要
求限制墨國移民，抱怨往工廠南移，同時也質疑墨西哥遵行美國
自由觀念和法治的能力。[39]

　　一個分化的國家要成功的改變定位，第三個要件是也許不一
定要得到民眾的支持，但一定要贏得民眾的默許，這個因素的重
要性，在某種程度上，要看民眾的看法在國家決策過程中的重要
性有多高。墨西哥支持西方的立場，到 1995 年仍未經民主化的
考驗。數千名組織完善、並得到外力支援的嘉巴斯州游擊隊的新
年暴動，本身並非墨國強烈抗拒北美化的一個指標。但這次暴動
引起墨國知識分子、新聞界和其他民意領袖的聲援顯示，北美化，
尤其是北美自由貿易協定，將引起墨國精英和人民越來越強烈的
反彈。薩林納斯總統刻意把經濟改革和西化放在政治改革和民主
化之上。但墨國的經濟發展及加強和美國的關係，將促使墨西哥
政治制度真正民主化。墨西哥未來的重大問題之一是：現代化和
民主化在什麼程度上會引起反西化，使墨西哥從北美自由貿易協
定撤退，或大幅削弱該協定及其西化精英在 1980 和 1990 年代所
同步推行的政策改變？墨西哥北美化是否可以和其民主化相容？

澳洲

　　相對於俄羅斯、土耳其和墨西哥，澳洲原本就是一個西方社
會。在 20 世紀大半葉，澳洲先和英國後與美國結盟，冷戰時期，
澳洲不只是西方社會成員，也加入了西方的美英加澳軍事情報核
心。但在 1990 年代初期，澳洲的政治領袖決定，澳洲應該要叛離
西方，重新定位為亞洲社會，並和其地理上的鄰國維持密切的關

係。澳洲前總理基亭宣稱，澳洲不應再扮演「帝國的分支機構」，而應該是個共和國，「涉入」亞洲事務。他指出，為了建立澳洲作為獨立國家的定位，這是有必要的。「澳洲不能既要以多元文化社會的身分在世界出現，投入亞洲，建立關係，並且做得令人信服，而同時至少在憲法上卻還是一個衍生性社會」。基亭宣稱，澳洲多年來飽受「英國崇拜和麻木遲鈍」之苦，繼續和英國維持密切的關係，將「削弱我們的自然文化，我們的經濟未來，以及在亞太地區的命運」。外交部長艾文斯也表達了類似的情緒。[40]

重新界定澳洲為亞洲國家，是基於經濟成長在決定國家的命運方面優於文化的假設上。其核心動力是東亞經濟的驚人成長，而這相對的也刺激澳洲和亞洲貿易的快速擴張。1971 年，東亞和東南亞吸收了 39% 的澳洲出口，並提供了 21% 的澳洲進口；到 1994 年，東亞和東南亞已經占澳洲出口的 62%，並提供 41% 的進口。相形之下，在 1991 年，澳洲只有 11.8% 的出口是銷往歐洲共同體、10.1% 則是輸往美國。加強和亞洲的經濟關係，是因澳洲深信世界正朝三大經濟區發展，而澳洲位於東亞經濟區內。

儘管不斷加強和亞洲的經貿關係，澳洲的亞洲政策似不可能達成一個分化國家改變文明定位的必要條件。第一，到 1990 年代中期，澳洲精英階層對這個路線反應並不熱烈。這多少牽涉到黨派問題，自由黨領袖立場搖擺不定或甚至反對，勞工黨政府則遭到各種知識分子和新聞記者口誅筆伐。對於選擇亞洲，澳洲精英階層並未達成明顯共識。其次，輿論如流水，從 1987 ～ 1993 年，贊成結束君主政體的澳洲人，從 21% 劇增為 46%，但當時支持熱度已開始退燒和流失，贊成把英國國旗的標識從澳洲國旗上除去的人，從 1992 年 5 月的 42% 跌到 1993 年 8 月的 35%。誠如一位澳洲官員在 1992 年所說的：「民眾很難接受這點，每當

我說澳洲應該成為亞洲的一部分時，你不知道我收到多少反對的信件。」[41]

第三點，也是最重要的一點，亞洲國家精英接受澳洲親善政策的程度，不及歐洲精英階層接納土耳其的程度。他們已經表明，如果澳洲想成為亞洲的一部分，必須真正的亞洲化，但他們覺得可能性很低。印尼有位官員說：「澳洲能否成功的和亞洲整合，端視亞洲國家有多歡迎澳洲而定。至於澳洲是否能接納亞洲，則要看澳洲朝野有多了解亞洲文化和社會了。」亞洲人認為，澳洲口中的亞洲，和其荒謬的西方現實有很大的差距。一位澳洲外交官指出，泰國人以「困惑的包容態度」來看待澳洲所堅持的亞洲論。[42] 馬來西亞總理馬哈迪在 1994 年宣稱，「在文化上，澳洲仍是歐洲國家……我們認為是歐洲國家」，因此澳洲不應加入東亞經濟會議。我們亞洲人「比較不會公然指責其他國家，或對他們遽下論斷。但澳洲因為屬於歐洲文化，而自覺有權告訴別的國家什麼該做、什麼不該做、什麼是對的、什麼是錯的。當然，這和這個團體是不相容的。這是我反對澳洲加入東亞經濟會議的理由，不是膚色問題，而是文化問題」[43]。簡而言之，亞洲人排除澳洲加入其組織的理由和歐洲拒絕土耳其的理由一樣：他們和我們不同。澳洲總理基亭常說，他要把澳洲從亞洲的「局外人改為局內人」。但這句話有語病，被判出局的人是很難再進場的。

就像馬哈迪所說的，文化和價值觀是澳洲加入亞洲社會的基本障礙。澳洲常因對民主、人權和新聞自由的尊重，及對幾乎所有亞洲鄰國侵害人權的抗議而時起衝突。澳洲一位資深外交官指出：「澳洲在這個地區真正的問題源自於根本的社會價值觀，而不在國旗上。我想你找不到任何一個澳洲人，願意為了被這個地區接納而放棄這些價值觀。」[44] 個性、風格和行為的差異也很明

顯。誠如馬哈迪所說的，亞洲人在和其他人共同完成某些目標時，比較委婉、間接、有彈性、迂迴、不論斷、不作道德批判、也不對立。但澳洲人過於直接、突兀、坦率，有人甚至形容為英語世界中對事情最欠缺敏感度的民族。這種文化衝突，在基亭本人和亞洲人打交道時最明顯。基亭把澳洲的民族性發揮得淋漓盡致。有人曾形容他是「重量級政治人物」，行事「天生帶有挑釁好鬥」的作風，常毫不留情的抨擊他的政治對手是「醜齪卑鄙的人」、「娘娘腔的舞男」和「頭殼壞去的瘋子」。[45] 當基亭高聲疾呼澳洲必須和亞洲認同時，他粗暴直率的言論常惹得亞洲領袖火冒三丈、震驚反感。文化落差這麼大，使一個主張文化整合的人，對自己的行為冒犯了那些他所謂的文化兄弟之邦而不自覺。

　　基亭和艾文斯選擇亞洲，可以說是過分重視經濟因素，以至於忽略而非重振國家文化的結果。這也是他們用來轉移人民對澳洲經濟問題注意力的政治策略。從另一個角度來看，這也可以說是澳洲加入並和正在經濟、政治和軍力上崛起的東亞認同的具有遠見的措施。就這點而論，澳洲可能是第一批準備叛逃西方、搶搭正在崛起的非西方文明列車的諸多西方國家之一。22 世紀登場時，歷史學家可能會回顧基亭和艾文斯的選擇為西方沒落的一大里程碑。但即使澳洲選擇了亞洲，仍無法消除其西方傳統，而這個「幸運的國家」將永遠是個分化的國家，不但還是基亭嗤之以鼻的「帝國分支機構」，也是李光耀輕蔑的說的「亞洲新的白人垃圾」。[46]

　　這過去不是、現在也並非澳洲不可避免的命運。一旦接受他們想脫離英國的意願，澳洲領袖與其自我界定為亞洲國家，不如界定為太平洋國家，而基亭的前任總理霍克也的確如此圖之。如果澳洲希望脫離英國自立為共和國，可以和世界上第一個這麼做

的國家（美國）結盟。這個國家一如澳洲，也是個根源於英國的
移民國家，幅員廣大，說英語，曾是三次大戰的盟友，同時有絕
大多數的歐洲移民，或者像澳洲有越來越多的亞洲移民。在文化
上，1776 年 7 月 4 日獨立宣言的價值觀，比亞洲任何國家的價值
觀和澳洲相容。在經濟上，澳洲領袖與其試圖打進一群文化不相
容的社會，不如提議擴大北美自由貿易協定為「北美南太平洋」
（NASP）協定，成員包括美國、加拿大、澳洲和紐西蘭。這種
組合將調和文化和經濟面，並提供澳洲一個堅實永續的定位，這
是澳洲徒勞無功的想亞洲化所做不到的。

西方病毒和文化分裂症

當澳洲領袖走上認同亞洲之路時，其他分化的國家，像土耳
其、墨西哥、俄羅斯的領袖都試圖既把西方融入他們的社會中，
也把他們的社會融入西方。他們的經驗有力的證明本土文化的力
量、韌性和黏性，以及他們重建自己並抗拒、包容和修正西方進
口文化的能力。排斥派對西方的反應是行不通的，凱末爾主義者
的反應也不成功。如果非西方社會要現代化，它們必須照自己的
方式而不是西方的方式去做，應該比美日本的作法，強化並善用
自己的傳統、制度和價值觀。

政治領袖如果目中無人，自以為能從根本上重新界定他們的
社會，註定要失敗。他們固然可以引進西方文化的精髓，卻不能
永遠壓制或消除本土文化的核心元素。相反的，西方病毒一旦寄
宿在另一個社會中，就很難根除。病毒永遠存在，但不會致命；
病人活下來了，但永遠不會痊癒。政治領袖可以改寫歷史，但不
能逃避歷史；他們製造了分化的國家，而不是西方式的社會，他
們的國家感染了文化分裂症，這將變成永遠鮮明的特色。

註釋

1. Audreas Rapandreou,"Europe Turns Left," *New Perspectives Quarterly*, 11 (Winter 1994), 53; Vuk Draskovic, quoted in Janice A. Broun, "Islam in the Balkans," *Freedom Review*, 22 (Nov./Dec. 1991), 31; Stephen Larrabee, "Instability and Change in the Balkans," *Survival*, 34 (Summer 1992), 43; Misha Glenny, "Heading Off War in the Southern Balkans," *Foreign Affairs*, 74 (May/June 1995), 102-103。
2. Ali Al-Amin Mazrui, *Cultural Forces in World Polities* (London: James Currey, 1990), p. 13。
3. See e.g., *Economist*, 16 November 1991, p. 45, 6 May 1995, p. 36。
4. Ronald B. Palmer and Thomas J. Reckford, *Building ASEAN: 20 Years of Southeast Asian Cooperation* (New York: Praeger, 1987), p. 109; *Economist*, 23 July 1994, pp. 31-32。
5. Barry Buzan and Gerald Segal, "Rethinking East Asian Security," *Survival*, 36 (Summer1994), 16。
6. *Far Eastern Economic Review*, 11 August 1994, p. 34。
7. 馬來西亞總理馬哈迪和歐米之間的訪問；Rafidah Azia, *New York Times*, 12 February 1991, p. D6。
8. *Japan Times*, 7 November 1994, p. 19; *Economist*, 19 November 1994, p. 37。
9. Murray Weidenbaum, "Greater China: A New Economic Colossus?" *Washington Quarterly*, 16 (Autumn 1993), 78-80。
10. *Wall Street Journal*, 30 September 1994, p. A8; *New York Times*, 17 February 1995, p. A6。
11. *Economist*, 8 October 1994, p. 44; Andres Serbin, "Towards an Association of Caribbean States: Raising Some Awkward Questions," *Journal of Interamerican Studies*, 36 (Winter 1994), 61-90。
12. *Far Eastern Economic Review*, 5 July 1990, pp. 24-25, 5 September 1991, pp. 26-27; *New York Times*, 16 February 1992, p. 16; *Economist*, 15 January 1994, p. 38; Robert D. Hormats, "Making Regionalism Safe," *Foreign Affairs*, 73 (March/April 1994), 102-103; *Economist*, 10 June 1994, pp. 47-48; *Boston Globe*, 5 February 1994, p. 7。有關「南方共同市場」，參閱：Luigi Manzetti, "The Political Economy of MERCOSUR," *Journal of Interamerican Studies*, 35 (Winter 1993/94), 101-141, and Felix Pena, "New Approaches to Economic Integration in the Southern Cone," *Washington Quarterly*, 18 (Summer 1995), 113-122。
13. *New York Times*, 8 April 1994, p. A3, 13 June 1994, pp. D1, D5, 4 January 1995, p. A8; Mahathir Interview with Ohmae, pp. 2, 5; "Asian Trade New Directions," *AMEX Bank Review*, 20 (22 March 1993), 1-7。
14. See Brian Pollins, "Does Trade Still Follow the Flag?" *American Political Science Review*, 83 (June 1989), 465-480; Joanne Gowa and Edward D. Mansfield, "Power Polities and International Trade," *American Political Science Review*, 87 (June 1993), 408-421; and David M. Rowe, "Trade and Security in International Relations," (unpublished paper,

Ohio State University, 15 September 1994), passim。

15. Sidney W. Mntz, "Can Haiti Change?" *Foreign Affairs*, 75 (Jan./Feb. 1995), 73; Ernesto Perez Balladares and Joycelyn McCalla quoted in "Haiti's Traditions of Isolation Makes U. S. Task Harder," *Washington Post*, 25 July 1995, p. A1。

16. *Economist*, 23 October 1993, p. 53。

17. *Boston Globe*, 21 March 1993, pp. 1, 16, 17; *Economist*, 19 November 1994, p. 23, 11 June 1994, p. 90。土耳其和墨西哥這方面的相似之處，已由布占恩（Barry Buzan）引述於 "New Patterns of Global Security in the Twenty-first Century," *International Affairs*, 67 (July 1991), 449, and Jagdish Bhagwati, *The World Trading System at Risk* (Princeton: Princeton University Press, 1991), p. 72。

18. See Marquis de Custine, *Empire of the Czar: A Journey Through Eternal Russia* (New York: Doubleday, 1989; originally published in Paris in 1844), passim。

19. P. Ya. Chaadayev, *Articles and Letters [Statyi i pisma]* (Moscow: 1989), p. 178 and N. Ya. Danilevskiy, *Russia and Europe [Rossiya i Yevropa]* (Moscow: 1991), pp. 267-268, quoted in Sergei Vladislavovich Chugrov, "Russia Between East and West," in Steve Hirsch, ed., *MEMO 3: In Search of Answers in the Post-Soviet Era* (Washington, D. C.: Bureau of National Affairs, 1992), p. 138。

20. See Leon Aron, "The Battle for the Soul of Russian Foreign Policy," *The American Enterprise*, 3 (Nov./Dec. 1992). 10ff; Alexei G. Arbatov, "Russia's Foreign Policy Alternatives," *International Security*, 18 (Fall 1993), 5ff。

21. Sergei Stankevich, "Russia in Search of Itself," *National Interest*, 28 (Summer 1992), 48-49。

22. Albert Motivans, " 'Openness to the West' in European Russia," *RFE/RL Research Report*, 1 (27 November 1992), 60-62。學者曾以不同方式計算選票的分配，結果只有極小的差異。我主要根據楚格洛夫（Sergei Chugrov）的分析報告："Political Tendencies in Russia's Regions: Evidence from the 1993 Parliamentary Elections" (Unpublished paper, Harvard University, 1994)。

23. Chugrov, "Russia Between," p. 140。

24. Samuel P. Huntington, *Political Order in Changing Societies* (New Haven: Yale University Press, 1968), pp. 350-351。

25. Duygo Bazoglu Sezer, "Turkey's Grand Strategy Facing a Dilemma," *International Spectator*, 27 (Jan./Mar. 1992), 24。

26. Clyde Haberman, "On Iraq's Other Front," *New York Times Magazine*, 18 November 1990, p. 42; Bruce R. Kuniholm, "Turkey and the West," *Foreign Affairs*, 70 (Spring 1991), 35-36。

27. Ian Lesser, "Turkey and the West after the Gulf War," *International Spectator*, 27 (Jan./Mar. 1992), 33。

28. *Financial Times*, 9 March 1992, p. 2; *New York Times*, 5 April 1992, p. E3; Tansu Ciller, "The Role of Turkey in 'the New World'," *Strategic Review*, 22 (Winter 1994, p. 9; Haberman,

"Iraq's Other Front," p. 44; John Murray Brown, "Tansu Ciller and the Question of Turkish Identity," *World Policy Journal*, 11 (Fall 1994), 58。

29. Sezer, "Turkey's Grand Strategy," p. 27; *Washington Post*, 22 March 1992; *New York Times*, 19 June 1994, p. 4。

30. *New York Times*, 4 August 1993, p. A3; 19 June 1994, p. 4; Philip Robins, "Between Sentiment and Self-Interest: Turkey's Policy toward Azerbaijan and the Central Asian States," *Middle East Journal*, 47 (Autumn 1993), 593-610; *Economist*, 17 June 1995, pp. 38-39。

31. Bahri Yilmaz, "Turkey's new Role in International Politics," *Aussenpolitik*, 45 (January 1994), 94。

32. Eric Rouleau, "The Challenges to Turkey," *Foreign Affairs*, 72 (Nov./Dec. 1993), 119。

33. Rouleau, "Challenges," pp. 120-121 ; *New York Times*, 26 March 1989, p. 14。

34. Ibid。

35. Brown, "Question of Turkish Identity," p. 58。

36. Sezer, "Turkey's Grand Strategy," pp. 29-30。

37. Ciller, "Turkey in 'the New World'," p. 9; Brown, "Question of Turkish Identity," p.56; Tansu Ciller, "Turkey and NATO: Stability in the Vortex of Change," *NATO Review*, 42 (April 1994), 6; Suleyman Demirel, *BBC Summary of World Broadcasts*, 2 February 1994。其他有關橋梁的隱喻，見：Bruce R. Kuniholm, "Turkey and the West," *Foreign Affairs*, 70 (Spring 1991), 39; Lesser, "Turkey and the West," p. 33。

38. Octavio Paz, "The Border of Time," interview with Nathan Gardels, *New Perspectives Quarterly*, 8 (Winter 1991), 36。

39. For and expression of this last concern, see Daniel Patrick Moynihan, "Free Trade withan Unfree Socicty: A Commitment and its Consequenees," *National Interest*, (Summer 1995), 28-33。

40. *Financial Times*, 11-12 September 1993, p. 4; *New York Times*, 16 August 1992, p. 3。

41. *Economist*, 23 July 1994, p. 35; Irene Moss, Human Rights Commissioner (Australia), *New York Times*, 16 August 1992, p. 3; *Economist*, 23 July 1994, p. 35; *Boston Globe*, 7 July 1993, p. 2; *Cable News Network*, News Report, 16 December 1993; Richard Higgott, "Closing a Branch Office of Empire: Australian *Foreign Policy* and the UK at Century's End," *International Affairs*, 70 (January 1994), 58。

42. Jat Sujamiko, *The Australian*, 5 May 1993, p. 18. quoted in Higgott, "Closing a Branch," p. 62; Higgott, "Closing a Branch," p.63 ; *Economist*, 12 December 1993, p. 34。

43. Transcript, Interview with Keniche Ohmae, 24 October 1994, pp. 5-6. See also *Japan Times*, 7 November 1994, p. 19。

44. Former Ambassador Richard Woolcott (Australia), *New York Times*, 16 August 1992, p. 3。

45. Paul Kelly, "Reinventing Australia," *National Interest*, 30 (Winter 1992), 66; *Economist*, 11 December 1993, p. 34; Higgott, "Closing a Branch," p. 58。

46. Lee Kuan Yew Quoted in Higgott, "Closing a Branch," p. 49。

7

核心國家、同心圓和文明秩序

文明與秩序

在新出現的全球政治中，各大文明的核心國家正取代兩大超強，成為吸引和排斥其他國家的主要磁極。這些改變以西方、正教和中國這三大文明最為顯著。在這些案例中，文明集團由核心國家、成員國、鄰國中文化近似的少數族裔，以及——比較引起爭議——鄰國中其他文化的民族構成。這些文明集團的國家，往往繞著一個或多個核心國家呈同心圓分布，反映它們和該文明集團認同和整合的程度。伊斯蘭世界缺乏公認的區域性核心國家，目前正加強建立共同的意識，但迄今只發展出一個基本的共同政治架構。

這些國家多半和文化近似的國家結合，以制衡與它們比較沒有文化淵源的國家，核心國家尤其如此。它們的勢力吸引那些文

化相似的國家，排斥文化相異的國家。基於安全理由，核心國家可能試圖納入或主導其他文明的某些民族，這些民族則力圖抗拒或逃避這種控制（像中國對西藏和維吾爾人；俄羅斯人對韃靼和車臣人及中亞穆斯林）。某些國家權衡歷史關係和權力均衡，力拒核心國家的影響力。喬治亞和俄羅斯都是信奉正教的國家，但在歷史上，喬治亞人一直力圖抗拒俄羅斯人的控制及和俄國的密切關係。越南和中國都是儒教國家，但它們之間也存在著類似的歷史對立模式。假以時日，文化通性及所發展出的較廣泛文明意識，可以使這些國家凝聚在一起，西歐國家就是典型的例子。

冷戰時期，秩序是超強控制兩大陣營及對第三世界行使影響力下的產物。在即將出現的世界中，全球性的強權已經過時，全球村則是個遙不可及的夢。沒有任何一個國家，包括美國在內，有重大的全球安全利益。在今天比較複雜而異質世界中，影響秩序的因素散見於各文明內部及各文明之間。世界將以各文明為基礎而產生秩序，否則將毫無秩序。在這個世界裡，各文明的核心國家是各文明內秩序的來源，並經由和其他核心國家的談判，而建立不同文明間的秩序。

由核心國家扮演領導或主控角色的世界，是個講究勢力範圍的世界，但在這個世界中，核心國家所行使的影響力，受同一文明內其他成員國的共同文化節制。文化共通，使核心國家的領導地位及其維持秩序的角色具有正當性，同一文明的會員國與文明外的強權和機構都會承認此種正當性。因此，聯合國前祕書長蓋里 1994 年頒布「維持勢力範圍」規則，規定區域強權所提供的聯合國維和部隊不能超過三分之一，是行不通的。因為這種規定無視於地緣政治的現實，亦即任何地區如果只有一個主導的國家，則和平只有透過這個國家領導才能達成和維繫。聯合國無法

取代區域強權，當核心國家對其文明內的其他國家行使權力時，區域強權就要負責並使地位合法。

　　一個核心國家可以發揮維持秩序的功能，因為成員國和它有文化淵源。一個文明是個大家族，核心國就像家中長輩，可以作為他們親屬的後盾並維持紀律。少了那層關係，一個更強勢的國家解決區域衝突及維持秩序的能力將受到限制。巴基斯坦、孟加拉，甚至斯里蘭卡不會接受印度出面維持南亞的秩序；同樣的，東亞也沒有任何一個國家會接受日本扮演這個角色。

　　當某些文明沒有核心國家時，要在文明內建立秩序，或在不同文明間談判維持秩序，相當困難。正因少了一個可以和波士尼亞維持合法威權關係的伊斯蘭核心國家，像俄羅斯之於塞爾維亞以及德國之於克羅埃西亞，迫使美國嘗試越俎代庖。而美國之所以覺得使不上力，是因為前南斯拉夫劃定疆界時，並未涉及美國的戰略利益，美國和波士尼亞也沒有任何文化淵源，何況歐洲也反對在歐洲創立一個伊斯蘭國家。由於非洲和阿拉伯世界都沒有核心國家，解決蘇丹內戰的計畫益形錯綜複雜。相反的，只要有核心國家，它們就是以文明為基礎的國際新秩序的核心要素。

劃定西方疆界

　　冷戰時期，由不同國家組成的多文明大規模集團，以遏阻蘇聯進一步擴張為共同宗旨，美國是該集團的核心。這個集團有幾個不同的名稱，像「自由世界」、「西方」、「盟國」等，由很多國家組成，但並非都來自西方，像土耳其、希臘、日本、南韓、菲律賓、以色列及台灣、泰國和巴基斯坦等其他國家。和它對立的是一個由略微異質的國家組成的集團，其成員包括希臘之

外的所有正教國家，幾個在歷史上和西方有淵源的國家，像越南、古巴或印度，有時還有一個或更多非洲國家。冷戰結束後，這些多文明和跨文化的集團分崩離析，蘇聯共產體制解體，尤以華沙公約瓦解最戲劇化。同樣的，冷戰時期多元文明的「自由世界」也慢慢重組為新的集團，這新集團和西方文明的範圍多少有些重疊。這就展開了一個新的劃界過程，過程中的一大要目是界定誰能成為西方國際組織的成員。

歐洲聯盟以法國和德國為兩大核心國家，接近核心的第一圈是由比利時、荷蘭和盧森堡所組成的內圈集團，這些國家都同意廢除貨物和人員通關的障礙。其次是其他成員國像義大利、西班牙、葡萄牙、丹麥、英國、愛爾蘭及希臘；再來是 1995 年加入的奧地利、芬蘭和瑞典等國；最外是準會員國，像波蘭、匈牙利、捷克、斯洛伐克、保加利亞及羅馬尼亞。為了反映現實情況，在 1994 年秋天，德國執政黨和法國最高層官員提議組成不同的聯盟。依德國所提的計畫，「核心小集團」由義大利以外的創始會員國組成，並由「德法組成核心中的核心」。這些核心國家將很快建立一個貨幣聯盟，並整合其外交和國防政策。法國前總理巴拉杜也幾乎同時提議組成一個三層聯盟，由五個支持種族平等的國家組成核心，其他會員國形成第二圈，即將加入成為新會員的國家在最外圈。隨後，法國前外長朱貝在闡述這個概念時提議：「東歐和中歐夥伴國家組成外圈；被迫在單一市場、關稅同盟等領域接受共同規範的會員國組成中圈；幾個有意願和能力在國防、金融整合、外交政策等方面比其他國家進展快的（更緊密團結的）國家組成幾個內圈。」[1] 其他政治界領袖提出其他類型的安排，但都不外由更緊密結合的國家組成內圈集團，其他和核心國家比較不完全整合的國家組成外圈集團，依此類推，直到分出會員和

非會員的界限。

在歐洲劃定那條界線，是後冷戰世界西方所面臨的最大挑戰。冷戰時期，歐洲整體而言並不存在。共產主義解體後，則必須面對並解答這個問題：歐洲是什麼？歐洲北方、西方和南方的疆界都是一片汪洋，再往南走則是完全不同的文化。但歐洲的東界在那裡？誰可以視為歐洲人，有資格加入歐盟和北約等機構？

這些問題最有力和常見的解答，是數百年來劃分西方基督教民族和伊斯蘭教與正教民族的那條歷史大界線。這條分界線可以上溯到西元 4 世紀羅馬帝國的分裂，及 10 世紀建立的神聖羅馬帝國，至少已經在目前的位置存在了 500 年左右。從北方開始，這條分界線沿今天芬蘭和俄羅斯及波羅的海三小國愛沙尼亞、拉脫維亞和立陶宛邊界而下，再經俄羅斯、白俄羅斯西部及烏克蘭，將信仰希臘正教但宗奉天主教宗的西部與純信正教的東部分隔開來，再經羅馬尼亞的特朗斯維尼亞省，以區隔信奉天主教的匈牙利裔和其他族裔，再經由前南斯拉夫，沿斯洛維尼亞和克羅埃西亞以及其他共和國的邊界而下。在巴爾幹半島，這條分界線正好和歷史上分隔奧匈帝國與鄂圖曼帝國的界線吻合。這是歐洲的文化疆界，在後冷戰世界，這也是歐洲和西方的政經邊界。

對西歐所面臨的問題，像歐洲止於何處，文明典範因此提供一個明顯有力的答案。歐洲止於西方基督教結束而伊斯蘭教和正教開始之處。這也是西歐國家所想要聽的解答，它們私下大力支持這種論調，而知識分子和政治領袖也明確的背書。誠如霍華德（Michael Howard）所說的，認知中歐和東歐在蘇聯統治時期模糊了的這條界線，有其必要。中歐包括「那些一度組成一部分西方基督教世界的土地，哈布斯堡王朝的舊地、奧地利、匈牙利和捷克，以及波蘭和德國東部邊界地帶。『東歐』這個名詞則應保

圖 7-1　西方文明的東部疆界

來源：W. Wallace, *The Transformation of Western Europe* (London, Pinter, 1990); Map by Ib Ohlsson for *Foreign Affairs*。

留給那些在希臘正教羽翼下所發展出來的地區，包括 19 世紀鄂圖曼帝國統治下才成形的保加利亞和羅馬尼亞的黑海地帶，及蘇聯的（歐洲）部分」。他指出，西歐的首要之務，應該是「再將中歐人民納入我們的文化和經濟社會中，這也是他們應該歸屬的地方，重新建立倫敦、巴黎、羅馬、慕尼黑和萊比錫、華沙、布拉格以及布達佩斯之間的關係」。貝哈（Pierre Behar）在兩年後也評論說，一條「新的（文明）斷層線」正在成形，基本上是歐洲的文化分水嶺，一方面是西方基督教的歐洲，包括羅馬天主教和新教，另一方面則是東方基督教和伊斯蘭教傳統的歐洲」。另外有一位知名的芬蘭學者也指出，歐洲這條重大的分界線，已經取代鐵幕，成為「東西方的古老文化斷層線」，把「前奧匈帝國和波蘭及波羅的海國家的土地」納入西歐，把其他東歐及巴爾幹半島國家劃出界外。一位傑出的英國人同意說，這是「一條劃分東西方教會的明顯宗教分界線，大體而言，將那些直接自羅馬或間接自塞爾特或德國接受基督教的民族，從經由君士坦丁堡（拜占庭）接受基督教的東方和東南方的民族區隔開來。」[2]

中歐人也強調這條分界線的重要性，說在揚棄共產黨的遺毒上大有進展，並朝民主政治和市場經濟發展的國家，和未能有此進展的國家要有所區分，其分界線正是將天主教與新教從正教劃開來的那條線。立陶宛總統說，數世紀前，立陶宛人民必須在「兩大文明」間作一抉擇，而「選擇了天主教的世界，皈依羅馬天主教，並選擇一種建立於法律上的國家組織」。在類似的條件下，波蘭人說，自從他們在第 10 世紀棄拜占庭而選擇天主教之後，他們就是西方的一部分。[3] 相形之下，來自東歐正教國家的人民，對重新強調這條文化斷層線的看法頗為分歧。保加利亞和羅馬尼亞人看出成為西方及併入其體制中的重大好處；但他們也和自己

的正教傳統認同，保加利亞人則和俄羅斯及拜占庭歷史性的緊密關係認同。

　　歐洲和西方基督教世界認同為一，讓西方組織在接納新會員時有清楚的標準可循。歐洲聯盟是西方在歐洲的主要實體，1994年，在文化上屬於西方的奧地利、芬蘭和瑞典加入後，其成員國再度擴編。而在1994年春，除了波羅的海諸國，歐盟臨時決定排除所有前蘇聯共和國，不讓它們入盟。歐盟也和四個中歐國家波蘭、匈牙利、捷克及斯洛伐克以及兩個東歐國家羅馬尼亞和保加利亞簽署加盟協定。但這些國家都要到21世紀之後才可能成為歐盟的完整會員國，如果羅馬尼亞和保加利亞真的可以加入歐盟，中歐國家無疑會趕在它們之前入會。同時，波羅的海諸國和斯洛維尼亞最後入會看來似頗為樂觀，而伊斯蘭國家土耳其、幅員太小的馬爾他和信奉正教的塞浦路斯，其申請入會案到1995年仍懸而未決。在歐盟成員國擴編方面，顯然文化上屬於西方的國家優先，這些國家經濟上也比較發達。以這些標準來看，波蘭、捷克、斯洛伐克、匈牙利以及波羅的海諸共和國、斯洛維尼亞、克羅埃西亞和馬爾他終將成為歐盟成員國（譯註：波蘭、匈牙利、捷克、斯洛伐克、愛沙尼亞、拉脫維亞、立陶宛、馬爾他、塞浦路斯、斯洛維尼亞於2004年加入；羅馬尼亞與保加利亞於2007年加入；克羅埃西亞於2013年加入），而歐盟由於歷史上立足歐洲，將和西方文明同步擴張。

　　文明的邏輯主導北約擴張的類似結果。冷戰始於蘇聯政治和軍事控制力擴張到中歐。美國和西歐各國共同組成北約，必要時可以遏阻蘇聯的進一步侵略。在後冷戰世界，北約是西方文明的安全組織。冷戰結束後，北約有個核心和有力的目標，要預防俄羅斯重新掌控中歐的政治和軍事，以確保冷戰結束。作為西方的

安全機構，北約適度的對希望加入的西方國家開放會籍。另外，在作戰力、政治民主和民間對軍力的控制上達到基本要求的國家也可以入會。

美國對後冷戰歐洲安全部署的政策，原來包括一個比較普遍性的方式，即所謂「和平夥伴」方案，要對歐洲、甚至歐亞各國開放。這種方式也凸顯了歐洲安全合作組織角色的重要性。這從柯林頓總統 1994 年 1 月訪問歐洲時所說的話可見一斑：「如今，自由的範圍應由新的行為而不是老舊的歷史界定。我告訴所有人……誰會在歐洲劃定新的界線，我們不應事先排除歐洲最好的未來的可能性：到處都是民主、到處都是市場經濟、到處都是共同安全合作。我們不要比較小規模的結果。」但一年後，柯林頓政府認清「古老歷史」所界定的疆界的意義，為了顧及文明差異的現實，寧取「次佳成果」。柯林頓政府積極發展出北約成員擴編的標準和進程，先進軍波蘭、匈牙利、捷克和斯洛伐克，再往斯洛維尼亞，最後可能再往波羅的海諸國推進。

俄羅斯極力反對北約擴張。一般認為比較自由化和支持西方的俄羅斯人說，北約東進將大幅強化俄羅斯的民族主義和反西方的政治力量。不過，北約擴張僅限於歷史上屬於西方基督教的國家，也等於向俄羅斯保證，北約將把塞爾維亞、保加利亞、羅馬尼亞、摩爾多瓦、白俄羅斯和烏克蘭（只要烏克蘭團結一致）排除在外（譯註：保加利亞、羅馬尼亞於 2004 年加入）。北約擴編限於西方國家，也凸顯俄羅斯是一個獨立的正教文明核心國家的角色，因此應該為正教界線內部和邊界國家的秩序負責。

以文明來區分國家的好處，從波羅的海諸國身上可以清楚看見。他們是前蘇聯共和國中，唯一歷史、文化和宗教顯然帶有西方色彩的國家，這些國家的命運一直是西方關切的重點。美國

從未正式承認波羅的海諸國已經併入蘇聯，在前蘇聯瓦解時，美國支持它們爭取獨立，並堅持俄羅斯堅守從這些共和國撤軍的時程。美國給俄羅斯的訊息是，不管俄國想拿哪些前蘇聯共和國來建立勢力範圍，都不能打波羅的海三國的主意。瑞典總理曾說，柯林頓這項成就是「其對歐洲安全和穩定最重要的貢獻之一」，這一作法對俄國內部的民主派也有幫助，因為，面對西方對這三國的明確承諾，極端俄羅斯民族主義勢力的任何收地復仇計畫都沒有用武之地。[4]

歐盟與北約擴張頗費心力，但這些組織依文化而重組，也可能反而造成其收縮。非西方國家希臘是兩大組織的成員，另一個非西方國家土耳其是北約成員，並正申請加入歐盟。這些關係是冷戰的產物，它們在後冷戰文明世界是否占有一席之地？

土耳其在歐盟的完整會籍遭遇問題，而其加入北約也飽受福利黨抨擊。但是除非福利黨在選舉中大穫全勝，或土耳其刻意拒絕凱末爾的傳統並重新自我界定為伊斯蘭領袖，否則土耳其仍將留在北約。這是可以想見的，土耳其也可能接受，但在最近的未來不可行。不管在北約扮演什麼角色，土耳其將越來越朝巴爾幹、阿拉伯世界和中亞去尋找鮮明的利益。

希臘並非西方文明的一環，卻是古典文明的搖籃，也是西方文明的重要源頭。在對抗土耳其人的過程中，希臘人歷史上自認為是基督教世界的旗手。和塞爾維亞人、羅馬尼亞人或保加利亞人不同，他們的歷史常和西方糾結不清。但希臘也是個異數，是西方組織中一個信奉正教的異族，一直是歐盟或北約很難駕馭的成員，也很難自我修正來適應北約和歐盟的原則及習俗。從 1960 年代中期和 1970 年代中期之間，希臘先由軍事執政團統治，直到轉而實行民主政體之後才加入歐洲共同體。希臘領袖似乎經常刻

意偏離西方常軌，去和西方政府作對。希臘比其他歐體和北約成員國窮，同時經常採行似乎違反布魯塞爾所訂標準的經濟政策。希臘身為 1994 年歐盟執委會主席，其行徑激怒了其他成員國，西歐官員私下指出，讓希臘入會是一項錯誤。

在後冷戰世界，希臘的政策越來越偏離西方，它封鎖馬其頓，西方政府全力反對，並導致歐盟執委會要求歐洲刑事法庭向希臘採取禁制令。對前南斯拉夫的衝突，希臘和西方強權的政策也分道揚鑣，希臘不但積極支持塞爾維亞人，並公然違反聯合國對塞裔的制裁。在前蘇聯和共產黨威脅結束後，希臘和俄羅斯在對抗共同的敵人土耳其上有共同的利益。希臘同意讓俄羅斯在希裔塞浦路斯派遣龐大的駐軍，並由於「共同的東正教信仰」，希裔塞浦路斯人歡迎俄羅斯人和塞爾維亞人到島上。[5]1995 年，約 2,000 家俄羅斯人所擁有的企業在塞浦路斯營業，俄文和塞爾維亞及克羅埃西亞文的報紙也在這裡出版發行，希裔塞浦路斯政府也向俄羅斯購買大量軍火。希臘和俄羅斯也研究把原油從高加索山區和中亞經由保加利亞和希臘的油管輸送到地中海的可行性，以避開土耳其和其他伊斯蘭國家。整體而言，希臘的外交政策有很濃厚的正教導向。希臘無疑仍將是北約和歐盟的正式成員國，但在深化文化重新整合的過程後，會籍無疑將變得越來越空洞，越來越沒有意義，而對所涉及的各方也將越來越棘手。前蘇聯冷戰對立的國家正演變為後冷戰時期俄羅斯的盟邦。

俄羅斯及其海外近鄰

繼前蘇聯沙皇和共產黨帝國而起的是個文明陣營，在很多方面和在歐洲的西方齊頭並進。其核心俄羅斯相當於歐洲的法德兩

國，和其關係密切的內圈包括斯拉夫正教的兩大共和國白俄羅斯和摩爾多瓦，人口有 40% 是俄羅斯人的哈薩克，及俄國的歷史盟邦亞美尼亞。在 1990 年代中期，所有這些國家的民選政府都支持俄羅斯。俄羅斯和大部分信奉正教的喬治亞及烏克蘭之間的關係雖然親近但薄弱；但喬治亞和烏克蘭都強烈意識到民族定位和過去的獨立問題。在信仰正教的巴爾幹，俄羅斯和保加利亞、希臘、塞爾維亞以及塞浦路斯關係都很密切，只有和羅馬尼亞的關係比較疏遠。前蘇聯的伊斯蘭共和國在經濟和安全領域仍高度依賴俄羅斯。相形之下，波羅的海各共和國回應歐洲的吸引，有力的擺脫俄羅斯的勢力範圍。

大體上，俄羅斯正在領導締造一個以正教為核心地區的陣營，周遭則以比較弱勢的伊斯蘭國家為緩衝區，俄國對這些緩衝國施以不同程度的支配，並且排除其他強權勢力對這些國家的影響。俄羅斯也希望世界能夠接受及贊同這種制度，一如俄羅斯總統葉爾欽於 1993 年 2 月所說的，外國政府和國際組織必須「給俄羅斯特殊的權力，來保證前蘇聯地區的和平穩定」。蘇聯是個和全球利益息息相關的超級強權，俄羅斯卻是個標榜地區文明利益的主要強權。

俄國領頭在歐亞與世界事務上凝聚出一個俄羅斯集團，前蘇聯的五個正教共和國在這個集團的發展上扮演了核心角色。前蘇聯解體時，所有五個共和國起初都走上高度民族主義的道路，強調他們新的獨立以及和莫斯科當局保持距離。後來，在盱衡現實的經濟、地緣政治和文化情勢後，選民在四個共和國中選出親俄羅斯的政府，並支持親俄羅斯的政策。這些國家的人民希望向俄羅斯爭取援助和保護。在第五個共和國喬治亞，俄羅斯軍方的干預迫使政府立場也作出同樣的調整。

在歷史上，亞美尼亞認同俄羅斯的利益，俄國也以保護亞美尼亞對抗其伊斯蘭鄰國的攻擊為傲。在後蘇聯時代，這層關係已經加強。亞美尼亞人一直倚靠俄羅斯的經濟和軍事援助，並在有關前蘇聯共和國關係的議題上支持俄羅斯。兩國的戰略利益不謀而合。

不像亞美尼亞，白俄羅斯沒什麼民族定位，甚至更依賴俄羅斯的支持，不少居民和俄羅斯認同的程度，似不亞於認同自己的國家。在 1994 年 1 月，白俄羅斯議會罷黜走中間溫和路線的民族主義國家元首，擁立支持俄羅斯的保守派人士。1994 年 7 月，80% 選民投票選出俄羅斯極端民族主義人士吉利諾夫斯基的一個親俄盟友為總統。白俄羅斯很早就加入獨立國家國協，和俄羅斯及烏克蘭同為 1993 年所創立的經濟同盟的創始會員國，同意和俄羅斯統一貨幣，並將核子武器交給俄羅斯管理，甚至同意俄羅斯在本世紀之前都可以駐軍在其領土上。在 1995 年，白俄羅斯除了國名之外，其實已經是俄羅斯的一部分了。

在前蘇聯瓦解，摩爾多瓦獨立後，很多人預期摩爾多瓦終將和羅馬尼亞再次統一。基於恐懼心理，俄羅斯化的東半部出現分離主義運動，得到莫斯科當局默許，俄羅斯 14 軍更積極支持，終於建立跨聶斯特河的共和國。但摩爾多瓦和羅馬尼亞統一的情緒，由於兩國經濟問題嚴重及俄國經濟壓力而淡化。摩爾多瓦加入獨立國家國協，和俄羅斯的貿易擴增。1994 年 2 月，支持俄羅斯的政黨在國會選舉中大獲全勝。

這三個國家的民意，回應某種戰略和經濟利益的結合，而成立贊成和俄羅斯緊密結盟的政府，相似的模式最後也在烏克蘭出現。在喬治亞，事情發展的過程不同。1801 年之前，喬治亞一直是個獨立的國家，1801 年，喬治十三世要求俄羅斯保護以對抗土

耳其。俄羅斯革命之後 3 年，亦即 1918 ～ 1921 年，喬治亞再次獨立，但共產黨迫使其再併入蘇聯。在蘇聯壽終正寢之後，喬治亞再次宣布獨立，民族主義的聯合政府贏得選舉，但喬治亞領袖展開自我毀滅的鎮壓行動而被暴力推翻。曾擔任前蘇聯外長的謝瓦納茲返國領導，並於 1992 年和 1995 年的總統大選中確立權位。但他必須面對阿布卡齊亞分離主義運動，阿布卡齊亞得到俄羅斯鼎力相助，及喬治亞前總統甘薩庫迪亞策動的叛亂推波助瀾。謝瓦納茲效法喬治十三世，得到的結論是「我們沒有太大的選擇」，他並向莫斯科求助。俄羅斯出兵介入支持他，代價是喬治亞必須加入獨立國協。1994 年，喬治亞人同意讓俄羅斯在喬治亞無限期保留三個軍事基地。俄軍干預先是削弱再支撐喬治亞政府，而把有意獨立的喬治亞帶進俄羅斯陣營中。

除了俄羅斯，前蘇聯人口最多、最重要的是烏克蘭共和國。在歷史上不同的時期，烏克蘭曾經獨立；但在現代大部分時期，烏克蘭一直是莫斯科遙控的政治實體之一。1654 年發生了一宗決定性的事件，當時率領人民反抗波蘭統治的哥薩克領袖赫梅尼斯基同意向沙皇輸誠，以換取協助對抗波蘭人。此後一直到 1991 年，除了 1917 ～ 1920 年短暫的獨立為共和國之外，烏克蘭在政治上受莫斯科控制。但烏克蘭是個分裂的國家，有兩個截然不同的文化。數世紀來，西方和正教之間的文明斷層線貫穿其核心地區。過去，烏克蘭西部偶爾曾是波蘭、立陶宛和奧匈帝國的一部分。人民大部分信仰東正教，宗教儀式和正教一樣，但承認教宗的管轄權。在歷史上，烏克蘭西部說烏克蘭語，抱持民族主義的理念；另一方面，烏克蘭東部的人民絕大部分信仰正教，說俄語。1990 年代初期，俄裔占烏克蘭所有人口的 22%，而說俄語的人則占 31%。中小學生大部分接受俄語教學。[6] 克里米亞絕大多數是

俄羅斯人，但直到 1954 年才成為俄羅斯聯邦的一部分，當時赫
魯雪夫表面上以承認赫梅尼斯基 300 年前所作決定的名義，把克
里米亞轉讓給烏克蘭。

烏克蘭東西部的差異表現於人民的態度上。例如，1992 年
底，烏克蘭西部有三分之一俄裔表示，他們飽受反俄敵意之苦，
首府基輔的俄裔則只有十分之一表示有此遭遇。[7] 烏克蘭東西部
分裂在 1994 年總統大選中尤其顯著。當時擔任總統的克拉夫邱
克雖然和俄羅斯領袖密切合作，卻自認是民族主義人士，他一
舉囊括烏克蘭西部 13 個省的大多數選票，得票率有的甚至高達
90% 以上。他的對手古茲馬在選戰中還苦練以烏克蘭語發表競選
演說，他以差不多的多數拿下東部 13 省的選票。結果，古茲馬
總共贏得 52% 選票，換言之，1994 年烏克蘭選民以些微的多數
追認赫梅尼斯基於 1654 年所作的選擇。誠如一位美國專家所說，
這次選舉「反映並具現了烏克蘭西部歐化的斯拉夫民族和俄羅斯
傳統斯拉夫民族所認定的烏克蘭之間的分裂，這與其說是種族的
分裂，不如說是不同文化的對立」[8]。

這次分裂使烏克蘭和俄羅斯之間的關係可能朝三大方向之一
發展。1990 年代初期，俄烏之間攸關重要的議題包括核武、克里
米亞、烏境俄裔的權利、黑海艦隊和經濟關係。不少人認為，雙
方可能發生武裝衝突，有些西方分析家並稱，西方應該支持烏克
蘭保有核武以遏阻俄羅斯的侵略。[9] 但如果問題出在文明上，俄
烏似不可能發生暴力衝突。這兩個國家都是斯拉夫民族，基本上
都信奉正教，數世紀以來關係密切，人民經常通婚。儘管雙方有
爭議極大的問題，也都有極端民族主義人士施壓，兩國領袖都努
力成功的淡化這些爭議。1994 年，烏克蘭選出親俄的總統古茲馬，
使雙方衝突升高的可能性進一步降溫。在前蘇聯其他地方，穆斯

地圖上標示文字：

白俄羅斯

波蘭

勒佛
3.9(93.8)

弗林
13.9(83.9)

利維恩
1.0(87.3)

特諾浦
3.8(94.8)

克米林斯克
39.3(57.2)

伊凡諾弗－佛蘭里大斯克
3.9(94.5)

札科帕提亞
25.2(70.5)

車尼維次
35.3(61.8)

摩爾多瓦

羅馬尼亞

齊托密爾
41.6(55.6)

維尼西亞
42.3(54.3)

基輔地區
38.4(58.3)

基輔
35.6(59.8)

車卡夕
43.7(50.8)

基羅夫格勒
49.7(45.7)

敖得薩
66.8(29.8)

密科列夫
52.8(44.7)

車尼希夫
72.3(25.1)

蘇密
67.8(28.9)

波塔瓦
59.2(37.4)

聶伯
67.8(29.7)

札波里齊亞
70.7(26.8)

克森
64.6(32.0)

俄羅斯

卡爾可夫
71.0(26.0)

盧罕斯克
88.0(10.1)

頓內次
79.0(18.5)

亞述海

克里米亞
89.7(8.8)

賽凡堡
91.9(6.5)

黑海

0 ——— 200
公里

初步官方統計結果
投票支持下面兩人的地區：
□ 古茲馬
■ 克拉夫邱克
數字為古茲馬（克拉夫邱克）
的得票率，總票數包含廢票

圖 7-2　烏克蘭：分裂的國家

資料來源：國際選舉制度基金會

林和基督教徒正爆發嚴重的衝突，而俄羅斯和波羅的海人民也情勢緊繃並偶爾傳出戰鬥之際，俄烏之間在 1995 年之前幾乎未曾發生任何暴力事件。

　　第二個比較可能的發展，是烏克蘭沿文明斷層線分裂為兩個不同的實體，東半部和俄羅斯合併。克里米亞最早發生獨立的問題，克里米亞人民有 70% 是俄裔，他們在 1991 年 12 月的公民複決中，全力支持烏克蘭脫離蘇聯獨立。1992 年 5 月，克里米亞議

會也投票宣布脫離烏克蘭獨立，後來在烏克蘭施壓下，這次投票作廢，但俄羅斯國會投票取消 1954 年把克里米亞割讓給烏克蘭的決議；1994 年 1 月，克里米亞選出一位高喊「和俄羅斯統一」的總統，這也促使某些人質疑：「克里米亞是否會變成下一個納哥爾諾克拉巴或阿布卡齊亞？」[10] 答案是絕無可能，因為克里米亞總統已撤回就獨立問題舉行公投的承諾而和基輔展開談判。1994 年 5 月，情勢再次升溫，克里米亞議會投票恢復 1992 年的憲法，使克里米亞幾乎形同脫離烏克蘭獨立。但俄烏領袖的節制再一次防止這個問題滋生暴力，而在兩個月後選出親俄派的古茲馬為烏克蘭新總統，也削弱了克里米亞獨立的聲勢。

但這次選舉因烏克蘭越來越親俄，而提高烏境西半部獨立的可能性，有些俄羅斯人可能樂觀其成。一位俄羅斯將領就說：「烏克蘭，或更準確的說，烏克蘭東半部可能在 5 年、10 年或 15 年重回俄羅斯。至於烏克蘭西半部最好滾蛋！」[11] 剩下來親西方、信奉希臘東正教的烏克蘭，唯有在得到西方大力支持下才能存活，而這種支持只有在西方和俄羅斯關係惡化到冷戰時期的程度才可能會有。

第三個也是最可能的發展是烏克蘭仍維持統一，但東西分裂、獨立，以及普遍和俄羅斯密切合作。一俟核武和軍力移轉的問題解決，最嚴重的長程問題將是經濟議題，解決時仍得靠一部分共同的文化以及人和人之間密切的合作關係。摩里森（John Morrison）曾指出，俄烏關係之於東歐，正如法德關係之於西歐。[12] 正如法德關係是歐洲聯盟的核心，俄烏關係對正教世界的統一也居核心關鍵地位。

大中國及其共榮圈

歷史上，中國自認涵蓋一個「中國區」，包括韓國、越南、琉球，有時還加上日本；一個由非漢人的滿人、蒙古人、維吾爾人、土耳其人和西藏人所組成的「亞洲內區」，為了安全理由必須加以控制；再加上一個由化外之民所組成的「外圍區」，但他們「仍會向中國進貢並承認中國的優越地位」。[13] 當代中國文明仍依類似的模式構建，由內而外依序為由中國漢人組成的中央核心區；偏遠的省分雖然仍是中國屬地，但有相當大的自治權；中國的合法省分，像西藏和新疆等其他文明非漢人密集居住的地區；在特定情況下，可能成為以北京為中心的中國之一部分的華人社會，像香港和台灣；一個大部分由華人組成、越來越親北京的國家，像新加坡；華人有極大影響力的泰國、越南、馬來西亞、印尼和菲律賓；以及分享中國儒家文化的非華人社會，像南北韓及越南。

1950 年代，中國自我界定為蘇聯盟國。中蘇分裂後，中國以第三世界領袖自居，以對抗超級強權，但代價極大而收穫極少。在尼克森政府的美國政策轉向後，中國想以第三國之姿，在兩大超強間玩權力均衡的遊戲，先於 1970 年代美國勢蹙之際和美國結盟；1980 年代當美國軍力強盛，而蘇聯經濟走下坡又陷於阿富汗戰爭的泥淖時，中國開始維持等距外交。隨著超強競爭結束，「中國牌」已經不管用，中國再次被迫在世界事務中重新界定其角色，並設下兩大目標：鼓吹中國文化，像核心國家的文明磁鐵，吸引所有其他華人社會的向心力；另外則是恢復 19 世紀所喪失的歷史定位，而躍居東亞霸權。

中國所展露的這些角色由以下三點可見一斑：第一，中國形

容其在世局立場的方式；第二，海外華人涉入中國經濟的程度；第三，中國和其他三大華人社會香港、台灣和新加坡日益強大的經濟、政治和外交關係，以及華人影響力很大的東南亞國家對中國向心力的提高。

中國政府視中國大陸為中國文明的核心國家，所有其他華人社會都應馬首是瞻。中國當局長久以來已經放棄透過共產黨來推展海外利益，轉而尋求「自我定位為世界華人代表」。[14] 對中國政府來說，華人後裔即使是其他國家的公民，仍是華人社會的成員，因此在某種程度上必須服膺中國政府的權威。中國是以民族定位，誠如中國一位學者所說，中國人是那些有共同「種族、血統和文化」的民族。在 1990 年代中期，中國官方和私人常談這種論調，對中國人和那些住在非中國社會的華人後裔，「鏡子測試」主要在測試他們到底是誰：「看看鏡子就知道了」，是親北京的中國人給那些想和海外社會同化的華人後裔的告誡。中國人在海外的後裔，即「華人」，則在「中國」人之外，而有越來越主張以「文化中國」的概念來代表他們的共識。中國人的認同在 20 世紀飽受西方攻擊，如今以中國文化為貫通一切的元素正在重塑之中。[15]

在歷史上，這種定位也和中國中央威權的各種不同關係相容。這種文化定位既助長也因幾個中國之間經濟關係的擴張而強化，而這一向是促成中國大陸和其他地方經濟快速成長的重要因素，也為提高華人文化定位提供物質和心理動力。

「大中華」因此不只是抽象的概念，而是個快速成長的文化和經濟事實，同時也開始變成一個政治事實。華人是促成 1980 和 1990 年代經濟起飛的功臣，不管在中國大陸、亞洲四小虎（四個當中有三個是華人）或在東南亞皆然。東亞的經濟越來越以中

國為核心，也越來越由華人控制。來自香港、台灣和新加坡的華人提供促成中國大陸 1990 年代經濟成長的資金，在東南亞其他地方的海外華人也主導他們國家的經濟活動。在 1990 年代初，華人占菲律賓人口的 1%，但卻占其國內企業銷售額的 35%。在印尼，1980 年代中期，華人占人口的 2 ～ 3%，但擁有大約 70% 的國內私有資金，在 25 大企業中有 17 家是華商，據悉，某大華人財團占印尼國民生產總額的 5%。在 1990 年代初，華人占泰國總人口的 10%，但在 10 大企業中擁有 9 家，並占其國民生產毛額的 50%。華人約占馬來西亞人口的三分之一，但幾乎完全控制了經濟。[16] 除了日韓兩國，東亞經濟基本上是華人的經濟。

　　大中華經濟共榮圈的出現，得力於家庭和個人關係的「竹子網路」和共同的文化淵源。海外華人在和中國做生意時，遠比西方人或日本人能幹。在中國，建立信任和承諾要靠人際關係，而不是合約或法律以及其他制式的文件。西方商人發現，在印度作生意要比在中國容易，因為在中國，對一項合約的尊重端視相關各造的私交而定。一個日本人在 1993 年就羨慕的說，中國受惠於「一個由香港、台灣和東南亞華商所組成的沒有邊界的網路」。[17] 一名美商也說，海外華人「有企業家的技巧，語言又通，他們結合家庭關係到人際關係的竹子網路。比起有些公司必須向（俄亥俄州）亞克朗或費城的董事會報告，這是極大的優勢」。不住在中國大陸的華人和大陸交易所占的這種優勢，李光耀曾有一段精采的描述：「我們都是華人，經由共同的祖先和文化，我們有某些共同的特性……對那些身體特徵類似的人，自然有種移情作用，如果又立足於共同的文化和語言基礎上，更會加強這種親密感。這有助於增進彼此的交流和信任，而這也是所有工商業關係的基礎。」[18] 在 1980 年代末和 1990 年代，海外華

人可以「向一個多疑的世界證明，透過共同的語言和文化所建立的關係，可以彌補缺乏法治和法規不夠透明化的缺陷」。一個共同文化中的經濟發展的根源，在 1993 年 11 月香港舉行的第二屆世界華商會議中曾清楚的描述：「世界各地華商齊聚一堂，慶祝華人的勝利。」[19] 華人世界和其他地方一樣，文化共通性有助於經濟的發展。

中國經濟快速成長 10 年之後，發生了天安門事件，西方減少投入中國的經濟活動，而給海外華人製造機會和誘因，充分利用他們共同的文化和個人關係，在中國大陸大量投資。結果促成華人社會經濟關係全面性的驚人成長，在 1992 年，中國大陸外資總額 113 億美元中，有 80% 來自海外華人，其中香港占了 68.3%，台灣占 9.3%，還有新加坡、澳門和其他地方的華人。相形之下，日本只占 6.6%，美國更少，只有 4.6%。而在 500 億美元的累積外人投資總額中，67% 來自華商。貿易成長也同樣驚人。台灣對中國大陸的出口額，從 1986 年幾乎 0%，到 1992 年竄升到占台灣出口額的 8%，當年的成長率為 35%。新加坡 1992 年對中國大陸的出口增加 22%，但其全面出口額只成長了不到 2%。威登包姆（Murray Weidenbaum）於 1993 年說：「儘管目前日本人控制了這個地區，亞洲的華人經濟正快速躍居新的工商財經核心。這個策略地區包括台灣的大量科技製造產能，香港傑出的企業、行銷和服務才能，新加坡的完善通訊網路，這三個地方充沛的資金，以及中國大陸廣袤的土地、資源和勞力。」[20] 此外，當然，中國大陸是所有正在成長的市場中最有潛力的，到 1990 年代中期，在中國大陸的投資越來越朝市場行銷和其出口方面發展。

東南亞各國的華人以不同的程度和當地人同化，但東南亞這些國家往往有反華情結，像 1994 年 4 月印尼棉蘭就發生反華暴

動。有些馬來西亞人和印尼人批評華人到中國大陸投資是「資金外流」。以印尼總統蘇哈托為首的政治領袖必須向他們的群眾再三保證，這無損於他們的經濟發展。但東南亞的華人堅稱，他們只對他們的出生國而不是祖國效忠。在 1990 年代初期，華人資金從東南亞外流到中國大陸，但因台灣到菲律賓、馬來西亞和越南大量投資而得以平衡。

不斷成長的經濟力加上共同的中國文化，使香港、台灣和新加坡越來越投入中國大陸市場。面對香港九七的權力移轉，在香港的中國人開始適應北京而不是倫敦的統治。商人和其他領袖不太願意批評或得罪中國，如果真的得罪了中國，中國政府也立刻毫不猶豫的展開報復行動。1994 年，數百名港商便和北京合作，在相當於影子政府內擔任港事顧問。1990 年代初期，中國大陸在香港的經濟影響力也大幅擴增，到 1993 年，中國大陸的投資額已經超過日美兩國在港投資總額。[21] 到 1990 年代中期，香港和中國大陸的經濟幾乎已經完全整合，但政治整合要到 1997 年才能完成。

台灣和大陸關係的拓展落於香港之後，但 1980 年代開始發生重大的變化。1949 年之後的 30 年間，這兩個中國仍拒絕承認彼此的存在或政府的正當性，雙方不相往來，仍處於交戰狀態，離島偶爾還會交火。在中國最高領導人鄧小平鞏固其權勢，並推動經濟改革進程後，中國當局才展開一連串謀和行動。1981 年，台灣當局回應並開始修正不接觸、不談判、不妥協的「三不政策」。1986 年 5 月，兩岸就歸還台灣被劫持到大陸的飛機展開第一次協商，第二年中華民國放寬人民到大陸旅遊探親的限制。[22]

隨後台灣和中國大陸經濟關係急遽擴增，多半拜「都是中國人」及由此產生的互信所賜。就像台灣方面一位主要談判代表所

說的，台灣和中國人民「有血濃於水的情感」，並對彼此的成就感到驕傲。到 1993 年底，赴大陸訪問的台灣人超過 420 萬人次，而到台灣訪問的大陸人民也有 40,000 人次，每天兩岸來往的信件有 40,000 封，電話也有 13,000 通。到 1993 年，兩岸貿易額據悉已經達 144 億美元，並有 20,000 名台商到大陸投資了 150 到 300 億美元之譜。台灣的注意力越來越鎖定中國大陸，台灣的成敗也取決於中國大陸。一名台灣官員於 1993 年說：「在 1980 年之前，美國是台灣最重要的市場，但在 1990 年代，我們都知道，攸關台灣經濟成敗最重要的因素是中國大陸。」由於台灣勞工短缺，中國大陸的廉價勞工是吸引台商的重要因素之一。在 1994 年，兩岸勞資不均開始逆向修正，台灣的漁業公司雇用了 10,000 名大陸人來管理它們的船。[23]

經濟關係也使兩岸展開談判。1991 年，台灣成立海峽交流基金會（海基會），中國也成立對口單位海峽兩岸關係協會（海協會），負責兩岸溝通事宜。雙方於 1993 年 4 月於新加坡第一次會面，隨後便在中國大陸和台灣輪流舉行會談。1994 年 8 月，雙方在幾個重大的議題上達成「突破性」的協議，甚至傳聞雙方政府最高層領袖可能展開高峰會談。

在 1990 年代中期，兩岸仍有不少重大的議題懸而未決，包括主權、台灣加入國際組織及台獨問題等。但在台灣主張台獨最力的民進黨發現，台灣選民不希望切斷目前和中國大陸的關係，如果在這個問題上施壓，可能會使選民大量流失。台灣獨立的可能性自此越來越小，民進黨領袖因此強調，如果他們掌權，台獨將不是最迫切的施政計畫。但兩岸政府在重申中國對南沙群島以及南海其他島嶼的主權，還有主張美國給中國大陸貿易最惠國待遇方面，倒是擁有共識。在 1990 年代初期，兩岸緩慢但無可避

免的正彼此靠攏，並從擴大經貿關係及共同的文化定位上發展出共同的利益。

但謀和行動因台灣政府積極爭取外交承認，希望重新加入國際組織，而在 1995 年戛然中止。李登輝總統到美國去進行「私人」訪問，台灣於 1995 年 12 月改選立委，並在 1996 年 3 月進行總統大選。為了作出回應，中國政府在台灣主要的港口附近海域試射飛彈，並在台灣所屬的離島附近進行軍事演習。這些發展引發兩大問題：眼前的問題是，台灣是否能在未正式獨立的情況下維持民主？未來台灣又是否能在民主政體下，不需要真正的獨立？

事實上，兩岸關係走過兩個階段，目前正進入第三個階段。數十年來，國民黨政府自稱是代表所有中國的政府，這種說法顯然和代表除台灣以外全中國的政府互相牴觸。在 1980 年代，台灣政府放棄這個主張，並自我界定為台灣政府，這提供了和中國所提「一國兩制」相容的基礎。但在台灣，不同的個人和團體越來越強調台灣獨特的文化定位、台灣被中國統治的時間有限及說國語的人聽不懂台語等問題。事實上，他們試圖界定台灣社會為非中國的，因此可以合法的脫離中國獨立。此外，台灣政府在國際間越來越活躍，似乎也顯示，台灣是個分離的國家，不是中國的一部分。簡而言之，台灣政府的自我定位似乎從所有中國的政府出發，到一部分中國的政府，到不是中國的政府。最後這種立場，等於事實上正式宣布獨立，北京政府完全無法接受。中國再三強調，不惜動武防止台灣獨立。中國領導階層也表明，在香港和澳門分別於 1997 和 1999 年回歸中國大陸之後，將採取行動和台灣統一。但要怎麼進行，可能要看台灣正式獨立所獲得的支持程度、北京接班問題如何解決，以及中國軍力的發展而定。北京接班問題助長政治與軍方領袖競趨民族主義，中國軍力發展則可

能封鎖或用兵台灣。到 21 世紀初葉，台灣可能屈於脅制，或經由通融，或兩者雙管齊下，而和中國大陸更緊密整合。

直到 1970 年代末期，堅強反共的新加坡和中國的關係冰冷，李光耀等新加坡領導人十分瞧不起中國的落後。當中國經濟於 1980 年代起飛之後，新加坡開始順應潮流、調整方向，朝中國大陸發展。到 1992 年，新加坡已經在大陸投資了 19 億美元，1993 年又宣布，計畫在上海市郊興建工業城「新加坡二號」，投資額將達數十億美元。李光耀變成積極鼓吹中國的經濟前景，甚至支持中國政權。他在 1993 年說：「中國是一切行動的重鎮。」[24] 新加坡對外投資過去大部分集中於馬來西亞和印尼，如今已經轉移到中國。新加坡政府 1993 年協助海外發展的計畫有一半在中國大陸。李光耀於 1970 年代到北京首次訪問時，據說堅持和中國領導人以英語而不是國語交談，但 20 年後，他已經不可能再提出這種要求。

伊斯蘭教：有意識，而無凝聚力

阿拉伯人和穆斯林政治忠誠的結構，通常和現代西方相反。對現代西方而言，民族國家是政治忠誠的極致，比較狹義的忠誠附屬於並且被納入民族國家的範疇內。那些凌駕於民族國家之上的組織，不管是語文、宗教社團或文明，所獲得的忠誠和奉獻的強度都比較低。將狹義到廣義的一條曲線看，西式的忠誠在中間達到最高峰，忠誠的強度形成某種倒 U 字形曲線。在伊斯蘭世界，忠誠度的架構幾乎正好相反。伊斯蘭教的忠誠度金字塔是中空的。誠如拉庇杜斯（Ira Lapidus）所說，伊斯蘭教有「兩個原始而持久的基本結構」，一方面是家庭、宗族和部落，另一方面

則「逐漸變大的文化、宗教和帝國」。[25] 利比亞一位學者同樣觀察說：「伊斯蘭教的部落文化和宗教，仍然在阿拉伯社會和政治體制的社會、經濟、文化和政治發展中扮演決定性的角色。事實上，它們彼此糾葛，而被視為塑造和決定阿拉伯政治文化和政治心態最重要的因素和變數。」部落是阿拉伯國家的政治核心，就像巴希爾（Tahsin Bashir）所說，很多「只是插上國旗的部落」。創建沙烏地阿拉伯的人，由於確立一套經由婚姻等管道所建立的部落共治等技巧而成功，而沙國的政治也大半仍是部落政治，由蘇達里斯對抗夏瑪斯和其他部落。在利比亞的發展中，至少有 18 大部落扮演重要的角色，並有大約 500 個部落據說住在蘇丹，其中最大的部落占全國人口 12%。[26]

在中亞，由歷史看來，國家定位根本不存在，「效忠的對象是部落、宗族和大家庭，而不是國家」。但另一方面，人民的確有共同的「語言、宗教、文化和生活方式」，而「伊斯蘭教也是人民之間最強大的凝聚力量，遠非酋長王侯所能比」。在車臣人和北高加索人中，大約有 100 個「山地」和 70 個「平地」部落，他們幾乎控制了所有的政治經濟事務，因此，車臣據稱實行所謂的「部落」（clanned）經濟而非蘇聯式計畫（planned）經濟。[27]

在伊斯蘭世界中，小群體和大信仰、部落和伊斯蘭社會一直是效忠和奉獻的主要焦點，民族國家比較沒有意義。在阿拉伯世界，目前的國家都有正當性的問題，因為它們大部分是歐洲帝國主義的武斷產物，其疆界往往並未依照族群分布來劃分，例如北非伯伯爾族及庫德族等少數族群就形成問題，這些國家使阿拉伯族四分五裂，一個「泛阿拉伯」國家從未實現。除此之外，主權民族國家的觀念和阿拉至上的信念以及伊斯蘭社會優位的觀念無法相容。伊斯蘭基本教義派這個革命運動拒斥民族國家而支持

伊斯蘭教團結，就像馬克思主義拒斥民族國家，而支持國際無產階級的統一。在伊斯蘭世界，民族國家的弱點也反映於二次世界大戰後伊斯蘭群體之間雖然發生無數衝突、伊斯蘭「國家」之間卻很少發生重大戰爭的事實上，最重大的戰事是伊拉克入侵其鄰國。

在 1970 和 1980 年代，促成各國伊斯蘭復興的因素，同樣也加強了和伊斯蘭社會或伊斯蘭整體文化的認同。誠如一位學者於 1980 年代中期所觀察的：

> 對伊斯蘭教認同和統一的深切關注，因非殖民地化、人口成長、工業化、都市化，以及和伊斯蘭土地下蘊藏的黑金等財富所造成的國際經濟秩序改變，而進一步激化……現代通訊設備，使伊斯蘭人民之間的關係強化同時也更精密。到麥加朝聖的人劇增，加強離鄉背井到中國、塞內加爾、葉門和孟加拉的穆斯林之間的共同定位。越來越多來自印尼、馬來西亞和菲律賓南部以及非洲的學生到中東上大學，散播他們的理念，並建立跨國界的個人接觸。伊斯蘭知識分子和學者定期在德黑蘭、麥加、吉隆坡等地開會諮商。……聲音與影像跨國界傳播清真寺的佈道，有影響力的教士可以把他們的教義散播到當地社會之外。[28]

伊斯蘭教統一的意義並未反映於國家和國際組織的行動中，亦未受這些行動鼓舞。1969 年，沙烏地阿拉伯領袖和巴基斯坦、摩洛哥、伊朗、突尼西亞及土耳其合作，在摩洛哥首都拉巴特召開第一次伊斯蘭高峰會。會後於 1972 年正式成立「伊斯蘭會議組織」（OIC），總部在沙國中西部的吉達。幾乎所有居民以穆

斯林為主的國家都加入該組織，這也是它們唯一的跨國組織。基督教、正教、佛教和印度教政府都沒有宗教性質的跨國組織，但伊斯蘭政府有。此外，沙烏地阿拉伯、巴基斯坦、伊朗和利比亞政府都贊助並支持巴基斯坦創立的「世界伊斯蘭會議」及沙國創立的「伊斯蘭世界聯盟」等非政府組織，以及「無數十分遙遠、但據信有共同理念和目標的政權、政黨、運動及主義」，而這些「使穆斯林之間資訊和資源的流通更豐富」。[29]

但是，從伊斯蘭意識到伊斯蘭教團結，出現兩大矛盾。第一，伊斯蘭教被幾個互相競爭的權力核心瓜分，每一個都想利用和伊斯蘭社會的認同，領導提倡伊斯蘭教團結。這種競爭一方面存在於既有的政權及其組織上；另一方面則在伊斯蘭政權及其組織上。沙烏地阿拉伯率先創立伊斯蘭會議組織，一部分是為了制衡當時由（埃及軍事領袖）納瑟所控制的阿拉伯聯盟。1991 年，波斯灣戰爭結束後，蘇丹領袖艾杜拉比創立了「阿拉伯及伊斯蘭人民會議」（PAIC）組織，以反制沙國所創的「伊斯蘭會議組織」，阿拉伯及伊斯蘭人民會議第三次會議 1995 年初於蘇丹首都喀土木召開，有來自八十餘國數百名伊斯蘭組織和運動會議的代表參加。[30] 除了這些正式組織，阿富汗戰爭也由地下老兵團體非正式的組成大網路，這些老兵轉戰阿爾及利亞、車臣、埃及、突尼西亞、波士尼亞、巴勒斯坦和菲律賓等地。戰後，他們以在巴基斯坦北部白夏瓦外面的吉達和達瓦大學受訓的戰士，連同在阿富汗由各派系及其外國支持者資助的訓練營中受訓的戰士，重整部伍。激進政權與激進運動之間的共同利益，有時克服彼此之間比較傳統的敵對；蘇尼派與什葉派之間，亦由伊朗之支持而建立了聯繫。蘇丹和伊朗之間進行密切的軍事合作，伊朗海空軍使用蘇丹的設備，而這兩國政府合作支持阿爾及利亞以及其他地方

的基本教義派組織。艾杜拉比和伊拉克強人海珊，據聞在 1994 年發展出密切的關係，而伊朗和伊拉克也正朝和解的路邁進。[31]

其次，伊斯蘭社會的概念預先假定民族國家不合法，但伊斯蘭社會只有透過一個或更多強勢的核心國家採取行動才能團結統一，而目前並沒有這類核心國家。伊斯蘭教作為一個統一的宗教政治社會這個概念，意指過去通常只有在宗教領袖「哈里發」和政治領袖「蘇丹」結合為一個統治系統時，才會出現核心國家。阿拉伯人在 7 世紀迅速征服北非及中東，而在首都設於大馬士革的烏邁雅德王朝時登峰造極。到了 8 世紀，為位於巴格達、受波斯影響的阿巴席德王朝取代；到了 10 世紀，第二代王朝在開羅和科多瓦出頭。400 年後，鄂圖曼土耳其人橫掃中東，1453 年拿下君士坦丁堡，並於 1517 年建立新王朝。約略在同一時間，突厥人出兵印度，建立蒙兀兒帝國。但西方興起，破壞了鄂圖曼和蒙兀兒帝國，鄂圖曼帝國滅亡，更使伊斯蘭世界沒有任何核心國家。其領土在相當大的程度上瓜分自西方強權，而當西方強權撤走時，就留下搖搖欲墜、以伊斯蘭傳統所不熟悉的西方模式所建立的國家。因此，在 20 世紀大半時候，沒有任何一個伊斯蘭國家有足夠的權力和文化及宗教正當性來扮演核心角色，並被其他伊斯蘭國家和非伊斯蘭國家接受為伊斯蘭領袖。

少了伊斯蘭核心國家，是伊斯蘭世界內憂外患頻仍的主因，沒有凝聚意識是伊斯蘭世界衰弱及威脅其他文明的根源。這種情形是否可能持續下去？

一個伊斯蘭世界的核心國家必須擁有經濟資源、軍事力量、組織力和伊斯蘭教定位，才能領導伊斯蘭社會的政治和宗教事務。曾有六個國家的經濟被提及可能領導伊斯蘭世界，但目前沒有一個具備有力核心國家的條件。印尼是人數最多的伊斯蘭國

家，經濟也正快速起飛，但位於伊斯蘭世界周邊地帶，遠離阿拉伯世界的核心。印尼所信仰的伊斯蘭教是東南亞國家一種比較不拘泥形式的伊斯蘭教，其人民和文化是本土、伊斯蘭教、印度教、中國和基督教影響下的綜合產物。埃及是阿拉伯國家，人口多，位居中東核心、戰略地位重要起點，也是伊斯蘭教義重鎮阿茲哈大學的所在地。但埃及也是一個貧窮的國度，經濟上依靠美國及西方所控制的國家組織及盛產石油的阿拉伯國家。

伊朗、巴基斯坦和沙烏地阿拉伯都明確界定自己是伊斯蘭國家，並積極主動的試圖在伊斯蘭社會行使影響力及領導。因此，它們競相贊助機構、資助伊斯蘭團體、支持阿富汗的戰士，並拉攏中亞的伊斯蘭民族。伊朗幅員廣大、地理位置適中、人口多，又有悠久的歷史傳統、石油資源及中度的經濟發展，理應有資格出任伊斯蘭世界的核心國家，但 90% 穆斯林是正統派，而伊朗主要由什葉派穆斯林組成，伊斯蘭世界主要的語言是阿拉伯語，波斯語雖排名第二，卻很少人說，何況波斯和阿拉伯國家之間的歷史關係一向不睦。

巴基斯坦幅員、人口和軍力都頗為可觀，其領導人也持續試圖促成伊斯蘭國家合作，成為伊斯蘭教向世界其他地方的發言人。但巴基斯坦比較貧窮，內部種族和宗教嚴重分裂，加上政情不穩，和印度又有安全防衛問題，也因此，巴基斯坦有意和其他伊斯蘭國家以及中國和美國等非伊斯蘭強權發展密切的關係。

沙烏地阿拉伯是伊斯蘭教發源地，伊斯蘭教最神聖的寺廟就坐落於此，說阿拉伯語，擁有世界最豐富的油藏，及因而產生的財經影響力，政府也依嚴格的伊斯蘭路線塑造沙國社會。在 1970 和 1980 年代，沙烏地阿拉伯是伊斯蘭教最有影響力的國家，曾投入數十億美元，在世界各地支持伊斯蘭教義，從清真寺到教科

書到政黨、伊斯蘭組織和恐怖運動，毀譽參半。另一方面，沙國人口比較少，地理位置又不利，使其得靠西方提供安全防護。

最後，土耳其有其歷史、人口、中等經濟規模、民族凝聚力和軍事傳統及競爭力，可以成為伊斯蘭世界的核心國家。在明確界定土耳其為世俗社會時，凱末爾預防土耳其共和國步上鄂圖曼帝國後塵，但土耳其卻也因為憲法中對世俗主義的承諾，而無法成為「伊斯蘭會議組織」的基本會員，只要土耳其繼續界定本身為一個世俗國家，就無緣成為伊斯蘭世界領袖。

如果土耳其重新自我定位呢？在某一點上，土耳其可能準備不再扮演飽受挫折和羞辱的角色，為了成為西方社會的一員而搖尾乞憐，恢復比較有力而崇高的歷史角色，成為伊斯蘭教主要對話者和反制西方者。土耳其的基本教義運動聲勢越來越大，在前總統歐薩爾統治下，土耳其和阿拉伯世界廣泛的認同，並利用民族和語言的淵源，在中亞扮演適度的角色，曾給波士尼亞境內的穆斯林鼓勵和支持。在伊斯蘭國家中，土耳其相當獨特，和巴爾幹半島、中東、北非和中亞的穆斯林都維持廣泛的歷史關係。可以想見，土耳其事實上可能成為另一個南非：放棄完全背離認同的世俗主義，一如南非放棄種族隔離政策，因而從文明的棄兒翻身，成為主導該文明的國家。南非在經歷基督教和種族隔離政策而體驗過西方的優劣之後，尤其有資格領導非洲。同樣，土耳其在經歷世俗主義和民主而體驗過西方的優劣之後，也可能有資格躍居伊斯蘭世界的領袖。但土耳其必須先揚棄凱末爾留下來的包袱，而且也許必須比俄羅斯揚棄馬列主義更徹底。土耳其也必須有一個具有凱末爾才幹的領袖來結合宗教和政治合法性，使土耳其重新從一個分化國家變成一個核心國家。

註釋

1. *Economist*, 14 January 1995, p. 45; 26 November 1994, p. 56, Summarizing Juppé article in *Le Monde*, 18 November 1994; *New York Times*, 4 September 1994, p. 11。

2. Michael Howard, "Lessoms of the Cold War," *Survival*, 36 (Winter 1994), 102-1 03; Pierre Behar, "Central Europe: The New Lines of Fracture," *Geopolitique*, 39 (English ed., August 1992), 42; Max Jakobson, "Collective Security in Europe Today," *Washington Quarterly*, 18 (Spring 1995), 69; Max Beloff, "Fault Lines and Steeples: The Divided Loyalties of Europe," *National Interest*, 23 (Spring 1991), 78。

3. Andreas Oplatka, "Vienna and the Mirror of History," *Geopolitique*, 35 (English ed., Autumn 1991), 25; Vytautas Landsbergis, "The Choice," *Geopolitique*, 35 (English ed., Autumn 1991), 3; *New York Times*, 23 April 1995, p. 5E。

4. Carl Bildt, "The Baltic Litmus Test," *Foreign Affairs*, 73 (Sept./Oct. 1994). 84。

5. *New York Times*, 15 June 1995, p. A10。

6. *RFE/RL Research Bulletin*, 10 (16 March 1993), 1, 6。

7. William D. Jackson, "Imperial Temptations: Ethnics Abroad," *Orbis*, 38 (Winter 1994), 5。

8. Ian Brzezinski, *New York Times*, 13 July 1994, p. A8。

9. John F. Mearsheimer, "The Case for a Ukrainian Nuclear Deterrent: Debate," *Foreign Affairs*, 72 (Summer 1993), 50-66。

10. *New York Times*, 31 January 1994, p. A8。

11. Quoted in Ola Tunander, "New European Dividing Lines?" in Valter Angell, ed., *Norway Facing a Changing Europe: Perspectives and Options* (Oslo: Norwegian *Foreign Policy* Studies No. 79, Fridtj of Nansen Institute et al., 1992), p. 55。

12. John Morrison, "Pereyaslav and After: The Russian-Ukraimian Relationship," *International Affairs*, 69 (October 1993), 677。

13. John King Fairbank, ed., *The Chinese World Order: Traditional China 's Foreign Relations* (Cambridge: Harvard University Press, 1968), pp.2-3。

14. Perry Link, "The Old Man's New China," *New York Review of Books*, 9 June 1994, pp. 32。

15. Perry Link, "China's 'Core' Problem," *Daedalus*, 122 (Spring 1993), 205; Wei-ming Tu, "Cultural China: The Periphery as the Center," *Daedalus*, 120 (Spring 1991), 22; *Economist*, 8 July 1995, pp.31-32。

16. *Economist*, 27 November 1993, p. 33; 17 July 1993, p. 61。

17. *Economist*, 27 November 1993, p. 33; Yoichi Funabashi, "The Asianization of Asia," *Foreign Affairs*, 72 (Nov./Dec. 1993), 80. See in general Murray Weidenbaum and Samuel Hughes. *The Bamboo Network* (New York; Free Press, 1996)。

18. Christopher Gray, quoted in *Washington Post*, 1 December 1992, p. A30; Lee Kuan Yew, quoted in Maggie Farley, "The Bamboo Network," *Boston Globe Magazine*, 17 April 1994, p. 38; *International Herald Tribune*, 23 November 1993。

19. *International Herald Tribune*, 23 November 1993; Geroger Hicks and J. A. C. Mackie, "A Question of Identity; Despite Media Hype, They Are Firmly Settled in Southeast Asia,"

Far Eastern Economic Review, 14 July 1994, p. 47。

20. *Economist*, 16 April 1994, p. 71; Nicholas D. Kristof,"The Rise of China," *Foreign Affairs*, 72 (Nov./Dec. 1993), 48; Gerrit W. Gong, "China's Fourth Revolution," *Washington Quarterly*, 17 (Winter 1994), 37; *Wall Street Journal*, 17 May 1993, p. A7A; Murray L. Weidenbaum, *Greater China; The Next Economic Superpower?* (St. Louis: Washington University Center for the Study of American Business, Contemporary Issues Series 57, February 1993), pp. 2-3。

21. Steven Mufson, *Washington Post*, 14 August 1994, p. A30; *Newsweek*, 19 July 1993, p. 24; *Economist*, 7 May 1993, p. 35。

22. See Walter C. Clemens, Jr. and Jun Zhan, "Chiang Ching-Kuo's Role in the ROC-PRC Reconciliation," *American Asian Review*, 12 (Spring 1994), 151-154。

23. Koo Chen Foo, quoted in *Economist*, 1 May 1993, p. 31; Limk, "Old Man's New China," p. 32. See "Cross-Strait Relations; Historical Lesson," *Free China Review*, 44 (October 1994), 42-52. Gong, "China's Fourth Revolution," p. 39; *Economist*, 2 July 1994, p. 18; Gerald Segal, "China's Changing Shape: The Muddle Kingdom?" *Foreign Affairs*, 73 (May/June 1994), 49; Ross H. Munro, " Giving Taipei a Place at the Table," *Foreign Affairs*, 73 (Nov./Dec. 1994), 115; *Wall Street Journal*, 17 May 1993, p. A7A; *Free China Journal*, 29 July 1994, p. 1。

24. *Economist*, 10 July 1993, pp. 28-29; 2 April 1994, pp. 34-35; *International Herald Tribune*, 23 November 1993; *Wall Street Journal*, 17 May 1993, p. A7A。

25. Ira M. Lapidus, *History of Islamic Societies* (Cambridge, UK: Cambridge University Press, 1988), p. 3。

26. Mohamed Zahi Mogherbi,"Tribalism, Religion and the Challenge of Political Participation: The Case of Libya," (Paper presented to Conference on Democratic Challenges in the Arab World, Center for Political and International Development Studies, Cairo, 22-27 September 1992), pp. 1, 9; *Economist*, (Survey of the Arab East), 6 February 1988, p. 7; Adlan A. EI-Hardal1o, "Sufism and Tribalism: The Case of Sudan," (Paper prepared for Conference on Democratic Challenges in the Arab World, Center for Political and Intemational Development Studies, Cairo, 22-27 September 1992), p. 2; *Economist*, 30 October 1987, p. 45; John Duke Anthony, "Saudi Arabia: From Tribal Society to Nation-State," in Ragaei El Mellakh and Dorothea H. El Mel1akh, eds., *Saudi Arabia, Energy, Developmental Planning, and Industrialization* (Lexington, MA: Lexington, 1982), pp. 93-94。

27. Yalman Onaran, "Economics and Nationalism: The Case of Muslim Central Asia," *Central Asian Survey*, 13 (No. 4, 1994), 493; Denis Dragounski, "Threshold of Violence," *Freedom Review*, 26 (March/April 1995), 12。

28. Barbara Daly Metcalf, "The Comparative Study of Muslim Societies," *Items*, 40 (March 1986), 3。

29. Metcalf, "Muslim Societies," p. 3。

30. *Boston Globe*, 2 April 1995, p. 2. On PAIC generally, see "The Popular Arab and Islamic Conference (PAIC): A New 'Islamist Intemational'?" *TransState Islam*, 1 (Spring 1995), 12-16。

31. Bernard Schechterman and Bradford R. McGuinn, "Linkages Between Sunni and Shi'i Radical Fundamentalist Organizations: A New Variable in Middle Eastem Politics?" *The Political Chronicle*, 1 (February 1989), 22-34; *New York Times*, 6 December 1994, p. 5。

Part
IV

文明的衝突

The Clash of Civilizations and the Remaking of World Order

Chapter

8

西方及其他地方
跨文明議題

西方普世論

　　在即將登場的世界，不同文明國家和團體間的關係不但不親近，往往還充滿敵意，但有些跨文明的關係更容易引爆衝突。從較小的層面上看，最暴力的斷層線介於伊斯蘭教及其正教、印度教、非洲和西方基督教鄰國之間。從宏觀的角度來看，最重要的分界線是在西方和其他地方之間。暴發最強烈衝突的，一方是伊斯蘭和亞洲社會，另一方則是西方。至於引發未來危險衝突的導火線，可能是西方的狂妄自大、伊斯蘭的不容異己及中國的專斷獨行。

　　在世界所有文明中，只有西方曾對其他每個文明都產生重大、甚至破壞性的衝擊。西方權力和文化與其他文明的權力和文化的關係，也因此成為世界文明最普遍的特徵。當其他文明的力

量相對壯大時，西方文化的吸引力為之失色，非西方人民對本土文化的信心和奉獻則相對增強。因此，西方與自身之外世界的關係的核心問題在於，西方，尤其美國，有將西方文化普及世界之圖，然而日漸心餘力絀。

共產主義瓦解，西方更深信其民主自由的理念已經風靡全球，可以放諸四海而皆準，結果卻使上述有心無力的落差更形嚴重。西方，尤其是美國，素以傳道國自居，它們相信非西方的人民應該接受西方民主、自由市場、權力受憲法限制的政府、人權、個人主義、法治等價值觀，並把這些價值納入體制內。其他文明有少數人則擁抱並提倡這些價值觀，但非西方文化對它們的主要態度，從普遍的懷疑到強烈的反對不等。西方所謂普世論，對其他地方而言是帝國主義。

西方試圖，也會繼續努力維持其優越的地位、維護其利益，並界定這些利益為「世界共同體」（world community）的利益，這個用語已經取代「自由世界」（Free World），成為這個集合名詞委婉的說法，同時也給全球反映美國和其他西方強權利益的行動正當性，例如，西方正試圖整合非西方社會的經濟於其所主導的全球經濟體系中。透過國際貨幣基金等國際經濟組織，西方廣為促銷其經濟利益，並強迫其他國家接受西方認為適當的經濟政策。在針對非西方人民所作的所有民意調查中，國際貨幣基金無疑將贏得財政部長和其他少數人的支持，但幾乎所有其他人都不表贊同，他們同意阿巴托夫（Georgi Arbatov）所稱，國際貨幣基金官員為「新布爾什維克，他們搜刮人民的錢財，強迫他人接受不民主和外來的經濟政治規範，並扼殺經濟自由」[1]。

非西方人也毫不猶豫的指出西方原則和行動之間的落差。偽善、雙重標準和「但是……不」是普世論的代價。舉例而言，西

方常說，應該提倡民主，但不能讓伊斯蘭基本教義派掌權；伊朗和伊拉克應該接受禁止核子擴散條約，但以色列不必；自由貿易是經濟成長的萬靈丹，但農業不行；對中國，人權是個問題，但對沙烏地阿拉伯則不是；侵入產油的科威特會被重兵擊退，但對不產油的波士尼亞人則無所謂。施行時的雙重標準，是在建立世界性的標準時難免要付出的代價。

非西方社會在爭取政治獨立後，希望擺脫西方在經濟、軍事和文化上的掌控，東亞各國正朝在經濟上和西方爭雄的路上邁進，亞洲和伊斯蘭國家也抄各種捷徑，希望在軍力上和西方維持均勢。西方文明的普世企圖、西方勢力的相對沒落，及其他文明在文化上越來越強大的自我肯定，都造成西方與西方以外世界的關係普遍困難。那些關係的性質及對立的程度差異相當大，可以分成三大類。對向其文明挑戰的中國和伊斯蘭世界，西方可能一直維持緊張而且往往高度敵對的關係。西方和拉丁美洲及非洲的關係，由於這兩個比較弱勢的文明在某種程度上仍要仰賴西方，而使衝突程度降低，尤其是拉丁美洲。至於俄羅斯、日本、印度和西方的關係可能介於上述兩者之間，其中牽涉到合作和衝突的因素，因為這三大文明有時和中國及伊斯蘭這兩大挑戰者文明站在同一陣線，有時又倒向西方，它們於西方和伊斯蘭世界以及中國文明之間游移擺盪。

伊斯蘭和中國所蘊涵的偉大文化傳統和西方迥異，自詡優越得多。它們在和西方的關係上所表現的力量及獨斷獨行有增無減，與西方的價值觀及利益衝突也日益升高，而且越演越烈。伊斯蘭世界由於沒有核心國家，和西方的關係因國家而異。自 1970 年以來，已經出現相當一致的反西方趨勢，主要特色是基本教義派的興起，及伊斯蘭各國內部的權力轉移，從比較親西方的政府

變為比較反西方的政府，某些伊斯蘭團體和西方之間幾乎在準戰爭狀態，某些伊斯蘭國家和美國在冷戰期間所維持的安全關係也已經削弱。這些個別差異底下，是一個根本問題，就是相對於西方，這些文明對塑造世界的未來將扮演何種角色？21世紀的全球制度、權力分配、各國的政治和經濟，基本上是要反映西方的價值觀和利益，還是要由伊斯蘭和中國來塑造？

務實派的國家關係理論預言，非西方文明的核心國家應該結合，以便制衡西方強權。某些地區已經在進行，但在最近的未來似乎不可能出現一個普遍反西方的聯盟。伊斯蘭和中國文明在宗教、文化、社會結構、傳統、政治和對生活的基本信念上都南轅北轍。本質上，這兩個文明之間的通性，也許比和西方文明的通性來得少。但在政治上，有共同的敵人就可以製造共同的利益。伊斯蘭和中國社會認為西方和它們對立，因此有充分的理由可以合作對抗西方，就像當年同盟國和史達林聯手對抗希特勒一樣。合作的範圍很廣，包括人權、經濟及最值得注意的，兩大文明社會都計畫發展軍備，尤其是大規模毀滅武器及發射這些武器的飛彈，以便和西方傳統的軍事優勢抗爭。到西元1990年代初，中國和北韓之間已經建立一個「儒家—伊斯蘭聯絡網」，並和巴基斯坦、伊朗、伊拉克、敘利亞、利比亞及阿爾及利亞建立不同程度的關係，以便和西方就這些議題進行對抗。

分割西方和其他社會的議題在國際議程上越來越重要，其中三個問題涉及西方的計畫，包括：（1）透過核子、生物和化學武器及發射等的禁止及反核擴散條約等政策維持軍事優勢；（2）向其他國家施壓，迫其尊重西方觀念中的人權，並改走西方民主路線，來提倡西方的政治價值和制度；（3）加強限制非西方移民或難民人數，以保護西方的文化、社會和種族完整。在所有這

三種情形中，西方在對非西方社會捍衛其利益時，都已經遇上或可能正遭遇困難。

武器擴散

武器擴散伴隨全球經濟和社會發展而生。當日本、中國和其他亞洲國家經濟越來越富強之際，其軍力也越來越壯大，伊斯蘭國家也終將走上這條路，俄羅斯經濟改革如果成功，也將如法炮製。在 20 世紀最後 10 年，不少非西方國家曾透過西方社會、俄羅斯、以色列和中國的武器轉移，取得先進的軍備，並為高度精密武器建立本土性的武器生產設施。這些過程在 21 世紀最初幾年將繼續甚至可能加速進行，但在進入 21 世紀之後，以美國為首的西方，在得到英法兩國襄助下，將可以在世界幾乎任何角落獨力進行軍事干預，而只有美國的空中武力，足以轟炸幾乎世界任何地方。這些是美國作為全球強權的軍事地位和西方作為世界主導文明的核心要素，在最近的未來，西方和其他地方傳統軍力相較，仍將由西方占絕對優勢。

發展第一流傳統兵力所需要的時間、力量和經費，給非西方國家強烈的誘因，另謀其他管道來反制西方的傳統兵力。最顯而易見的捷徑是購買大規模毀滅武器及發射裝置。各大文明的核心國家，以及那些已經是或渴望成為區域主導強權的國家，都有特別的誘因要購買這些武器。這類武器首先使那些國家得以在其文明和地區內建立宰制的地位；其次，這些武器也提供它們在其文明和地區內遏阻美國或其他外在強權干預的工具。如果（伊拉克強人）海珊等兩、三年取得核子武器之後再進攻科威特，他很可能已經占有科威特甚至沙烏地阿拉伯的油田。非西方國家記取波

斯灣戰爭的教訓，北韓軍方所學到的教訓是：「不要讓美國人擴建兵力，不要讓他們進一步發展空軍，不要讓他們採取主動，不要讓他們打一場傷亡率低的戰爭。」對一位最高階印度軍官，這次教訓更明確：「除非擁有核武，否則不要和美國作戰。」[2]這些教訓，非西方世界領袖和軍事將領都牢記在心，以下這項推論亦然：「如果你有核武，美國就不敢打你。」

佛利曼（Lawrence Freeman）曾觀察說：「核武與其說強化了權力政治，不如說證實了國際體系四分五裂的趨勢，在這樣一個體系裡，過去的強權只能扮演有限的角色。」核武在後冷戰世界為西方扮演的角色，因此和冷戰時期相反。過去，就像美國前國防部長亞斯平（Les Aspin）所說的，核武彌補了西方傳統武力在和蘇聯對峙時的劣勢，它們扮演「平衡者」的角色。到了後冷戰世界，美國的「傳統兵力無與倫比，我們的潛在敵人則可能控制核子武器，我們最後可能變成被平衡者」[3]。

因此，俄羅斯在其國防計畫中強調核武的重要性，並於1995年另外安排向烏克蘭購買洲際彈道飛彈及轟炸機，實不足為奇。美國一位武器專家評論道：「今天，俄國人用我們1950年代對付他們的那句話來說我們。他們說：『我們需要核子武器來彌補對方傳統兵力的優勢。』」在冷戰時期一次相關的情勢逆轉中，美國為了遏阻戰爭，會拒絕率先放棄使用核武。根據後冷戰世界核武新的嚇阻作用，俄羅斯在1993年實際拒絕了前蘇聯所承諾的不先動武的承諾。同時，中國在發展後冷戰時期有限度核子嚇阻戰略時，也開始懷疑並動搖其1964年不先動武的承諾。[4]其他核心國家與區域強權取得核武及其餘大規模毀滅武器後，也可能避免去作這類的承諾，以便達到最大的嚇阻作用，使西方不敢對它們採取傳統軍事行動。

核武也可能更直接的去威脅西方。中國和俄羅斯都有彈道飛彈，攜帶核子彈頭時，射程遠達歐洲和北美。北韓、巴基斯坦和印度也正在擴增其飛彈射程，總有一天，也可能有能力鎖定西方。除此之外，核武也可用其他方式發射。軍事分析家提出一整套不同程度暴力的戰爭，從極低強度的戰爭，像恐怖行動及零星的游擊戰，到有限度的戰爭，到涉及大規模毀滅武器的更大規模戰爭，乃至於核子戰爭不等。在歷史上，恐怖主義是弱國的武器，換言之，是那些沒有傳統軍事力量的國家的利器。二次世界大戰後，核武也成為弱國彌補其傳統兵力之不足的利器。過去，恐怖分子只能進行有限度的暴力活動，這裡殺幾個人、那裡摧毀某些設施。要進行大規模暴力行動，需要大規模軍事力量為後盾。但總有一天，少數的恐怖分子就有能力造成大規模的破壞。另外，恐怖主義和核武是非西方弱國的武器，如果這兩者加在一起，非西方的弱國將翻身成為強國。

在後冷戰世界，發展大規模毀滅武器及發射裝置的計畫，主要集中於伊斯蘭和儒家國家。巴基斯坦、甚至可能連北韓都有一些核子武器，或至少有能力迅速組裝，同時也在發展或購買更長程的飛彈發射裝備。伊拉克的化學武力相當驚人，同時也積極購買生物和核子武器。伊朗則有一套大規模的計畫，要發展核武並擴大發射系統。1988 年，伊朗總統拉夫桑加尼宣稱，伊朗人「不管在防守或攻擊中使用化學、細菌和放射性武器時，必須有萬全的準備」。3 年後，伊朗副總統告訴一個伊斯蘭會議說：「既然以色列繼續擁有核武，我們伊斯蘭世界也必須合作製造原子彈，不管聯合國提出什麼防止核子擴散計畫。」在 1992 和 1993 年，美國最高層情治官員指出，伊朗正力圖取得核子武器，而在 1995 年，前美國國務卿克里斯多福也公開指稱：「今天，伊朗正在密

集發展核武。」其他據了解有意發展核武的伊斯蘭國家包括利比亞、阿爾及利亞和沙烏地阿拉伯。套句馬茲瑞精采的說詞,「那片彎月（譯按：指肥腴月灣）在蕈狀雲上面」,不但可以威脅西方,也可以威脅其他地方。伊斯蘭教最後可能「和其他兩大文明,東南亞的印度教及中東的猶太復國運動和泛政治化的猶太教玩核武俄羅斯輪盤」[5]。

武器擴散是儒家和伊斯蘭教最大的交集,中國在移轉傳統和核子武器給很多伊斯蘭國家上扮演核心角色,其中包括：在阿爾及利亞沙漠建一座防衛森嚴的祕密核子反應爐,表面上供研究用,但西方專家相信可以生產鈽原素；出售化武原料給利比亞；提供 CSS 二型中程飛彈給沙烏地阿拉伯；提供核子技術或原料給伊拉克、利比亞、敘利亞和北韓；轉移大批傳統武器給伊拉克。除了中國之外,北韓在 1990 年代初期又經由伊朗提供敘利亞飛毛腿 C 型飛彈,另外還有可移動的發射架。[6]

至於儒家和伊斯蘭教軍事關係間的主要環扣,是中國和北韓——北韓程度稍次——與巴基斯坦和伊朗的關係。在 1980 和 1991 年間,兩大接受中國武器的國家是伊朗和巴基斯坦,其次是伊拉克。從 1970 年代開始,中國和巴基斯坦發展出極為密切的軍事關係。1989 年,兩國簽署一項 10 年期的備忘錄：「在軍事科技的購買、聯合研究發展及生產和技術移轉上合作,並透過共同的協議出口到第三國。」1993 年加簽一項協定,由中國提供貸款給巴基斯坦購買武器。結果,中國變成「巴基斯坦最可靠和大宗的軍事硬體供應者,幾乎巴基斯坦軍方每個部門所需要的所有項目都移轉出口」。中國也協助巴基斯坦建立生產飛機、戰車、大砲和飛彈的設施。更重要的是,中國提供巴基斯坦重要的協助,發展其核武能力：據了解,除了提供巴基斯坦濃縮鈾,並就核子

彈的設計提出建言，同時可能讓巴基斯坦在中國一個試爆場引爆一個核子裝置。中國後來又提供巴基斯坦射程 300 公里的 M11 彈道飛彈，可以發射核子武器，並因而違反和美國所達成的協議。為了投桃報李，中國向巴基斯坦取得空中加油技術和刺針飛彈。[7]

表 8-1　中國 1980 ～ 1991 年軍品移轉

	伊朗	巴基斯坦	伊拉克
主戰車	540	1,100	1,300
裝甲運兵車	300	-	650
反戰車導引飛彈	7,500	100	-
大砲火箭發射器	1,200 ★	50	720
戰機	140	212	-
反艦飛彈	332	32	-
地對空飛彈	788 ★	222 ★	-

備註：★ 移轉的數目未能證實

來源：Karl W. Eikenberry, *Explaining and Influencing Chinese Arms Tranfers* (Washington：National Defense University, Institute for National Strategic Studies, McNair Paper No. 36, February, 1995), p. 12。

　　進入 1990 年代之後，中國和伊朗的軍火交易越來越頻繁。在 1980 年代伊拉克和伊朗的兩伊戰爭期間，中國提供伊朗 22% 的武器，而在 1989 年成為其最大的武器供應國。中國也積極和伊朗合作，公開宣稱計畫取得核子武器。在簽署「中伊合作初步協定」之後，雙方又在 1990 年 1 月簽署備忘錄，明訂合作和軍事科技轉移的細節。1992 年 9 月，伊朗總統拉夫桑加尼在伊朗核武專家陪同下訪問巴基斯坦，再轉往中國訪問，加簽另一項核子

合作協定，然後在 1993 年 2 月，中國同意在伊朗興建兩座 30 萬千瓦的核子反應爐。根據這些協定，中國轉移核子科技和資訊給伊朗，訓練伊朗的科學家和工程師，並提供伊朗濃縮裝置中的卡留管。

　　1995 年，在美國持續施壓下，據美方說法，中國同意「取消」、而中國說法則是同意「中止」出售兩座 30 萬千瓦的反應爐給伊朗。中國也是伊朗飛彈和飛彈科技的主要供應國，包括 1980 年代末經由北韓運交的蠶式飛彈，以及 1994 ～ 1995 年之間的「數十套，甚至數百套飛彈導引系統和電腦化的機械工具」。中國批准在伊朗生產中國的地對地飛彈，北韓也從旁助一臂之力，協助運送飛毛腿飛彈到伊朗，並協助伊朗發展其生產設備，後又在 1993 年同意提供伊朗射程 600 哩的蘆洞一號飛彈。在這三角關係的第三邊，伊朗和巴基斯坦也在核子領域上廣泛合作，巴基斯坦協助訓練伊朗的科學家，巴基斯坦、伊朗和中國則同意在 1992 年 11 月合作推展核子計畫。[8] 中國在發展大規模毀滅武器上提供巴基斯坦和伊朗廣泛的協助，足證這些國家正進行高度合作和參與。

　　由於這種種發展及其對西方利益所構成的潛在威脅，大規模毀滅武器擴散已經高踞西方安全議題之首。例如，在 1990 年，59% 的美國民眾認為，預防核武擴散是重要的外交政策目標，到 1994 年，82% 民眾及 90% 外交政策領袖也認同這項看法。美國總統柯林頓在 1993 年 9 月將禁止核子擴散列為最優先施政項目，並在 1994 年秋天宣布「全國進入緊急狀態」，以處理經由「核子、生物和化學武器及發射系統擴散，而對美國國家安全、外交政策和經濟所構成的異乎尋常的嚴重威脅」。1991 年，美國中央情報局建立一個禁止核子擴散中心，共有 100 名職員，1993 年 12

月，國防部長亞斯平也宣布，國防部將推出一個新的反核子擴散方案，並另設主管核子安全和反核擴散的助理國防部長。[9]

　　冷戰時期，美國和蘇聯展開一場典型的軍備競賽，發展技術比較先進的核子武器和發射裝置，這是一場建軍對建軍的大對決。在後冷戰世界，所進行的是一種不同的軍備競賽，和西方對立的國家試圖取得大規模毀滅武器，而西方則試圖預防它們得逞，這已經不再是建軍對建軍，而是建軍對防堵了。西方核武的規模和戰鬥力除供言詞過招，已經不再是競爭的一環。建軍對建軍這場軍備競賽的結果，端視雙方的資源、投入和技術能力而定，無法預知結果；建軍和防堵競賽的結果比較可以預期。西方的防堵計畫也許可以延後其他國家擴充軍備的計畫，卻無法完全遏阻。非西方國家經濟社會的發展，使西方及非西方國家欲透過出售武器、科技和專門技術牟利的商業動機，及核心國家和區域強權想保護其地方霸權的政治動機，都可以推翻西方的防堵計畫。

　　西方提倡非擴散，說法是此舉能帶來國際秩序與穩定，對所有國家都有利。但其他國家認為，非核擴散計畫符合西方霸權的利益。這種情形反映於西方，尤其是美國這一方，和安全受核子擴散影響的區域強權之間對擴散關切程度的差異上。韓國是最明顯的例子，1993 和 1994 年，美國對北韓核武的前景產生危機意識。1993 年 11 月，柯林頓直言無諱的說：「我們不容北韓發展核子彈，而且我們的立場要很堅定。」美國參眾議員及前總統布希政府的官員也曾討論可能要對北韓的核武設備展開先制攻擊，美國對北韓核子計畫的憂慮，絕大部分源於對全球核子擴散的關切。核武擴散不只限制美國在東亞可能採取的軍事行動，還可能使這類行動治絲益棼。如果北韓出售其核子技術及／或武器，則更可能在南亞和中東對美國造成相當大的影響。

另一方面，南韓認為炸彈攸關區域利益，很多南韓人視北韓的炸彈為「韓國」炸彈，永遠不會用來對付其他韓國人，卻可能用來對抗日本和其他潛在的威脅，捍衛韓國的獨立和利益。南韓文武百官一致希望，一個統一的韓國可以有核子武力。南韓已經如其所願：北韓發展核子彈所費不貲，並招致國際間強烈譴責，南韓終將接手，北韓的核武加上南韓的工業實力，將使統一後的韓國在東亞躍居要角。結果，華府認為 1994 年朝鮮半島有一場重大的危機，漢城（譯註：首爾，李氏朝鮮時代稱漢城，2005 年時更改譯名）則沒有太大的危機感，兩者在程度上有相當大的差距，而使華府和漢城產生「恐慌落差」。一名記者在 1994 年 6 月「危機」達到頂點時觀察說：「北韓幾年前開始的核子對峙，最奇怪的現象之一是，最沒有危機感的是韓國。」美國和區域強權在安全利益上的落差主要發生於南亞，美國比當地居民還關切核子擴散問題。印度和巴基斯坦比較容易接受彼此的核子威脅，反而不容易接受美國所提限制、裁減或消除雙方核子威脅的建議。[10]

美國和其他西方國家預防大規模毀滅性武器擴散的計畫，過去一直乏善可陳，未來可能也成效有限。在美國總統柯林頓說北韓不准擁有核武之後一個月，美國情治單位便告訴柯林頓，北韓可能有一、兩枚核子武器。[11]美國的政策因此轉向北韓示好，以誘使北韓不要擴建核武。美國也無法扭轉或停止印度和巴基斯坦的核武發展，更無法阻止伊朗發展核子武器。

在 1995 年 4 月的禁止核子擴散條約會議上，最重大的議題是應該無限期延長這項條約或只延長 25 年。美國率先提議永遠延長，但其他國家大多表示，除非五大公認的核武強權大幅裁減核子武器，否則它們反對此議。除此之外，埃及反對延長，除非以色列簽署該約，並接受核子安全檢查。最後，美國經過極為成

功的施壓、攏絡和威脅等方式多管齊下，總算贏得全面共識，願意無限期延長禁核條約。像埃及和墨西哥雖然都反對無限期延長禁核條約，卻礙於對美國經濟的高度依賴，只好改變立場。雖然這項條約是在達成共識的情況下通過，七個伊斯蘭國家，包括敘利亞、約旦、伊朗、伊拉克、利比亞、埃及和馬來西亞以及一個非洲國家（奈及利亞）的代表，卻在最後結辯時發表異見。[12]

1993 年，美國政策中所界定的西方基本目標，從禁止核子擴散轉為反對核子擴散，這是在務實的認知到某些核子擴散已無法避免的程度下所作的修正。時機成熟時，美國的政策更將從反對核子擴散，再修正為包容核子擴散，甚至如果美國政府可以避開冷戰的思維模式，更可再進一步修正為如何提倡符合美國和西方利益的核子擴散。到西元 1995 年，美國和西方仍致力推動防堵策略，但這終將註定失敗。核子武器和其他大規模毀滅性武器的擴散，是一個多元文明世界緩慢但無法避免的權力分散下主要的現象之一。

人權和民主

在 1970 和 1980 年代，有三十幾個國家從威權政府轉向，改採民主政治制度。促成這波轉型有幾大因素，經濟發展無疑是促成這些政治變革的基本要素；此外，美國、主要西歐強權和國際組織的政策和行動，有助於帶給西班牙和葡萄牙及很多拉丁美洲國家、菲律賓、南韓和東歐民主。民主化在基督教和西方影響力很大的國家成效卓著，新的民主政府顯然最可能在南歐和中歐各國維持政局的穩定，因為中、南歐主要是天主教或新教國家；拉丁美洲國家比較不穩。在東亞，受美國影響最深的天主教國家菲

律賓，在 1980 年代再度實施民主政治，而基督教領袖則在南韓和台灣提倡民主運動。一如早先所提，在前蘇聯，波羅的海各共和國似能維持穩定的民主政治，在信仰正教的共和國，民主指標和穩定度多變而不確定；而在伊斯蘭共和國，民主前景十分黯淡。到 1990 年代，除了古巴，民主轉型已經在非洲以外的國家中推動，當地人民或信仰西方的基督教，或基督教仍發揮影響力。

這些轉型及前蘇聯垮台，使西方尤其是美國相信，全球正展開民主革命，而且西方人權觀念和西方的民主政治將很快普及全球。提倡民主普及因而成為西方的優先目標。前美國總統布希時代的國務卿貝克，於 1990 年 4 月宣稱，「圍堵之外，就是民主」，並說在後冷戰世界「布希總統已經界定了我們新的任務，就是要提倡及鞏固民主」。美國時任總統柯林頓在 1992 年競選總統時也再三重申，提倡民主將是柯林頓政府的第一優先要務，而在他的整個競選過程，民主化也是所有重大演說中唯一的外交議題。他當選總統後，建議撥三分之二經費給「全國民主獎助會」；他的國家安全助理也界定柯林頓的外交主軸是「擴大民主」；而他的國防部長更認定，提倡民主是四大目標之一，並計畫在國防部內另設一個高層職位，以提倡這個目標。歐洲國家也許在較低的程度上，以比較不明顯的方式，使提倡人權和民主成為外交政策的要角，而西方控制的國際經濟組織也以人權和民主作為提供開發中國家貸款和贊助的標準。

1995 年，歐洲和美國致力於達成這些目標但成效有限，幾乎所有非西方文明都抗拒西方的壓力，其中包括印度教、正教、非洲和在某些程度上甚至拉丁美洲國家。西方民主化計畫最大的阻力來自伊斯蘭世界和亞洲國家，這種阻力源於伊斯蘭復興和亞洲自我肯定等比較廣泛的運動。

美國對亞洲政策的失敗，主要由於亞洲各國經濟越來越富強，以及越來越有自信。亞洲政論家再三提醒西方，過去的依賴和從屬關係已經過去，而在 1940 年代經濟產值占世界總額之半，主導聯合國，並寫下世界人權宣言的西方，如今已經消失於歷史中。新加坡一位官員說：「在亞洲提倡人權，必須考慮到後冷戰世界權力的分配……西方對東方和東南亞的籌碼已經大減。」[13]

　　他說的沒錯。美國和北韓的核子協定也許可以貼切的稱為「談判投降」，美國在人權問題上向中國及其他亞洲強權屈服，在威脅中國如不改善人權將中止其貿易最惠國待遇之後，柯林頓政府先是發現國務卿克里斯多福在北京遭到羞辱，顏面盡失；後來在回應時，又放棄原來的政策，把貿易最惠國地位和人權分開處理。中國在回應美國示弱時表示，將執意推動柯林頓政府所反對的措施。另外，在就美國公民遭新加坡當局鞭刑，及印尼政府鎮壓東帝汶暴亂進行交涉時，柯林頓政府也一再讓步。

　　亞洲政府抗拒西方人權壓力的能力因幾項因素而增強。美國和歐洲工商界急欲在這些快速成長的國家增資，以擴大雙邊貿易，歐美各國政府因此受到沉重的壓力，要保持雙方經貿關係不中斷。此外，亞洲各國視這種壓力為對其主權的侵犯，並在出現這類問題時互相聲援。在中國大陸投資的台灣、日本和香港工商界，美國延續中國貿易最惠國待遇攸關其重大利益。日本政府多半對美國的人權政策敬而遠之。日本前首相宮澤喜一在天安門事件之後不久曾表示：我們不會讓「抽象的人權觀念」影響中日關係。東南亞國家協會成員國也不願向緬甸施壓，並在 1994 年歡迎緬甸軍事執政團參加它們的會議。而歐洲聯盟，一如其發言人所說，必須認清，這項政策「不太成功」，歐盟必須接受東協對緬甸的政策。何況，經濟成長力也使馬來西亞和印尼等國可以向

批評它們的國家和企業進行「反向條件限制」，或從事其他它們所反對的活動。[14]

整體而言，亞洲國家日益茁壯的經濟力，使它們在人權和民主上越來越可以免於西方的壓力。美國前總統尼克森 1994 年曾說：「以中國今天的經濟力量，使美國大談人權已是無禮，10 年之內，這些說教將變得無關宏旨，20 年內將成為笑話。」[15] 但到時候，中國的經濟發展可能使西方再也不必說教了。經濟成長正加強亞洲政府和西方政府之間的關係，最後也終將強化亞洲社會和亞洲政府之間的關係，如果更多亞洲國家能夠施行民主，將是拜亞洲資產階級和中產階級強烈要求之賜。

和無限期延長禁止核子擴散條約相比，西方在聯合國機構提倡人權和民主往往徒勞無功。除了少之又少的例外，如譴責伊拉克，人權決議案在聯合國投票時幾乎全軍覆沒。除了某些拉丁美洲國家，其他國家的政府不願同心協力提倡很多人眼中的「人權帝國主義」。像在 1990 年，瑞典代表 20 個西方國家提出一項議案，譴責緬甸軍政府，但亞洲和其他國家的反對封殺了這項議案。此外，譴責伊朗違反人權的議案也在聯合國被否決。而自 1990 年代以來，連續 5 年，中國都可以動員亞洲各國支持，來擊敗西方所提對其違反人權表示關切的議案。1994 年，巴基斯坦在聯合國人權委員會中提出一項議案，譴責印度在喀什米爾迫害人權。不但印度的友邦立刻集結聲援，連巴基斯坦兩大最親近的盟邦中國和伊朗，由於它們本身也是因人權問題而被攻擊的對象，因此說服巴基斯坦撤消這項議案。《經濟學人》分析說，由於未能批判印度在喀什米爾的暴行，聯合國人權委員會「在未履行義務的情形下，不啻成為幫兇。其他國家雖然也濫殺無辜，仍未受到應有的懲罰，像土耳其、印尼、哥倫比亞和阿爾及利亞都未遭到批

評。該委員會無形中成為這些政府屠殺和酷行的幫兇，正和當初創立該委員會的立意背道而馳」[16]。

西方和其他文明之間有關人權問題的歧異，及西方達成其目標的能力有限，在 1993 年 6 月維也納所開的聯合國世界人權會議中暴露無遺。一方是歐洲和北美的國家，另一方則是由大約 50 個非西方國家所組成的陣營，其中的 15 個最活躍的成員國包括 1 個拉丁美洲國家（古巴）、1 個佛教國家（緬甸），4 個政治理念、經濟制度和發展程度有相當出入的儒家國家（新加坡、越南、北韓和中國），以及 9 個伊斯蘭國家，包括馬來西亞、印度、巴基斯坦、伊朗、伊拉克、敘利亞、葉門、蘇丹和利比亞。亞洲和伊斯蘭世界團體是以中國、敘利亞和伊朗為首。在這兩大團體之間除了古巴之外，還有經常支持西方的拉丁美洲國家，及有時支持但多半反對西方的非洲和正教國家。

不同國家沿文明斷層線分裂所衍生的問題還包括：在人權問題上，人權普遍論對上文化相對論；開發及其他經濟社會權對政治公民權何者優先；經濟援助所附設的政治條件；創設聯合國人權委員會；非官方人權組織在維也納開會可以參加同時舉行的官方會議的範圍；會議中所應通過的某幾種權利；以及達賴喇嘛是否應該出席會議並發表演說，和是否應明白譴責波士尼亞侵害人權等比較特定的問題。

西方國家和亞洲及伊斯蘭陣營在這些問題上有很大的歧見。在維也納會議之前兩個月，亞洲國家在曼谷集會，並通過一項宣言，強調人權必須「在國家和地方特性及不同的歷史宗教和文化背景下」考量，人權監測侵犯國家的主權，而以人權表現為經濟援助的條件也和開發的權利背道而馳。此問題和其他問題上的歧見太大，使 5 月初於日內瓦召開的維也納會議前的籌備會議幾乎

所有文件都不列入議程，這表示至少有一個國家有異議。

西方各國對維也納會議準備不夠周全，出席會議的國家又太少，在會議過程中比和它們對立的國家作更多讓步。結果，除了女權得到強烈的響應之外，會中只通過一項宣言。一位人權鬥士指出，這是「一份漏洞百出和充滿矛盾」的文件，代表亞洲和伊斯蘭國家聯盟的勝利及西方的挫敗。[17] 維也納宣言並未明確的支持言論自由，或出版、集會和宗教信仰的權利，因此在很多方面比 1948 年所通過的聯合國世界人權宣言軟弱。這項轉變也反映了西方權勢的式微。一位支持人權的美國人士說：「1945 年所成立的國際人權機制已形同虛設，美國霸權已經流失，歐洲在發生 1992 年事件之後，彷彿也只有半島的格局。今天，阿拉伯、亞洲、非洲和西方等量齊觀。今天，世界人權宣言及國際公約在地球上大部分地方已經比二次世界大戰後更無足輕重。」一位經常批判西方的亞洲人士也附和這種看法：「自 1948 年世界人權宣言發表以來，非猶太教或基督教國家及自然法傳統不深的國家首次躍居首位，這種前所未有的現象將界定新的國際人權政治，並使爆發衝突的機會大增。」[18]

另一位觀察家評論道：「如果從成功叫別人不要擋路這點來衡量，維也納的大贏家顯然是中國，北京當局只要在會中作威作福就勝券在握。」[19] 西方在維也納會議中雖然投票時和策略上都失敗，卻在幾個月後和中國交手時贏得一次重大的勝利。中國政府視主辦西元 2000 年夏季奧運為其主要的目標，並投下大量資源，希望爭辦成功。中國對爭辦奧運大張旗鼓，人民的期望也很高，中國當局向其他政府展開遊說，迫其向各國奧委會施壓，台灣、香港也加入助陣。另一方面，美國國會、歐洲議會及人權組織都大力反對由中國主辦。雖然國際奧委會祕密投票，卻可以明

顯的看出文明的斷層線。第一次投票時，北京據悉由於非洲國家全面支持而高踞第一，雪梨居次。在隨後幾次投票中，伊斯坦堡先被刷下來，儒家和伊斯蘭世界的關係也使其選票絕大半流向北京。當柏林和曼徹斯特也相繼出局後，它們的票源卻大部分流向雪梨，而使雪梨在第四次投票時勝出，中國飲恨敗北。中國指責美國是罪魁禍首。李光耀曾發表評論說：「美國和英國成功的讓中國有自知之明……表面上的理由是『人權』，實則是政治因素作祟，它們要展現西方的政治實力。」[20]

無疑的，世界上關心運動的比關心人權的多，但想想西方在維也納等地在人權上所吃的敗仗，這次證明西方「實力」的孤立事件，多少也提醒世人西方的沒落。不只西方的實力大減，有關民主的矛盾說法也削弱了西方在後冷戰世界提倡民主的決心。在冷戰時期，以美國為首的西方曾面對「友善的暴君」的問題：和反共的軍事執政團及獨裁統治者合作，並因而成為冷戰時期有用的夥伴的兩難局面。當這些政府明目張膽的違反人權時，這種合作令人不安甚至尷尬。但合作也可以說是兩害相權取其輕：比起共產黨政權，這些政府通常比較不是完全實施高壓統治，一般也不看好會在位太久，同時也比較能夠接受美國和其他外來的影響。如果只能在「比較不殘暴的友善暴君」和「比較殘暴的不友善暴君」之間作一抉擇，為什麼不和前者合作？在後冷戰世界，友善的暴君和不友善的民主政府之間更難選擇。西方輕率的下結論說，民主選舉所產生的政府比較願意合作和支持西方，此說在非西方社會未必適用，因為在非西方社會，選舉可能把反西方的民族主義人士和基本教義派人士送上台。當阿爾及利亞在 1992 年選舉中，因為當時 FIS 伊斯蘭基本教義派顯然即將獲勝，軍方出面干預並取消選舉時，西方總算鬆了一口氣。同樣的，當土耳其激進的福利黨及印度高舉民族主義旗幟的印度人民黨分別在 1995 和 1996 年選舉獲勝又終於下台時，西方政府也覺得比較安心。

激進的福利黨及印度高舉民族主義旗幟的印度人民黨分別在 1995 和 1996 年選舉獲勝又終於下台時，西方政府也覺得比較安心。另一方面，伊朗在其革命架構內，就某些方面而言，在伊斯蘭世界中算是一個比較民主的政權。而在很多阿拉伯國家，包括沙烏地阿拉伯和埃及的選舉，幾乎都可能選出比前任不民主的政權還不買西方帳的政府。一個由全民選出的中國政府，可能民族主義色彩很濃。西方領袖由於領悟非西方社會的民主進程往往會產生對西方不友善的政府，他們因此試圖影響那些選舉，而對在那些社會提倡民主較不熱衷。

移民

如果人口統計學是宿命，人口移動就是推動歷史的原動力。過去幾世紀以來，不同的成長率、經濟情況和官方政策已經造成希臘人、猶太人、日耳曼民族、北歐人、土耳其人、俄羅斯人、中國人和其他民族的大量遷徙。在某些情形下，這些人口移動相當平和，但有時也充滿暴力。19 世紀的歐洲人算是人口移動的主要民族。在 1821 ～ 1924 年間，大約有 5,500 萬歐洲人移民海外，其中 3,400 萬移民到美國。西方人征服有時也消滅其他民族、探險，並在人口比較少的土地上定居。人口外流也許是 16 ～ 20 世紀之間西方興起時唯一最重要的事。

20 世紀末出現一波不同、甚至規模更大的移民潮。在 1990 年，合法的國際移民大約在 1 億人左右，難民則大約有 1,900 萬，非法移民至少有 1,000 萬。這波新移民潮一部分源於非殖民地化、建立新的國家，及鼓勵或強迫人民移民的國家政策等因素，同時也是現代化和技術發展的結果。運輸工具改進使移民更容易、快

速、便宜。通訊進步則提高了開創經濟機會的動機，並促進移民和他們祖國老家之間的血源關係。此外，隨著 19 世紀西方經濟成長，也刺激了移民潮；非西方社會的經濟發展也帶動了 20 世紀的移民風氣。韋納（Myron Weiner）曾說：「如果移民有任何『法則』可言，那就是移民潮一旦開始就源源不絕。移民提供他們在老家的親友移民資訊及資源，來幫助他們移民，同時也幫他們找工作和住處。」結果，套一句他所說的話，形成一股「全球移民危機」。[21]

西方人一直大力反對核子擴散，支持民主和人權，但他們對人權的看法，相形之下，有雙重標準而且不斷在變，在 20 世紀最後 20 年變動尤其大。在 1970 年代之前，歐洲各國一般都傾向於支持移民，在某些國家，像德國和瑞士還鼓勵移民，以彌補人力的不足。在 1965 年，美國取消歐洲自 1920 年代以來的移民配額限制，並大幅修正其移民法規，使 1970 和 1980 年代新的移民劇增。但到 1980 年代末期，高失業率及移民增加，和它們壓倒性的「非歐洲化」，使歐洲的態度和政策大幅變動；幾年後美國也在同樣的關切下，作了類似的修正。

20 世紀末移民和難民大多數從某一個非西方社會遷徙到另一個，但移民大量湧入西方社會，在絕對數字上已經接近 19 世紀的西方移民。1990 年美國第一代移民大約有 2,000 萬，歐洲有 1,550 萬，澳洲和加拿大有 800 萬。在歐洲各主要國家，移民占全部人口的比例達 7%、8% 左右。在美國，移民占 1994 年人口的 8.7%，是 1970 年的 2 倍，同時也占加州人口的 25% 及紐約人口的 16%。1980 年代，大約 830 萬人移民美國，而在 1990 ～ 1994 年，就已經達 450 萬人。

新移民主要來自非西方社會。在德國，1990 年的土耳其裔

外來居民有 167 萬 5,000 人，人數最多的外來移民其次依序是南斯拉夫、義大利和希臘裔。義大利的外來移民主要來自摩洛哥、美國（可能絕大部分是落葉歸根的義大利裔美國人）、突尼西亞和菲律賓。到 1990 年代中期，大約 400 萬穆斯林住在法國，全西歐則有 1,300 萬。在 1950 年代，美國移民中有三分之二來自歐洲和加拿大。在 1980 年代，大約 35% 為數更多的移民來自亞洲、45% 來自拉丁美洲，不到 15% 來自歐洲和加拿大。美國人口的自然增加很低，歐洲幾近於零。移民生育率高，因此成為西方社會未來人口成長的主力。結果，西方人越來越擔心，「他們現在已經被入侵，入侵的不是軍隊和戰車，而是說其他語言、信奉其他神祇、隸屬於其他社會的移民，他們更擔心，這些人會搶他們的工作，占領他們的土地，靠社會福利金過日子，並威脅到他們的生活方式」[22]。霍夫曼（Stanley Hoffmann）指出，這些源於人口相對減少的恐懼症，「是基於真正的文化衝突和對民族定位的憂心」[23]。

西元 1990 年代初期，歐洲移民中有三分之二是穆斯林，因此歐洲在移民方面最關切伊斯蘭移民的問題，主要是人口和文化上的挑戰。在人口方面，移民占西歐新生兒的十分之一，在布魯塞爾，阿拉伯人就占了一半。伊斯蘭社會，不管是德國的土耳其裔，或法國的阿爾及利亞人，都未能和當地文化整合，歐洲人尤其擔心，很少跡象顯示他們會和當地文化整合。珍·瑪莉·多梅尼奇（Jean Marie Domenach）於 1991 年說：「歐洲普遍恐懼將有一個伊斯蘭社會貫穿歐洲斷層線，成為某種歐洲共同體的第十三個國家。」至於移民，美國某期刊曾評論說：

　　奇怪的是，歐洲人的敵意是有選擇性的，法國人很少

擔心來自東歐的攻擊，像波蘭畢竟是歐洲天主教國家。他們大部分也不擔心或歧視非阿拉伯裔的非洲移民，而只對穆斯林懷有敵意。「移民」這個字和伊斯蘭教幾乎是同義字（伊斯蘭教如今是法國第二大宗教），並且反映了在法國歷史中根深蒂固的文化和種族歧視。[24]

但嚴格說，法國人的文化優越感比種族優越感要重。他們接受在議會中說法文的非洲裔黑人，但不能接受在他們的學校中包頭巾的伊斯蘭教女生。1990 年，76% 法國人認為，法國的阿拉伯人太多、46% 認為黑人太多、40% 認為亞裔人口太多、24% 則說猶太人太多。1994 年時，47% 德國人不希望附近社區有阿拉伯人、39% 不希望有波蘭人、36% 不希望有土耳其人、22% 不希望有猶太人。[25] 在西歐，針對阿拉伯裔而發的反猶主義，已經取代針對猶太人而發的反猶運動。

民眾對移民政策的反彈及對移民的敵意，表現於對移民社會和個人的極端暴力行為上，這在 1990 年代初已經變成德國一大隱憂。更嚴重的毋寧是反移民的右派民族主義政黨的選票增加，但這些選票不多。德國共和黨在 1989 年歐洲選舉中拿下 7% 的選票，但在 1990 年的全國選舉中只得 2.1% 的選票。在法國，極右派民族陣線的選票在 1981 年還微不足道，但在 1988 年已經增加到 9.6%，此後在區域性和國會選舉中得票率都穩定的維持在 12% ～ 15% 之間。在 1995 年，法國兩位角逐總統的民族主義候選人拿下 19.9% 的選票，民族陣線也拿下七個城市的市長寶座，其中包括土倫和尼斯。在義大利，支持全國聯盟的選票也同樣從 1980 年代的 5% 左右，增加到 1990 年代的 10% ～ 15%。在比利時，佛蘭斯集團／民族陣線的選票在 1994 年地方選舉中也增加為 9%，

佛蘭斯集團並在安特衛普囊括 28% 的選票。在奧地利，自由黨在普選中的得票率也從 1986 年的不到 10%，增加為 1990 年的 15% 及 1994 年的將近 23%。[26]

這些反對伊斯蘭移民的歐洲政黨，絕大部分是伊斯蘭國家中伊斯蘭政黨的寫照。兩者都以局外人的身分譴責腐敗的當局及其政黨，並利用民眾對經濟，尤其是失業率的不滿心理，以種族和宗教為訴求，攻擊外來勢力影響其社會。在這兩種情形下，一個極端主義的偏激集團投入恐怖主義和暴力活動。在大部分情形下，伊斯蘭教和歐洲民族主義政黨在地方選舉中的表現通常比全國選舉要好。伊斯蘭教和歐洲政治當權派以類似的方式回應這些發展，我們眼見伊斯蘭國家政府的方向、象徵、政策和措施都越來越伊斯蘭化，在歐洲，主流政黨採行右派反移民政黨的論調並鼓吹其措施。在民主政治有效運作，除了伊斯蘭教或民族主義黨派之外至少有兩個政黨的地方，這些主流政黨的得票率高達 20% 左右，唯有當權的政黨或聯合政府以外沒有其他有效的黨派存在時，抗議黨派才可能打破這個數字，像阿爾及利亞、奧地利及某種程度的義大利。

1990 年代初期，歐洲政治領袖競相回應反移民情結。在法國，總統席哈克在 1990 年宣布，「移民必須完全停止」，內政部長巴斯卡也在 1993 年提出「零移民」政策，其他主流派的政治人物像前總統密特朗、前總理克瑞松夫人、前總統季斯卡也都贊成反移民的政策。移民已經成為 1993 年國會選舉中的主要議題，顯然也對保守黨派的勝利貢獻良多。1990 年代初期，法國政府已經修改其移民政策，外國人的子女較難成為公民，他們的家人比較難移民，外國人申請庇護更難，而阿爾及利亞人要拿到法國簽證更是難如登天。非法移民一律遣返，並加強警察和其他政

府部門處理移民的權限。

德國總理柯爾和其他政治領袖也擔憂移民問題，柯爾並採行一項最重要的政策，由政府修訂德國憲法第 16 章保證給「因政治立場而受到迫害的人民政治庇護」，並刪減申請庇護者的福利。在 1992 年，共有 43 萬 8,000 人到德國申請政治庇護，到 1994 年，只剩 12 萬 7,000 人。1980 年，英國大幅刪減移民配額，每年只剩 5 萬個，因此英國因移民問題所引發的情緒緊張和反對要比歐陸都輕。在 1992 ～ 1994 年間，在所有申請政治庇護的人中，英國將准許居留的人數從 2 萬多人遽減為不到 1 萬人。在歐洲聯盟內部移動的障礙撤除之後，英國主要擔心來自歐陸的非歐洲移民。整體而言，在 1990 年代中期，西歐國家正堅定不移的朝把非歐洲移民減到最小或完全刪除的方向努力。

美國的移民問題比歐洲稍晚發生，也未產生相同的緊張情緒。美國一向自認是移民國家，過去也十分成功的同化新移民。此外，在 1980 和 1990 年代，美國的失業問題遠比歐洲低，擔心丟工作不是決定移民政策的重要因素之一，美國移民來源也比歐洲多元化，因此就全美而言，比較不需要擔心被某一個外國團體吞沒，但在某些地方，移民的確構成威脅。美國兩個最大的移民團體和地主國之間的文化差距不像歐洲那麼嚴重，因為墨西哥裔信奉天主教而且說西班牙語，菲律賓裔也是天主教徒居多，而且說英語。

儘管有這種種因素，美國 1965 年通過一項法令，准許大幅提高亞洲和拉丁美洲移民之後四分之一世紀以來，民意已經幡然改變。1965 年，33% 民眾要求減少移民，到 1977 年已經增加為 42%、1986 年再增加到 49%，1990 和 1993 年成為 61%。1990 年代的民意調查一再顯示，至少 60% 美國人贊成刪減移民

人數。[27] 雖然經濟問題和經濟情況影響到對移民的態度，但不管景氣好壞反對力量都持續增加顯示，文化、犯罪和生活方式在改變民意上更為重要。一位觀察家在 1994 年曾評論道：「也許大部分美國人仍視美國為一個由歐洲人所開墾出來的國家，其法律沿襲英國，語言也是英文，其制度和公共建築也向西方古典模式取經，宗教則根源於猶太教或基督教，而其恢宏之處則濫觴於新教的工作倫理。」

為了反映這種種問題，55% 的民眾說，他們認為移民威脅到美國文化。歐洲人認為，伊斯蘭或阿拉伯移民是其主要威脅，美國人則認為拉丁美洲和亞洲是最大的威脅，尤以墨西哥為最。1990 年被問及美國接納了太多哪一國移民時，接受調查的美國人中，指認墨西哥的為其他國家的 2 倍，其他依次是古巴、東方（未特別指明地方）、南美和拉丁美洲（未特別指明國家）、日本、越南、中國和韓國。[28]

1990 年代初民眾日益高漲的反移民聲浪，其所產生的政治效應和歐洲不相上下。從美國政治制度的本質看來，右派和反移民的政黨不能贏得選票，但鼓吹反移民的人士和團體越來越多，也越來越活躍和有影響力。大部分仇恨集中於 350 萬到 400 萬非法移民身上，政治人物也齊聲唱和。一如在歐洲，最強烈的反應出現於州和地方層次，因為它們負擔大部分移民費用。結果，1994 年，佛羅里達州和隨後跟進的其他六個州控告聯邦政府，指它們每年花在非法移民身上的教育、福利、執法和其他費用高達 8 億 8,400 萬美元。不管是絕對數字或比例上，移民都高居全美之冠的加州，州長威爾森甚至力促不准非法移民的子女接受公立學校教育，非法移民在美國出生的子女也不能拿到公民權，並停止為非法移民的緊急醫療服務付費。1994 年 11 月，加州人壓倒性的

支持 187 號提案，不給非法居留的外國人及其子女健保、教育和社會福利。

　　同樣在 1994 年，柯林頓政府推翻稍早的立場，採取行動加強移民管制，使政治庇護的法律更嚴格，擴大移民局編制，加強邊界巡邏，並在美墨邊界建立屏障。1995 年，由美國國會於 1990 年所通過的移民改革委員會建議，把每年合法移民人數從 80 萬劇刪為 55 萬，並以年幼的子女和配偶優先，但目前公民和僑民的其他親戚則不在此限，這項條款「使亞裔美人和拉丁美洲裔的家庭怒火中燒」。[29] 這項條款包括該委員會的很多建議和其他限制移民的措施已排上 1995 ～ 1996 年的議會議程。到 1990 年代中期，移民因此已經成為美國一大政治議題，而在 1996 年美國總統大選時，候選人之一布坎南也把反移民列為最重要的政見。美國繼歐洲之後，已經採取行動大幅刪減非西方人進入其社會的配額。

　　歐洲或美國能否遏阻這股移民潮？法國對人口統計感到悲觀。從 1970 年代拉斯裴爾（Jean Raspail）沉痛的小說，到 1990 年代契斯納斯（Jean-Claude Chesnais）於 1990 年代所寫的學術分析，到 1991 年勒路希（Pierre Lellouche）的評語可以作個總結：「歷史、鄰近性和貧窮，使法國和歐洲註定被來自南方破敗社會的人民所控制。過去，歐洲是信奉猶太教和基督教的白種人的天下，未來可就不是了 †。」[30] 但未來的命運並非無法扭轉，也沒有任何

---

† 拉斯裴爾的小說《聖人的陣營》1973 年由巴黎拉法蘭出版社出版，並於 1985 年法國人加深對移民的關切時再版。移民問題 1994 年在美國升溫時，馬殊・康納利（Matthew Connelly）與保羅・甘迺迪（Paul Kennedy）合撰〈一定是其他地方對抗西方嗎？〉一文，在《大西洋月刊》發表（v. 274; Dec. 1994. pp.61 以下），使此書受到美國人注意。拉斯裴爾為此書 1985 年法文版寫的前言也在《社會契約》期刊以英文發表（v. 4; Winter. 1993-94, pp. 115-117）。

未來是永恆的。問題不在歐洲將伊斯蘭化或美國拉丁美洲化，而在歐洲和美國是否會因為容納來自兩個不同文明而且大致截然有別的社群而使社會分裂，而這又得看移民的人數及他們和歐美西方文化同化的程度而定。

歐洲社會一般而言不和移民同化，或至少很難同化，而伊斯蘭移民及其子女希望被同化的程度也不清楚，因此，持續的大量移民可能使國家分裂為基督教和伊斯蘭社會。只要歐洲政府和人民願意承擔限制移民的費用，就可以避免這種結果。限制移民的成本包括反移民措施的直接財政支出，進一步疏遠目前移民團體的社會代價，及勞力短缺和低成長率潛在的長期經濟代價。

但隨著北非和中東有些國家的人口成長率已經攀頂並開始下滑，伊斯蘭人口入侵的問題可能會減輕。[31] 就人口壓力刺激移民而言，伊斯蘭移民到西元 2025 年將大為減少。但這對撒哈拉沙漠以南的非洲地區並不適用，如果西方和中非經濟開始發展，社會也開始動員，移民的誘因和能力將會增加，歐洲「伊斯蘭化」的威脅將由歐洲「非洲化」取代。至於這種威脅是否成真，將受非洲人口因愛滋病和其他傳染病而減少的人數，及南非吸引非洲其他地方移民的程度影響。

穆斯林是歐洲立即的問題，墨西哥人則對美國構成問題。假設目前的趨勢和政策繼續發展下去，美國人口將如表 8-2 的數字所顯示的，在 21 世紀上半葉大幅改變，變成大約 50% 白人，25% 拉丁美洲裔。如同在歐洲，移民政策的改變和反移民措施的有效落實，可能會改變這些預估的數字。即使如此，一如之前的移民團體，拉丁美洲裔的核心問題仍在於和美國社會同化的程度。第二、三代拉丁美洲裔在和美國同化時，面對不同的動機和壓力。另一方面，墨西哥移民在比較重要的方式上和其他移民不同。第

一，歐洲或亞洲移民遠渡重洋而來，墨西哥移民只要走過美墨邊界或涉水過河就可以了。再加上交通和通訊日益鬆綁，使他們得以和祖國接觸和認同。第二，墨西哥移民主要集中於美國西南部，從（墨西哥）猶加敦到（美國）科羅拉多州自成一個帶狀墨西哥社會（圖 8-1）。第三，有些證據顯示，和其他移民團體比起來，墨西哥移民抗拒同化的程度比較強烈，墨西哥人傾向於保留他們的墨西哥定位，從 1994 年加州 187 號提案的爭執可見一斑。第四，墨西哥移民定居的地區，在墨國於 19 世紀中葉被美國打敗後加以併吞，墨西哥的經濟發展幾乎必然會引起墨西哥人反彈。在時機成熟時，19 世紀美國軍力擴張的結果將飽受威脅，甚至可能因 21 世紀墨西哥人口擴張而情勢逆轉。

不同文明間均勢的變動，使西方越來越難在武器擴散、人權和移民等問題上達成目標。要把這種情勢所造成的損失減到最低，需要西方在和其他國家打交道時軟硬兼施，技巧性的運用其經濟資源以提高團結，並協調彼此的政策，使其他社會越來越難分化西方，並強化和利用非西方國家的差異。西方推行這些政策的能力，一方面將由西方和這些對立的文明之間衝突的本質和強度決定，另一方面則將由西方和有決定性影響力的文明認同以及發展共同利益的程度而定。

表 8-2　美國不同種族和族裔所占人口比率

	1995	2020 （估計值）	2050 （估計值）
非拉丁美洲裔白人	74%	64%	53%
拉丁美洲裔	10	16	25
黑人	12	13	14
亞裔及太平洋島國	3	6	8
印第安人及 阿拉斯加原住民	< 1	< 1	1
總數（百萬人）	263	323	394

來源：U.S. Bureau of the Census, *Population Projections of the United States by Age, Sex, Race, and Hispanic Origin: 1995 to 2050* (Washington：U.S. Government Printing Office, 1996), pp. 12-13。

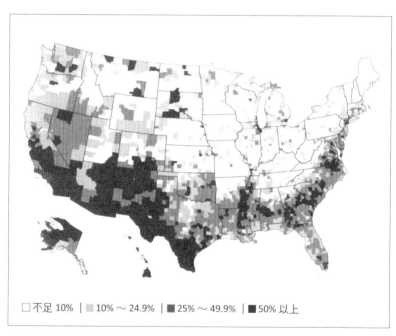

□ 不足 10% ｜ ▨ 10%～24.9% ｜ ▨ 25%～49.9% ｜ ■ 50% 以上

圖 8-1　美國：一個分化的國家？

以群為單位，預估西元 2020 年美國黑人、亞裔、印地安原住民或拉丁美洲所占的比率。（來源：根據美國人口統計局的資料）

註釋

1. Georgi Arbatov, "Neo-Bolsheviks of the I.M.F.," *New York Times*, 7 May 1992, p. A27。

2. 美國一位資深分析家總結有關北韓的論點，見 *Washington Post*, 12 June 1994, p. C1；印度將領的話為亞斯平（Les Aspin）引述於 "From Deterrence to Denuking Dealing with Proliferation in the 1990's," Memorandum, 18 February 1992, p. 6。

3. Lawrence Freedman, "Great Powers, Vital Interests and Nuclear Weapons," *Survival*, 36 (Winter 1994), 37; Les Aspin, Remarks, National Academy of Sciences, Committee on International Security and Arms Control, 7 December 1993, p. 3。

4. Stanley Norris quoted, *Boston Globe*, 25 November 1995, pp. 1, 7; Alastair Iain Johnston, "China's New 'Old Thinking': The Concept of Limited Deterrence," *International Security*, 20 (Winter 1995-96), 21-23。

5. Philip L. Ritcheson, "Iranian Military Resurgence: Scope, Motivations, and Implications for Regional Security," *Armed Forces and Society*, 21 (Summer 1995), 575-576. Warren Christopher Address, Kennedy School of Government, 20 January 1995; *Time*, 16 December 1991, p. 47; Ali Al-Amin Mazrui, *Cultural Forces in World Politics* (London：J. Currey, 1990), pp. 220, 224。

6. *New York Times*, 15 November 1991, p. A1; *New York Times*, 21 February 1992, p. A9; 12 December 1993, p. 1; Jane Teufel Dreyer, "U.S./China Military Relations: Sanctions or Rapprochement?" *In Depth*, 1 (Spring 1991), 17-18; *Time*, 16 December 1991, p. 48; *Boston Globe*, 5 February 1994, p. 2; Monte R. Bullard, "U.S.-China Relations: The Strategic Calculus," *Parameters*, 23 (Summer 1993), 88。

7. Quoted in Karl W. Eikenberry, *Explaining and Influencing Chinese Arms Transfers* (Washington, D.C.: National Defense University, Institute for National Strategic Studies, McNair Paper No. 36, February 1995), p. 37; Rakistani government statement, *Boston Globe*, 5 December 1993, p. 19; R. Bates Gill, "Curbing Beijing's Arms Sales," *Orbis*, 36 (Summer 1992), p. 386; Chongpin Lin, "Red Army," *New Republic*, 20 November 1995, p. 28; *New York Times*, 8 May 1992, p. 31。

8. Richard A. Bitzinger, "Arms to Go: Chinese Arms Sales to the Third World," *International Security*, 17 (Fall 1992), p. 87; Philip Ritcheson, "Iranian Military Resurgence," pp.576, 578; *Washington Post*, 31 October 1991 , pp. Al , A24; *Time*, 16 December 1991, p. 47; *New York Times*, 18 April 1995, p. A8; 28 September 1995, p. 1; 30 September 1995, p. 4; Monte Bullard, "U.S.-China Relations," p. 88, *New York Times*, 22 June 1995, p. 1; Gill, "Curbing Beijing's Arms," p. 388; *New York Times*, 8 April 1993, p. A9; 20 June 1993, p. 6。

9. John E. Reilly, "The Public Mood at Mid-Decade," *Foreign Policy*, 98 (Spring 1995), p. 83; *Executive Order 12930*, 29 September 1994; *Executive Order 12938*, 14 November 1994. These expanded on *Executive Order 12735*, 16 November 1990, issued by President Bush declaring a national emergency with respect to chemical and biological weapons。

10. James Fallows, "The Panic Gap: Reactions to North Korea's Bomb," *National Interest*, 38 (Winter 1994), 40-45; David Sanger, *New York Times*, 12 June 1994, pp.1, 16。

11. *New York Times*, 26 December 1993, p. 1。

12. *Washington Post*, 12 May 1995, p. 1。

13. Bilahari Kausikan, "Asia's Different Standard," *Foreign Policy*, 92 (Fall 1993), 28-29。

14. *Economist*, 30 July 1994, p. 31; 5 March 1994, p. 35; 27 August 1994, p. 51; Yash Ghai, "Human Rights and Governance: The Asian Debate," (Asia Foundation Center for Asian Pacific, Affairs, Occasional Paper No. 4, November 1994), p. 14。

15. Richard M. Nixon, *Beyond Peace* (New York：Random House, 1994), pp.127-128。

16. *Economist*, 4 February 1995, p. 30。

17. Charles J. Brown, "In the Trenches: The Battle Over Rights," *Freedom Review*, 24 (Sept./Oct. 1993), 9; Douglas W. Payne, "Showdown on Vienna," ibid., pp. 6-7。

18. Charles Norchi, "The Ayatollah and the Author: Rethinking Human Rights," *Yale Journal of World Affairs*, 1 (Summer 1989), 16; Kausikan, "Asia's Different Standard," p. 32。

19. Richard Cohen, *The Earth Times*, 2 August 1993, p. 14。

20. *New York Times*, 19 September 1993, p. 4E; 24 September 1993, pp. 1, B9, B16; 9 September 1994, p. A26; *Economist*, 21 September 1993, p. 75; 18 September 1993, pp. 37-38; *Financial Times*, 25-26 September 1993, p. 11; *Straits Times*, 14 October 1993, p. 1。

21. Figures and quotes are from Myron Weiner, *Global Migration Crisis* (New York: Harper Collins, 1995), pp. 21-28。

22. Weiner, *Global Migration Crisis*, p. 2。

23. Stanley Hoffmann, "The Case for Leadership," *Foreign Policy*, 81 (Winter 1990-91), 30。

24. See B. A. Roberson, "Islam and Europe: An Enigma or a Myth?" *Middle East Journal*, 48 (Spring 1994), p. 302; *New York Times*, 5 December 1993, p. 1; 5 May 1995, p. 1; Joel Klotkin and Andries van Agt, "Bedouins: Tribes That Have Made it," *New Perspectives Quarterly*, 8 (Fall 1991), p. 51；Judith Miller, "Strangers at the Gate," *New York Times Magazine*, 15 September 1991, p. 49。

25. *International Herald Tribune*, 29 May 1990, p. 5; *New York Times*, 15 September 1994, p. A21. The French poll was sponsored by the French Government, the German poll by the American Jewish Committee。

26. See Hans-George Betz, "The New Politics of Resentment: Radical Right-Wing Populist Parties in Western Europe," *Comparative Politics*, 25 (July 1993), 413-427。

27. *International Herald Tribune*, 28 June 1993, p. 3; *Wall Street Journal*, 23 May 1994, p. B1; Lawrence H. Fuchs, "The Immigration Debate: Little Room for Big Reforms," *American Experiment*, 2 (Winter 1994), 6。

28. James C. Clad, "Slowing the Wave," *Foreign Policy*, 95 (Summer 1994), 143; Rita J. Simon and Susan H. Alexander, *The Ambivalent Welcome: Print Media, Public Opinion and Immigration* (Westport，CT：Praeger, 1993), p. 46。

29. *New York Times*, 11 June 1995, p. E14。

30. Jean Raspail, *The Camp of the Saints* (New York: Scribner, 1975), and Jean-Claude Chesnais, *Le Crepuscule de l'Occident: Demographie et Politique* (Paris：Robert Laffont, 1995); Pierre Lellouche, quoted in Miller, "Strangers at the Gate," p. 80。

31. Philippe Fargues, "Demographic Explosion or Social Upheaval?" in Ghassan Salame, ed., *Democracy Without Democrats? The Renewal of Politics in the Muslim World* (London：I.B. Taurus, 1994), pp.157ff。

9

全球文明政治

核心國家和斷層線衝突

文明是人類至高無上的部落，文明的衝突則是一場全球層次的部落衝突。在即將登場的世界，來自兩個不同文明的國家和團體，可能組成有限度的特殊戰略關係和結盟，俾向來自第三個文明或其他具有共同目標的實體伸張它們的利益。但不同文明團體之間的關係，幾乎永遠不可能是親密的；相反的，這種關係多半很冷淡，甚至充滿敵意。過去不同文明國家之間所建立的關係，像冷戰時的軍事結盟，如今可能減弱或消失。例如，俄羅斯和美國領袖一度表示，希望結成緊密的跨文明「合夥關係」，但始終無法實現。即將出現的跨文明關係，從疏遠到暴力程度不同，大部分介於兩者之間。在大部分情形下，很可能接近俄羅斯總統葉爾欽所警告俄國和西方未來關係的「冷和」模式。其他跨文明的

關係則可能接近「冷戰」，這個字是 13 世紀西班牙人形容西班牙和地中海穆斯林「不睦的共存關係」時所創。而在 1990 年代，很多人認為，伊斯蘭世界和西方正在發展一場「文明的冷戰」。[1]但在文明世界中，將不只以「文明的冷戰」來界定關係，冷和、冷戰、貿易戰、準戰爭狀態、不安定的和平、麻煩的關係、強烈的對抗、競爭的共存、軍備競賽等詞彙，都能相當貼切的形容不同文明實體間的關係。信任和友誼有如鳳毛麟角。

　　跨文明衝突以兩種形式出現。在地方或微觀的層次，「斷層線衝突」（fault line conflicts）或發生於不同文明的鄰國之間，或同一個國家不同文明團體之間，或者像前蘇聯及前南斯拉夫，不同的集團試圖從過去的廢墟中建立新的國家。斷層線衝突在穆斯林和非穆斯林之間尤其普遍。這些衝突的原因、本質和動力在第十章和第十一章將有詳細的描述。在全球或宏觀的層次，「核心國家衝突」（core state conflicts）發生於不同文明的主要國家之間，這些衝突是典型的國際政治議題，包括：

一、　相對影響力：相關國家各施影響力，以塑造全球發展及聯合國、國際貨幣基金、世界銀行等全球性國際組織的行動。

二、　相對軍力：表現於禁止核子擴散和限制武力及軍備競賽等爭議。

三、　經濟力和福利：表現於貿易、投資和其他問題。

四、　人民：一個屬於其文明的國家試圖保護住在另一文明中的同族，歧視來自另一個文明的人民，或排斥領土上另一個文明的人民。

五、　價值與文化：當一個國家試圖提倡或強迫另一個文明的人民接受其價值觀而起衝突。

六、領土：核心國家加入斷層線最前線的衝突時，土地偶爾也會成為議題。

　　當然，這些問題一直都是人類歷史上的衝突根源。涉及不同文明的國家時，文化差異更使衝突激化，在彼此競爭時，核心國家試圖整合和它們同一個文明的國家，爭取第三個文明國家的支持，在對立的文明中搞分化和策反，並適度的混合外交、政治、經濟和祕密行動及宣傳攻勢和高壓統治以達成目標。但核心國家，除了目前中東和印度次大陸等沿文明斷層線比鄰而居的情形外，不可能直接動武。除此之外，核心國家之間的戰爭只可能在兩種情形下發生。第一，它們可能因為血緣等地方集團，包括核心國家在內，團結支持當地的好戰分子，而使斷層線衝突升高終至爆發戰爭。但這種可能性也成為對立文明核心國家間改以圍堵等方式解決斷層線衝突的一大誘因。

　　其次，核心國家戰爭可能肇因於不同文明國際均勢的改變。誠如西元前 5 世紀希臘歷史學家修昔底德（Thucydides）所稱，在希臘文明內，由於雅典權勢日增，導致雅典和斯巴達發生伯羅奔尼撒戰爭。同樣的，一部西洋文明史就是正在上升和沒落的強權之間的「霸權戰爭」史。類似的因素造成不同文明正在壯大和沒落的核心國家之間衝突的程度，部分視這些文明在要求其國家修正對新興強權的態度時，側重勢力平衡或靠攏結盟而定。亞洲文明比較具有靠攏結盟的色彩，中國勢力的興起，對其他文明國家，像美國、印度和俄羅斯無形中發揮均勢作用。在西方歷史中未曾發生的霸權戰，是發生於大英帝國和美國之間，而由英國統治下的和平轉型到美國統治下的和平，可能大部分拜兩大社會文化淵源之賜。西方和中國之間權力均勢的移轉，由於缺少這種淵源，雖然並未造成真正的武裝衝突，可能性卻大為提高。伊斯蘭

的動力是很多仍在進行的較小型斷層線戰爭的根源；中國的興起則是核心國家之間一場跨文明大規模戰爭的可能引爆點。

伊斯蘭世界和西方

有些西方人，包括美國總統柯林頓在內曾辯稱，西方和伊斯蘭世界之間沒什麼問題，只是和暴力的伊斯蘭激進分子有問題。但過去 1400 年的歷史提出了反證。伊斯蘭世界和基督教世界的關係，不管是與正教或西方的基督教，往往充滿暴力，兩者一直對立。20 世紀自由民主和馬列主義之間的衝突，和伊斯蘭教與基督教之間根深蒂固的持續衝突相比，只是一個短暫和表面的歷史現象。有時，和平共存當道，但彼此的關係更常陷於強烈的對立和不同程度的熱戰之中。艾斯波希托（John Esposito）曾評論道：「在其歷史變遷中……兩者往往互相競爭，有時並陷於殊死戰，以爭奪權力、土地和人民。」[2] 數世紀來，這兩大宗教的命運在一連串巨大的浪潮、停頓和反制之間起伏。

阿拉伯伊斯蘭文明在 7 世紀初和 8 世紀中葉第一次開始往外擴張，在北非、伊比利半島、中東、波斯和印度北部奠立伊斯蘭教的統治。大約有兩個世紀左右，伊斯蘭教和基督教之間的分界已經穩定。但在 11 世紀末，基督教徒控制了地中海西側，並征服了西西里島，拿下（西班牙中部的）托雷多市。1095 年，基督教世界發動十字軍東征，有一個半世紀之久，基督教當權者試圖在聖地和近東鄰近地區建立基督教的統治，但節節挫敗。1291 年，他們在近東的據點亞克（以色列西北部港市）失守。同時，鄂圖曼土耳其人開始登上國際舞台。他們先削弱拜占庭，再控制巴爾幹半島大部分地區和北非，並於 1453 年攻下君士坦丁堡，1529

年占領維也納。路易斯（Bernard Lewis）曾說：「將近 1000 年間，從摩爾人第一次在西班牙登陸，到土耳其人第二次包圍維也納，歐洲飽受伊斯蘭教威脅。」[3] 伊斯蘭是唯一動搖了西方生存的文明，歷史上先後至少發生了兩次。

但到了 15 世紀，風向開始轉變。基督教逐漸收復伊比利半島，1492 年收復格瑞納達。當時，歐洲航海技術連續創新，使葡萄牙人和其他國家的人民得以繞過伊斯蘭心臟地帶，滲透到印度洋甚至更遠的地方。同時，俄羅斯人結束兩個世紀的韃靼統治。鄂圖曼帝國隨後發動最後一次向外征討，1683 年再度圍攻維也納。土耳其人無功而返，成為一場長期撤退的開始，巴爾幹半島上信奉正教的人民想擺脫鄂圖曼帝國的統治，哈布斯堡王朝擴張領土，俄羅斯則往黑海和高加索攻城掠地。在大約一個世紀之內，「基督教的災難」變成了「歐洲病夫」。[4] 第一次世界大戰結束後，英國、法國和義大利給予最後致命的一擊，在鄂圖曼帝國殘餘的土地上建立直接或間接統治，獨獨土耳其共和國倖免。到 1920 年，伊斯蘭國家只有土耳其、沙烏地阿拉伯、伊朗和阿富汗還維持某種形式的非伊斯蘭獨立統治。

西方殖民主義的撤退在 1920 和 1930 年代緩緩開始，並在第二次世界大戰結束後加速進行。前蘇聯政權垮台，促成更多伊斯蘭國家獨立。根據一項統計，非伊斯蘭政府對伊斯蘭教領土的侵占，大約有 92 次是發生於 1757 ～ 1919 年之間。到 1995 年，這些領土中有 69 筆又重回伊斯蘭教統治，大約 45 個獨立國家人口以穆斯林占絕大多數。從 1820 ～ 1929 年間，不同宗教國家的戰爭有一半發生於伊斯蘭教和基督教之間，多少可以看出這些變動中的關係的暴力本質。[5]

這種持續不輟的衝突模式，並非源於 12 世紀的基督教狂熱

或 20 世紀的伊斯蘭基本教義等一時的現象，而是源於這兩種宗教以及建立於宗教上的文明本質。一方面，衝突是宗教分歧下的產物，尤其是穆斯林視伊斯蘭教為一種超越和結合宗教與政治的生活方式；而西方基督教認為，上帝和凱撒各有領域而不相屬。但兩教相似之處，也會成為衝突之源。兩大宗教都主張一神論，不像多神教那樣容易和其他神祇融合，兩者都以「我們對他們」的二分法看世界。兩者都持普世論，都自稱是全人類可以信仰的真正宗教。兩大宗教也都背負傳教的使命，信徒有義務感化非教徒來皈依。推本溯源，伊斯蘭教藉著東征西討擴權，基督教在機會來時也不惜向外攻城掠地。「聖戰」和「十字軍東征」這兩個並行的觀念，不只彼此類似，還使這兩大宗教有別於世界上其他重要的宗教。伊斯蘭教和基督教及猶太教對歷史持目的論，其他文明則主張周期性或靜態的歷史觀。

伊斯蘭教和基督教長期衝突的暴力程度，受到人口增滅、經濟發展、科技改變及宗教信仰熱度的影響。第 7 世紀，伊斯蘭教隨阿拉伯人民大幅遷徙到拜占庭和波斯薩桑王國的土地而傳揚開來，其「幅度和速度」均為前所未見。數世紀後，十字軍也大半是經濟成長、人口增加及 11 世紀歐洲「克魯奈精神復甦」下的產物，也因此才可能動員大批武士和農民往聖城前進。第一次十字軍東征到君士坦丁堡時，一名拜占庭觀察家曾寫道：「似乎整個西方，包括亞得里亞海到直布羅陀海峽的所有野蠻人部落，都已經展開大規模遷徙並開始東征，以強大的人力和財力打進亞洲。」[6]19 世紀人口驚人的成長，使歐洲再次爆炸，而產生了歷史上最大的一次遷徙，人口流向伊斯蘭世界及其他地方。

20 世紀末由於類似的因素，使伊斯蘭教和西方之間的衝突劇增。第一，伊斯蘭人口成長使大量失業人口和年輕人不滿，他們

成為鼓吹伊斯蘭運動的新兵，向鄰近國家施壓並轉進西方。其次，伊斯蘭復興使穆斯林對其文明足以和西方媲美的鮮明特色和價值再生信心。第三，西方欲同步使其價值觀和制度世界化，維持其軍事和經濟優越性，並介入伊斯蘭世界的衝突，使穆斯林產生強烈的反感。第四，共產主義土崩瓦解，西方和伊斯蘭沒有了共同敵人，變成彼此互成威脅。第五，穆斯林和西方人民加強接觸融合後，刺激對方重新為自己定位，並意識到彼此的區別。互動和互相融合也使一個被其他文明成員控制的國家內某個文明成員的權利差異加大。在伊斯蘭教和基督教社會中，容忍異己的尺度在 1980 和 1990 年代大幅緊縮。

伊斯蘭教和西方再起衝突主要因為權力和文化的根本問題。誰是統治者？誰是被統治者？列寧所界定的這個政治中心議題是伊斯蘭教和西方角力的根源。但另外還要加上列寧認為毫無意義的一種衝突，就是什麼是對的、什麼是錯的之爭。只要伊斯蘭教還是伊斯蘭教（而且勢必如此），西方還是西方（比較不確定），兩大文明和生活方式之間的根本衝突，將一如過去 1400 年，繼續界定彼此未來的關係。

這些關係復因它們對某些實質問題的立場有別或彼此衝突而進一步混淆不清。歷史上重大的問題之一是土地，但相形之下，這點目前比較無足輕重。1990 年代中期，在 28 次發生於伊斯蘭和非伊斯蘭世界斷層線的衝突中，有 19 次發生於穆斯林和基督徒之間，其中 11 次是和正統基督教衝突，7 次和非洲及東南亞的西方基督教信徒衝突。在這些暴力或可能流於暴亂的衝突中，只有發生於克羅埃西亞和波士尼亞那一次，是直接沿西方和伊斯蘭文明斷層線發生。西方領土擴張主義的真正結束，以及迄今為止並未出現新的伊斯蘭領土擴張，產生了地理上的區隔，因此只有

在巴爾幹半島等少數地方，西方和伊斯蘭社會才直接接壤。西方和伊斯蘭世界之間的衝突因此比較少把焦點擺在領土上，而比較側重廣義的跨文明議題，像武器擴散、人權與民主、石油的控制、移民、伊斯蘭教狂熱及西方的干預。

　　冷戰後，這種歷史性的對立益形尖銳，這點伊斯蘭教和西方成員都已普遍認知。例如，在 1991 年，布占恩曾說明為什麼社會上的冷戰逐漸出現於「西方和伊斯蘭世界之間，又以歐洲在最前線」：

> 　　這樣的發展一部分和世俗與宗教價值對立有關，一部分和基督教世界及伊斯蘭教之間的歷史對立有關，一部分和對西方權勢的妒嫉有關，一部分和痛恨西方主導中東在後殖民時期的政治洗牌有關，一部分和過去 200 年來，伊斯蘭教和西方文明的成就令人不快的對比所產生的痛苦和羞辱有關。

　　此外，他並指出，「和伊斯蘭教所進行的社會冷戰，將有助於在關鍵時刻全面強化歐洲的認同，以推動歐洲統合進程」。因此，「西方也許會出現一個實質共同體，這共同體不只準備支持和伊斯蘭教進行社會冷戰，還將採行助長社會冷戰的政策」。在 1990 年，西方一位以研究伊斯蘭教知名的學者分析了「伊斯蘭教之怒的根源」，他的結論是：

> 　　現在應該很清楚，我們正面對某一種情緒和運動，它們遠超過議題和政策及推行這些政策的政府層次。這已經不下於文明的衝突；這是我們基督／猶太傳統一個夙敵的反應，這反應也許不理性，但確實是饒有歷史的反應：這宿敵反對我們的猶太和基督教傳統、我們世俗化

的現在，以及這傳統與世俗化在世界各地的擴張。重要的是，站在我們的立場，我們不應該被激怒，而向這個宿敵作出同樣歷史性但不理性的反應。[7]

伊斯蘭社會也有類似的觀察。埃及新聞界領袖希阿默德（Mohammed Sid-Ahmed）曾於 1994 年說：「明顯的跡象顯示，猶太和基督教的西方倫理和伊斯蘭復興運動之間的衝突越來越強烈，已經從西方的大西洋往東蔓延到東方的中國。」一位知名的印度伊斯蘭教人士 1992 年也曾預言，西方「下一波對抗一定會來自伊斯蘭世界。從北非馬格里布到巴基斯坦這一大片伊斯蘭國家，將為一套新的世界秩序展開鬥爭」。突尼西亞一位卓越的律師認為這場鬥爭早已登場：「殖民化有意扭曲伊斯蘭教的所有文化傳統。我不是伊斯蘭教狂熱分子，我也不認為會有宗教衝突，但的確是有文明的衝突。」[8]

在 1980 和 1990 年代，伊斯蘭世界的主要趨勢是反西方導向。這有一部分是伊斯蘭復興運動的自然發展，也是對伊斯蘭社會自認為中了「西毒」後的回應。「對伊斯蘭教的重新確認，姑不論其特定的宗派形式，意味著摒棄歐美各國在當地社會、政治和道德方面的影響力」[9]。過去，伊斯蘭領袖有時會告訴他們的人民：「我們必須西化。」任何伊斯蘭領袖在 20 世紀最後四分之一個世紀說這種話，必會發現自己孤掌難鳴。不管是政治人物、官員、學者、商人或記者，穆斯林的確很少發表讚美西方價值觀和制度的相關談話。相反的，他們刻意強調伊斯蘭文明和西方文明之間的差異、他們文化的優越性，以及在對抗西方攻勢時，必須維持文化的完整。穆斯林恐懼及痛恨西方強權，及其對他們社會和信仰所構成的威脅。他們認為西方文化是唯物論，貪汙、腐敗、不

道德，並且視西方文化為誘惑，因此更強調必須在生活方式上抗拒其衝擊。穆斯林攻擊西方的重點，越來越不是攻擊西方人信仰一個不完美、錯誤百出的宗教，而是攻擊他們不信教。穆斯林認為，西方的世俗主義、不信教及不道德，是比孕育了它們的西方基督教更等而下之的惡魔。在冷戰時期，西方將其對手貼上「不信神的共產主義」標籤，在後冷戰文明衝突中，穆斯林認為他們的對手是「不信神的西方」。

　　不只基本教義派的領袖認定西方蠻橫、物質主義、高壓、殘暴和腐敗，連那些西方視為盟國和支持者的國家也不乏持這種看法者。伊斯蘭作家 1990 年代在西方所出版的書，很少像法蒂瑪・梅尼希（Fatima Mernissi）所著《伊斯蘭教與民主》（*lslam and Democracy*）一樣贏得這麼多讚美，西方人士普遍認為這本書是現代、自由化和女性伊斯蘭世界的勇敢宣言。[10] 但這本書對西方的描述已經語多貶抑，像書中說西方搞「軍國主義」和「帝國主義」，並透過「殖民恐怖」「重創」其他國家（原書第 3、9 頁）。西方文化的「正字標記」個人主義，則是「一切亂源」（原書第 8 頁）。西方強權令人畏懼，西方「獨力決定衛星是要用來教育阿拉伯人或用來向他們丟炸彈。……它粉碎了我們的潛能，並以進口產品以及霸占所有電視頻道的影視節目侵入我們的生活……這股力量粉碎了我們，掠奪我們的市場，控制我們最起碼的資源、創造力和潛能。這是我們對自己所處情境的認知，波斯灣戰爭更使我們相信我們的看法沒錯。」（原書第 146 ～ 147 頁）西方「透過軍事研究創造其權力」，再將其研究成果出售給低度開發國家這些「被動消費者」。為了把自己從這種屈從中解放出來，伊斯蘭國家必須培育本土工程師和科學家，建立武器系統（她並未指明核子或傳統武器），「在軍事上不再依靠西方」（原書第 43

及 44 頁）。這些話並不是出自那個長滿鬍子、戴著頭巾的伊斯蘭教什葉派領袖（指伊朗精神領袖何梅尼）之口。

　　不管它們的政治或宗教論點，伊斯蘭世界認為，基本的歧異存在於它們的文化和西方文化之間。誠如加諾西長老所說：「我們的社會是建立於和西方不同的價值觀上。」埃及一名政府官員說，美國人「到這裡來，希望我們變得和他們一樣。他們對我們的價值觀或文化一無所知」。一名埃及記者說：「我們是不一樣的，我們的背景不同，歷史迥異，因此我們有權擁有不一樣的未來。」此外，不論是通俗或知性的伊斯蘭教出版品，都一再指稱，貶抑、羞辱和破壞伊斯蘭制度和文化一直是西方的陰謀和企圖。[11]

　　對西方的反應，不只見於知識分子在伊斯蘭復興運動中扮演核心力量，從伊斯蘭國家對西方政府的態度轉變也可見一斑。後殖民時代初期，伊斯蘭國家的政府，其政治和經濟理念及政策多半源於西方，外交政策也大半唯西方馬首是瞻，除了少部分例外，像阿爾及利亞及印尼的獨立源於民族主義革命。但支持西方的政府一一失利於和西方比較不能認同或擺明反西方的政府，像伊拉克、利比亞、葉門、敘利亞、伊朗、蘇丹、黎巴嫩和阿富汗。另外有些國家在定位和合縱連橫上方向一致，只是改變的幅度比較小，包括突尼西亞、印尼和馬來西亞。冷戰時代美國兩個最堅強的伊斯蘭友邦土耳其和巴基斯坦，如今也在國內伊斯蘭教狂熱分子的政治壓力下，和西方的關係越來越緊繃。

　　1995 年，唯一顯然比 10 年前要支持西方的伊斯蘭國家是科威特。西方在伊斯蘭世界的盟友，若非像科威特、沙烏地阿拉伯和在軍事上唯西方是賴的波斯灣酋長國，就是在經濟上要靠西方援助的埃及和阿爾及利亞。1980 年代，前蘇聯顯然不能也不願再提供東歐共產黨政權經濟和軍事援助時，這些國家便紛紛垮台。

如果西方也不再支持其伊斯蘭衛星國，這些衛星國也可能面臨同樣的命運。

隨著伊斯蘭教反西方的聲浪越來越大，西方對伊斯蘭極端主義的威脅也倍感關注。伊斯蘭教被視為核子擴散、恐怖活動和歐洲不想要的移民的始作俑者，對這些問題，人民和領袖同表關注。例如，在 1994 年 11 月被問到「伊斯蘭復興」是不是對美國在中東利益的威脅時，針對 35,000 名關心外交政策的美國人所作的民意調查顯示，61% 答是，只有 20% 說不是。在 1993 年，問到哪個國家對美國構成最大的威脅時，隨機採樣結果顯示，伊朗、中國和伊拉克高居前三位。同樣的，在 1994 年被問到美國「重大的威脅」時，72% 民眾和 61% 外交政策領袖答核子擴散；69% 民眾和 33% 外交領袖答國際恐怖主義，這兩大問題都和伊斯蘭教息息相關。此外，有 33% 民眾和 39% 外交領袖認為，伊斯蘭基本教義派可能坐大構成威脅。歐洲人的態度也大同小異。1991 年春天的民意調查顯示，51% 法國民眾說法國主要的威脅來自南方，只有 8% 說來自東方。法國民眾最恐懼的四個國家分別是伊拉克 52%、伊朗 35%、利比亞 26%、阿爾及利亞 22%。[12] 西方政治領袖，包括德法兩國總理同表關切，北大西洋公約組織祕書長則在 1995 年宣布，伊斯蘭基本教義派對西方所構成的危險至少和共產主義不相上下。柯林頓政府「一位十分高層的官員」也指明伊斯蘭教是西方在全球的敵人。[13]

在東歐的軍事威脅幾乎完全消失之後，北約的計畫越來越鎖定來自南方的潛在威脅。美國一名軍事專家在 1992 年分析說，「南方梯隊」正取代「中央陣線」，並「快速成為北約新的前線」。為了因應來自南方的威脅，北約南翼的成員國，包括義大利、法國、西班牙和葡萄牙，開始進行聯合軍事計畫和行動，同時還吸

收北非各國政府共商反制伊斯蘭教激進分子之道。這些可見的威脅提供美軍繼續大幅駐軍歐洲一個合理的解釋。一名前美國官員分析說：「美國在歐洲駐軍不是解決伊斯蘭基本教義派問題的萬靈丹，但那些部隊對該區軍事計畫投下強而有力的陰影。還記得1990～1991年波斯灣戰爭期間，美英法三國部隊從歐洲部署出擊嗎？中東地區的國家記得。」[14] 可以說，那些國家想起那件事情，餘悸、悔恨交雜。

由於穆斯林和西方人對彼此已有刻板的看法，加上伊斯蘭激進主義當道，1979年伊朗革命後，伊斯蘭教和西方打起跨文明準戰爭實不足為奇。這是一場準戰爭，有三大理由。第一，並非整個伊斯蘭世界對抗整個西方。兩大基本教義派國家伊朗和蘇丹，三個非基本教義派的國家伊拉克、利比亞和敘利亞，加上很多伊斯蘭激進組織，在沙烏地阿拉伯等伊斯蘭國家財務贊助下，一直在和美國，甚至偶爾和英、法等西方國家和團體，以及以色列和猶太人作戰。第二，除了1990～1991年的波斯灣戰爭之外，只以有限的方式作戰，一方是恐怖主義，另一方則是空軍、祕密行動和經濟制裁。第三，雖然暴力持續蔓延，但進行得斷斷續續，一方時斷時續的動作，引發另一方的回應。但準戰爭還是戰爭。即使扣除1991年1、2月間死於西方轟炸的數以萬計伊拉克士兵和百姓，死傷人數仍成千上萬，而且在1979年之後幾乎年年發生。死於這場準戰爭的西方人比在波斯灣戰爭中陣亡的人數還多。

雙方也都視衝突為一場戰爭。伊朗伊斯蘭精神領袖何梅尼很早就正確的宣布，「伊朗實際上正在和美國打仗」，[15] 而利比亞領袖格達費也經常向西方進行聖戰。其他激進團體和國家的伊斯蘭領袖也曾發表同樣的論調。在西方，美國已經把七個國家列為「恐佈主義國家」，其中五個是伊斯蘭國家伊朗、伊拉克、敘利

亞、利比亞和蘇丹，另外兩個是古巴和北韓。這不啻把它們歸類為敵人，因為它們正以手邊最有力的武器攻打美國及其友邦，並因此認為和它們正處於戰爭狀態。美國官員再三提到這些國家為「非法」、「反動」和「危險離群」的國家，把它們排除於國際文明秩序之外，並使它們成為多邊或單邊反制措施的正當目標。美國政府指控說，紐約世界貿易中心爆炸案嫌犯企圖「向美國發動一場城市恐怖戰爭」，並指稱，這些計畫在紐約曼哈頓進一步搞爆炸事件的陰謀分子，不過是一場對美鬥爭中的「卒子」。如果穆斯林指西方正對伊斯蘭教發動戰爭，西方人也指伊斯蘭團體正對西方發動戰爭，則下結論說，一場準戰爭正在進行，似乎相當合理。

在這場準戰爭中，雙方各自利用本身的力量及另一方的弱點。在軍事上，大體而言，是一場恐怖主義對抗空軍力量的戰爭。伊斯蘭狂熱好戰分子利用西方的開放社會，在特定目標安置汽車炸彈；西方軍事專家利用伊斯蘭開放的天空，在特定的目標投下精靈炸彈。伊斯蘭狂熱分子陰謀策劃暗殺有名的西方人士；美國則計畫推翻激進的伊斯蘭政權。在 1980 ～ 1995 年這 15 年之間，據美國國防部指出，美國在中東發起 17 場軍事行動，都把矛頭對準穆斯林。美國這類對其他文明人民所發起的軍事行動迄無先例。

今天，除了波斯灣戰爭，雙方都把暴力強度降到合理的低水平，並避免把暴力行動說成需要全面反應的戰爭行動。《經濟學人》曾分析說：「如果利比亞命令其潛艇擊沉一艘美國輪船，美國會視之為由政府所發動的戰爭行動，不會尋求引渡潛艇的指揮官。基本上，利比亞特勤人員炸掉一架飛機也沒什麼區別。」[16]但加入這場戰爭的各造彼此所用的戰略，要比美蘇在冷戰期間所用的戰略暴力得多。除了極少數的例外，兩大超強還不至於刻意

殺害對方的平民或軍人，但在準戰爭中卻時常發生。

美國領袖聲稱，捲入準戰爭的穆斯林只占極少數，大部分溫和的穆斯林都拒斥暴力。這也許是事實，但缺乏佐證。伊斯蘭國家未曾就反西方暴力進行示威抗議。伊斯蘭政府，甚至親近和依靠西方的地下政府，在向西方譴責恐怖暴行時也出奇的緘默。另一方面，在美國向其伊斯蘭敵人採取行動時，歐洲政府和人民多半表示支持，很少加以批評；但當美國在冷戰期間對前蘇聯和共產國家採取行動時，歐洲政府往往全力反對。文明衝突不像意識形態衝突，在文明衝突裡，物護其類，兄弟之邦不見得會站在同一陣線。

西方根本的問題不在伊斯蘭基本教義派，而在伊斯蘭這個不同的文明，伊斯蘭人民相信他們文化的優越性，並對其權勢處於劣勢耿耿於懷。對伊斯蘭國家而言，問題不在中央情報局或美國國防部，而在西方這個迥異的文明，西方人民相信他們文化的普遍性，也相信也許正在式微但的確比較優越的權勢，使他們有責任擴張其文化到全世界。這些基本要素引燃伊斯蘭教和西方之間的衝突。

亞洲、中國和美洲

文明的熔爐

亞洲，尤其是東亞經濟改變，是 20 世紀下半葉全球最重要的發展之一。在 1990 年代之前，這種經濟發展使很多觀察家對經濟前景感到樂觀，他們認為東亞和整個環太平洋地區形成越來越大的商業網，可以確保這些國家的和睦。這種樂觀主要源於一

種十分可疑的假設，假定商業交易一定是一股和平的力量。事實並非如此。經濟成長不但使國家內部政治不穩，國際間亦然，使國家和區域之間的權力均勢改變。經濟交流促成人民彼此接觸，但並未使他們達成協議。在歷史上，經濟擴張往往使各民族更深入了解彼此的歧異，進而激起彼此的恐懼。國與國之間的貿易製造利益，但也製造衝突。鑑往知來，亞洲經濟的陽光，將會在亞洲政治投下陰影，並造成動盪不安及衝突。

亞洲的經濟發展及亞洲社會越來越強烈的自信心，至少在三方面造成國際政治亂象。第一，經濟發展促使亞洲國家擴大它們的軍力，使這些國家未來的關係增加不確定性，並使冷戰期間壓住的問題和對立浮上檯面，也因而提高這個地區發生衝突和不安的可能性。其次，經濟發展使亞洲國家和以美國為主的西方之間的衝突升高，並加強亞洲國家在這些鬥爭中占上風的能力。第三，亞洲最大強權中國的經濟成長，提高中國在這個地區的影響力，也使中國更可能重新伸張在東亞的傳統霸權，並使其他國家或「靠攏」以因應這項發展，或「制衡」並試圖圍堵中國的影響力。

在西方居優勢的這幾個世紀，國際關係主軸是西方強權之間所玩的西方遊戲，到了 18 世紀，在某種程度上俄羅斯先加入，日本也在 20 世紀登場。歐洲是強權衝突和合作的主要競技場，即使在冷戰期間，超強對立的主軸也是在歐洲心臟地區。到後冷戰時期，重要的國際關係舞台已經轉到亞洲，尤其是東亞。亞洲是文明的熔爐。光是東亞就有六大文明，包括日本、中國、正教、佛教、伊斯蘭教和西方文明，南亞還要加上印度文明。世界四大文明的核心國家日本、中國、俄羅斯和美國都是東亞的要角，南亞再加上印度，而印尼則是一個正在崛起的伊斯蘭國家。此外，東亞包括幾個經濟力量越來越強大的中等強權，像南韓、台灣和

馬來西亞，加上一個很有發展潛力的越南。結果，國際關係模式錯綜複雜，在很多方面和 18、19 世紀的歐洲相似，也充滿多極文明下的動盪不安。

東亞以其多強權、多文明的性質而有別於西歐，經濟和政治的歧異使這對比更強烈。西歐所有國家都是穩定的民主國家，實施市場經濟，經濟高度發展。在 1990 年代中期，東亞包括一個穩定的民主國家，幾個新興但仍不夠穩定的民主國家，四、五個世界上仍殘存的共產獨裁國家，加上軍事政府、個人獨裁和一黨獨裁專制。不同程度的經濟發展，使日本和新加坡的模式不同於越南和北韓的模式。雖然有一股往市場化和經濟開放發展的趨勢，但經濟制度差異極大，從北韓的中央指令式經濟，到國家控制及私有企業並行，乃至於香港的放任經濟不等。

除了中國霸權偶爾使東亞地區維持某種秩序外，英國人所謂西歐那樣的國際社會未見於東亞。[17] 在 20 世紀末，歐洲被極端複雜的國際組織綁在一起，包括歐洲聯盟、北大西洋公約組織、西歐聯盟、歐洲議會、歐洲安全合作組織等。東亞則除了東南亞國家協會，並無類似的組織，而且協會裡沒有任何強權，通常對安全問題敬而遠之，並且才開始朝最原始的經濟整合形式邁進。到 1990 年代，由大部分太平洋盆地國家所組成較大規模的亞太經濟合作會議（APEC）誕生，但充其量只是比東協更沒有力量的對話場所。並沒有其他重大的多邊組織把這些亞洲主要國家維繫在一起。

和西歐相反，東亞各國衝突的火種很多。兩大公認的危險地點是兩個韓國及兩個中國之間的衝突，但這些都是冷戰的餘緒。意識形態的差異越來越沒有意義，到西元 1995 年，兩個中國之間的關係已經大幅擴增，兩韓之間也開始跟進。韓國人打韓國人

的可能性是有但很低；中國人打中國人的可能性高得多，但仍然有限，除非台灣人捨棄中國定位，正式建立獨立的台灣共和國。一份中國軍方文件曾引述一位將領的話說：「兄弟鬩牆應該有其限度。」[18] 雖然兩韓或兩中之間仍可能發生暴力衝突，長期下來，文化通性仍可能削弱那種可能性。

在東亞，冷戰後的衝突已經被其他反映歷史仇恨和新經濟關係的可能衝突取代。1990 年代初期東亞安全問題專家經常提到東亞為「一個危險的社區」，「對立的時機已經成熟」，是「幾場冷戰」的地區，「正走回未來」，屆時戰爭動亂相尋。[19] 相對於西歐，東亞在 1990 年代仍有些領土糾紛懸而未決，其中犖犖大者包括俄羅斯和日本之間的北方四島問題，中國、越南、菲律賓及其他東南亞國家對南海所產生的紛爭。中國和俄羅斯及印度這兩個國家之間的邊界爭執在 1990 年代中期減到最低，但可能會再出現，就像中國可能對蒙古伸張主權。菲律賓民答那峨島、東帝汶、西藏、泰國南部和緬甸東部都出現由海外支持的暴動或分離主義運動。此外，雖然在 1990 年代中期，東亞各國之間仍很和平，在此之前 50 年裡，韓國和越南發生不少重大的戰爭，而亞洲核心強權中國則和美國人及幾乎所有鄰國，包括韓國、越南、台灣、印度、西藏和俄羅斯打過仗。1993 年中國一份軍方文件分析指出八個危及中國軍事安全的區域引爆點，而中國中央軍事委員會所下的結論是，東亞安全前景「十分黯淡」。在歷經幾個世紀的紛爭之後，西歐仍很安全，戰爭似絕無可能。在東亞則否，一如佛烈柏格（Aron Friedberg）所說，歐洲的過去可能是亞洲的未來。[20]

經濟動力、領土紛爭、對立死灰復燃、政治不穩，都使東亞在 1980 和 1990 年代的軍費預算及軍力大增。東亞各國政府利用新的財富及受過良好教育的人民，已經淘汰大而無當的「農工」

兵,而代之以規模較小、更專業、技術更精進的兵力。由於對美國投入東亞的軍力存疑,這些國家力圖在軍事上自立自強。雖然東亞各國仍不斷向歐洲、美國及前蘇聯大量進口武器,它們還是比較喜歡進口科技,以便可以在國內製造精密的戰機、飛彈和電子配備。日本和華人國家,包括中國、台灣、新加坡和南韓,武器工業越來越先進精密。鑑於東亞的海岸地形,它們的重點放在兵力的預估及海空軍戰鬥力上。結果,原本兵力不足以動武的國家也蠢蠢欲動。這些擴軍行動透明度低,因此也引起更大的疑慮和不安。[21] 在權力關係改變的情形下,每個政府必然都會合理的懷疑:「今後 10 年誰是我的敵人,誰是我的朋友?」

亞洲和美國之間的冷戰

在 1980 年代末、1990 年代初,美國和亞洲國家的關係,除了越南之外,越來越對立,而美國在這些爭議上占優勢的能力也已大打折扣。這些趨勢在對東亞各主要國家上特別顯著,而美國和中日兩國的關係也平行發展。一方是美國人,另一方是中國人和日本人,雙方都談到這些國家之間的冷戰關係。[22] 這些並行的趨勢始於布希政府任內,而在柯林頓政府時加速進行。到西元 1990 年代中期,美國和亞洲這兩大強權的關係,最貼切的形容詞是「緊繃」,而降溫的可能性似微乎其微。*

---

* 值得注意的是,至少在美國,有關國與國之間關係的用語十分混亂。「良好」(good)的關係應該意指友善合作的關係;「不好」(bad)的關係則指仇恨敵對的關係。這種用法合併了兩種十分不同的層次:友好對敵意;受歡迎對不受歡迎。這也反映了美國假定國際關係和睦永遠是好的,衝突永遠是不好的。但把良好的關係和友善的關係畫上等號,只有在衝突不受歡迎時才成立。布希政府因為伊拉克出兵科威特而發動波斯灣戰爭,使美國和伊拉克的關係變「壞」,大部分美國人認為,這是一件「好」事。為了避免「良好」和「受歡迎」及「和睦」,以及「不好」和「不受歡迎」或「仇恨」混淆不清,本書在使用「好」和「不好」時意指「受歡迎」

1990 年代初期，日本和美國的關係因為種種爭議而日益白熱化，其中包括波斯灣戰爭中日本所扮演的角色、駐日美軍問題、日本在美國對中國及其他國家所採人權政策上的態度。日本加入聯合國和平維持部隊，以及最重要的經濟關係，尤其經貿關係。貿易戰司空見慣。[23] 美國官員，尤其是柯林頓政府的官員，要求日本作越來越多讓步，日本官員則越來越有力的抗拒這些要求。美日貿易紛爭一個比一個嚴重棘手，也更難解決。例如，在 1994年 3 月，柯林頓總統簽署一項命令，賦予他自己更大的權限，向日本行使更嚴厲的貿易制裁，而招致日本及世界上主要的貿易組織「關稅暨貿易總協定」（GATT）抗議。日本立即還以顏色，向美國的政策展開「猛烈的攻擊」過後不久，美國「正式指控日本」在官方工程合約上歧視美國業界。1995 年春，柯林頓總統揚言，要向日本的豪華轎車課徵 100% 關稅，但在正式實施制裁前夕達成協議。美日之間進行的，顯然是一種十分近似貿易戰的局勢。到 1990 年代中期，雙方衝突日益白熱化，日本政界領袖開始質疑美國在日本的駐軍。

　　這些年來，這兩個國家的人民彼此越來越沒有好感。在 1985年，87% 美國人表示，他們對日本的態度一般而言相當友善；到 1990 年，這個數字已經降到 67%；而到 1993 年，只剩下 50% 美國人對日本有好感，幾乎三分之二美國人說，他們盡量避免買日本貨。在 1985 年，73% 日本人說美日關係友好；但到 1993 年，64% 日本人說美國不友善。1991 年是民眾對冷戰模式轉變的重大

和「不受歡迎」。也許有些令人困惑，但有意思的是美國人支持美國社會不同意見、團體、黨派、政府部門和工商界之間的競爭。為什麼美國人相信，在本身社會內部的衝突是好的，而不同社會之間的衝突則不好，這是一個很有趣的問題，而據我所知，還沒有人認真研究這個問題。

轉捩點。那一年，美日兩國都取代蘇聯，成為彼此的最大威脅。美國人有史以來第一次指稱日本是美國最大的安全威脅，蘇聯退居第二；同樣的，日本人頭一次指稱美國超越蘇聯，成為日本最大的安全威脅。[24]

民眾態度的轉變和精英階層看法的改變若合符節。美國學術、知識和政治界出現一大群修正主義者，他們強調兩個國家文化和結構的不同，並稱美國在和日本交涉經濟問題時，應採取更強硬的路線，而日本在媒體、非小說和通俗小說中的形象也每況愈下。同樣的，日本出現了新一代政治領袖，他們在二次大戰期間未領教美國的力量，戰後也未受惠於美國的善意，他們以日本的經濟成就為傲，也很樂意以不同於上一代的作法抗拒美國人的要求。這些日本「抗拒者」對上美國「修正主義者」，而美日兩國的候選人也都發現，在影響美日關係的問題上走強硬路線，可以討好選民。

1980 年代末和 1990 年代初，美國和中國的關係也變得越來越對立。中國已故元老鄧小平在 1991 年 9 月曾指出，兩個國家之間的衝突形成一場「新冷戰」，中國大陸媒體經常出現這個字。1995 年 8 月，中國官方通訊社宣布，「中美外交關係正處於兩國1979 年建交以來的最低潮」。中國官員經常譴責美國干涉中國內部事務。1992 年中國官方內部文件聲稱：「我們必須指出，自從成為唯一超強之後，美國一直亟欲抓住新的霸權主義和權力政治，此外，美國的權力正相對式微，能做的有限。」中國國家主席江澤民於 1995 年 8 月指出：「西方敵對勢力未曾一刻放棄它們西化和分化我們國家的陰謀。」到 1995 年，中國領導人和學者據悉達成廣泛的共識，他們指出，美國正試圖「分化中國的領土，在政治上推翻它、戰略上圍堵它、經濟上妨礙它。」[25]

這些改變都有明顯的證據。美國同意台灣的李登輝總統到美國（康乃爾大學發表演講），出售 150 架 F16 戰機給台灣，認定西藏為一個「被占領的主權領土」，譴責中國迫害人權，否決北京爭辦西元 2000 年奧運，和越南關係正常化，指控中國出口化學武器零件到伊朗，因為中國出售飛彈配備給巴基斯坦而施加貿易制裁，同時威脅中國要就經濟問題另外進行制裁，並且阻止中國進入世界貿易組織。雙方互相指控對方背信：據美方指出，中國違反飛彈出口、智慧財產權及監獄奴工的協議；中方則反指美方違反協定，讓李登輝總統訪問美國，及銷售最先進的戰鬥機給台灣。

在中國方面，對美國抱持最敵對看法的主要是軍方，軍方顯然經常向政府施壓，要求對美國採取更強硬的路線。在 1993 年 6 月，據報導，100 名中國將領上書鄧小平，抱怨政府對美國採取「消極被動」的政策，又無力抗拒美國「勒索」中國的計畫。同年秋天，一份中國官方機密文件提綱挈領的指出，中國軍方和美國衝突的原因：「由於中國和美國長期以來，對彼此之間不同的意識形態、社會制度和外交政策時起衝突，不太可能大幅改善中美關係。」由於美國人相信東亞將成為「世界經濟的心臟地區……美國無法容忍東亞出現一個強勢的對手」[26]。1990 年代中期，中國官員和組織經常把美國塑造為敵對勢力。

中美之間越來越強烈的敵對狀態，一部分是兩國內政驅策下的產物。一如和日本的情形，美國得到的消息十分分歧。很多當權派贊成和中國積極交往，擴大經濟關係，並把中國拉進所謂的國際社會中。其他人則強調中國對美國利益的潛在威脅，他們辯稱，對中國採取懷柔政策徒然造成負面的結果，促使政府採取堅決圍堵的策略。1993 年，美國人認為中國對美國構成最大的危險，

僅次於伊朗。美國的政壇情勢經常產生使中國極端不快的象徵性姿態，像李登輝訪問母校康乃爾大學，及美國總統柯林頓和西藏流亡精神領袖達賴喇嘛見面，同時也使美國為了經濟利益，續延中國貿易最惠國待遇而犧牲人權。中國政府也需要新的敵人來提振愛國意識及使其權力正當化。在接班鬥爭拉長後，軍方的政治影響力提高了，而中國國家主席江澤民和其他有意在鄧小平之後角逐勢力的人，在提倡中國利益時都不敢卯足全力。

10 年來，美國和日本及中國的關係都如此「惡化」。亞洲和美國關係的轉變如此廣泛又涵蓋這麼多不同的議題，其成因似乎不太可能是汽車零件、照相機出口，或軍事基地等個別利益的衝突；也不太可能是監禁異議人士、武器移轉或智財權保護。此外，美國和亞洲兩大強權持續的衝突，顯然也違反美國的國家利益。根據外交和強權政治的基本規則，美國應讓它們鷸蚌相爭，坐收漁利，或至少在它們關係惡化時，改善和某一方的關係。但事實並非如此。更多因素使亞洲和美國衝突加劇，而使那些關係中的個別問題越來越困難，這種普遍的現象背後是有貫串細節的普遍原因的。

第一，亞洲社會和美國透過擴大通訊、貿易、投資和對彼此的認知加強互動，而使可能發生利益衝突的議題大增。互動增加後，一個在保持距離時無害的外來社會的習俗和信仰忽然構成了威脅。其次，1950 年代蘇聯所構成的威脅，使美日簽下共同防衛條約。蘇聯勢力在 1970 年代的成長，使美國和中國在 1979 年建交並進行合作，以提倡彼此的共同利益並化解蘇聯的威脅。冷戰結束，使美國和亞洲各國頓失這個最主要的共同利益，而且沒有東西可以替代。結果，其他可能發生重大利益衝突的問題便浮上檯面。第三，東亞各國經濟發展使它們和美國的權力均勢完全改

觀。一如我們所見，亞洲人越來越肯定其價值觀和制度的正當性，以及其文化比西方文化優越。尤其在冷戰勝利後，美國人傾向於認定他們的價值觀和制度放諸四海皆準，仍有權力塑造亞洲各國的外交和內政。

這種國際環境的改變，使人最先意識到亞洲和美國文明根本上的文化差異。在最廣泛的層面上，打入無數亞洲社會的儒家思想，強調威權與階層體統，個人權利和利益皆屬次要，重視共識、避免對立、愛面子，以及國家高於社會、社會高於個人等價值觀。此外，亞洲人多半以世紀甚至千禧年，來思考他們社會的進化，並以最長程的利益為最高優先。這些態度和美國重視自由、平等、民主和個人主義等理念形成對比，美國人也比較不信任政府，反對威權、提倡制衡、鼓勵競爭、尊重人權、忘記過去、不管未來，鎖定最眼前的目標。衝突源於社會和文化最根本的差異。

這些差異對美國和亞洲各主要國家的關係尤其有長足的影響。外交官盡力解決美國和日本在經濟問題上的衝突，尤其是日本的貿易順差，以及日本對美國產品和投資的抗拒。美日貿易談判帶有冷戰時期美蘇裁減戰略武器條約的諸多特性。到 1995 年，前者比後者更乏善可陳，因為美日之間的衝突主要來自兩個經濟體之間的根本差異，尤其日本經濟在各大工業國之間獨樹一格的特性。日本所進口的製成品總額約占國民生產總額的 3.1%，其他工業國則平均占 7.4%。外人在日本的直接投資額只占日本國內生產總額的 0.7%，在美國則占 28.6%、在歐洲占 38.5%。在各大工業國中，日本是唯一在 1990 年代初仍有預算盈餘的國家。[27]

整體而言，日本經濟並未依西方經濟學認為普世皆準的法則運作。西方經濟學家在 1980 年代一口咬定，使美元貶值就能削減日本的貿易順差，證明是錯的。1985 年的廣場協定雖然修正了

美國對歐洲的貿易赤字，對日赤字卻未見起色。在日圓不斷升值，1 美元兌換不到 100 日圓時，日本貿易順差仍居高不下，甚至步步高升，日圓因此才能維持強勢貨幣，日本也繼續享有貿易順差。西方經濟思考傾向於在失業率和通貨膨脹率之間作負面的互動，認為失業率不到 5% 會引發通膨壓力。但多年來，日本的失業率平均不到 3%，通貨膨脹率也一直壓低在平均 1.5% 左右。到 1990 年代，美國和日本經濟學家都認知，並以概念思考這兩大經濟制度之間的差異。一份研究所作的審慎結論是，日本極少進口製成品，「無法以標準的經濟因素來解釋」。另一位分析家指出：「不管西方人士怎麼預言，日本經濟都不符合西方的邏輯，理由很簡單，日本經濟不是西式自由市場經濟。日本人已經發明一套經濟理論，其運作方式使西方觀察家無所施其預測。」[28]

如何解釋日本經濟的鮮明特性？在各大工業國中，由於日本社會獨特的非西方色彩，連帶使日本經濟獨樹一格，日本的社會文化異於西方，尤其異於美國的社會文化。在日本和美國所有嚴肅的比較分析中，這些差異都曾特別著墨。[29] 日美經貿問題的解決端視一個或兩大經濟體本質的根本改變而定，而這又得視一個或兩個國家社會文化的根本改變才能竟功。社會和文化的確會改變。這可能來自一次重大的衝擊事件：第二次世界大戰的全面潰敗使世界上兩大最窮兵黷武的國家改頭換面，成為最講和平主義的國家。但不管美國或日本似乎都不可能蹕武廣島，向另一個國家丟經濟原子彈。經濟發展也會改變一個國家的社會結構和文化深度，一如西班牙在 1950 年代初到 1970 年代末所發生的，而且經濟成功可能會使日本成為一個比較像美國的消費導向社會。1980 年代末，日美兩國人民異口同聲指出，自己的國家應該更像對方。在一定限度內，日美簽訂的「結構性障礙消除會談協議」

就是為了使雙方經濟能夠合流。這次會談及其他類似計畫一一失敗，足以證明經濟歧異深植於兩個文化中。

美國和亞洲的衝突源於文化上的差異，這些衝突的結果反映美國和亞洲權力關係的變動。美國在這些紛爭中打過幾次勝仗，但整體趨勢是往亞洲傾斜，而權力的轉變又使衝突加劇。美國期望亞洲各國政府接受它為「國際社會」的領袖，希望這些國家默許引進西方原則和價值到亞洲社會中。但美國國務院亞太事務助理國務卿羅德（Winston Lord）指出，亞洲人「越來越意識到他們的成就，並引以為傲」，他們希望和美國平起平坐，多半人並視美國「即使不是恃強凌弱，也是個國際保母」。但美國文化內部的深刻使命感迫使美國在國際事務上即使不成一霸，至少也要做個保母，結果，美國人的期望越來越和亞洲人格格不入。在很多問題上，日本人和其他亞洲國家領袖學會向美國人說不，雖然有時是以禮貌性的亞洲式說法來表現「走開」的涵義。亞美關係象徵性的轉捩點，也許是日本一位最高階層的官員於 1994 年 2 月指稱，日美關係「第一次重大的失事」。日本前首相細川護熙堅拒當時柯林頓總統所提，為日本進口美國製成品設定數字目標的要求。另一位日本官員評論說：「一年前，我們不敢想像會發生這種事。」一年後，日本外相在強調這項轉變時說，在國家和地區間經濟競爭激烈的時代，日本的國家利益比單單成為西方成員的定位重要。[30]

美國逐漸包容權力均勢的改變，反映於美國於 1990 年代對亞洲的政策上。第一，美國將自己可能還有影響力的議題與可能陷入衝突的議題分開，這無異自承缺乏意願以及／或者能力向亞洲國家施壓。雖然柯林頓再三聲稱，人權是美國對中國的優先外交政策，1994 年他仍回應來自美國商界、台灣及其他團體的壓力，

把中國的人權和經濟問題分開處理，並放棄以續延中國貿易最惠國待遇，來影響中國對待政治異議人士的方式。同時，柯林頓政府明確的把仍使得上力的對日安全政策，和雙方衝突最嚴重的經貿問題脫鉤。美國也因而把原來可以用來提倡中國人權及迫使日本在貿易問題上讓步的利器拱手交出。

其次，美國三番兩次希望能和亞洲建立一套預期性的互惠政策，美方在作讓步時，也希望亞洲各國也作對等的讓步。這種路線往往以必須和亞洲國家維持「建設性的接觸」或「對話」來自圓其說。但在亞洲國家看來，美國的讓步是其軟弱的跡象，因此往往以為可以進一步拒絕美方的要求。這種模式在對中國時尤其明顯，美國將貿易最惠國地位和人權脫鉤，中國報以新一輪更密集的迫害人權。由於美國傾向於把「良好」的關係和「友善」的關係畫上等號，美國在和其他亞洲國家競爭時處於相當不利的地位，因為亞洲國家認為所謂「良好」的關係意指可以帶來勝利果實的關係，亞洲人不必回饋美國人的讓步，只要利用就行了。

第三，美日周而復始的貿易衝突也已經有模式可循，美國先向日本提出要求，並揚言如果日本不履行，美國將實施貿易制裁。之後便展開漫長的談判，並在制裁生效最後一刻宣布雙方達成協議。但協議往往措詞不夠明確，使美方可以自稱贏得原則上的勝利，而日本也可以自行其是，一切照舊。中國也在同樣模式下，不願和美方就涉及人權、智慧財產權或核子擴散等廣泛的原則發表聲明，它們以和美方極為不同的方式詮釋，一切仍率由舊章。

這些文化上的差異，以及亞洲和美國之間權力均勢的變動，使亞洲各國在與美國衝突時彼此聲援。例如，在 1994 年，幾乎所有亞洲國家，「從澳洲到馬來西亞再到南韓」，都全力支持日本抗議美國就其進口產品設定數字目標。在支持續延中國的貿易

最惠國待遇時，也出現類似的團結，當時日本首相細川護熙帶頭主張，西方人權觀念不應「盲目施加」於亞洲國家上。新加坡的李光耀也警告說，美國如果向中國施壓，「美國在太平洋中將孤掌難鳴」。[31] 在另一次展示團結的場合，亞洲、非洲和其他地區的人民團結支持日本擁護世界衛生組織祕書長中島宏連任，在西方反對下，日本提名南韓代表出掌世界衛生組織，美國則提名墨西哥前總統薩林納斯角逐。紀錄顯示，到 1990 年代，在泛太平洋問題上，東亞國家覺得和美國比起來，和其他東亞國家有更多共同點。

冷戰結束，亞洲和美國之間互動日趨頻繁，美國權力相對式微，使美國和日本以及其他亞洲國家之間的文化衝突浮上檯面，並使亞洲各國得以抗拒美國的壓力。中國的興起對美國形成更根本的挑戰，美國和中國發生衝突的問題遠比日本廣泛，包括經濟、人權、西藏、台灣、南海、武器擴散等。美國和中國幾乎在所有重大問題上均未能達成共識。一如日本，這些衝突大部分根植於兩個國家不同的文化。但美國和中國這些衝突也涉及根本的權力問題，中國不願接受美國領導或獨霸全球；美國也不願接受中國領導或稱霸亞洲。200 多年來，美國試圖遏阻歐洲出現一個超級強權；而自從美國向中國實施「開放」政策以來近 100 年之久，美國試圖防堵東亞出現超強。為了達成這些目標，美國先後對德國、納粹德國、日本帝國、蘇聯和中國打了兩次世界大戰及一場冷戰。美國這種利益還在，前總統雷根和布希也再三重申利益不變。中國躍居東亞區域性超強，長此以往，將威脅到美國的核心利益。美國和中國主要的衝突在於彼此對東亞未來均勢的前景存有基本上的歧見。

中國霸權：平衡與結盟

　　東亞一共有六大文明、18個國家、快速成長的經濟及彼此在政治、經濟和社會上的重大歧異，在21世紀初期可能發展出好幾種模式的國際關係來。可以想見，區域內主要及中等權力國家，大部分可以發展出既合作又衝突的錯綜複雜關係。也可能由一個主要強權配上一套多元國際體制，由中國、日本、美國、俄羅斯，可能再加上印度，彼此平衡及競爭。但東亞政治也可能由中國和日本或中國和美國的兩極對抗主導，其他國家則和其中一方結盟或者乾脆不結盟。或者，東亞政治可能回歸傳統的單極模式，以中國為核心，各國形成一套權力階層。如果中國在21世紀仍維持高水平的經濟成長，並在中國元老鄧小平去世後仍維持團結，同時未在接班人鬥爭中大傷元氣，最後這種發展結果可能實現。至於是否成功，端視東亞其他國家在權力政治遊戲中的互動而定。

　　中國的歷史、文化、傳統、幅員、經濟動力和自我形象，都促使它躍居東亞霸權。這是其經濟快速成長的自然結果。世界上其他強權，像英國和法國、德國和日本、美國和蘇聯，都曾在快速工業化和經濟成長之際，或成長之後數年向外擴張領土，伸張主權。我們沒有理由認為經濟與軍事勢力之取得，不會對中國帶來類似的影響。兩千多年來，中國一直是東亞最強盛的國家。中國人如今亟欲重新扮演歷史性的角色，並結束自1842年和英國簽訂南京條約開始，西方列強和日本所施加的屈辱。

　　在1980年代末期，中國開始化日益成長的經濟資源為軍事力量和政治影響力，如果中國經濟持續成長，這個轉化的過程將不容小覷。官方數字顯示，在1980年代末期多半時候，中國

軍費一路下滑。但在 1988 ～ 1993 年間，軍事開支以現行額度計算增為 2 倍，但以實際價值計算增加了 50%，1995 年計畫再增加 21%。1993 年中國軍費以官方匯率計算，估計大約在 220 億到 370 億美元之間，折合購買力高達 900 億美元之譜。1980 年代末期，中國重新草擬軍事策略，從和蘇聯爆發一場大戰時，防止蘇聯入侵，轉變為強調權力投射的區域性戰略。根據這項轉變，中國開始發展海軍軍力，購買現代化的長程戰機，發展空中加油的性能，並決定買進一艘航空母艦。中國也和俄羅斯建立一項互惠的武器採購關係。

中國正逐步變成東亞的主導強權。東亞經濟發展越來越以中國為核心，並輔以中國和另外三個中國（台港星）的快速成長，及華人在推動泰國、馬來西亞、印尼和菲律賓經濟發展的核心角色而更如虎添翼。更大的威脅是中國越來越強勢的伸張對南海的主權，中國不但在西沙群島建基地，並於 1988 年為了幾個島嶼和越南開戰，又在菲律賓外海的美濟礁建立軍事基地，並意圖染指印尼納土納群島油田。中國不再低調的支持美軍繼續駐留東亞，甚至開始積極反對美軍駐防亞洲。同樣的，雖然在冷戰時代中國悄悄促日加強軍力；到後冷戰時期，中國卻越來越關切日本的建軍。中國以典型的區域霸權之姿，力圖把妨礙其達成區域軍事優勢的阻力降到最低。

除了南海等少之又少的例外，中國在稱霸東亞時，不可能藉直接動武來擴張其對領土的控制權。這可能意味著在下列情形中，中國希望其他東亞國家即使不能全部辦到，也要做到一部分：

- 支持中國領土的完整，由中國控制西藏和新疆，並統治港台兩地。
- 默許中國對南海，甚至蒙古行使主權。

- 在中國和西方因經濟、人權、武器擴散等問題起衝突時，普遍支持中國。
- 接受中國在區域內的軍事優勢，避免購買可能危及其主控地位的核子或傳統武器。
- 採行和中國利益相容及有助於中國經濟發展的貿易及投資政策。
- 在處理區域問題時，唯中國馬首是瞻。
- 對中國大陸的移民普遍採行開放政策。
- 禁止或壓制社會上的反中和反華運動。
- 尊重這些國家華人的人權，包括他們可以和在中國大陸的親人及出生地維持密切關係的權利。
- 避免和其他強權組成軍事聯盟或反中國結盟。
- 提倡說中文，以補足甚至取代英文為東亞比較廣泛溝通的語言。

分析家把中國的崛起和 19 世紀末威廉治下的德國在歐洲興起相提並論。新強權出頭之際，往往打亂穩定，一旦中國竄起為一大強權，將使西元 1500 到 2000 年之間任何類似的現象相形見絀。李光耀在 1994 年曾說：「中國崛起的幅度太大，今後三、四十年，世界必須尋找一個新的均勢。我們不可能假裝這只是另一個大玩家，這是人類有史以來最大的玩家。」[32] 如果中國經濟再發展 10 年，而這種可能性似乎頗高，如果中國在權力交接時維持統一團結，東亞各國和全世界就必須對這個人類歷史上最大的玩家所扮演的越來越決斷的角色作出回應。

廣義的說，對一個新強權的崛起，其他國家可以以一種或綜合兩種方式來回應。它們可以獨自一個國家與之抗衡，或和其他國家結盟與之抗衡，加以圍堵，甚至如果有必要，動武打敗對方，

來確保自身安全。除此之外，這些國家也可以試圖和新強權靠攏，適應它，在和新強權的關係上扮演一個次要或附屬的角色，希望它們的核心利益會受到保護。或者，可以想見的，這些國家可以嘗試抗衡和靠攏雙管齊下，雖然這將冒和新強權對立及不受其保護之險。西方國際關係理論指出，抗衡通常是比較妥當的方案，事實上，也比靠攏常用。誠如華特（Stephen Walt）所說：

> 一般而言，估計意向後，有關國家應該會走均勢抗衡之路。靠攏有其風險，因為這要建立在互信的基礎上，一個國家在幫助一個強權時，必須寄望它永遠親善。均勢抗衡比較安全，以備萬一主導的強權露出野心。何況，和弱勢一方結盟可以提高一個國家在所組結盟內的影響力，因為弱勢國家比較需要協助。[33]

華特有關在西南亞結盟的分析顯示，這些國家幾乎永遠力圖和外來的威脅抗衡。一般也認定，在現代歐洲史中，大半也主張維持均勢，幾個強權頻頻改變結盟的對象，以便抗衡和圍堵菲利普二世、路易十四、腓特烈大帝、拿破崙、神聖羅馬帝國皇帝及希特勒等強權。但華特承認，這些國家「在某些情況上」可能選擇靠攏。一如史威勒（Randall Schweller）所說，修正主義的國家很可能向一個新興強權靠攏，因為它們對現勢不滿，希望從情勢的改變中獲利。[34] 此外，一如華特所說，你要靠攏的話，必須相當信任你靠攏的強權沒有惡意。

在維持權力均勢上，國家可以扮演主要或次要的角色。第一，甲國可以和丙國或丁國結盟，俾和它認為有潛在敵意的乙國抗衡，或發展本身的軍力和其他力量（這可能會導致軍備競賽）來抗衡，或雙管齊下。在這種情形下，甲乙兩國是彼此制衡的主

要角色。第二，甲國也許不覺得眼前有任何敵對的國家，但它也許有意提倡乙國和丙國之間的均勢，因為其中任何一國如果坐大，可能對甲國構成威脅。在這種情形下，甲國和乙、丙兩國相比，只是扮演次要的角色，乙丙兩國才是主要制衡者。

如果中國開始崛起，稱霸東亞，這些國家會有什麼反應？可以想見，必然會出現各種不同的反應。由於中國界定美國是其頭號敵人，美國主要的傾向將是扮演主要制衡者，以預防中國稱霸。而扮演這種角色，符合美國力主防止歐洲或亞洲任何單一強權主控的傳統。這個目標在歐洲已經無用，但在亞洲仍舉足輕重。西歐國家彼此結合鬆散，和美國在文化、政治和經濟上息息相關，不至於危及美國的安全；但一個統一、強勢、獨斷獨行的中國可能危及美國安全。為了預防中國稱霸東亞，美國必要時準備出兵，是否符合美國利益？如果中國經濟繼續發展，這可能會成為美國決策人士在 21 世紀初唯一最嚴重的安全問題。如果美國真的想遏阻中國獨霸東亞，就必須將美國和日本的盟約關係往這個方向調整，和亞洲其他國家發展密切的軍事關係，並提高美軍在亞洲的駐軍及其所能面向亞洲的軍力。如果美國不顧和中國這個霸權對抗，就必須放棄其世界主義，學習和這個霸權共處，並忍受本身左右太平洋彼岸情勢的能力大幅削減。不管走哪一條路，都要付出重大的代價和風險。最危險的則是美國未作清楚的選擇，然後在不曾仔細考慮是否合乎國家利益，又沒有準備出師奏捷的情況下，莽莽撞撞與中國發生戰爭。

理論上，如果有其他重要強權願意扮演主要制衡者角色，則美國可以退而扮演次要角色，以圖圍堵中國。目前唯一可能的制衡者是日本，而這可能需要日本在政策上作出重大的修正：至少日本必須重新建軍，購買核子武器，並和中國積極角力，爭取其

他亞洲國家的支持。日本也許願意加入以美國為首的聯盟以制衡中國，雖然這點也不確定，卻不可能變成中國的主要制衡者。何況，美國既無意，也沒有能力扮演次要制衡的角色。作為一個新興小國，美國在拿破崙時代曾想扮演次要角色，結果卻和英法兩國交兵。在 20 世紀前半葉，美國在維持歐亞國家的均勢上只想略盡棉薄之力，結果仍捲入兩次大戰以恢復分崩離析的均勢。在冷戰期間，美國別無選擇，只能扮演蘇聯主要制衡者的角色。從此以後，美國這個強權就不曾當過次要制衡者。當次要制衡者，意味著扮演一種微妙、彈性、曖昧甚至不夠誠信的角色。這可能意味著從支持甲方轉而支持乙方，拒絕支持甚至反對從美國價值看來似在道德上站得住腳的國家，反而支持一個道德上錯誤的國家。即使日本的確崛起，成為在亞洲主要制衡中國的角色，美國支持這項均勢的能力也大有疑問。美國在直接動員對抗一個現存威脅方面，遠比在抵消兩個潛在威脅要有能力得多。最後，亞洲國家之間可能出現靠攏的傾向，而這將排除美國扮演次要制衡角色的計畫。

由於靠攏建立於信任上，我們可以得出三項命題。第一，靠攏比較常發生於同一個文明的不同國家間，或有文化通性的國家之間，而不容易發生於缺乏文化通性的國家之間。第二，信任的程度可能因情況而異。小男孩碰到其他男孩時，自然會向他哥哥靠攏，但他們單獨在家時，他比較不可能信任哥哥。因此，不同文明國家間比較經常性的互動，會進一步鼓勵一個文明內國家的結盟。第三，結盟和制衡傾向可能因不同文明而異，因為其成員國的信任水平不同，像中東普遍維持均勢，可能反映了阿拉伯和其他中東文化的低度信任感。

除了這些之外，影響結盟或制衡傾向的，還有西方人對權力

分配的期望和偏好。歐洲社會歷經一段專制獨裁統治，卻沒有走上亞洲大半歷史所特有的官僚帝國或「東方專制」。封建制度為多元主義提供了一個基礎，並且使西方人認為某種程度的權力分散是自然且可欲的。同樣的，國際均勢也被視為自然和可欲的，政治家的責任是要保護及維持這種情勢。因此，這個均勢受到威脅時，必須採取制衡行動修復。簡而言之，歐洲人的國際社會模式反映了歐洲國家的國內社會模式。

相形之下，亞洲的官僚帝國沒有太大空間容納社會或政治多元化及分權制。在中國大陸，相較於歐洲，靠攏似遠比抗衡重要。白魯恂曾指出，1920 年代，「軍閥先了解向強者靠攏能得到什麼，再評估和弱者結盟有什麼報酬……對中國軍閥，自治並不代表最高的價值，歐洲的傳統權力均勢評估則視之為最高價值；相反的，中國軍閥以向權力靠攏為決策基礎。」高德斯坦（Avery Goldstein）也闡釋說，在中國權力結構比較清楚的 1949 ～ 1966 年間，中國政治的特色也是靠攏。等到文化大革命造成將近無政府狀態，權柄屬誰變得不確定，危及政治舞台演員的生存，制衡才又興起。[35] 1978 年以後，恢復了一個比較清楚界定的權威結構，靠攏再度成為政壇常見的行為模式。

在歷史上，中國在圈內外事務上沒有明顯的畛域。「中國的世界秩序意象不過是中國內部秩序的延長，也是中國文明認同的擴大投射」，中國人認為其文明投射「可以複製成越來越大的同心圓，構成正確的宇宙秩序」。或者像麥法格（Roderick Mac-Farquhar）所說：「傳統中國的世界觀反映了儒家社會等級分明的視野，視外君外邦為必須向中國納貢之屬：『天無二日，土無二王。』」影響所及，中國人無法接受「多極或甚至多邊的安全觀念」。一般而言，亞洲人普遍樂於接受國際關係的主從、上下

等級，東亞歷史未見歐洲式的霸權戰爭。歐洲歷史上典型的均勢體制對亞洲十分陌生。直到西方列強在 19 世紀中期入侵中國前，東亞國際關係均以中國為核心，其他國家則不同程度地向北京臣服、與北京合作或由北京許以自治。[36] 當然儒家的世界秩序理想從未完全落實，但是亞洲在國際政治中使用的權力等級模式，和歐洲的均權模式仍然形成強烈的對比。

拜這種世界秩序意象之賜，中國在內政上的靠攏也表現於國際關係上；而這影響不同國家外交政策的程度，也因其和儒家文化的淵源及和中國歷史關係的程度不同而異。南韓在文化上和中國有很多相似之處，歷史上也多半倒向中國。對新加坡，中國在冷戰時期是死敵，但到 1980 年代，新加坡開始改變立場，而其領袖也積極主張美國和其他國家必須和中國的權力妥協。馬來西亞則由於華人很多，加上其領袖的反西方色彩，也倒向中國。泰國在 19、20 世紀一直維持獨立，實因其包容歐洲和日本的帝國主義，對中國也不例外，這種傾向也由於來自越南的潛在安全威脅而加強。

印尼和越南是東南亞兩個最有意制衡和圍堵中國的國家。印尼幅員很廣，信奉伊斯蘭教，距中國又遠，但如未得外力幫助，無法預防中國宰制南海。1995 年秋，印尼和澳洲簽訂一項安全協定，約定遭遇對其安全不利的挑戰時，彼此磋商。雖然雙方都否認這是反中國的布局，卻指明中國是最可能產生負面挑戰的來源。[37] 越南絕大部分是儒家文化，但歷史上和中國一直維持敵對的關係，並在 1979 年和中國打了一場短暫的戰爭。越南和中國都對南沙群島伸張主權，它們的海軍在 1970 和 1980 年代彼此交戰。1990 年代初，越南的軍力和中國相較大幅滑落，比起東亞其他任何國家，越南因此有更強烈的動機尋找夥伴來制衡中國。

1995 年，越南加入東南亞國家協會並和美國關係正常化，算是往這個方向發展的兩個重要步驟。東協內部分裂，又不願向中國挑戰，使東協極不可能變成反中國的聯盟，或者在對抗中國上提供越南更大的助力。美國比較願意圍堵中國，但到 1990 年代中期，美國為了挑戰中國對南海的控制，到底願意投入多少資源仍不明朗。最後，兩害相權取其輕，越南可能選擇包容中國，並走親蘇的「芬蘭化」政策，這雖然「會傷害越南的自尊……卻可能保證生存」[38]。

在 1990 年代，所有東亞國家，除了中國和北韓，都表示支持美軍繼續駐留在這個地區。事實上，除了越南，這些國家傾向於包容中國。菲律賓關閉了美國在當地的海空軍基地，琉球的反美情緒也日益高漲。1994 年，泰國、馬來西亞和印尼拒絕美國的要求，不願讓美國的六艘補給船停泊在其水域，作為美軍軍事干預東南亞或西南亞的浮動基地。東協區域論壇在第一次會議中遷就中國的要求，未將南沙群島問題列入議程，中國於 1995 年占領菲律賓的美濟礁，只有菲律賓抗議。1995 ～ 1996 年，中國對台灣文攻武嚇時，亞洲各國政府的反應也是一片死寂。這種向中國靠攏的心態，奧森伯格（Michael Oksenberg）的一句話作了最好的詮釋：「亞洲領袖的確擔心權勢的天平傾向中國，但他們憂計未來之餘，不願與中國對抗，構怨於今日，他們因此不會與美國聯手反中。」[39]

中國的興起將對日本構成嚴重的挑戰，而日本對應該採取什麼策略對抗中國莫衷一是。是否應該包容中國，也許提出一些交換條件，承認中國在政治和軍事上的主導權，以換取中國承認日本在經濟事務上的優勢？是否應賦予美日關係新的意義和力量，成為一個結盟的核心，以制衡和圍堵中國？是否應該試圖發展本

身的軍事力量，以便在中國侵犯時捍衛本身的利益？對這些問題，日本也許會盡量避免提出明確的答案。

任何制衡和圍堵中國的重要計畫，必須以美日軍事聯盟為核心。可以想見的，日本可能勉強同意慢慢朝這個方向調整其結盟策略，但前提是日本對以下三點有信心才能奏功：（1）美國維持世界唯一超強及活躍領袖角色的整體能力；（2）美國維持在亞洲駐軍及積極對抗中國擴大其影響力的計畫的能力；（3）美國和日本不需投入高昂的戰爭資源或冒極大的風險即牽制中國的能力。

在美國尚未、也未必會展示重大的決心和投入下，日本可能還是會和中國和解。日本除了在 1930 和 1940 年代片面採取征服東亞的政策而慘敗之外，在歷史上多半和它認為息息相關的主導強權結盟以維護本身的安全。即使在 1930 年代加入軸心國，其用意也是要與當時看來在軍事和意識形態力量上獨步全球的國家結盟。本世紀稍早，日本也刻意和英國結盟，因為大英帝國當時是世界上首屈一指的強權。1950 年代，日本再和當時稱霸世界的美國結盟，以確保日本的安全。一如中國人，日本人認為國際政治和內政一樣，有嚴密的層級。日本一位知名學者曾分析說：

> 日本人思考其國家在國際社會的位置時，往往取決於日本的國內模式。日本人傾向於將國際秩序視為日本內部文化模式的外現，而這個模式的特徵在於其垂直相貫的架構。這種國際秩序的意象，影響來自前現代的長期中日關係（納貢制度）經驗。

因此，日本人的結盟行動「基本上一直是靠攏，而不是制衡，以及和主導的強權合作」。[40] 一位在日本長住的西方人士說，日

本人「在向強權屈膝時絕不落人後，和它覺得道德上居於優勢的一方合作也快人一步……同時又最快反抗一個道德力量薄弱、正在沒落霸權對它的欺凌」。當美國在亞洲的角色式微，而中國躍居強權時，日本的政策自然會順勢修正，而日本也的確已經開始這麼做。馬布巴尼分析，中日關係的關鍵問題在於「誰是龍頭老大」，而答案很明顯。「不會有明確的聲明或共識，但日皇決定在 1992 年訪問中國大陸時，中國在國際間仍相當孤立，在時機上頗堪玩味」。[41]

日本領袖和人民認為，最理想的無疑是過去數十年來所採行的模式：留在占優勢地位的美國羽翼下。但美國減少介入亞洲事務之後，日本境內鼓吹日本「再亞洲化」的力量再度抬頭，日本人也學會接受中國再度主宰東亞局勢的必然趨勢。1994 年被問及哪一個國家在 21 世紀的亞洲最有影響力時，44% 日本人說是中國，30% 說是美國，只有 16% 說是日本。[42] 日本一位高層官員曾在 1995 年預言，日本人會「訓練有素的」針對中國的興起修正其路線。他又問，美國會不會跟進？他第一個命題很可能成立，但後一個問題的答案尚難確定。

中國霸權會減少東亞的動盪不安和衝突，也會減少美國和西方在亞洲的影響力，並迫使美國接受它過去一直想防範的問題：由另一個強權來控制世界上的其中一個主要地區。但這個強權威脅亞洲其他國家或美國利益的程度，部分要看中國情勢而定。經濟成長產生軍事力量和政治影響力，但也可能刺激政治發展，及往更開放、更多元化，甚至可能更民主的政體推進。經濟成長對南韓和台灣已經有此影響，但在這兩個國家之中，最積極推動民主制度的政治領袖都是基督徒。

中國的儒家傳統強調權威、秩序、等級和團體重於個人，這

也造成對民主化的阻力。但經濟成長在華南地區不但創造越來越多的財富，也形成一個在政府控制之外累積經濟力量的有力資產階級，及一個快速擴大的中產階級。除此之外，中國人在海外高度介入貿易、投資和教育，而這些都是創造及推動民主多元化運動的社會基礎。

政治開放的先決條件通常是改革派在威權體制內當權。中國也會發生這種事嗎？中國元老鄧小平去世後的第一梯隊接班人也許不會，第二梯隊接班人也許就可以做到。在新的世紀，華南地區可能出現有政治議程的組織，雖然在名義上還不是政黨，但已具備雛型，它們可能會和台灣、香港及新加坡的華人維持密切關係，甚至得到他們的支持。如果華南地區出現這種運動，以及如果一個改革黨派在北京掌權，就會出現某種形式的政治轉型。民主化可能鼓勵政治家提出民族主義的訴求，使戰爭的可能性大增，中國大陸的穩定多元體制可能會緩和與其他國家的關係。

也許就像佛烈伯格所說，歐洲的過去正是亞洲的未來，而可能亞洲的過去也將是亞洲的未來。亞洲必須選擇因維持權力均勢而爆發衝突，或有個霸權但可以獲得和平。西方社會也許會選衝突與制衡。但亞洲的歷史、文化和權力現實在在強烈暗示，亞洲將寧取和平與霸權。西方於 1840 和 1850 年代入侵所展開的紀元正要結束，中國正在恢復其地域霸權的地位，而東方也正開始自立自強。

文明和核心國家：逐漸登場的陣容

多元化和多文明的後冷戰世界，不像冷戰時期，不會出現一道明顯的裂隙。但是，只要伊斯蘭人口和亞洲經濟繼續成長，

西方和向其挑戰的文明之間的衝突對全球政治的影響將比任何其他裂痕都重要。伊斯蘭國家政府可能繼續對西方不友善，伊斯蘭團體和西方社會之間偶爾仍會發生低強度、有時甚至高強度的衝突。美國和中國、日本及其他亞洲國家的關係將時起衝突，而如果美國向中國躍居亞洲霸權挑釁，則可能發生一場重大的戰爭。

在這種種情況下，儒家和伊斯蘭教間的關係將繼續加大，甚至加深。伊斯蘭教和中國社會在反對西方武器擴散、人權和其他議題上的合作，一直是此一關係的主軸。其核心則是巴基斯坦、伊朗和中國的密切關係，而這也因為中國前國家主席楊尚昆於 1990 年代初期訪問伊朗和巴基斯坦，及伊朗總統拉夫桑加尼訪問中國大陸和巴基斯坦而更具體。「這說明巴基斯坦、伊朗和中國出現正在萌芽的結盟關係。」拉夫桑加尼訪問中國大陸途中在伊斯蘭馬巴德宣布，伊朗和巴基斯坦存在著一種「戰略結盟」關係，任何對巴基斯坦的攻擊將視同對伊朗的攻擊。為了強調這種模式，（巴基斯坦前總理）碧娜芝·布托也在 1993 年 10 月當選總理後，立刻訪問伊朗和中國大陸。這三個國家之間的合作包括政治、軍事和政府官員定期互訪，此外，中國除了把武器轉移到其他國家之外，也在各種民間和軍中領域，包括國防生產上合作。這種關係的發展，深得巴基斯坦在外交方面主張「獨立」和「伊斯蘭教」派系思想的人士支持，他們希望建立一個「德黑蘭—伊斯蘭馬巴德—北京」軸心。而德黑蘭方面也認為，當代世界的特質需要伊朗、中國、巴基斯坦和哈薩克密切一致的合作。到 1990 年代中期，三個國家已經組成一個實際的聯盟，主要根植於反對西方、關切印度安全及希望反制土耳其和俄羅斯對中亞的影響力。[43]

這三個國家可不可能變成一個包括其他伊斯蘭和亞洲國家在

內的較大集團的核心？富勒（Graham Fuller）指出，一個非正式的「儒家—伊斯蘭聯盟」之所以實現，並非因為穆罕默德和孔子反西方，而是因為這些文化提供一伸冤屈的工具，冤屈之起，西方難辭其咎：在這個許多國家覺得不必再忍受那口氣的世界裡，西方的政治、軍事、經濟與文化支配，越來越使人不快。而最熱心呼籲這類合作的是格達費。他在 1994 年 3 月宣稱：

> 所謂新的世界秩序，意指猶太人和基督徒支配伊斯蘭世界，如果可以的話，他們之後還要支配印度、中國及日本的儒家與其他宗教……。
>
> 基督徒和猶太人現在說：我們注定要粉碎共產主義，西方現在必須粉碎伊斯蘭和儒家世界。
>
> 現在，我們希望看到以中國為首的儒家陣營對抗以美國為首的基督教十字軍運動陣營。我們除了對抗這些十字軍，別無立場。我們和儒家思想站在同一陣線，和儒家陣營結盟，在國際陣線上並肩作戰，就可以消滅我們的共同敵人。
>
> 因此，我們作為穆斯林，將支持中國對抗我們的共同敵人……。
>
> 我們祝中國勝利……。[44]

但中國方面對這股由儒家和伊斯蘭國家組成反西方聯盟的熱潮，反應出奇緘默。中國國家主席江澤民在 1995 年宣布，中國不會和任何國家結盟。這種立場多少反映了中國自古以來自視為核心強權的心態，中國不需要正式的盟國，其他國家則發現和中國合作符合它們的利益。另一方面，中國和西方的衝突意味著它會重視和其他反西方國家之間的合夥關係，其中伊斯蘭國家最多

也最有影響力。此外，中國越來越需要石油，可能迫使它擴大和伊朗、伊拉克、沙烏地阿拉伯及哈薩克和亞塞拜然的關係。一名能源專家在 1994 年觀察說，這個「以武器換石油」的軸心，「不再需要聽命於倫敦、巴黎或華府」[45]。

其他文明及其核心國家和西方的關係及其挑戰各異。南方的文明，如拉丁美洲和非洲，缺乏核心國家，它們一直依賴西方，在軍事上和經濟上比較弱勢（雖然拉丁美洲的情形正在快速改變），在和西方建立關係時，也許會朝反方向發展。拉丁美洲在文化上和西方相近，1980 和 1990 年代，其政治和經濟制度越來越像西方。拉丁美洲兩大曾積極發展核子武器的國家已經宣告放棄。拉丁美洲的整體軍力在所有文明中水平最低，這裡的人民也許痛恨美國在軍事上的優勢，卻無意改變現狀。在很多拉丁美洲國家中，新教正快速成長，使其更像西方天主教和新教混合的社會，同時擴大拉丁美洲和西方的宗教關係到超過和羅馬的關係。反過來看，墨西哥人、中美洲人和加勒比海人湧入美國，使拉丁美洲裔對美國社會產生衝擊，也促成文化的融合。拉丁美洲和西方（實際上指美國）的主要衝突癥結是移民、毒品及和毒品有關的恐怖主義及經濟整合問題（讓拉丁美洲國家加入北美自由貿易協定抵消拉丁美洲組織像「南方共同市場」及「安地斯山協定」的擴張）。以墨西哥加入北美自由貿易協定所衍生的問題看來，拉丁美洲和西方文明的結合並非易事，也許會在 21 世紀逐漸成形，但也可能永遠無法完成。不過，西方和拉丁美洲的差異，比起西方和其他文明還是小得多。

西方和非洲的關係，主要由於非洲積弱不振，應該只涉及稍高層次的衝突，但其間仍然存在某些重大的問題。不像巴西和阿根廷，南非並未放棄發展核武，只是銷毀已經建好的核子武器。

這些武器由白人政府所建,以嚇阻外國人抨擊南非的種族隔離制度,白人政府並不希望把核武留給黑人政府,以免被移作其他用途。但製造核子武器的能力無法銷毀,後種族隔離時代的政府可能會建一座新的核子工廠,以確保其為非洲核心國家的角色,並阻止西方的干預。人權、移民、經濟問題和恐怖主義也排上非洲和西方之間的議程。儘管法國力圖和其前殖民地維持密切的關係,一個長程的非西方化似乎正在非洲進行,西方強權的利益和影響力正在消逝,本土文化再次抬頭,長時間下來,南非將把文化中屬於白人和英國人的成分置於非洲文化之下。拉丁美洲越來越西化,非洲越來越反其道而行,但不管拉丁美洲或非洲都以不同的方式依靠西方,兩者除了聯合國的投票權之外,並沒有能力決定性地影響西方和其挑戰者之間的勢差。

這顯然和三大「游離」文明的情形迥異。它們的核心國家在世界局勢上都是要角,可能和西方及其挑戰者維持混合、矛盾和搖擺不定的關係,他們彼此間也會維持不同的關係。一如我們稍早所指出的,日本長時間歷經極大的煩惱和反省之後,可能背離美國,走向中國。就像其他跨文明的冷戰結盟,日本和美國的安全關係勢必削弱,雖然也許永遠不會正式放棄。日本和俄羅斯的關係,只要俄羅斯不願在 1945 年占領的千島群島上讓步,雙方關係仍困難重重。冷戰結束後原本可以解決問題的契機已稍縱即逝,隨著俄羅斯民族意識抬頭,美國未來沒有理由像過去那樣支持日本的主張。

在冷戰最後數十年,中國有力的向蘇聯和美國打「中國牌」;在後冷戰世界,俄羅斯也可以打「俄國牌」。如果俄羅斯和中國結盟,一定會使歐亞均勢轉而對西方不利,並使各界關切 1950 年代所存在的中俄關係。俄羅斯如果和西方密切合作,就可以增

加反制儒家和伊斯蘭教在全球議題上掛鉤的力量，並重新喚醒中國對冷戰時期來自北方侵略的恐懼。但俄羅斯和這兩大鄰近的文明也都有問題。與西方這邊，問題多屬短程，是冷戰告終的結果，俄國與西方的均勢需要重新界定，並就雙方基本上的平等地位及勢力範圍達成協議。在執行上，這意味著：

一、俄羅斯接受歐洲聯盟和北約擴張納入中、東歐的西方基督教國家，西方承諾不再進一步擴張北約，除非烏克蘭分裂為兩個國家。

二、俄羅斯和北約簽訂合夥協定，誓言互不侵犯，並就安全問題定期磋商，合作避免軍備競賽，就後冷戰時代的安全需要談判限武協定。

三、西方承認俄羅斯要為維持正教國家及正教占多數地區的安全負起主要的責任。

四、西方認知俄羅斯所面臨來自其南方伊斯蘭民族的實際與潛在威脅，願意修訂歐洲傳統武力條約（CFE），並且對俄國為了因應這些威脅而可能採取的步驟抱持贊成態度。

五、俄羅斯和西方簽署協定，以對等的立場合作，處理類似波士尼亞等涉及西方和正教利益的問題。

如果可以沿著這些或類似的路線達成協議，俄羅斯或西方都不可能對彼此構成比較長程的安全挑戰。歐洲和俄羅斯是人口學上成熟的社會，出生率低、人口老化，這種社會沒有年輕的精力來搞擴張主義和發動攻勢。

冷戰後不久，俄羅斯和中國的合作關係大幅加強。邊界紛爭已解決，雙方部署在邊界的兵力削減，貿易擴增，也不再把核子彈頭對準對方，雙方的外交部長則探索他們在對抗伊斯蘭基本教

義派上的共同利益。最重要的，俄羅斯發現中國急欲採購大量軍事裝備和技術，包括戰車、戰機、長程轟炸機和地對空飛彈。[46] 從俄羅斯的觀點來看，這種關係的改善，一方面表示俄日關係停滯冷淡之後，俄國刻意決定以亞洲「夥伴」的身分和中國合作；另一方面，這是俄國為了北約擴張、經濟改革、武器管制、經濟援助和在西方國際組織內的會籍等問題與西方發生衝突後的反應。中國這邊，可以藉此向西方證明它在世界上並不孤立，同時可以購買必要的軍事裝備，以執行其地區性的權力投射策略。對中俄雙方，這種結盟，一如儒家和伊斯蘭教的結合，是反制西方強權和西方世界主義的手段。

這種結合是否能維持長久，主要取決於：第一，俄羅斯和西方在互相滿意的基礎上關係有多穩定；第二，中國躍居東亞霸權，危及俄羅斯經濟、人口和軍事利益的程度。中國的經濟動力已經深入西伯利亞，而中國、南韓和日本商人也正在研究和利用當地的商機。西伯利亞的俄國人認為，他們的經濟前途繫於東亞而不是歐俄。對俄羅斯而言，更大的威脅是中國到西伯利亞的移民。據了解，1995 年西伯利亞非法中國移民已經有 300 到 500 萬人，相形之下，西伯利亞東部只有大約 700 萬俄國人民。俄羅斯前國防部長葛拉契夫曾經警告說：「中國人正在和平征服俄羅斯的遠東地區。」俄國最高階層的移民官員也回應他的話說：「我們必須抗拒中國的領土擴張主義。」[47] 此外，中國和中亞地區的前蘇聯共和國發展經濟關係，也可能使中俄關係惡化。中國如果認為應該試圖要求外蒙歸還，也可能搞軍事擴張。俄羅斯是在第一次世界大戰之後才將外蒙和中國分割，數十年來，外蒙一直是蘇聯的屬國。就某一點而論，自蒙古入侵以來一直困擾俄羅斯人的「黃禍」可能會再重演。

俄羅斯和伊斯蘭教的關係，受其數世紀以來對土耳其、北高加索和中亞酋長國征戰及擴張領土的歷史遺業左右。俄羅斯現在和其信仰正教的盟國塞爾維亞及希臘合作，反制土耳其在巴爾幹半島上的影響力，並和其正教盟國亞美尼亞一起限制土耳其在外高加索山區的影響力。俄羅斯積極試圖維持其對中亞地區共和國的政治、經濟和軍事影響力，吸收它們加入獨立國協，並在這些國家部署兵力。俄羅斯極關心裏海所貯藏的石油和天然氣，以及這些天然資源輸送到西方以及東亞的路線。俄羅斯也在北高加索地區和車臣的伊斯蘭人民作戰，另一方面在塔吉克發動第二場戰爭，支持塔吉克政府對抗包括伊斯蘭基本教義派在內的叛軍。這些安全問題給俄羅斯誘因和中國進一步合作，以圍堵中亞的「伊斯蘭威脅」，而這也是俄羅斯和伊朗親善的主要動機。俄羅斯曾賣給伊朗潛艇、精密戰機、戰鬥轟炸機、地對空飛彈以及偵察和電子作戰器材。此外，俄羅斯同意為伊朗新建輕水核子反應爐，並提供伊朗濃縮鈾的設備。但俄羅斯也明確要求伊朗投桃報李，節制伊斯蘭基本教義派在中亞的散播，同時也暗示要合作反制土耳其在中亞和高加索地區擴張其影響力。未來數十年中，俄羅斯和伊斯蘭教的關係，將由其對伊斯蘭人口沿南疆大幅成長所構成的威脅的看法左右。

　　冷戰時期，印度這第三個「游離」核心國家是蘇聯的盟國，曾和中國打一場仗，並和巴基斯坦數度交鋒。印度和西方，尤其和美國，關係相當疏離，但沒有任何嫌隙。在後冷戰世界，印度和巴基斯坦的關係可能還是會因為喀什米爾、核武及印度次大陸的全面軍事平衡等問題而使衝突激化。只要巴基斯坦爭取到其他伊斯蘭國家的支持，印度和伊斯蘭世界的關係大概就會充滿困難。為了反制，印度可能一如過去，特別賣力說服個別的伊斯蘭

國家和巴基斯坦保持距離。隨著冷戰結束，中國試圖和鄰國建立友好關係，並延伸到印度，中印之間的緊張關係也為之降低。但這趨勢不可能維持太久，一般預料，中國未來仍將積極介入南亞政治：和巴基斯坦維持密切的關係，強化巴基斯坦核子和傳統兵力，並提供經濟、投資和軍事援助以拉攏緬甸，甚至可能在當地發展海軍設施。中國的勢力目前仍在擴張，印度的勢力在 21 世紀初可能大幅成長，衝突似山雨欲來。一位專家分析：「兩大亞洲巨人潛在的權力角力，及它們身為天生超強和文明及文化核心的自我形象，將繼續驅策它們支持不同的國家和運動。印度將力爭出頭天，不只在多元世界作個獨立的權力核心，也制衡中國的勢力和影響力。」[48]

印度即使未面對一個儒家和伊斯蘭國家的廣泛結合，至少也要面對中國和巴基斯坦的結盟，為了自身利益，印度要和俄羅斯維持密切的關係，並成為俄國武器的主要買主。1990 年代中期，印度曾從俄羅斯取得幾乎每一種重要的武器，包括一艘航空母艦及低溫火箭技術，並引起美國的制裁。除了武器擴張，印度和美國之間的其他問題包括人權、喀什米爾和經濟自由化。但美國和巴基斯坦長久以來關係冷淡，加上它們在圍堵中國上的共同利益降低，可能拉近印度和美國之間的關係。印度在南亞擴張權力無損於美國的利益，反而符合美國的利益。

不同文明及其核心國家之間的關係錯綜複雜，往往充滿矛盾，但這些關係會改變。在任何一個文明中的大部分國家，通常會跟著核心國家決定它們和其他文明國家的關係，但並非一成不變。顯然，一個文明的所有國家和第二個文明的所有國家關係並非完全一致。所謂共同利益，通常是屬於第三個文明的一個共同敵人可以促使不同文明之間的國家合作。但衝突也會發生於文明

內部，伊斯蘭教尤其如此。除此之外，沿斷層線不同團體之間的關係，可能異於同一個文明核心國家之間的關係。但不同文明和核心國家之間似乎正在登場的結盟和對立，仍有明顯的大趨勢可循，圖 9-1 提示一些概括走向。冷戰時比較簡單的兩極政治，已經被一個複雜的多極、多文明世界取代。

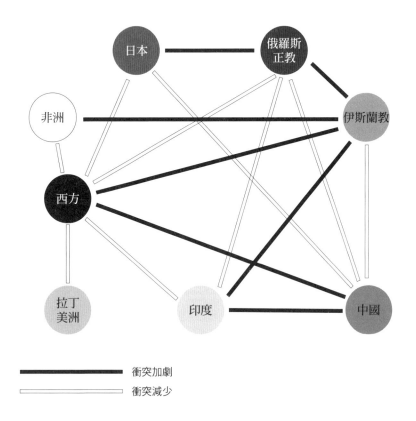

圖 9-1　各文明的全球政治情況：即將登場的結盟關係

註釋

1. Adda B. Bozeman, *Strategic Intelligence and Statecraf: Selected Essays* (Washington: Brassey's (US), 1992), p.50; Barry Buzan, "New Patterns of Global Security in the Twenty-first Century," *International Affairs*, 67 (July 1991), 448-449。

2. John L. Esposito, *The Islamic Threat: Myth or Reality* (New Yor: Oxford University Press, 1992), p.46。

3. Bernard Lewis, *Islam and the West* (New York: Oxford University Press, 1993), p.13。

4. Esposito, *Islamic Threat*, p. 44。

5. Daniel Pipes, *In the Path of God: Islam and Political Power* (New York: Basic Books 1983), 102-103, 169-173; Lewis F. Richardson, *Statistics of Deadly Quarrels* (Pittsburgh: Boxwood Press, 1960), pp.235-237。

6. Ira M. Lapidus, *A History of Islamic Societies* (Cambridge: Cambridge University Press, 1988), pp. 41-42; Princess Anna Comnena, quoted in Karen Armstrong, *Holy War: The Crusades and Their Impact on Today's World* (New York: Doubleday-Anchor, 1991), pp. 3-4 and in Arnold J. Toynbee, *Study of History* (London: Oxford University Press, 1954), VIII, p. 390。

7. Barry Buzan, "New Patterns," pp. 448-449; Bernard Lewis, "The Roots of Muslim Rage: Why So Many Muslims Deeply Resent the West and Why Their Bitteness Will Not Be Easily Mollified," *Atlantic Monthly*, 266 (September 1990), 60。

8. Mohamed Sid-Ahmed, "Cybernetic Colonialism and the Moral Search," *New Perspectives Quarterly*, 11 (Spring 1994), 19; M. J. Akbar, quoted *Time*, 15 June 1992, p. 24; Abdelwahab Belwalh, quoted ibid., p. 26。

9. William H. McNeill, "Epilogue: Fundamentalism and the World of the 1990's," in Martin E. Marty and R. Scott Appleby, eds., *Fundamentalisms and Society: Reclaiming the Sciences, the Family, and Education* (Chicago: University of Chicago Press), p. 569。

10. Fatima Mernissi, *Islam and Democracy: Fear of the Modern World* (Reading, MA: Addison-Wesley, 1992)。

11. For a selection of such reports, see *Economist*, 1 August 1992, pp. 34-35。

12. John E. Reilly, ed., *American Public Opinion and U.S. Foreign Policy 1995* (Chicago: Chicago Council on Foreign Relations, 1995), p. 21; *Le Monde*, 20 September 1991, p. 12, cited in Margaret Blunden, "Insecurity on Europe's Southern Flank," *Survival*, 36 (Summer 1994), 138; Richard Morin, *Washington Post* (National Weekly Ed.), 8-14 November 1994, p. 37; Foreign Policy Association, National Opinion Ballot Report, November 1994, p. 5。

13. *Boston Globe*, 3 June 1994, p. 18; John L. Esposito, "Symposium: Resurgent Islam in the Middle East," *Middle East Policy* 3 (No. 2, 1994), 9; *International Herald Tribune*, 10 May 1994, pp. 1, 4; *Christian Science Monitor*, 24 February 1995, p. 1。

14. Robert Ellsworth, *Wall Street Journal*, 1 March 1995, p. 15; William T. Johnsen, *NATO's*

New Front Line: The Growing Importance of the Southern Tier (Carlisle Barracks, PA: Strategic Studies Institute, U. S. Army War College, 1992), p. vii; Robbin Laird, *French Security Policy in Transition: Dynamics of Continuity and Change* (Washington, D. C.: Institute of National Strategic Studies, McNair paper 38, March 1995), pp. 50-52。

15. Ayatollah Ruhollah Khomeini, *Islam and Revolution* (Berkeley, CA: Mizan Press, 1981), p. 305。

16. *Economist*, 23 November 1991, p. 15。

17. Barry Buzan and Gerald Segal, "Rethinking East Asian Security," *Survival*, 36 (Summer 1994), 15。

18. *Can China's Armed Forces Win the Next War?*, excerpts translated and published in Ross H. Munro, "Eavesdropping on the Chinese Military: Where It Expects War-Where It Doesn't," *Orbis*, 38 (Summer 1994), 365。這份文件的作者又說，對台灣動武「是一項十分不明智的決定」。

19. Buzan and Segal, "Rethinking East Asian Security," p. 7; Richard K. Betts, "Wealth, Power and Instability: East Asia and the United States After the Cold War," *International Security*, 18 (Winter, 1993/94), 34-77; Aaron L. Friedberg, "Ripe for Rivalry: Prospects for Peace in Multipolar Asia," *International Security*, 18 (Winter 1993/94), 5-33。

20. *Can China's Armed Forces Win the Next War?* excerpts translated in Munro, "Eavesdropping on the Chinese," pp. 355ff.; *New York Times*, 16 November 1993, p. A6; Friedberg, "Ripe for Rivalry," p. 7。

21. Desmond Ball, "Arms and Affluence: Military Acquisitions in the Asia-Pacific Region," *International Security*, 18 (Winter 1993/94), 95-111; Michael T. Klare, "The Next Great Arms Race," *Foreign Affairs*, 72 (Summer 1993), 137ff; Buzan and Segal, "Rethinking East Asian Security," pp. 8-11; Gerald Segal, "Managing New Arms Races in the Asia/Pacific," *Washington Quarterly*, 15 (Summer 1992), 83-102; *Economist*, 20 February 1993, pp. 19-22。

22. See, e.g., *Economist*, 26 June 1993, p. 75; 24 July 1995, p. 25; *Time*, 3 July 1995, pp. 30-31; and on China, Jacob Heilbrunn, "The Next Cold War," *New Republic*, 20 November 1995, pp. 27ff。

23. 討論各種貿易戰及其何時會導致軍事戰爭，參閱：David Rowe, *Trade Wars and International Security: The Political Economy of International Economic Conflict* (Working paper no. 6, Project on the Changing Security Environment and American *National Interests*, John M. Olin Institute for Strategic Studies, Harvard University, July 1994), pp. 7ff。

24. *New York Times*, 6 July 1993, p. Al, A6; *Time*, 10 February 1992, pp. 16ff.; *Economist*, 17 February 1990, pp. 21-24; *Boston Globe*, 25 November 1991 , pp. 1, 8; Dan Oberdorfer, *Washington Post*, 1 March 1992, p. A1。

25. Quoted *New York Times*, 21 April 1992, p. A10; *New York Times*, 22 September 1991; p. E2; 21 April 1992, p. A1; 19 September 1991, p. A7; 1 August 1995, p. A2; *International Herald Tribune*, 24 August 1995, p. 4; *China Post (Tapei)*, 26 August l995, p. 2; *New York Times*, 1 August 1995, p. A2, citing David Shambaugh report on interviews in Beijing。

26. Donald Zagoria, American Foreign Policy Newsletter, October 1993, p. 3; *Can China's Armed*

Forces Win the Next War?, in Munro, "Eavesdropping on the Chinese Military," pp. 355ff。

27. Roger C. Altman, "Why Pressure Tokyo? The US-Japan Rift," *Foreign Affairs*, 73 (May-June 1994), p. 3; Jeffrey Garten, "The Clinton Asia Policy," *International Economy*, 8 (March-April 1994), 18。

28. Edward J. Lincoln, *Japan's Unequal Trade*, (Washington, D. C.: Brookings Institution, 1990), pp. 2-3。請參閱 C. Fred Bergsten and Marcus Noland, *Reconcilable Differences? United States-Japan Economic Conflict* (Washington: Institute for International Economics, 1993); Eisuke Sakakibara, "Less Like You," *International Economy*, (April-May 1990), 36，對美國的資本主義市場經濟和日本的非資本主義市場經濟加以區分。Marie Anchordoguy, "Japanese-American Trade Conflict and Supercomputers," *Political Science Quarterly*, 109 (Spring 1994), 36, citing Rudiger Dornbush, Paul Krugman, Edward J. Lincoln, and Mordechai E. Kreining; Eamonn Fingleton, "Japan's Invisible Leviathan," *Foreign Affairs*, 74 (Mar./April 1995), p. 70。

29. 有關文化、價值、社會關係和態度的差異摘要，請參閱 Seymour Martin Lipset, *American Exceptionalism: A Double-Edged Sword* (New York: W. W. Norton, 1996), chapter 7, "American Exceptionalism-Japanese Uniqueness."。

30. *Washington Post*, 5 May 1994, p. A38; *Daily Telegraph*, 6 May 1994, p. 16; *Boston Globe*, 6 May 1994, p. 11; *New York Times*, 13 February 1994, p. 10; Karl D. Jackson, "How to Rebuild America's Stature in Asia," *Orbis*, 39 (Winter 1995), 14; Yohei Kono, quoted in Chalmers Johnson and E. B. Keehn, "The Pentagon's Ossified Strategy," *Foreign Affairs*, 74 (July-August 1995), 106。

31. *New York Times*, 2 May 1994, p. A10。

32. Barry Buzan and Gerald Segal, "Asia: Skepticism About Optimism," *National Interest*, 39 (Spring 1995), 83-84; Arthur Waldron, "Deterring China," *Commentary*, 100 (October 1995), 18; Nicholas D. Kristof, "The Rise of China,"*Foreign Affairs*, 72 (Nov./Dec. 1993), 74。

33. Stephen P. Walt,"Alliance Formation in Southwest Asia: Balancing and Bandwagoning in Cold War Competition," in Robert Jervis and Jack Snyder, eds., *Dominoes and Bandwagons: Strategic Beliefs and Great Power Competition in the Eurasian Rimland* (New York: Oxford University Press, 1991), pp. 53, 69。

34. Randal1 L. Schweller, "Bandwagoning for Profit: Bringing the Revisionist State Back In," *International Security*, 19 (Summer 1994), 72ff。

35. Lucian W. Pye, *Dynamics of Factions and Consensus in Chinese Politics: A Model and Some Propositions* (Santa Monica, CA: Rand, 1980), p. 120; Arthur Waldron, *From War to Nationalism: China's Turning Point, 1924-1925* (Cambridge: Cambridge University Press, 1995), pp. 48-49, 212; Avery Goldstein, *From Bandwagon to Balance-of-Power Politics: Structured Constraints in Politics China, 1949-1978* (Stanford, CA: Stanford University Press: 1991), pp. 5-6, 35ff. See also, Lucian W. Pye, "Social Science Theories in Search of Chineses Realities," *China Quarterly*, 132 (December 1992), 1161-1171。

36. Samuel S. Kim and Lowell Dittmer, "Whither China's Quest for National Identity," in

Lowell Dittmer and Samuel S. Kim, eds., *China's Quest for National Identity* (Ithaca, NY: Cornell University Press, 1991), p. 240; Paul Dibb, *Towards a New Balance of Power in Asia* (London: International Institute for Strategic Studies, Adelphi Paper 295, 1995), pp. 10-16; Roderick MacFarquhar, "The Post-Confucian Challenge," *Economist*, 9 February 1980, pp. 67-72; Kishore Mahbubani, "The Pacific Impulse," *Survival*, 37 (Spring 1995), 117; James L. Richardson, "Asia-Pacific: The Case for Geopolitical Optimism," *National Interest*, 38 (Winter 1994-95), 32; Paul Dibb, "Towards a New Balance," p. 13. See Nicola Baker and Leonard C. Sebastian, "The Problem with Parachuting: Strategic Studies and Security in the Asia/Pacific Region," *Journal of Strategic Studies*, 18 (September 1995), 15ff。闡釋有關亞洲不適用歐洲均勢和安全困境的概念。

37. *Economist*, 23 December 1995; 5 January 1996, pp. 39-40。
38. Richard K. Betts, "Vietnam's Strategic Predicament," *Survival*, 37 (Autumn 1995), 61ff, 76。
39. *New York Times*, 12 November 1994, p. 6; 24 November 1994, p. A12; *International Herald Tribune*, 8 November 1994, p. 1; Michel Oksenberg, *Washington Post*, 3 September 1995, p. C1。
40. Jitsuo Tsuchiyama, "The End of the Alliance? Dilemmas in the U.S.-Japan Relations," (Unpublished Paper, Harvard University, John M. Olin Institute for Strategic Studies, 1994), pp. 18-19。
41. Ivan P. Hall, "Japan's Asia Card," *National Interest*, 38 (Winter 1994-95), 26; Kishore Mahbubani, "The Pacific Impulse," p. 117。
42. Mike M. Mochizuki, "Japan and the Strategic Quadrangle," in Michael Candelbaum, ed., *The Strategic Quadrangle: Russia, China, Japan, and the United States in East Asia* (New York: Council on Foreign Relations, 1995), pp. 130-139; *Asahi Shimbon* poll reported in *Christian Science Monitor*, 10 January 1995, p. 7。
43. *Financial Times*, 10 September 1992, p. 6; Samina Yasmeen, "Pakistan's Cautious Foreign Policy," *Survival*, 36 (Summer 1994), p. 121, 127-128; Burce Vaughn, "Shifting Geopolitical Realities Between South, Southwest and Central Asia," *Central Asian Survey*, 13 (No. 2, 1994), 313; Editorial, *Hamshahri*, 30 August 1994, pp. 1,4, in *FBIS-NES-94-173*, 2 September 1994, p. 77。
44. Graham E. Fuller, "The Appeal of Iran," *National Interest*, 37 (Fall 1994), p. 95; Mu'ammar al-Qadhdhafi, Sermon, Tripoli, Libya, 13 March 1994, in *FBIS-NES-94-049*, 14 March 1994, p. 21。
45. Fereidun Fesharaki, East-West Center, Hawaii, quoted in *New York Times*, 3 April 1994, p. E3。
46. Stephen J. Blank, *Challenging the New World Order: The Arms Transfer Policies of the Russian Republic* (Carlisle Barracks, PA: U.S. Army War College, Strategic Studies Institute, 1993), pp.53-60。
47. *International Herald Tribune*, 25 August 1995, p. 5。
48. J. Mohan Malik, "India Copes with the Kremlin's Fall," *Orbis*, 37 (Winter 1993), 75。

Chapter

10

從轉型戰爭
到斷層線戰爭

轉型戰爭：阿富汗和波斯灣

　　摩洛哥知名學者艾曼吉拉（Mahdi Elmandjra）曾稱波斯灣戰爭為「第一場文明戰爭」。[1]其實這已經是第二場，第一場是1979～1989年蘇聯和阿富汗之間的戰爭。兩場戰爭都始於一個國家單刀直入出兵另一個國家，後來都轉型並重新界定為文明戰爭。事實上，這兩場戰爭都是轉型戰爭，它們轉型過渡進入一個新紀元，支配這新紀元的，是族群衝突及分屬不同文明的團體間的斷層線戰爭。

　　阿富汗戰爭始於蘇聯力圖保全其附庸國阿富汗，結果引起美國強烈反彈，組織、資助和武裝阿富汗叛軍以對抗蘇聯部隊，並演變成一場冷戰時期的熱戰。對美國人而言，蘇聯失敗，證明雷根主義成立，雷根力主武裝抗拒共產政權，並讓蘇聯感受美國在

越戰失利所受的屈辱。這次戰敗衍生的影響遍及蘇聯社會各階層和政治體制，是導致蘇聯帝國解體的重大因素之一。對美國人，甚至更廣義的，對西方人而言，阿富汗戰爭像滑鐵盧戰役，是冷戰最後一場決定性的勝利。

但對和蘇聯作戰的人，阿富汗戰爭另有意義。一位西方學者觀察說，「這是第一場成功對抗外國勢力的戰爭，其成功並非建立於民族意識或社會主義原則上」，[2] 而是建立於伊斯蘭原則之上，阿富汗人打的是一場聖戰，這場戰爭大幅提升伊斯蘭教的自信和權力。阿富汗戰爭對伊斯蘭世界的影響，和 1905 年日俄戰爭中日本擊敗俄羅斯對東方世界的影響相當。西方認為阿富汗戰爭是自由世界的勝利，穆斯林則視之為伊斯蘭世界的勝利。

美元和飛彈在擊敗蘇聯上功不可沒。同樣不可或缺的是伊斯蘭教的集體力量，其中各種不同的政府和團體彼此競相試圖擊敗蘇聯，以贏取勝利來滿足各自的需要。伊斯蘭國家中，最大力資助這場戰爭的首推沙烏地阿拉伯。在 1984 ～ 1986 年間，沙國提供 5 億 2,500 萬美元給反抗軍，1989 年又同意提供總戰爭經費 7 億 1,500 萬美元中的 61%，或 4 億 3,600 萬美元，餘額由美國補足。1993 年，沙烏地阿拉伯又提供 1 億 9,300 萬美元給阿富汗政府。在戰爭期間，它們所貢獻的全部金額至少、或許甚至可能超過美國所花費的 30 ～ 33 億美元之譜。戰爭期間，約 25,000 名來自其他伊斯蘭國家，主要是阿拉伯國家的志願兵投入戰場。這些志願兵主要徵募自約旦，接受巴基斯坦國際情報服務網訓練。巴基斯坦也提供反抗軍重要的境外基地及後勤和其他支援。此外，巴基斯坦也是美國付錢的中間人和管道，巴國故意把 75% 的經費轉交給比較激進的伊斯蘭組織，其中 50% 交給由總理赫克馬塔領導的最極端的南部基本教義派「伊斯蘭陣線」組織。雖然同樣在

對蘇聯作戰，參戰的阿拉伯國家卻絕大部分是反西方的，它們譴責西方人道援助機構不道德及意圖顛覆伊斯蘭世界。最後，蘇聯被三個它無法抗衡或反制的因素所擊敗：美國科技、沙烏地的金錢，和伊斯蘭人口及狂熱。[3]

這場戰爭留下一個由一心提倡伊斯蘭教對抗非伊斯蘭教勢力的伊斯蘭組織所組成的不穩定結盟，同時也留下老練和經驗豐富的戰士、軍營、訓練場地、後勤設施、個人與組織之間的精密跨伊斯蘭關係網路、大量軍事器材，其中包括 300 ～ 500 枚下落不明的刺針飛彈，最重要的是對戰爭勝利的權力感及自信，以及爭取其他勝利的驅策力。一名美國官員在 1994 年說，阿富汗志願軍的「聖戰功績，不管是宗教或政治上的都無懈可擊。他們擊敗了世界兩大超強之一，如今他們正摩拳擦掌準備對付第二個超強」[4]。

阿富汗戰爭變成一場文明戰，實因各地穆斯林共同視之為文明戰爭而號召團結對付蘇聯。波斯灣戰爭變成文明戰爭，是因為西方出兵干預一場伊斯蘭的衝突。西方國家絕大多數支持這次干預，全世界的穆斯林則視此干預為一場對付他們的戰爭，並團結起來對抗他們眼中又一次的西方帝國主義行為。

阿拉伯和伊斯蘭政府本來因戰爭而分裂。伊拉克總統海珊侵犯邊界，阿拉伯聯盟在 1990 年 8 月以壓倒性的多數（14 票支持，2 票反對，5 票棄權或未投票）通過譴責海珊的行動。埃及和敘利亞同意派大量部隊，巴基斯坦、摩洛哥和孟加拉則投入較少的兵員到由美國組成的反伊拉克聯盟中。土耳其也關閉從伊拉克經其領土到地中海的油管，並讓盟軍使用其空軍基地。這些行動是有回報的：土耳其要當歐洲一員的名分由此加強；巴基斯坦和摩洛哥重申其和沙烏地阿拉伯的親密關係；埃及的外債得到勾銷，敘利亞則控制了黎巴嫩。相形之下，伊朗、約旦、利比亞、茅利

塔尼亞、葉門、蘇丹和突尼西亞的政府，以及巴勒斯坦解放組織、「哈瑪斯」伊斯蘭抵抗運動及（阿爾及利亞的）「伊斯蘭救國陣線」（FIS）等組織，雖然接受來自沙烏地阿拉伯的援助，卻支持伊拉克，並對西方干預大加撻伐。其他伊斯蘭政府，像印尼，在立場上妥協或試圖避免採取立場。

伊斯蘭政府之間雖然一時分裂，阿拉伯和伊斯蘭國家的意見卻從一開始就是反西方的。一名美國觀察家在伊拉克出兵科威特3星期之後訪問葉門、敘利亞、埃及、約旦和沙烏地阿拉伯，他指出：「阿拉伯世界對美國滿腔怒火，眼看有個阿拉伯領袖竟有勇氣向全世界最大的超強挑釁，它們興奮之情溢於言表。」[5] 從摩洛哥到中國，數以百萬計穆斯林團結擁護海珊，並「稱譽他為伊斯蘭世界的英雄」。[6] 民主是「這次衝突的大矛盾」：對海珊的支持在那些政治比較開放及言論比較自由的阿拉伯國家最「激烈和普遍」。[7] 在摩洛哥、巴基斯坦、約旦、印尼和其他國家，大批民眾示威譴責西方，（摩洛哥國王）哈珊二世、（巴基斯坦總理）碧娜芝・布托及（印尼總統）蘇哈托等政治領袖則被指為西方走狗。敘利亞甚至反對這次結盟，「敘利亞各階層的人民都反對外國部隊駐防波斯灣」。印度1億穆斯林中，有75%指責美國發動戰爭，印尼的1億7,100萬穆斯林也「幾乎口徑一致」，反對美軍在波斯灣的行動。阿拉伯知識分子則以類似的模式組織起來，並編織種種複雜的理由刻意忽視海珊的暴行，斥責西方的干預。[8]

阿拉伯和其他伊斯蘭人民多半相信，海珊可能是個血腥暴君，但套一句小羅斯福總統的說法：「好歹他是我們的血腥暴君。」他們認為，伊拉克出兵科威特是家務事，應該在家庭內部解決，那些假國際正義等堂而皇之之名行干預之實的人，是為了保護他們自私的利益，並維繫阿拉伯向西方的歸屬。一項研究指

出，阿拉伯國家的知識分子「蔑視伊拉克政府，也不齒其暴行和威權統治，但仍視之為和西方這個阿拉伯世界大敵抗爭的核心力量」。他們「以反抗西方來界定阿拉伯世界」。一位巴勒斯坦教授說：「海珊所作所為是錯誤的，但我們無法因其挺身對抗西方軍事干預而譴責伊拉克。」西方和其他地方的穆斯林則指責非伊斯蘭部隊駐防沙烏地阿拉伯，「褻瀆」了伊斯蘭聖地。[9] 簡而言之，一般的看法是：海珊出兵固然站不住腳，西方出兵干預更不對，因此海珊和西方作戰師出有名，我們支持他也是正確的。

海珊就像投入其他斷層線戰爭的要角，把原本世俗的政權和有最大號召力的伊斯蘭教認同。以伊斯蘭世界 U 形定位的分布而言，海珊也沒有太多的選擇。埃及一位專家評論說，選擇伊斯蘭教，而不是阿拉伯的民族主義或模糊的反西方主義，「足證伊斯蘭教作為動員支持力量的政治意識形態的價值」[10]。沙烏地阿拉伯的施政和制度，比起伊朗和蘇丹之外的其他伊斯蘭國家要更伊斯蘭化，幾乎所有國家的伊斯蘭主義運動都不支持反伊拉克的西方聯盟，而且幾乎都反對西方的干預。

對穆斯林而言，這場戰爭因此很快變成一場文明之間的戰爭，爭的是伊斯蘭教的神聖不可侵犯。埃及、敘利亞、約旦、巴基斯坦、馬來西亞、阿富汗、蘇丹等地的伊斯蘭基本教義派團體譴責這場戰爭，指其為「基督教十字軍戰士和猶太復國運動者」同盟對抗「伊斯蘭教及其文明」的一場戰爭，並聲稱要在「伊拉克遭受軍事和經濟侵略」時支持伊拉克。1991 年秋天，麥加伊斯蘭學院院長阿哈瓦里（Safaral-Hawali）在一捲沙國廣為流傳的錄音帶中聲稱，這場戰爭「並非全世界對伊拉克，而是西方對伊斯蘭教」。約旦國王胡笙也說：「這是一場對所有阿拉伯人和所有穆斯林的戰爭，而不光是對準伊拉克。」此外，麥尼錫（Fatima

Mernissi）也指出，美國前總統布希言必稱上帝，更強化了阿拉伯國家認為這是一場「宗教戰爭」的看法，布希談話像極了「7世紀伊斯蘭教出現以前那些傭兵及後來基督教十字軍的算計攻擊」。所謂這場戰爭是西方和猶太復國運動者陰謀推動的一場東征說，也使動員一場伊斯蘭聖戰來回應師出有名。[11]

伊斯蘭界定這次戰爭為西方對伊斯蘭教之戰，使伊斯蘭世界內部得以減輕或中止彼此的對抗。伊斯蘭教之間的夙怨，和伊斯蘭教與西方之間的鴻溝相較，重要性大減。在戰爭進程中，伊斯蘭政府和團體不斷採取行動和西方保持距離。一如其前身阿富汗戰爭，波斯灣戰爭使原本彼此勢如水火的穆斯林聚在一起，其中包括阿拉伯的非穆斯林、民族主義人士和基本教義派人士；約旦政府和巴勒斯坦人；巴勒斯坦解放組織和哈瑪斯；伊朗和伊拉克；及其他國家的反對黨和政府。誠如阿哈瓦里所說：「伊拉克執政黨復興黨只是我們幾個小時的敵人，但羅馬到世界末日前都是我們的敵人。」[12] 這場戰爭也使伊拉克和伊朗展開謀和的進程，伊朗的什葉派宗教領袖抨擊西方的干預，並呼籲要對西方發動聖戰。伊朗政府也和針對其夙敵而發的各國保持距離，戰後兩伊之間關係逐步改善。

有了共同外敵，也會降低國內的衝突。例如，1991 年 1 月，據報導巴基斯坦「反西方言論充斥」，而這至少使巴國短暫的團結在一起。「巴基斯坦從未這麼團結，在南部的信地省，5 年來當地原住民和來自印度的移民互相殘殺，如今卻攜手進行反美示威。在西北邊境極端保守的部落地區，連婦女也走上街頭抗議，而且往往是在人們除了星期五祈禱以外從未曾聚集的地方。」[13]

民意越來越強烈反對戰爭時，原本和盟國站在同一陣線的政府開始打退堂鼓，或立場分裂，或為他們的行為自圓其說。敘

利亞總統阿塞德等出兵助戰的領袖如今振振有詞地說，他們出兵可以維持均勢，最後並將取代西方在沙烏地阿拉伯的兵力，而且無論如何，他們的兵力只供防禦用途及保護神聖的地方。在土耳其和巴基斯坦，最高階層軍事領袖公開譴責其政府和盟國結盟。埃及和敘利亞這兩個派出最多部隊的國家因為充分掌控社會，而得以鎮壓和忽視反西方的壓力。在比較開放的伊斯蘭國家，政府被導引離開西方，其反西方的立場越來越鮮明。在撒哈拉沙漠北非地區，「對伊拉克的爆炸性支持」是「這場戰爭最大的意外之一」。突尼西亞的民意強烈反對西方，總統班阿里很快就把矛頭指向西方的干預。摩洛哥政府原本派了 1,500 名兵員加入盟國，但反西方團體也動員起來，代表伊拉克支持反擊盟國。在阿爾及利亞，一個由 40 萬人組成的親伊拉克示威，使原本親西方的前總統班傑迪改變立場，痛批西方並宣稱「阿爾及利亞將和兄弟之邦伊拉克站在一起」。[14] 在 1990 年 8 月，三個北非政府在阿拉伯聯盟中投票譴責伊拉克。同年秋天，為了回應人民的強烈情緒，他們投票支持一項譴責美國干預的動議。

西方軍事計畫亦未得非西方、非伊斯蘭文明國家人民的支持。1991 年 1 月，53% 接受調查的日本人反對戰爭，只有 25% 支持。印度人民指海珊和布希應為戰爭負責的勢均力敵，《印度時報》警告說，這次戰爭可能導致「一個強大傲慢的猶太教和基督教世界，和一個被宗教狂熱點燃的疲弱伊斯蘭世界之間更全面的抗爭」。於是，波斯灣戰爭始於伊拉克和科威特之間的戰爭，後來變成伊拉克和西方之間的戰爭，再演變成伊斯蘭教和西方之間的戰爭，最後被很多非西方人視為一場東方對西方的戰爭，「一場白人的戰爭，老式帝國主義的一場新爆發」[15]。

除了科威特，伊斯蘭人民幾乎無人熱心於這場戰爭，絕大多

數還反對西方干預。波斯灣戰爭結束時，倫敦和紐約的勝利遊行未見於別處。哈希米（Sohail H. Hashmi）觀察說：「戰爭如此結果，並未帶給阿拉伯人任何歡樂的理由。」相反的，一般民眾感到深切的失望、不滿、羞辱和憤怒，又是西方獲勝。（12 世紀被第三次十字軍東征擊敗的埃及和敘利亞蘇丹）薩拉丁曾使阿拉伯人充滿了希望，結果被挾強大軍力侵入伊斯蘭世界的西方強權擊潰，如今歷史重演。麥尼錫問道：「除了戰爭的荼毒，阿拉伯世界還會遭到什麼更不堪的事，西方恃其科技向我們猛射飛彈？這是最大的恐懼。」[16]

戰後，除了科威特，阿拉伯世界輿論對美軍駐防波斯灣展開越來越猛烈的批判。科威特解放後，再也沒有理由反對海珊，美軍也沒有什麼理由可以再駐防波斯灣。因此，連埃及也越來越同情伊拉克，曾加入盟國的阿拉伯政府改變立場。[17] 埃及和敘利亞及其他國家，在 1992 年 8 月反對在伊拉克南境劃設禁航區。阿拉伯政府和土耳其也於 1993 年 1 月反對空襲伊拉克。如果西方空軍可以用來反制正統派穆斯林對什葉派和庫德族的攻擊，為什麼不能用來回應信奉正教的塞爾維亞人對波士尼亞穆斯林的攻擊？1993 年 6 月，美國總統柯林頓下令轟炸巴格達，以報復伊拉克意圖暗殺美國前總統布希，國際間的反應沿文明斷層線而異。以色列和西歐政府大力支持這次攻擊行動；俄羅斯接受它是「正當」的防衛；中國表現「深度關切」；沙烏地阿拉伯和波斯灣鄰國沒有表示意見；其他伊斯蘭國家政府，包括埃及，都斥之為另一次西方的雙重標準，伊朗更直指它是由美國「新擴張主義和霸權主義」推動的「明目張膽的侵略」。[18] 大家再三問道：為什麼美國和「國際社會」（意指西方）不對以色列的暴行及其違反聯合國決議案的行徑作出類似的回應？

波斯灣戰爭是冷戰後第一次不同文明間的資源戰爭，爭的是世界上最大片的油藏要由沙烏地阿拉伯及靠西方軍力維持安全的酋長國政府控制，或被可以及願意使用石油武器來對抗西方的反西方獨立政權控制。西方未能推翻海珊，但在大張旗鼓證明波斯灣國家全靠西方維持其安全上倒是大有斬獲，同時也成功的擴大承平時期在波斯灣的駐軍。戰前，伊朗、伊拉克、波斯灣合作理事會及美國積極爭取對波斯灣的影響力，戰後，波斯灣已經成為美國的湖泊。

斷層線戰爭的特色

不同派系、部落、種族團體、宗教社會和國家之間的戰爭，在每個時代和每個文明都很普遍，因為其根源於人民的認同。這些衝突多半有排他性，因為並未涉及對未參戰國有直接利害關係的更宏觀意識形態或政治議題，雖然也許會引起外界團體的人道關懷。戰爭也可能是惡性和血腥的，因為涉及關鍵性的認同問題。此外，這種戰爭多半持續很久，可能因停戰或簽署協議而中斷，但這仍可能被破壞，而使衝突再起。在一場涉及認同的內戰中，一方的決定性軍事勝利，則增加滅種屠殺的可能性。[19]

斷層線衝突是不同文明國家或團體間的集體衝突。斷層線戰爭也是充滿暴力的衝突，這類戰爭可以發生於國家之間、非政府組織之間、或國家和非政府組織之間。國家內部的斷層線衝突可能涉及地理位置比較特殊的地區族群，這些未能控制政府的組織通常極力爭取獨立，它們可能願意、也可能不願意妥協。國家內部的斷層線衝突也可能牽涉到地理位置犬牙交錯的族群，在這種

情形下，關係持續緊繃時常釀成暴力衝突，像印度的印度教徒和穆斯林，及馬來西亞的穆斯林和華人。這情況並且可能爆發全面戰鬥，尤其當新的國家成立並確定疆界，並以武力強行劃分當事民族時。

斷層線衝突有時是爭奪對人民的控制權，但爭奪領土的控制權更為頻繁。參戰者至少有一方的目標是征服土地，並藉著驅趕、殺害、或雙管齊下，亦即「種族淨化」政策來清除其他族群。這些衝突多半流於暴力醜陋，雙方爆發屠殺、恐怖暴行、強暴和酷刑。雙方爭奪的土地通常在一方或在兩造都是最能代表其歷史和認同的象徵，也就是彼此不容侵犯的聖地，像約旦河西岸、喀什米爾、納哥諾克拉巴、德利納河谷、科索伏省等。

斷層線戰爭和族群戰爭具有部分相同的特色，但並非完全一樣。斷層線戰爭通常拖很久，如果發生在國家境內，平均比國與國之間的戰爭要長 6 倍的時間；多半牽涉到基本的族群認同和權力等經由談判和妥協也不易解決的問題；協議達成時，通常參戰各造都有意見，因此也維繫不了多久。斷層線戰爭時斷時續，可能爆發成大規模的暴力，再逐漸降溫為低強度的戰爭或粗暴的敵意，隨時可能死灰復燃。族群認同之火和仇恨除非透過滅種屠殺發洩，否則不可能完全澆熄。由於斷層線戰爭通常曠日耗時，因此就像族群戰爭一樣多半傷亡慘重，而且會造成難民潮。傷亡及難民人數必須謹慎估計，1990 年代初期的斷層線戰爭，公認的死亡數字如下：菲律賓 5 萬，斯里蘭卡 5 到 10 萬，喀什米爾 2 萬，蘇丹 50 到 150 萬，塔吉克 10 萬，克羅埃西亞 5 萬，波士尼亞 5 到 20 萬，車臣 3 到 5 萬，西藏 10 萬，東帝汶 20 萬。[20] 幾乎所有這些衝突都產生更多的難民。

當代這些戰爭中，不少只是漫長血腥衝突史的最近一輪而

已，20 世紀末的暴力始終無法一勞永逸的解決。例如，蘇丹內戰於 1956 年爆發，延續到 1972 年，當時達成一項協議，同意蘇丹南部一部分自治，但 1983 年戰火重燃。斯里蘭卡的塔米爾之虎反抗軍於 1983 年開始作亂，結束戰爭的和平談判於 1991 年破裂，1994 年再談，而於 1995 年 1 月恢復停火。4 個月後，塔米爾之虎又撕毀停戰協議，退出和平談判，戰火復熾，而且變本加厲。菲律賓的莫洛民族解放陣線於 1970 年代初期開始作亂，1976 年達成協議，同意民答那峨某些地區自治後，戰火稍歇。到 1993 年，由於異議團體破壞和平計畫，暴力復熾，不但越來越頻繁，而且規模越來越大。俄羅斯和車臣領袖在 1995 年 7 月達成解除武裝的協定，希望結束 1994 年 12 月爆發的暴力衝突，戰火一度平息，但在車臣攻擊俄羅斯或親俄羅斯的領袖之後死灰復燃，俄羅斯展開報復，車臣反抗軍 1996 年 1 月攻擊達格斯坦自治共和國，俄羅斯則於 1996 年初展開大規模攻擊。

斷層線戰爭和其他族群戰爭固然都有時間拖很久、高度暴力、意識形態搖擺不定等特色，但也有兩大不同點。第一，族群戰爭可能發生於不同的民族、宗教、種族或語言集團之間。但由於宗教是文明的最重要特色，斷層線戰爭幾乎永遠發生於不同宗教信仰的民族之間。有些分析家淡化這個因素的意義，指出共同的族裔和語言，過去的和平共存，及波士尼亞境內塞爾維亞裔和穆斯林之間廣泛通婚，並以佛洛伊德「自我中心的小小差異」來排除宗教因素。[21] 但這種判斷建立於世俗的短視上。數千年的人類歷史已經顯示，宗教並非「小小的差異」，而可能是人和人之間最深沉的鴻溝。斷層線戰爭發生的頻率、密度和暴力，因信奉不同的神祇而大幅提高。

其次，其他族群戰爭多半是排他性的，因此比較不可能蔓延

使其他人涉入；相形之下，斷層線戰爭本質上是分屬幾個較大文化實體的集團之間的戰爭。在一般族群衝突下，A群和B群交戰，C、D、E群沒有理由介入，除非A或B群直接攻擊C、D、E群的利益。相形之下，在斷層線戰爭中，A1集團和B1集團交戰，雙方都會試圖擴大戰火，並動員同文明內的血緣團體A2、A3、A4和B2、B3和B4，而這些團體會和作戰的那個團體認同。現代世界運輸和通訊系統四通八達，有助於建立這些關係，使斷層線衝突「國際化」。當事各造在第三文明有其移民，通訊發達使它們比較容易求援，並且有助其血緣團體立刻知道它們的命運。世界變小後，使血緣團體得以提供道德、外交、財經和物質援助給相爭各造，而且比以前更難不這麼做。國際網路也提供這類支援，有了援助，相爭各造可以撐下去，衝突也會拖很久。套一句葛林威（H. D. S. Greenway）的說法，這種「兄弟之邦症候群」是20世紀末斷層線戰爭的主要特色。[22] 更廣泛的說，不同文明人民間即使一點點暴力衝突也會造成同文明內的暴力所不會見到的擴大症與後遺症。1995年2月，伊斯蘭教正統派槍手在喀拉蚩一座清真寺屠殺18名正在禮拜的什葉派穆斯林，結果是破壞這座城市的和平，並為巴基斯坦製造問題。而就在整整1年之前，一名猶太屯墾民在希布倫族長墓伊布拉辛姆清真寺屠殺29位穆斯林，使中東和平進程中斷，也給世界製造了問題。

事例：伊斯蘭教的血腥邊界

　　族群衝突和斷層線戰爭是歷史的要素，根據一項統計，冷戰時期總共發生了32次種族衝突，包括阿拉伯人和以色列人、印度人和巴基斯坦人、蘇丹的穆斯林和基督徒、斯里蘭卡的佛教

徒和塔米爾之虎，以及黎巴嫩的什葉派穆斯林和馬龍派基督徒之間的斷層線戰爭。1940 和 1950 年代的內戰有一半左右是為了認同問題，在隨後 10 年則占了大約四分之三，而在 1950 年代初和 1980 年代末之間，種族團體叛亂的密度增加了 3 倍。但和超強對立的超大幅度相比，這些衝突，除了一些比較知名的事件，較不為人注意，而且往往被透過冷戰的三稜鏡來看待。冷戰逐漸結束，族群衝突比從前重大、也更普遍，事實上，種族衝突幾乎可以說已經「急遽升高」。[23]

這些種族衝突和斷層線戰爭在世界各大文明之間的分布並不均勻。前南斯拉夫的塞爾維亞裔和克羅埃西亞裔、斯里蘭卡的佛教徒和印度教徒之間已發生重大的斷層線戰爭，較低度的衝突則發生於其他少數地方的非伊斯蘭教團體之間。但絕大部分斷層線衝突，沿歐亞大陸和非洲分隔穆斯林和非穆斯林的疆界發生。從宏觀或全球的水平來看世界政局，主要的文明衝突是介於西方和其他地方之間，在微觀或地方的層次上，則介於伊斯蘭教和其他宗教之間。

穆斯林和非穆斯林間強烈的敵意和暴力衝突十分普遍。在波士尼亞，穆斯林和信奉正教的塞爾維亞人打了一場血腥慘烈的戰爭，又和信天主教的克羅埃西亞人發生其他暴力衝突。在塞爾維亞的科索伏省，阿爾巴尼亞穆斯林在塞爾維亞裔統治下民怨四起，並維持他們自己的地下政府，兩個群體間極可能爆發暴力衝突。阿爾巴尼亞和希臘政府則為了彼此都有同類在對方內部構成少數族裔，於是為了這些同類在對方國內的權利而交惡。土耳其人和希臘人則有史以來就水火不容。在塞浦路斯，信奉伊斯蘭教的土耳其裔和信奉正教的希臘裔一直維持敵對的接壤關係。在高加索山區，土耳其和亞美尼亞是世仇，亞塞拜然和亞美尼亞更為

了控制納哥爾諾克拉巴而開戰。在北高加索，有 200 年之久，車臣人、印古什人和其他伊斯蘭人民，為了脫離俄羅斯獨立而時起爭戰，1994 年，俄羅斯和車臣甚至又打起一場血腥的戰鬥。戰爭也發生於印古什和信仰正教的奧塞梯亞之間。在窩瓦河流域，信奉伊斯蘭教的韃靼人過去曾和俄羅斯人打仗，並在 1990 年代初期和俄羅斯就有限度的主權達成不安的妥協。

整個 19 世紀，俄羅斯逐漸以武力擴張其對中亞穆斯林的控制。在 1980 年代，阿富汗和俄羅斯打了一場重大的戰爭。俄軍撤離後，續篇繼續在塔吉克搬演，由俄軍支持的政府當局和大部分信仰伊斯蘭教的反抗軍對峙。在新疆，維吾爾人及其他回民和漢人對抗，並和其在前蘇聯共和國的種族和宗教兄弟之邦發展關係。在印度次大陸，印度和巴基斯坦已經打了三場仗，一次是回民叛亂，向印度對喀什米爾的統治挑戰；一次是伊斯蘭移民和阿薩密省部落的族人衝突，以至於全印度穆斯林和印度教徒也經常發生暴亂和血腥暴力衝突。這些事件因基本教義派運動在印巴這兩個宗教社會興起而更火上加油。在孟加拉，佛教徒抗議遭受多數穆斯林歧視；而在緬甸，穆斯林抗議多數佛教徒對他們的歧視。在馬來西亞和印尼，穆斯林經常對華人暴動，抗議他們掌控當地的經濟。在泰國南部，伊斯蘭團體捲入一宗斷斷續續對抗佛教政府的叛亂。而在菲律賓南部，伊斯蘭暴動，向一個天主教國家和政府爭取獨立。在印尼，天主教國家東帝汶則正反抗伊斯蘭政府的鎮壓。

在中東，巴勒斯坦的阿拉伯人和猶太人之間的衝突可以回溯到猶太屯墾區的建立。以巴之間已經發生了四次戰爭，巴勒斯坦人對以色列的統治發動聖戰。在黎巴嫩，馬龍派基督徒和什葉派及其他穆斯林作戰，節節敗退。在衣索匹亞，信奉正教的阿姆哈

拉人，在歷史上一直鎮壓伊斯蘭少數族裔，並面對伊斯蘭歐莫洛解放陣線的反抗。橫越非洲最寬的地帶，北方的阿拉伯人和穆斯林，及南方信奉泛靈論的基督教黑人發生各種衝突。穆斯林和基督徒之間最血腥的戰爭發生於蘇丹，這場戰爭已經打了數十年，傷亡不計其數。奈及利亞的政局也一直為北方信奉伊斯蘭教的福拉尼─豪沙和南方基督教部落之間的衝突主導，經常發生暴動、政變和一場重大的戰爭。在查德、肯亞和坦尚尼亞，伊斯蘭教和基督教團體也同樣在進行抗爭。

在所有這些地方，穆斯林和天主教、新教、正教、印度教、華人、佛教、猶太教等其他文明的民族之間的關係通常是敵對的，而且過去都曾發生暴力衝突，在 1990 年代大部分流於血腥暴力。環顧伊斯蘭世界的周邊國家，穆斯林和他們的鄰居沒有辦法和平共存。20 世紀末伊斯蘭和非伊斯蘭團體之間的衝突模式，是否也適用於其他文明團體間的關係，不無疑問，事實上，並不適用。穆斯林占世界人口五分之一左右，但在 1990 年代，他們與不同團體發生暴力的頻率，比其他任何文明的人民都嚴重。證據十分明顯。

一、在 1993 ～ 1994 年間的 50 場種族政治衝突中，穆斯林曾捲入其中 26 場，葛爾（Ted Robert Gurr）曾有深入的分析（表 10-1）。50 場衝突之中，20 場發生於不同文明之間，其中 15 場是在穆斯林和非穆斯林之間。簡而言之，涉及穆斯林的跨文明衝突，是完全非伊斯蘭文明衝突的 3 倍。伊斯蘭內部的衝突也比其他任何文明內部多，包括非洲的部落衝突。相對於伊斯蘭世界，西方只涉入 2 場同一文明內和 2 場跨文明的衝突。穆斯林的衝突傷亡多半比較慘重。在葛爾估計至少有 20 萬人死

亡的 6 場戰爭中，發生於蘇丹、波士尼亞和東帝汶的 3
場是介於穆斯林和非穆斯林之間的衝突，發生於索馬利
亞和伊拉克及庫德族之間的 2 場衝突則是穆斯林兄弟鬩
牆，只有安哥拉的 1 場戰爭涉及非穆斯林。

二、《紐約時報》曾標示 1993 年發生的 59 場種族衝突中的
48 場位置。在其中一半地點，穆斯林和其他穆斯林或
和非穆斯林發生衝突，在 59 場衝突中有 31 場是介於不
同文明的團體間，而和葛爾的資料對照的是這些文明之
間的衝突有三分之二，也就是 21 場發生於穆斯林和其
他教徒之間（表 10-2）。

三、在另一項分析中，魯絲‧希瓦德也標示 1992 年發生的
29 場戰爭（其每年死亡的人數至少 1,000 人），在 12
場文明內部的衝突中，有 9 場是發生於穆斯林和非穆斯
林之間，這也再次證明，穆斯林比任何其他文明的人民
發生更多戰爭。[24]

三種不同的資料都得到同樣的結論：1990 年代初期，穆斯林
所發生的團體間暴力比非穆斯林要多，而三分之二到四分之三同
一文明內的戰爭是發生於穆斯林和非穆斯林之間。伊斯蘭世界的
邊界是血腥的，內陸也差不多。*

穆斯林比較有暴力傾向，由伊斯蘭社會軍事化的程度可見一
斑。在 1980 年代，伊斯蘭國家的軍力比（即 1,000 名人口中的軍
人數）及軍力指數（依一個國家的財力調整後的軍力比）都比其
他國家高很多；相形之下，基督教國家的軍力比和軍力指數都遠

---

* 我在《外交事務》所發表的文章中，引起最多批評的就是「伊斯蘭教的血腥邊界」
這句話。我是根據跨文明衝突的隨機調查作成這項判斷，而每一項公正的資料所提
供的數字證據最後都證明其可靠性。

比其他國家低。伊斯蘭國家的平均軍力比和軍力指數大約是基督教國家的2倍（表10-3）。佩恩（James Payne）的結論是：「顯然，伊斯蘭教和窮兵黷武有密切的關係。」[25]

伊斯蘭國家在國際危機中也傾向於以暴力解決。

表 10-1　種族政治衝突，1993 ～ 1994 年

	同一文明	跨文明	總數
穆斯林	11	15	26
其他宗教	19 †	5	24
總數	30	20	50

備註：† 其中 10 起為非洲部落間的衝突。

來源：Ted Robert Gurr, "Peoples Against States: Ethnopolitical Conflict and the Changing World System," *International Studies Quarterly*, Vol. 38 (September 1994), pp. 347-378. 除了轉變中的中國與西藏之衝突外，我還援用了葛爾有關衝突的分類。葛爾把中國與西藏衝突的非文明類別擺進跨文明的領域內，因為儒家的中國漢民族與喇嘛教的西藏族人之間明顯存在著衝突。

表 10-2　種族衝突，1993 年

	同一文明	跨文明	總數
穆斯林	7	21	28
其他宗教	21 ‡	10	31
總數	28	31	59

備註：‡ 其中 10 起為非洲部落間的衝突。

來源：*New York Times*, Feb. 7, 1993, pp. 1, 14。

在 1928 ～ 1979 年之間涉及伊斯蘭國家的 142 次危機中，總共有 76 次訴諸暴力，其中 25 次暴力是最主要的處理危機手段，

在 51 次危機中，伊斯蘭國家除了暴力還加上其他手段。伊斯蘭國家不使用暴力則已，一使用必是高強度暴力，在 41% 的案例中，它們發動全面戰爭，並使用暴力；而在另外 38% 案例中，它們投入重大的衝突中。伊斯蘭國家在危機中，有 53.5% 訴諸暴力；相形之下，英國在涉及本國的危機中訴諸暴力的情形只有 11.5%、美國 17.9%、前蘇聯 28.5%。在各大強權中，只有中國的暴力傾向超過伊斯蘭國家：中國在發生危機時，有 76.9% 會動用暴力。[26] 不論穆斯林或非穆斯林都不能否認，在 20 世紀末，伊斯蘭教好戰及有暴力傾向是不爭的事實。

表 10-3　伊斯蘭國家和基督教國家的軍力比及軍力指數

	平均軍力比	平均軍力指數
伊斯蘭國家（n = 25）	11.8	17.7
其他國家（n = 112）	7.1	12.3
基督教國家（n = 57）	5.8	8.2
其他國家（n = 80）	9.5	16.9

來源：James L. Payne, *Why Nations Arm* (Oxford: Basil Blackwel1, 1989), pp. 125, 138-139。在伊斯蘭與基督教國家中，有 80% 以上的人口信守著明確的宗教。

原因：歷史、民主、政局

　　20 世紀末斷層線戰爭急遽升高，及穆斯林在這類衝突中扮演核心角色，到底孰令致之？第一，這些戰爭有其歷史淵源，過去不同文明團體間時斷時續的斷層線暴力衝突，也存在於目前對過去的記憶中，而使雙方感到恐懼和沒有安全感。印度次大陸的穆斯林和印度教徒，北高加索的俄羅斯人和高加索人，外高加索的

亞美尼亞人和土耳其人，巴勒斯坦的阿拉伯人和猶太人，巴爾幹半島的天主教徒、穆斯林、正教徒，從巴爾幹到中亞的俄羅斯人和土耳其人，斯里蘭卡的錫蘭人和塔米爾人，阿拉伯人和全非洲的黑人：過去數世紀來，所有這些關係都在不信任的共存和邪惡的暴力之間互有消長。衝突所留下來的歷史包袱被居心叵測的人利用。在這些關係中，歷史仍活生生的，而且令人恐懼。

但斷斷續續的屠殺史本身無法解釋為什麼 20 世紀末又出現暴力。畢竟，一如很多人所指出的，塞爾維亞人、克羅埃西亞人和穆斯林數世紀以來在南斯拉夫和平共存，印度的穆斯林和印度教徒亦然。前蘇聯諸多種族和宗教團體共存，除了蘇聯政府所製造少之又少的知名事件之外。塔米爾之虎和斯里蘭卡人已在島上和平共處很久，錫蘭甚至被稱為熱帶樂園。歷史無法阻止這些比較和平的關係長期維繫，因此歷史本身也無法解釋和平瓦解的原因。20 世紀最後數十年必曾出現其他因素。

人口均勢的改變就是因素之一。一個團體的人數擴增，會對其他團體產生政治、經濟和社會壓力，並導致互相對抗的效應。更重要的是這會對人口比較不流動的團體產生軍事壓力。1970 年代初期，黎巴嫩有 30 年歷史的憲政秩序之所以瓦解，大部分因為什葉派穆斯林比馬龍派基督徒要大幅增加所致。富勒曾經指出，在斯里蘭卡，1970 年錫蘭民族主義暴亂，及 1980 年代末塔米爾之虎暴動的高峰，都和這些團體 15 ～ 24 歲的「年輕人膨脹」超過該團體所有人口的 20% 以上的年代不謀而合（見圖 10-1）。[27] 一名駐斯里蘭卡的美國外交官曾經指出，錫蘭的暴亂分子幾乎都不到 24 歲，而據了解，塔米爾之虎「更是與眾不同的倚重娃娃兵」，連「11 歲的小男生和小女生」都吸收，而那些在戰爭中喪生者，「有的還只是未成年人」。據《經濟學人》指出，這些塔米爾之

虎正在發動一起「未成年的戰爭」。[28] 同樣的，俄羅斯人及南方
穆斯林間的斷層線戰爭，也肇因於人口成長的大幅落差。在 1990
年代初，俄羅斯聯邦婦女的人口出生率是 1.5，而在前蘇聯共和
國穆斯林居多數的中亞人口出生率為 4.4，中亞在 1980 年代末的
人口淨成長率（概約出生率減概約死亡率）更為俄羅斯的 5、6 倍。
車臣人口在 1980 年代成長了 26%，車臣也是俄羅斯人口最稠密的
地區之一，高出生率產生了移民和戰士。[29] 同樣的，從巴基斯坦
到喀什米爾，穆斯林的高出生率和人口移入，使他們再度反抗印
度的統治。

　　導致前南斯拉夫跨文明戰爭的複雜進程，有很多原因和起
點，也許其中最重要的因素是科索伏省的人口變遷。科索伏是塞
爾維亞共和國境內一個自治省分，不僅獨立，且實質上擁有南斯
拉夫六個共和國的權力。1961 年，其人口組合是 67% 的阿爾巴

15 ～ 20 歲人口占總人口百分比

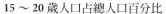

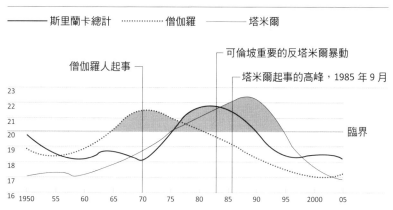

圖 10-1　斯里蘭卡：僧伽羅人與塔米爾年輕人口膨脹情形

備註：臨界，指年輕人占人口總數達 20% 或以上。

尼亞裔穆斯林和 24% 的塞爾維亞裔正教信徒。但阿爾巴尼亞出生率高居歐洲之冠,科索伏省也變成南斯拉夫人口最密集的區域之一,到 1980 年代,將近 50% 阿爾巴尼亞人不到 20 歲,在人口壓力下,塞爾維亞裔從科索伏省移居貝爾格勒等地以尋找經濟機會。結果,在 1991 年,科索伏省有 90% 是穆斯林,只有 10% 是塞爾維亞裔。[30] 但塞裔視科索伏省為其「聖地」或「耶路撒冷」。最重要的原因之一是 1389 年 6 月 28 日這裡發生一場大戰,他們被鄂圖曼土耳其人擊敗,並在幾乎 5 世紀之久,飽受鄂圖曼帝國統治之苦。

到 1980 年代末,人口均勢的改變促使阿爾巴尼亞人要求將科索伏升級到南斯拉夫共和國的層次,但塞爾維亞和南斯拉夫政府反對,擔心科索伏省一旦有權脫離南斯拉夫,就會真的獨立,而可能和阿爾巴尼亞合併。1981 年 3 月,阿爾巴尼亞人爆發了抗議和暴動,以聲援他們對共和國地位的要求。據塞爾維亞裔的說法,對塞裔的歧視、迫害和暴力也因而加強。克羅埃西亞一名新教徒指出,「自 1970 年代末以來,科索伏省發生了無數暴力事件,包括搗毀財產、失業、騷擾、強暴、戰鬥和殺戮」。結果,「塞裔聲稱,對他們的威脅已達滅種屠殺的地步,他們再也無法忍受」。科索伏省塞裔的困境,也引起塞爾維亞其他地方的共鳴,1986 年,200 位塞爾維亞知識界、政界、宗教界領袖、軍官及自由派的反對黨報《實踐》的主編共同發表宣言,要求政府採取有力的措施,以結束科索伏對塞裔的滅種屠殺。就「滅種屠殺」的合理定義而言,這種改變大部分失之誇大,雖然一位同情阿爾巴尼亞人的外國觀察家指出,「在 1980 年代,阿爾巴尼亞人是好幾起暴力攻擊塞裔及破壞塞裔財物的首謀」[31]。

所有這一切都使塞爾維亞民族主義人士和塞國總統米洛謝維

契認為有機可乘。1987 年，他在科索伏發表一次重要的演說，呼籲塞裔伸張對其土地和歷史的主權。「很快的，無數塞裔，不管是共產黨、非共產黨，甚至反對共產黨的人士，都開始簇擁在他周圍，他們不只決定保護在科索伏省居少數的塞裔，還要打壓阿爾巴尼亞人，並使他們淪為二等公民。米洛謝維契很快被公推為國家的領袖。」[32] 2 年後，在 1989 年 6 月 28 日，米洛謝維契重回科索伏省，並帶著 100、200 萬塞爾維亞人，以慶祝象徵他們和穆斯林戰爭的偉大戰役 600 周年紀念。

因阿爾巴尼亞人口和權力擴增，激發了塞爾維亞人的恐懼和民族意識，復因波士尼亞人口改變進一步惡化。1961 年，塞裔占波士尼亞赫次哥維那人口的 43%，穆斯林則占 26%。到 1991 年，這個百分比幾乎正好相反，塞裔掉到 31%，穆斯林則增加到 44%，在這 30 年間，克羅埃西亞人從 22% 減少為 17%。一個族群的擴張，會導致另一個族群的種族淨化。一名塞裔士兵在 1992 年曾問：「我們為什麼濫殺幼童？」並自己回答說：「因為有朝一日他們會長大，到時候還是得殺了他們。」比較不殘暴的波士尼亞裔克羅埃西亞政府也採取行動，以防它們的地盤被穆斯林「挾人口優勢占領」。[33]

人口均勢改變和年輕人膨脹了 20% 以上，都是 20 世紀末無數跨文明衝突的原因。但也不盡然只是這兩個因素作祟，像塞裔和克羅埃西亞裔之間的戰爭就不能歸咎於人口結構的改變，歷史也只能說明一部分原因，因為在第二次世界大戰克羅埃西亞由右翼分子所組成的恐怖流亡組織「烏斯達沙」屠殺塞裔之前，這兩個族群的人民一直和平共處。在這裡，一如其他地方，政治是衝突導火線。第一次世界大戰結束時，奧匈帝國、鄂圖曼帝國和俄羅斯帝國瓦解，使繼起的人民和國家之間發生種族和文明衝突。

第二次世界大戰結束後，英、法和荷蘭帝國垮台，也有類似的效應。冷戰結束後，蘇聯和南斯拉夫共產政權瓦解，後果也如出一轍。人民已經無法再定位為共產黨、蘇聯市民或南斯拉夫人，他們亟欲尋找新的定位，在種族淵源和宗教的老式替代品中找到新的選項，無神論國家飽受壓抑但平和的秩序，被宗教信仰不同的人民的暴力取代。

這個進程由於新登場的政治實體必須實施民主而惡化。當蘇聯和南斯拉夫開始分崩離析時，當權派精英並未舉辦任何全國大選。當時如果舉行全國大選，政治領袖將會在中央爭權，並且可能向選民提出多種族和多元文明的訴求，也可能在國會中組成類似的多數聯盟。相反的，蘇聯和南斯拉夫都先讓共和國辦選舉，結果為政治領袖製造無法抗拒的誘因，打著反中央的旗幟競選，以討好民族主義者並鼓吹共和國的獨立。即使在波士尼亞境內，選民在 1990 年的選舉中也完全沿種族分界線投票。多種族的改革派和前共產黨各贏得不到 10% 的選票。投給伊斯蘭民主行動黨的占 34%，塞爾維亞民主黨占 30%，克羅埃西亞民主聯盟占 18%，大約和人口中的回裔、塞裔和克裔人口相當。在幾乎每一個前蘇聯和前南斯拉夫共和國中，第一次比較公平競爭的選舉，幾乎都由鼓吹民族意識的政治領袖獲勝，他們還承諾採取強烈行動制衡其他種族團體，以捍衛國族認同。選舉使民族主義的訴求抬頭，並使斷層線衝突升溫為斷層線戰爭。因此，套一句丹尼奇（Bogdan Denitch）的話，「種族化身為人民」，[34] 初步結果就是戰爭。

20 世紀結束之際，仍不清楚到底是什麼使穆斯林比其他文明的人更容易與不同族群捲入暴力衝突。是歷史使然嗎？過去，基督徒大量殘殺基督徒及其他民族，要評估歷史上不同文明的暴力傾向，必須作深入的研究，這裡我們不可能辦到。我們能做的是

指出目前伊斯蘭團體暴力的可能原因，不管是來自伊斯蘭教內部或外在的因素，並且在歷史上使伊斯蘭教比較容易捲入族群衝突（如果伊斯蘭教確實有此歷史傾向的話）的原因，與只能解釋伊斯蘭教在 20 世紀末有此傾向的原因之間，作個區辨。約略可以歸納出六個原因，其中三個只能解釋穆斯林和非穆斯林之間的暴力，另外三個同時能解釋伊斯蘭國家之間的暴力。三個只能解釋當代伊斯蘭國家的暴力傾向，另外三個也可以解釋伊斯蘭教的歷史暴力傾向（如果確實有此歷史傾向的話）。如果此一歷史趨勢不存在，則無法解釋歷史趨勢不存在的假設因素可能也無法解釋當代伊斯蘭教容易捲入族群暴力的明顯趨勢。這樣的話，後者只能以不存在於從前的 20 世紀因素來解釋（表 10-4）。

表 10-4　伊斯蘭教容易與人衝突的可能原因

	外在衝突	內部與外在衝突
歷史性的與當代的衝突	鄰近 不易消化	軍事主義
當代的衝突	被視為只能當受害者	人口膨脹 缺乏核心國家

第一個論點是伊斯蘭教從一開始就是劍的宗教，崇尚武力。伊斯蘭教發源於「互相交戰的貝多因游牧民族」，而「這個暴力源頭烙印在伊斯蘭教的根基上，穆罕默德本人身後有無情戰士、純熟軍事指揮官之名」（沒有人會如此形容耶穌或佛祖）。[35] 伊斯蘭教教義主張對非信徒發動戰爭，而伊斯蘭教初步的擴張開始減弱時，伊斯蘭團體一反伊斯蘭教義，自相殘殺，內部衝突的比率變得比聖戰要高得多。可蘭經和伊斯蘭教的其他宣言很少禁止

暴力，而非暴力的觀念也未見於伊斯蘭教教義和作法中。

其次，伊斯蘭教從發源地阿拉伯傳到北非及中東大部分地區，後來再傳到中亞、印度次大陸及巴爾幹半島，使穆斯林得以和很多不同的民族直接接觸，這些民族被征服並皈依伊斯蘭教，這個過程至今還有後遺症。鄂圖曼帝國征服巴爾幹之後，住在都市的南斯拉夫人多半改信伊斯蘭教，鄉下農民則否，這也埋下波士尼亞穆斯林和信仰正教的塞爾維亞人之間的分歧。從反方面來看，俄羅斯帝國擴張到黑海、高加索和中亞，數世紀來，一直和不同的伊斯蘭民族起衝突。西方在其權力顛峰時期和伊斯蘭教對立，並贊助在中東建立猶太人的祖國，也種下日後阿拉伯和以色列對立的種子。伊斯蘭和非伊斯蘭各自擴張領土，使穆斯林和非穆斯林在全歐亞地區都有密切的接觸。相形之下，西方在海上的擴張，大半無法使西方民族和非西方民族比鄰而居：這些非西方民族若非被歐洲人統治，就是（除了南非之外）幾乎完全被西方移民殲滅。

伊斯蘭和非伊斯蘭國家第三個可能的衝突來源，或許像一位政治家在提到他自己的國家時所稱，牽涉到「很難理解的」穆斯林。但這種不易理解是雙向的：伊斯蘭國家和其國內的非伊斯蘭的少數民族有問題，一如非伊斯蘭國家和其國內的伊斯蘭少數民族有問題。比起基督教，伊斯蘭教是更專制的宗教。伊斯蘭教融合了宗教和政治，並和其他宗教劃清界線，結果，儒家、佛教、印度教、西方基督教和正統基督教在彼此調適和共存上比較沒有困難，但任何一個宗教要調適並和伊斯蘭教共存，就困難多了。像華人在大部分東南亞國家都是主導經濟成長的少數族群，他們和信仰佛教的泰國及天主教的菲律賓都很成功的同化，這些國家居多數的團體幾乎從未見排華暴力；伊斯蘭國家印尼和馬來西亞

則曾發生排華暴動和暴力，在這些社會中，華人的角色至今仍是個敏感及潛在的引爆點，在泰國和菲律賓則否。

窮兵黷武、不易消化和鄰近非伊斯蘭團體，一直是伊斯蘭教的特色，這也可以解釋有史以來伊斯蘭教的衝突傾向，如果這種傾向的確存在的話。另外三個暫時受到限制的因素，也可能會在20世紀末造成這種傾向。伊斯蘭國家的解釋之一，是西方搞帝國主義及伊斯蘭國家在19、20世紀受其支配，予人伊斯蘭軍力和經濟衰弱的印象，並因而使非伊斯蘭團體視伊斯蘭國家為誘人的目標。根據這種說法，伊斯蘭國家是反伊斯蘭偏見的祭品，和西方歷史上屢見不鮮的反猶主義際遇同病相憐。阿哈默德指稱，巴勒斯坦人、波士尼亞人、喀什米爾人及車臣人，就像「印第安紅人，是受到打壓的族群，被剝奪尊嚴，困在從祖產轉化而來的保留區內」[36]。但這種「伊斯蘭教只是祭品」之說，無法解釋蘇丹、埃及、伊朗和印尼等國家伊斯蘭多數和非伊斯蘭少數間的衝突。

要詮釋伊斯蘭教內部和外來衝突，一個可能比較有說服力的因素是伊斯蘭世界缺乏一個或更多核心國家。為伊斯蘭教辯護的人經常指稱，西方批評家相信，伊斯蘭世界有一股核心的陰謀主導力量來動員並協調其行動，以對抗西方和其他勢力。論者如果相信這點，他們就錯了。伊斯蘭教是製造世界不安的源頭，因為它缺乏一個主導的中心，沙烏地阿拉伯、伊朗、巴基斯坦、土耳其，及有潛力的印尼在伊斯蘭世界中競逐影響力，都希望出線成為伊斯蘭領袖，但這些國家中沒有一個強勢到可以斡旋伊斯蘭內部衝突的地步，也沒有任何國家可以權威的代表伊斯蘭教處理伊斯蘭和非伊斯蘭團體間的衝突。

最後，也是最重要的，伊斯蘭社會人口爆炸，15～30歲之間很多未就業的男性可以派上用場，這些都是伊斯蘭教內部和對

抗非伊斯蘭團體時一股不穩定和暴力的自然來源。不管還有什麼其他因素作祟，光是這個因素就足以解釋 1980 和 1990 年代伊斯蘭教暴力的起因。等這個「豬入蛇口的世代」到西元 2030 年老去，而伊斯蘭社會的經濟如果也發達之後，終將使伊斯蘭教暴力傾向大為減低，並因而使斷層線戰爭的頻率和強度普遍滑落。

註釋

1. Mahdi Elmandjra, *Der Spiegel*, 11 Feburary 1991 , cited in Elmandjra, "Cultural Diversity: Key to Survival in the Future," (First Mexican Congress on Future Studies, Mexico City, 26-27 September 1994), pp. 3, 11。

2. David C. Rapoport, "Comparing Militant Fundamentalist Groups," in Martin E. Marty and R. Scott Appleby, eds., *Fundamentalisms and the State: Remaking Polities, Economies, and Militance* (Chicago: University of Chicago Press, 1993), p. 445。

3. Ted Galen Carpenter, "The Unintended Consequences of Afghanistan," *World Policy Journal*, 11 (Spring 1994), 78-79, 81, 82; Anthony Hyman, "Arab Involvement in the Afghan War," *Beirut Review*, 7 (Spring 1994), 78, 82; Mary Anne Weaver, "Letter from Pakistan: Children of the Jihad," *New Yorker*, 12 June 1995, pp. 44-45; *Washington Post*, 24 July 1995, p. Al; *New York Times*, 20 March 1995, p. 1; 28 March 1993, p. 14。

4. Tim Weiner, "Blowback from the Afghan Battlefield," *New York Times Magazine*, 13 March 1994, p. 54。

5. Harrison J. Goldin, *New York Times*, 28 August 1992, p. A25。

6. James Piscatori, "Religion and Realpolitik: Islamic Responses to the Gulf War," in James Piscatori, ed., *Islamic Fundamentalisms and the Gulf Crisis* (Chicago: Fundamentalism Project, American Academy of Arts and Science, 1991), pp. 1, 6-7. See also Fatima Mernissi, *Islam and Democracy: Fear of the Modern World* (Reading, MA: Addison-Wesley), pp. 16-17。

7. Rami G. Khouri, "Collage of Comment: The Gulf War and the Mideast Peace; The Appeal of Saddam Hussein," *New Perspectives Quarterly*, 8 (Spring 1991), 56。

8. Ann Mosely Lesch, "Contrasting Reactions to the Persian Gulf Crisis: Egypt, Syria, Jordan, and the Palestinians," *Middle East Journal*, 45 (Winter 1991), p. 43; *Time*, 3 December 1990, p. 70; Kanan Makiya, *Cruelty and Silence: War, Tyranny, Uprising and the Arab World* (New York: W. W. Norton, 1993), pp. 242ff。

9. Eric Evans, "Arab Nationalism and the Persian Gulf War," *Harvard Middle Eastern and*

Islamic Review, 1 (February 1994), p. 28; Sari Nusselbeh, quoted *Time*, 15 October 1990, pp. 54-55。

10. Karin Haggag, "One Year After the Storm," *Civil Society* (Cairo), 5 (May 1992), 12。

11. *Boston Globe*, 19 February 1991, p. 7; Safar al-Hawali, quoted by Mamoun Fandy, *New York Times*, 24 November 1990, p. 21; King Hussein, quoted by David S. Landes, "Islam Dunk: the Wars of Muslim Resentment," *New Republic*, 8 April 1991, pp. 15-16; Fatima Mernissi, *Islam and Democracy*, p. l02。

12. Safar Al-Hawali, "Infidels, Without, and Within," *New Perspectives Quarterly*, 8 (Spring 1991), 51。

13. *New York Times*, 1 February 1991, p. A7; *Economist*, 2 February 1991, p. 32。

14. *Washington Post*, 29 January 1991, p. A10; 24 February 1991, p. Bl; *New York Times*, 20 October 1990, p. 4。

15. Quoted in *Saturday Star* (Johannesburg), 19 January 1991 , p. 3; *Economist*, 26 January 1991 , pp. 31-33。

16. Sohail H. Hasmi, review of Mohammed Haikal, "Illusions of Triumph," *Harvard Middle Eastern and Islamic Review*, 1 (February 1994), 107; Mernissi, *Islam and Democracy*, p.102。

17. Shibley Telhami, "Arab Public Opinion and the Gulf War," *Political Science Quarterly*, 108 (Fall 1993), 451。

18. *International Herald Tribune*, 28 June 1993, p. 10。

19. Roy Licklider, "The Consequences of Negotiated Settlements in Civil Wars, 1945-93", *American Political Science Review*, 89 (September 1995), 685，他界定族群戰爭為「認同戰爭」；及 Samuel P. Huntington, "Civil Violence and the Process of Development," in *Civil Violence and the International System* (London: International Institute for Strategic Studies, Adelphi Paper No. 83, December 1971), 12-14。他認為族群戰爭的五大特色為：高度極化對立、意識形態模糊、排他主義、大量暴力，和持續很久。

20. 這些估計來自報紙報導，和 Ted Robert Gurr and Barbara Harff, *Ethnic Conflict in World Politics* (Boulder: Westview Press, 1994), pp. 160-165。

21. Richard H. Shultz, Jr. and William J. Olson, *Ethnic and Religious Conflict: Emerging Threat to U.S. Security* (Washington, D.C.: National Strategy Information Center), pp. 17ff.; H. D. S. Greenway, *Boston Globe*, 3 December 1992, p. 19。

22. Roy Licklider, "Settlements in Civil Wars," p. 685; Gurr and Harff, *Ethnic Conflict*, p. 11; Trent N. Thomas, "Global Assessment of Current and Future Trends in Ethnic and Religious Conflict," in Robert L. Pfaltzgraff, Jr. and Richard H. Shultz, Jr., eds., *Ethnic Conflict and Regional Instability: Implications for U.S. Policy and Army Roles and Missions* (Carlisle Barracks, PA: Strategic Studies Institute, U.S. Army War College, 1994), p. 36。

23. 請參閱 Shultz and Olson, *Ethnic and Religious Conflict*, pp. 3-9; Sugata Bose, "Factors Causing the Proliferation of Ethnic and Religious Conflict," in Pfaltzgraff and Shultz, *Ethnic Conflict and Regional Instability*, pp. 43-49; Michael E. Brown, "Causes and

Implications of Ethnic Conflict," in Michael E. Brown, ed., *Ethnic Conflict and International Security* (Princeton, NJ: Princeton University Press, 1993), pp. 3-26。辯稱種族衝突自冷戰結束後並未增加，可參閱：Thomas, "Global Assessment of Current and Future Trends in Ethnic and Religious Conflict," pp. 33-41。

24. Ruth Leger Sivard, *World Military and Social Expenditures 1993* (Washington, D.C.: World Priorities, Inc., 1993), pp. 20-22。

25. James L. Payne, *Why Nations Arm* (Oxford: B. Blackwell, 1989), p. 124。

26. Christopher B. Stone, "Westphalia and Hudaybiyya: A survey of Islamic Perspectives on the Use of Force as Conflict Management Technique" (unpublished paper, Harvard University), pp. 27-31, and Jonathan Wilkenfeld, Michael Brecher, and Sheila Moser, eds., *Crises in the Twentieth Century* (Oxford: Pergamon Press, 1988-89), II, 15, 161。

27. Gary Fuller, "The Demographic Backdrop to Ethnic Conflict: A Geographic Overview," in Central Intelligence Agency, *The Challenge of Ethnic Conflict to National and International Order in the 1990's: Geographic Perspectives* (Washington, D.C.: Central Intelligence Agency, RTT 95-10039, October 1995), pp. 151-154。

28. *New York Times*, 16 October 1994, p. 3; *Economist*, 5 August 1995, p.32。

29. United Nations Department for Economic and Social Information and Policy Analysis, Population Division, *World Population Prospects: The 1994 Revision* (New York: United Nations, 1995), pp. 29, 51; Denis Dragounski, "Threshold of Violence," *Freedom Review*, 26 (March-April 1995), 11。

30. Susan Woodward, *Balkan Tragedy: Chaos and Dissolution after the Cold War* (Washington, D.C.: Brookings Institution, 1995), pp. 32-35; Branka Magas, *The Destruction of Yugoslavia: Tracking the Breakup 1980-92* (London: Verso, 1993), pp. 6, 19。

31. Paul Mojzes, *Yugoslavian Inferno: Ethnoreligious Warfare in the Balkans* (New York Continuum, 1994), pp. 95-96; Magas, *Destruction of Yugoslavia*, pp. 49-73; Aryeh Neier, "Kosovo Survives," *New York Review of Books*, 3 February 1994, p. 26。

32. Aleksa Djilas, "A Profile of Slobodan Milosevic," *Foreign Affairs*, 72 (Summer 1993), 83。

33. Woodward, *Balkan Tragedy*, pp. 33-35，數字來自南斯拉夫人口普查和其他來源。William T. Johnsen, *Deciphering the Balkan Enigma: Using History to Inform Policy* (Carlisle Barracks: Strategic Studies Institute, 1993), p. 25, citing *Washington Post*, 6 December 1992, p. C2; *New York Times*, 4 November 1995, p. 6。

34. Bogdan Denis Denitch, *Ethnic Nationalism: The Tragic Death of Yugoslavia* (Minneapolis: University of Minnesota Press, 1994) pp. 108-109。

35. Payne, *Why Nations Arm*, pp. 125, 127。

36. *Middle East International*, 20 January, 1995, p. 2。

Chapter

11

斷層線戰爭的動力

認同：文明意識抬頭

　　斷層線戰爭通常歷經強化、擴張、圍堵、中斷及少之又少的解決等階段，這些歷程多半連續性的展開，但也經常重疊並可能重複。就像其他集團戰爭，斷層線戰爭一旦開始，多半會有自己的生命，並以行動和回應的模式發展。原本多元隨意的認同成為永遠的焦點，族群衝突名為「認同戰爭」[1] 相當貼切。隨著暴力升高，原來的關鍵問題多半重新界定為「我們」對「他們」的問題，而族群內的凝聚力和投入也隨之加強。政界領袖擴大並加深他們對種族和宗教屬性的訴求，文明意識相對於其他定位也強化了。一種相當於國際關係中「安全困境」的「仇恨動力」成形，並點燃了共同的恐懼、不信任和仇恨。[2] 相關各造誇大並突出善惡兩股力量之間的區別，最後並試圖將其轉化為存亡之戰。

隨著革命開展，溫和的黨派，像（法國18世紀大革命時期的）吉戎地黨及（俄國社會民主黨內的）孟什維克黨，分別敗給法國激進的雅各賓黨和俄國的布爾什維克黨。同樣的歷程也發生於斷層線戰爭上。主張自治而不求獨立等比較有限目標的溫和派，並非透過協商達成目標，因為這些目標一開始通常會失敗，而由激進派以暴力達成比較極端目標的方式來彌補或取代。在莫洛激進伊斯蘭團體和菲律賓的衝突中，主要的反抗軍團體「莫洛民族解放陣線」起初被「莫洛伊斯蘭解放陣線」取代，後又被更極端的菲南伊斯蘭激進團體「阿布沙亞夫」取代。「阿布沙亞夫」根本拒絕其他團體和菲律賓政府所談判的停火協議。1980 年代，蘇丹政府採行越來越激進的伊斯蘭主義立場。1990 年代初基督教叛亂分裂，分出一個新的團體「南蘇丹獨立運動」，力主獨立而不只是自治。在以色列和阿拉伯的持續衝突中，當主流派的巴勒斯坦解放組織採取行動和以色列政府談判時，伊斯蘭兄弟組織「哈瑪斯」為了巴勒斯坦人的忠誠而向以色列下戰書。同時，以色列政府加入談判，也引起以色列極端主義宗教團體抗議和暴動。而當車臣和俄羅斯的衝突在 1992 和 1993 年升高時，杜達耶夫政府「也由反對和莫斯科妥協、最激進的車臣民族主義派系主導，最溫和的黨派則被排擠為反對力量」。塔吉克也曾經歷同樣的轉變，「1992 年，當塔吉克衝突升高時，由於伊斯蘭團體比較成功的動員貧農和不滿的城市青年，逐漸取代了民族主義的民主黨派。而隨著年輕的領袖逐漸出頭，向傳統和比較務實的宗教階層挑戰時，伊斯蘭教的訊息也日益激進」。塔吉克一位領袖曾說：「我已經收回外交辭令，開始使用戰爭語言，想到俄羅斯在我的祖國所製造的局面，這已經是唯一適切的語言了。」[3] 在波士尼亞伊斯蘭民主行動黨內，由總統伊澤貝高維奇所領導的極端民族主義

派系，比由副總統席拉茲茨為首、比較包容的多元文化派系要有影響力。[4]

但激進派系的勝利不一定能長久維持，如果溫和的妥協無法結束斷層線戰爭，激進暴力也不可能成功。隨著死亡和破壞變本加厲，走投無路時，溫和派可能再度出頭，再次指出激進暴力「毫無意義」，並促透過談判結束戰爭。

在戰爭過程中，多重認同消失了，而由和衝突最息息相關的那個認同主導，這種定位八九不離十，幾乎都由宗教界定。心理上，宗教提供最令人鼓舞和有力的理由，來和被視為具有威脅性的「無神」力量抗衡。事實上，宗教或文明社會是捲入衝突的地方族群可以爭取支持的最廣泛共同體。如果非洲兩大部落發生地方戰爭，其中一個部落界定為伊斯蘭教，另一個為基督教，伊斯蘭團體一定可以得到沙烏地阿拉伯的財力、阿富汗的聖戰組織和伊朗的武器及軍事顧問援助。基督教團體則可以寄望西方的經濟和人道援助及西方政府的政治和外交協助。除非一個團體可以像波士尼亞穆斯林，令人信服的自我塑造為滅種屠殺的受害人，並引起西方同情，否則多半只能靠同文明的兄弟之邦提供大量援助。而除了波士尼亞穆斯林，大致情形如此。打斷層線戰爭的地方族群擁有本地以外的廣泛族群關係，因此會造成參與者的文明認同。

在其他文明，斷層線戰爭也強化文明認同，但這文明認同在穆斯林之間特別常見。斷層線戰爭也許起源於家庭、宗教或部落衝突，但因伊斯蘭世界的定位呈 U 字形，當鬥爭繼續進行，伊斯蘭教參與者很快的意圖擴張其定位，訴諸所有伊斯蘭世界，像伊拉克總統海珊這種反基本教義派的世俗主義者也不例外。一位西方觀察家指出，亞塞拜然政府同樣打「伊斯蘭牌」。在塔吉克，

一場原本是塔吉克內部的區域性戰爭，反抗軍卻傾向於界定其運動為伊斯蘭教義的訴求。在北高加索和俄羅斯 19 世紀的戰爭中，伊斯蘭領袖夏米爾自稱奉行伊斯蘭主義，結合數十個種族和語言團體，「在伊斯蘭教的基礎上反抗俄羅斯的征服」。在 1990 年代，（車臣前總統）杜達耶夫就利用 1980 年代發生於高加索地區的伊斯蘭叛亂來推動類似的政策。他得到伊斯蘭教士和伊斯蘭黨派的支持，對著可蘭經宣誓就職（俄羅斯總統葉爾欽則由正教大主教盟誓就職）。而在 1994 年，杜達耶夫建議車臣變成伊斯蘭國家，奉行伊斯蘭律法（shari'a），車臣戰士穿戴綠色頭巾，「上面飾以車臣文的『聖戰』兩個字」，出征時也高呼「阿拉」。[5] 同樣的，喀什米爾穆斯林的自我定位，最早介於包括穆斯林、印度教徒和佛教徒的區域認同和印度世俗主義之間，後來變成第三種認同，反映於「伊斯蘭民族主義在喀什米爾的興起，和跨國伊斯蘭基本教義價值的散布，使喀什米爾的穆斯林覺得同屬於伊斯蘭巴基斯坦和伊斯蘭世界的一部分」。在 1989 年反抗印度時，喀什米爾本來是由一個「比較世俗化」的團體率領，並得到巴基斯坦政府支持。巴國的支持後來轉向伊斯蘭激進團體，使其躍居主流勢力，這些團體包括「核心的反抗軍」，它們似乎「不計什麼希望和結果，為了聖戰本身而全力打聖戰」。另一位觀察家指出：「民族情感因宗教信仰不同而提高，伊斯蘭好戰主義在世界各地興起，鼓舞了喀什米爾的反抗軍，並腐蝕了喀什米爾印度教和伊斯蘭教相互包容的傳統。」[6]

文明定位的急遽興起也見於波士尼亞，尤其是在其伊斯蘭社區。在歷史上，波士尼亞的族群認同不強，塞爾維亞裔、克羅埃西亞裔和穆斯林是和平共處的鄰居，跨族通婚屢見不鮮，宗教認同也弱。有人說，所謂穆斯林是指不上清真寺的波士尼亞人；

克羅埃西亞裔則是不上教堂的波士尼亞人；至於塞爾維亞裔，則是不去正教教會的波士尼亞人。在南斯拉夫比較廣義的認同瓦解後，這些隨意的宗教認同也就有了新的關聯性，一旦戰爭爆發，宗教認同更加強化。「多族群主義」消失了，每個族群越來越與其更廣泛的文化共同體認同，並從宗教觀點來自我界定。波士尼亞塞爾維亞裔變成極端塞爾維亞民族主義者，自我認同於大塞爾維亞、波士尼亞正教及更廣泛的正教社會。波士尼亞克羅埃西亞裔則是最狂熱的克羅埃西亞民族主義者，自認為是克羅埃西亞公民，強調他們信奉天主教，並和克國的克羅埃西亞人一起認同信奉天主教的西方。

　　穆斯林對文明定位的覺醒尤其明顯。在戰前，波士尼亞穆斯林對未來的展望十分世俗化，自視為歐洲人，也是最強烈支持多元文化的波士尼亞社會和國家。但南斯拉夫分裂後，情形開始改觀。一如克羅埃西亞裔和塞爾維亞裔，在 1990 年的選舉中，穆斯林拒絕了多族群黨派，一面倒的支持伊澤貝高維奇所領導的「伊斯蘭民主行動黨」。伊澤貝高維奇篤信伊斯蘭教，並曾因從事伊斯蘭激進運動而被共產黨政府下獄，他在 1970 年出版的著作《伊斯蘭宣言》中力言：「伊斯蘭和非伊斯蘭制度不相容；伊斯蘭和非伊斯蘭的社會與政治組織也不可能和平共存。」伊斯蘭運動強勢時必須抓權，創立一個伊斯蘭共和國。而在新的國家中，最重要的是教育和媒體「應該置於伊斯蘭道德與思想權威都不容置疑者手中」。[7]

　　波士尼亞獨立後，伊澤貝高維奇倡議成立一個多種族國家，由並非居於多數的穆斯林支配，但他不是那種能忍住不將他這個由戰火產生的國家伊斯蘭化的人。他不願公然明確拒斥《伊斯蘭宣言》，使非穆斯林心生恐懼。隨著戰火升高，波士尼亞的塞裔

和克裔從波士尼亞政府控制的地區遷走，留下來的人則逐漸發現他們找不到理想的工作，又被排斥於社會組織之外。「在伊斯蘭民族社會內，伊斯蘭教的重要性與日俱增，有力的伊斯蘭民族認同變成政策和宗教的一部分」。伊斯蘭民族主義，相對於波士尼亞多元文化的民族主義，越來越常見於媒體。學校廣開宗教課，新的教科書也強調鄂圖曼帝國統治的優點。波士尼亞的語言被指有別於塞爾維亞和克羅埃西亞的語言，並開始收入更多的土耳其和阿拉伯用語。政府官員攻擊異族通婚及「侵略者」或塞爾維亞的音樂。政府鼓勵伊斯蘭教信仰，在雇用和升遷上也優先考慮穆斯林。最重要的是波士尼亞軍隊也伊斯蘭化了，1995 年，穆斯林占所有兵員的 90% 以上。越來越多軍中單位和伊斯蘭教認同，它們投入伊斯蘭政策，並使用伊斯蘭教的象徵，尤以主流精英單位最徹底的伊斯蘭化，而且數目越來越多。這種趨勢已經引起五個成員國抗議（其中兩個克裔，兩個塞裔）由伊澤貝高維奇出任波士尼亞總統，但他拒不下台，反倒是提倡多元文化的總理席拉茲茨於 1995 年掛冠。[8]

在政治上，伊澤貝高維奇的伊斯蘭政黨「伊斯蘭民主行動黨」，擴張其對波士尼亞國家和社會的控制。到 1995 年，該黨已經控制了「軍隊、公家機關和國營企業」。報導說，「未加入該黨的穆斯林很難找到像樣的工作，遑論非穆斯林了」。論者批評該黨「變成伊斯蘭教沿襲共產黨政府威權統治的工具」。[9]整體而言，另一位觀察家指出：

> 伊斯蘭民族主義越走越極端，如今已容不下其他民族意識，並成為新近占優勢地位的伊斯蘭國家的資產、特權和政治工具……新伊斯蘭民族意識主要的結果是朝民

族共同性發展……伊斯蘭基本教義派在決定伊斯蘭的民族利益上，也越來越居主導地位。[10]

宗教認同因戰爭和種族淨化而加強，領導者的偏好加上其他伊斯蘭國家的支持和壓力，使波士尼亞緩慢但明顯的從巴爾幹半島的瑞士變成為巴爾幹的伊朗。

在斷層線戰爭中，各造不只強調本身的文明定位，更要凸顯另一方的文明定位。在地方戰爭中，它們不只是和當地另一個種族集團作戰，也是和另一個文明作戰。這種威脅因而被一個重要文明的資源而擴大和加強，而戰敗不只對本身，對其所屬文明也會有後遺症。因此，發生衝突時，其中一方所屬的文明迫切必須集結為後盾。地方戰爭於是被重新界定為宗教戰爭，是文明間的衝突，對一大群人都有影響。1990年代初，正教和正教教會再次成為俄羅斯民族定位的核心要素，「擠掉了俄羅斯的其他宗派，其中伊斯蘭教是最重要的」[11]。俄羅斯人發現，把塔吉克部落與地域間的戰爭及俄國與車臣間的戰爭回溯到數世紀前正教和伊斯蘭教之間更廣泛的衝突。正教對手如今投效的是伊斯蘭基本教義派和聖戰，及伊斯蘭馬巴德、德黑蘭、利雅德和安卡拉的代理人。

在前南斯拉夫，克羅埃西亞裔自視為西方抵抗正統派信仰和伊斯蘭教攻擊的前線戰士。塞爾維亞人則認定其敵人不只是波士尼亞境內的克羅埃西亞裔和穆斯林，還包括「教廷」和「伊斯蘭基本教義派」及「聲名狼籍的土耳其人」，他們數世紀來一直在恫嚇基督徒。一名西方外交官在談到波境塞裔領袖時說：「卡拉迪茨認為這是一場歐洲反帝國主義的戰爭，他曾表示，他身負使命，要消滅歐洲鄂圖曼土耳其帝國的餘緒。」[12]波士尼亞穆斯林則自我定位為種族淨化的受害人，因其宗教信仰而為西方所漠

視，因此也應該得到伊斯蘭世界支持。南斯拉夫戰爭參戰各方及大部分外來的觀察家因而視之為宗教或種族宗教戰爭。葛蘭尼（Misha Glenny）指出，這次衝突「融合越來越多宗教衝突的典型特徵，主要由羅馬天主教、東正教和伊斯蘭教所界定，是幾個帝國在波士尼亞發生過的衝突在宗教上表現出來的餘緒」。[13]

認為斷層線戰爭是文明衝突的看法，也給冷戰時期的骨牌理論注入新生命。但如今各大文明的主要國家認為，必須防止在一場地方衝突中戰敗，因為這一敗可能引發連串越來越嚴重的損失，終於造成不可收拾的災難。印度政府在喀什米爾問題上的強硬立場，絕大部分來自擔心本身的損失會刺激其他少數種族和宗教推動獨立，而導致印度分裂。俄羅斯（前）外長柯齊瑞夫曾警告說，如果俄國不結束塔吉克的政治暴亂，暴亂可能散布到吉爾吉斯和烏茲別克，而促進俄羅斯聯邦伊斯蘭共和國的分離主義運動，有些人認為，最後可能連紅場也為伊斯蘭基本教義派所吞噬。因此，（俄羅斯總統）葉爾欽表示，阿富汗和塔吉克的邊界「其實是阿富汗和俄羅斯的邊界」。歐洲人則對前南斯拉夫境內建立了一個伊斯蘭國家表示憂慮，因為這可能會給伊斯蘭移民和伊斯蘭基本教義派建立一個基地，重新強化（法國總統）席哈克所稱歐洲的「伊斯蘭味道」。[14]克羅埃西亞的邊界，事實上也已經成為歐洲的邊界。

斷層線戰爭升溫時，各造都會把敵人說成惡魔，往往抹黑對方為次人類，因此可以理直氣壯的屠殺。葉爾欽在談到車臣游擊隊時說：「瘋狗應該通通殺光。」印尼的蘇崔諾將軍在談到 1991 年的東帝汶大屠殺時也說：「這些粗野無文的人應該格殺勿論……我們會殺光他們。」過去的魔鬼總是陰魂不散：克羅埃西亞人組成由流亡南斯拉夫的右翼分子所建的「烏斯達莎」恐怖組織；穆

斯林成為「土耳其人」；塞爾維亞人則成為二次大戰時巴爾幹半島的游擊隊員。族群間的仇恨之火蔓燒時，大屠殺、酷刑、強暴及殘酷的將平民驅逐出境都是站得住腳的。對立文化的象徵和遺物成為主要的目標。塞爾維亞人有系統的摧毀清真寺和方濟會修道院，克羅埃西亞人則炸毀正教的教堂。作為文化的典藏地，博物館和圖書館很容易成為攻擊的目標，錫蘭的安全部隊燒掉查夫納的公共圖書館，摧毀有關塔米爾之虎游擊隊文化的文學和歷史文件，塞爾維亞的槍手砲轟和破壞在塞拉耶佛的國家美術館。塞爾維亞人淨化波士尼亞佐夫尼克城的 4 萬名穆斯林，並在他們剛炸毀的的鄂圖曼高塔原址之上豎立一個十字架。1463 年，土耳其人夷平正教教會時，當地另外蓋了這座高塔。[15] 在文化的交鋒中，文化往往是最大的輸家。

文明的號召：兄弟之邦和海外僑民

在冷戰 40 年間，當超強試圖吸收盟國和夥伴，以推翻或吸收另一個超強的盟國和夥伴或使其中立時，衝突便由上往下滲透。第三世界的競爭自然是最強烈的，新興的弱國被超強施壓，加入全球大競賽。在後冷戰世界，多族群衝突取代超強的衝突。當這些集團衝突涉及不同文明的團體時，多半會擴大升溫。衝突越演越烈，各方試圖號召同文明的國家和團體聲援。任何形式的支持，不管是不是官方，或是否公開，或物資、人力、外交、財力、象徵性或軍事的支持，往往會從一個或更多兄弟之邦或團體流入。斷層線戰爭拖越久，就有越多盟邦可能捲入支持、節制和協調的角色。這種「兄弟之邦症候群」，使斷層線衝突比同文明內部衝突更可能升高，而且往往要跨文明合作才能圍堵和終結這

些衝突。相對於冷戰，衝突並非由上而下，而是由下往上冒出。

國家和族群介入斷層線戰爭的層次不同。第一層是那些真槍實彈參加戰鬥和殺戮的各造，可能是國家，像印度和巴基斯坦及以色列和其鄰邦；也可能是地方團體，而不是國家，或充其量只是新興國家，波士尼亞及納哥爾諾克拉巴的亞美尼亞人是最典型的例子。這些衝突也可能涉及第二層參與者，第二層參與者通常和第一層參戰者有直接的關係，像前南斯拉夫的塞爾維亞及克羅埃西亞政府，及高加索區的亞美尼亞和亞塞拜然政府。關係更疏遠的是第三層國家，它們更遠離真正的戰火，但和參戰國有文明上的淵源，像德國、俄羅斯及伊斯蘭國家和前南斯拉夫的關係；以及俄羅斯、土耳其和伊朗在亞美尼亞和亞塞拜然爭端中所扮演的角色。這些第三層參與者往往是各該文明的核心國家，由於它們的參加，第一層參戰的少數宗派團體在斷層線戰爭中也扮演要角。由於第一層參戰者通常兵員和武器不足，即使是少量外援，不管是金錢、武器或志願兵的形式，都可能影響戰爭結果。

介入衝突的其他各造的風險，和第一層參戰者的風險不同。最熱心全力支持第一層參戰者的通常是和其中一造的目標強烈認同的少數宗派團體，有時甚至「比教宗更像天主教徒」。第二和第三層國家政府的利益比較錯綜複雜，它們往往提供第一層參戰者援助，就算沒有提供援助，對立集團往往也懷疑它們暗中提供協助，而使對立集團也可以理直氣壯的支持其兄弟之邦。除此之外，第二和第三層國家的政府在本身利益考量下，有意圍堵戰局，但不直接介入。因此，在支持第一層參戰者時，它們也力圖牽制那些參戰者，並勸誘其調整目標。通常也試圖和斷層線戰爭另一方第二及第三層對手談判，並因而預防一場地方戰爭升高為涉及核心國家的更大規模戰爭。圖 11-1 概要標示可能介入斷層線戰爭

圖 11-1　複雜的斷層線戰爭架構

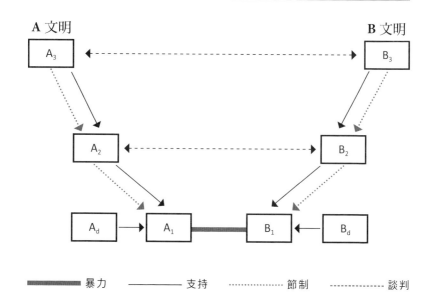

各方的關係。並非所有這類戰爭都有三層完整的角色，但有一些有，像前南斯拉夫和外高加索的戰爭，而且幾乎所有斷層線戰爭都可能擴大而涉及所有層次的參戰者。

　　不管是以何種方式，海外移民和兄弟之邦都捲入 1990 年代的斷層線戰爭。鑑於伊斯蘭團體在這類戰爭中通常扮演要角，伊斯蘭政府和組織往往是第二和第三層參與者，其中最活躍的首推沙烏地阿拉伯、巴基斯坦、伊朗、土耳其和利比亞等國政府，它們有時在其他伊斯蘭國家未加入的情況下，提供那些和在巴勒斯坦、黎巴嫩、波士尼亞、車臣、外高加索、塔吉克、喀什米爾、蘇丹和菲律賓的非穆斯林作戰的穆斯林不同程度的支持。除了官方的支援，很多第一層伊斯蘭團體，也得到阿富汗戰爭中遊走國

際的伊斯蘭戰士之助，這些戰士介入從阿爾及利亞到車臣以及菲律賓的內戰等衝突。一位分析家指出，國際伊斯蘭主義人士「派志願兵到阿富汗、喀什米爾和波士尼亞建立伊斯蘭政權；對在某個國家反抗伊斯蘭主義的政府聯手發起宣傳戰；在海外移民社群中建立伊斯蘭中心，以作為所有那些團體的聯合政治總部」[16]。阿拉伯聯盟和伊斯蘭會議組織也提供其成員國支持，並試圖協調彼此的計畫，以加強伊斯蘭團體在跨文明衝突中的力量。

在阿富汗戰爭中，前蘇聯是第一層參戰國，而在後冷戰這幾年，俄羅斯也是車臣戰役的第一層參戰者，同時是塔吉克戰爭的第二層參與者，在前南斯拉夫內戰中則是第三層參與者。印度則在喀什米爾衝突中是第一層參戰者，在斯里蘭卡衝突中則是第二層參與者。而在南斯拉夫戰事中，西方主要國家都是第三層參與者。在以色列與巴勒斯坦的漫長衝突中，海外移民社群一直扮演重要的角色，這些團體也在亞美尼亞、克羅埃西亞和車臣衝突中出力。透過電視、傳真和電子郵件，「海外移民社群的屬性已經再度加強，有時並因和『老家』經常接觸而分裂，『老』已和過去所作所為無關」[17]。

在喀什米爾戰爭中，巴基斯坦提供反抗軍明確的外交和政治支援，巴基斯坦軍方消息並稱，巴國還提供大量的金錢和武器及訓練、後勤支援及避難所。巴基斯坦也代表反抗軍遊說其他伊斯蘭政府支持。到 1995 年，反抗軍據了解已經至少從阿富汗、塔吉克和蘇丹吸收 1,200 名聖戰組織的戰士，不但兵力增強，還有美國供應的刺針防空飛彈等武器以對抗蘇聯。[18] 菲律賓的莫洛反抗軍一度接受馬來西亞的資金和設備援助；阿拉伯政府另外提供資金；好幾千名反抗軍在利比亞接受訓練；菲南伊斯蘭激進團體「阿布沙亞夫」，則由巴基斯坦和阿富汗的基本教義派分子組

成。[19] 在非洲，蘇丹經常援助伊斯蘭國家厄利垂亞反抗軍以對抗衣索匹亞；衣索匹亞為了報復，提供「後勤和庇護援助」給「基督教反抗軍」以人海戰術和蘇丹抗衡。蘇丹也從烏干達接受類似的援助，一部分反映了「和蘇丹叛軍強烈的宗教、種族和民族關係」。另一方面，蘇丹政府向伊朗取得價值 3 億美元的中國製武器，並接受伊朗軍事顧問的訓練，使蘇丹得以在 1992 年向反抗軍發動一場重大的攻勢。各種不同的西方基督教組織提供糧食、醫藥、儲備物資，甚至根據蘇丹政府的說法，提供武器給基督教反抗軍。[20]

在斯里蘭卡，信奉印度教的塔米爾叛軍和信奉佛教的斯里蘭卡政府的戰爭中，印度政府本來提供大量援助給塔米爾叛軍，在印度南部訓練他們，並提供武器和金錢。1987 年，在斯里蘭卡政府軍幾乎要擊潰塔米爾之虎之際，印度輿論大力抨擊「滅種屠殺」，印度政府也空投食物給塔米爾之虎，而這「不啻向當時的（錫蘭總統）雅耶華亭暗示，印度有意防止他以武力鎮壓塔米爾之虎」[21]。印度和斯里蘭卡政府後來達成一項協議，斯里蘭卡同意給塔米爾控制區相當大的自治權，反抗軍則要向印度軍方繳械。印度在島上部署了 5 萬名士兵以執行協定，但塔米爾之虎拒絕繳械，印度軍方很快就和原本支持的游擊隊打起來。印度部隊在 1988 年初撤走，1991 年，印度總理甘地遇刺，據印度方面表示，是一個支持塔米爾反抗軍的人所為，印度政府對反抗軍的態度也越來越充滿敵意。但印度政府也阻止不了印度南部 5,000 萬塔米爾人對反抗軍的同情和支持。塔米爾納杜政府的官員為了反映輿論，不顧新德里當局反對，同意讓塔米爾之虎在他們的國家內運作，在其 500 哩長的海岸線上「幾乎自由無阻的跑步」，並橫越狹窄的保克海峽，運送補給物資和武器給斯里蘭卡的反抗

軍。[22]

　1979 年起，前蘇聯和繼起的俄羅斯和南部的伊斯蘭鄰國先後打了三場重要的斷層線戰爭：1979 ～ 1989 年的阿富汗戰爭；1992 年開始的塔吉克戰爭；及 1994 年開始的車臣戰事。前蘇聯垮台後，共產黨政權在塔吉克掌權。塔吉克政府在 1992 年春受到反對派的挑戰，反對陣營由對立的地方和種族團體組成，包括世俗主義者和伊斯蘭主義者。這個反對陣營得阿富汗武器之助，於 1992 年 9 月把支持俄羅斯的政府趕出塔吉克首府屠桑貝。俄羅斯和烏茲別克政府的反應強烈，它們警告，伊斯蘭基本教義運動將更加擴大。俄羅斯第 201 機動步槍師仍留在塔吉克，並提供武器給親政府的勢力，俄羅斯也加派部隊駐守塔吉克和阿富汗的邊界。1992 年 11 月，俄羅斯、烏茲別克、哈薩克和吉爾吉斯同意讓俄烏軍力干預，表面上是為了維持和平，實則是要介入戰爭。有了這個援助，加上俄羅斯的武器和經援，前政府的部隊得以再奪回首都屠桑貝，並控制了這個國家的大部分地區。隨後便展開種族淨化運動，反對的難民和部隊也撤退到阿富汗。

　中東伊斯蘭政府抗議俄羅斯的軍事干預，伊朗、巴基斯坦和阿富汗並提供越來越強大的伊斯蘭反對陣營金錢、武器和訓練等方面的援助。在 1993 年，據報導，數千名戰士接受阿富汗聖戰組織訓練，而在 1993 年春夏之交，塔吉克反抗軍從阿富汗越界發動幾次攻擊，屠殺無數俄羅斯的邊界守軍。俄羅斯在報復時，到塔吉克部署更多部隊，並對阿富汗境內的目標發射「大量重砲和迫擊砲」，並展開空襲。阿拉伯政府也不甘示弱，提供反抗軍資金購買刺針飛彈，來反制來襲的戰機。到 1995 年，俄羅斯大約有 25,000 名部隊部署於塔吉克境內，並提供一半以上必要的資金來支持其政府。另一方面，反抗軍也得到阿富汗政府和其他伊

斯蘭國家積極支持。魯賓（Barnett Rubin）曾指出，國際機構或西方未能提供大量援助給塔吉克或阿富汗，使塔吉克完全要靠俄羅斯，阿富汗則要靠伊斯蘭文明的兄弟之邦援助。「今天，任何阿富汗指揮官如果希望得到外援，必須迎合阿拉伯和巴基斯坦金主的希望，把聖戰散布到中亞或加入毒品交易。」[23]

俄羅斯第三場反伊斯蘭戰爭是和車臣在北高加索區之戰。導火線可以上溯到 1992 ～ 1993 年，當時信仰正教的奧塞梯亞和信奉伊斯蘭教的印古什共和國這兩個鄰國交火。印古什和車臣及其他伊斯蘭民族於第二次世界大戰期間被驅逐到中亞，奧塞梯亞留下未走，並接收印古什的產業。1956 ～ 1957 年間，當年被驅逐出境的人獲准返鄉，並因財產所有權及領土控制權等問題而起爭議。1992 年 11 月，印古什從共和國發動攻擊，並再攻下普利哥羅尼地區，但前蘇聯政府已把這個地區劃歸奧塞梯亞。俄羅斯為了報復，再度大舉干預，甚至動員哥薩克部隊支援信奉正教的奧塞梯亞。誠如一位外來的評論員所說的：「1992 年 11 月，在奧塞梯亞的印古什村莊被俄羅斯戰車包圍砲轟，那些僥倖活下來的人還是難逃被屠殺或帶走的命運，這次屠殺是由奧塞梯亞的 OMON 特種警察部隊執行，但奉派到當地去『維持和平』的俄羅斯部隊提供他們掩護。」[24]《經濟學人》報導說：「很難想像在短短一星期內，竟造成這麼慘重的破壞。」「這是俄羅斯聯邦境內第一次種族淨化行動。」俄羅斯並藉這次衝突事件，威脅印古什的盟邦車臣，結果「車臣和（絕大部分是穆斯林的）泛高加索民族聯盟立刻動員起來」。該聯盟揚言，俄羅斯如果不從車臣領土撤兵，將派 50 萬名志願大軍和俄羅斯對抗。經過一場緊張的對峙後，莫斯科讓步，以免北奧塞梯亞和印古什之間的衝突升高為一場地區性的大戰。[25]

一場比較緊張和大規模的戰爭於 1994 年 12 月爆發，當時俄羅斯向車臣全面發動軍事攻擊。信奉正教的喬治亞和亞美尼亞共和國領袖支持俄國的行動，至於烏克蘭總統則「走溫和的外交路線，只呼籲各方和平解決危機」。俄羅斯的行動得到信奉正教的北奧塞梯亞政府及 55 ～ 60% 當地人民的支持。[26] 相形之下，在俄羅斯聯邦內外的穆斯林絕人多數站在車臣這邊，但國際間的穆斯林立刻從亞塞拜然、阿富汗、巴基斯坦、蘇丹和其他地方請來戰士，伊斯蘭國家支持車臣的理念，土耳其和伊朗據悉提供物質援助，而給俄國想進一步和伊朗調停的動機。亞塞拜然開始經由俄羅斯源源不斷提供武器給車臣，迫使俄方只好關閉和亞塞拜然的邊界，並因而切斷到車臣的醫療和其他補給品。[27]

　　俄羅斯聯邦的穆斯林團結一致為車臣後盾。他們呼籲對俄羅斯發動一場遍及高加索全境的伊斯蘭聖戰，雖未能實現，但窩瓦河和烏拉山六個共和國的領袖要求俄羅斯結束其軍事行動，而伊斯蘭高加索共和國的代表則呼籲，對俄羅斯的統治發動和平的不合作運動。楚瓦什共和國總統也命令士兵不得對穆斯林兄弟宣戰。但「最強烈的反戰抗議」來自車臣的兩個鄰國印古什和達格斯坦半自治共和國。印古什部隊在到車臣途中攻擊俄軍，使俄羅斯國防部長宣稱印古什政府「幾乎已形同對俄宣戰」，而對俄羅斯部隊的攻擊也發生於達格斯坦共和國。俄羅斯也對印古什和達格斯坦村莊展開報復砲擊。[28] 在車臣戰士於 1996 年 1 月侵占吉希耳村之後，俄軍也夷平波弗米斯克村，並使達格斯坦更加仇視俄羅斯人。

　　車臣的運動也得到車臣少數宗派團體的協助，這些團體大部分是 19 世紀俄羅斯進犯高加索山區居民後所成立的。這些少數宗派團體募款、購買軍火，也給車臣部隊志願兵。約旦和土耳其

人數尤其多，不但使約旦對俄羅斯人採取強硬的立場，也強化土耳其協助車臣的意願。在 1996 年 1 月，當戰事蔓延到土耳其時，土國輿論支持其少數宗派團體的成員扣留一艘俄國渡輪及船上的俄國人質。在車臣領袖支持下，土耳其政府透過談判解決危機的方式，使原本就已經緊繃的俄土關係更惡化。

車臣侵入達格斯坦，俄羅斯展開反擊，以及 1996 年初扣留渡輪等事件，凸顯了衝突可能沿 19 世紀長達數十年的戰爭界線，擴大為俄羅斯人和山區人民普遍衝突的可能性。希爾（Fiona Hill）曾在 1995 年警告說：「北高加索是個火藥庫，某個共和國的衝突可能引發一場區域性的戰爭，並蔓延到境外其他俄羅斯聯邦共和國，並使喬治亞、亞塞拜然、土耳其和伊朗及北高加索的少數宗派團體都捲入戰火中。車臣戰事證明，這個地區的衝突不易控制……而戰火已經蔓延到和車臣接壤的共和國及其領土上。」俄羅斯一位分析家同意說，「非正式的結盟」正沿文明斷層線發展。「信奉基督教的喬治亞、亞美尼亞、納哥爾諾克拉巴和北奧塞梯亞站在同一陣線，對抗伊斯蘭國家亞塞拜然、阿布卡齊亞、車臣和印古什等共和國。」已經投入塔吉克戰火的俄羅斯，「有被捲入和伊斯蘭世界打一場持久戰之虞」。[29]

在另一場正教和伊斯蘭教的斷層線戰爭中，第一層參戰者是納哥諾克拉巴自治區的亞美尼亞人，正展開脫離亞塞拜然政府及人民的獨立行動。亞美尼亞政府是第二層參與者，而俄羅斯、土耳其和伊朗則是第三層參與者。此外，在西歐和北美為數頗眾的亞美尼亞少數宗派團體也扮演重要的角色。戰火起於 1988 年蘇聯垮台前，而在 1992 ～ 1993 年間轉熾，並在 1994 年停火談判後降溫。土耳其和其他伊斯蘭民族支持亞塞拜然，俄羅斯則支持亞美尼亞人，但也利用這層影響力來和土耳其對亞塞拜然的影響力

較勁。在俄羅斯帝國和鄂圖曼帝國爭奪黑海地區和高加索控制權數世紀的爭戰中，這場戰爭不過是最近一起事件；而亞美尼亞人和土耳其人之間的嚴峻對立，則可以上溯到廿世紀初土耳其人屠殺亞美尼亞人的世仇。

在這場戰爭中，土耳其一直支持亞塞拜然，反對亞美尼亞，第一個承認非波羅的海的前蘇聯共和國獨立的國家，就是土耳其承認亞塞拜然。在這次衝突中，土耳其提供亞塞拜然財力和物質方面的援助，並協助訓練亞塞拜然的士兵。當暴力在 1991 和 1992 年升高時，亞美尼亞甚至進占亞塞拜然的領土，土耳其群情激憤，土國政府在民意壓力下，支持有著共同種族和宗教信仰的亞塞拜然。但土耳其也擔心這會凸顯出伊斯蘭教和基督教的分裂，使西方全面支持亞美尼亞，並引起北大西洋公約組織盟國的反彈，土國因而飽受斷層線戰爭中第二層參與者典型的矛盾壓力。但土耳其政府發現，支持亞塞拜然反抗亞美尼亞符合本身的利益。一名土耳其官員說：「當你的同胞慘遭殺害時，不可能無動於衷。」另一位官員又說：「我們有壓力。我們的報紙大幅刊登血腥殘暴的畫面……也許我們應該告訴亞美尼亞，這個地區還有土耳其這個老大哥。」土耳其（前）總統歐薩爾附和說：「土耳其應該恫嚇一下亞美尼亞。」土耳其和伊朗同聲警告亞美尼亞，絕不坐視邊界的任何變動。歐薩爾封鎖食物和其他產品經由土耳其送到亞美尼亞，而使亞美尼亞人民在 1992 ～ 1993 年冬天幾乎鬧饑荒。結果，獨立國家國協三軍總司令沙波希尼可夫警告說：「如果另一方（意指土耳其）捲入戰火，我們將處於第三次世界大戰邊緣。」1 年後，歐薩爾仍以挑釁的口吻抨擊說：「亞美尼亞人能做什麼。如果不幸擦槍走火……往土耳其進軍嗎？」土耳其會「以牙還牙」。[30]

1993 年夏秋之交，亞美尼亞發動攻勢，兵臨伊朗邊境，土耳其和伊朗都作出回應，雙方都在亞塞拜然境內及中亞伊斯蘭國家爭奪地盤。土耳其宣稱，這次攻擊行動危及土國安全，要求亞美尼亞部隊「立刻無條件」撤出亞塞拜然領土，並加派增援部隊到亞美尼亞和亞塞拜然邊界。俄羅斯和土耳其部隊據悉曾在邊界交火，土耳其女總理坦素・席勒聲稱，如果亞美尼亞部隊侵入亞塞拜然和土耳其接壤的納希車凡自治共和國，土耳其將對亞美尼亞宣戰。伊朗也出兵亞塞拜然境內，據稱是要建難民營收容避亞美尼亞戰禍的人民。伊朗的行動據了解使土方相信，它們可以採取進一步行動，而不會刺激俄羅斯採取反制措施，這也給它們其他誘因，和伊朗競相提供亞塞拜然保護。最後由土耳其、亞美尼亞和亞塞拜然的領袖在莫斯科談判，並在美國政府向亞美尼亞政府施壓，及亞美尼亞政府向納哥爾諾克拉巴的亞美尼亞人施壓後，危機才得以轉圜。[31]

　　亞美尼亞人民世居幅員偏狹的內陸國，資源匱乏，又和敵對的土耳其接壤，在歷史上一直向其同樣信仰正教的喬治亞和俄羅斯尋求保護，人民尤其奉俄羅斯為老大哥。但前蘇聯瓦解後，納哥爾諾克拉巴的亞美尼亞人發起獨立運動，俄羅斯在戈巴契夫任內拒絕他們的要求，並派兵到巴庫支持忠誠的共產黨政府。前蘇聯結束後，這些考慮已經不若長程的歷史和文化考量重要了。亞塞拜然甚至指控「俄羅斯政府態度出現 180 度的轉變」，反而積極支持信奉基督教的亞美尼亞。俄軍對亞美尼亞的援助其實在前蘇聯時期便已開始，亞美尼亞人不但可以晉陞較高的軍階，也比穆斯林常出戰鬥任務。戰爭開始後，總部在納哥諾克拉巴的俄軍第 366 機動步槍團在亞美尼亞攻擊克加里鎮時扮演主導的角色，在這次戰役中，據了解，有多達 1,000 名亞塞拜然人被屠殺。隨

後，俄羅斯的特種部隊也參戰。在 1992 ～ 1993 年冬，當亞美尼亞受制於土耳其的禁運令時，全靠「俄羅斯注入數以十億計的盧布信用貸款，才未造成經濟崩盤」。那年春天，俄軍和亞美尼亞正規部隊合作，開闢了一條連接亞美尼亞和納哥爾諾克拉巴的走廊。由 40 輛戰車組成的俄羅斯武裝部隊，據報導在 1993 年夏天也加入納哥爾諾克拉巴攻勢。[32] 一如希爾和朱伊特的（Pamela Jewett）所觀察的，亞美尼亞「只希望能和俄羅斯緊密結盟，因為它要靠俄國提供原料、能源和食物供應，同時還要防範夙敵亞塞拜然及土耳其等國犯邊。亞美尼亞已經簽署所有獨立國家國協經濟和軍事合約，准許俄軍部署於其領土上，並放棄所有對前蘇聯資產的要求，以討好俄羅斯」[33]。

俄羅斯支持亞美尼亞，也提高俄羅斯對亞塞拜然的影響力。1993 年 6 月，亞塞拜然民族主義運動領導人（前總統）艾奇貝在一場政變中被趕下台，由一般認為支持俄羅斯的前共產黨領袖艾力耶夫繼任。艾力耶夫認知，有必要安撫俄羅斯以節制亞美尼亞。他推翻亞塞拜然拒絕加入獨立國家國協及讓俄軍部署於其境內的決定，他也打開一條路，讓俄羅斯加入一個國際財團，以開發亞塞拜然的石油。相對的，俄羅斯也開始訓練亞塞拜然的部隊，並迫使亞美尼亞不再支持納哥爾諾克拉巴的部隊，及勸誘他們撤出亞塞拜然領土。俄羅斯在將其重心轉向時，也可以對亞塞拜然起作用，並反制伊朗和土耳其對亞塞拜然的影響力。俄羅斯支持亞美尼亞，不只強化了其在高加索地區的祕密盟友，也削弱這個地區主要伊斯蘭敵對國家的勢力。

除了俄羅斯，支持亞美尼亞的主要國家是西歐和北美眾多有財有力的少數宗派團體，包括大約 100 萬在美國的亞美尼亞裔人和法國的 45 萬亞美尼亞裔。他們提供金錢和補給品以協助亞美

尼亞熬過土耳其的封鎖，甚至派官員襄助亞美尼亞政府，並派志願兵加強亞美尼亞部隊。在 1990 年代中期，美國社會捐給亞美尼亞的救濟物資，每年高達 5,000 到 7,500 萬美元，但相對的，這些少數宗派團體也對地主國政府發揮相當大的政治影響力。美國最大的亞美尼亞裔社區都集中在重要的州，像加州、麻州、新澤西州。結果，美國國會禁止提供亞塞拜然任何外援，並使亞美尼亞成為每人平均接受美國援助額度第三高的國家。外國援助攸關亞美尼亞的生存，同時也為它贏得「高加索山的以色列」的別號。[34] 就像 19 世紀俄羅斯出兵北高加索，結果助長少數宗派團體協助車臣對抗俄羅斯，20 世紀初土耳其屠殺亞美尼亞人，也產生了這些少數宗派團體，並使亞美尼亞得以反抗土耳其，並擊敗亞塞拜然。

1990 年代初的斷層線戰爭中，以前南斯拉夫的內戰情勢最複雜混沌，但格局也最完備。第一層參戰者，在克羅埃西亞，克羅埃西亞政府和克國人民和克境塞爾維亞人作戰；在波士尼亞赫次哥維那，波士尼亞政府和波境塞裔以及波境克裔對抗，而塞裔和克裔也互相交鋒。在第二層，塞爾維亞政府藉著協助波士尼亞和克境塞裔而鼓吹「大塞爾維亞」，至於克羅埃西亞政府則希望能出現「大克羅埃西亞」，並支持波境克裔。在第三層，大規模的文明集結包括德國、奧地利、梵蒂岡和其他歐洲天主教國家及團體，及後來代表克羅埃西亞的美國；俄羅斯、希臘和其他正教國家和團體則支援塞爾維亞人；伊朗、沙烏地阿拉伯、土耳其、利比亞、國際伊斯蘭主義和伊斯蘭國家多半代表波士尼亞境內的穆斯林的利益。波境穆斯林也得到美國的幫助，在兄弟之邦互相扶持的普遍模式下，這是一種反文明的異常現象。克羅埃西亞在德國和波士尼亞在土耳其的少數宗派團體，都支持它們的祖國，教

會和宗教團體在這三方面都很活躍。至少德國、土耳其、俄羅斯和美國政府的行動，就受到它們社會的壓力團體和民意的大幅影響。

第二和第三層參與者的支持對戰爭行為攸關重要，而它們所設的限制對止戰也很重要。克羅埃西亞和塞爾維亞政府提供武器、補給、資金、避難所、偶爾甚至出兵，協助在其他共和國作戰的本國族裔。波士尼亞境內的塞爾維亞裔、克羅埃西亞裔和穆斯林都接獲前南斯拉夫之外同文明兄弟之邦的各種援助，包括金錢、武器、補給、志願兵、軍事訓練和政治及外交協助。第一層非政府的塞爾維亞裔和克羅埃西裔的民族意識大半都最極端，緊咬住他們所提出來的要求不放，為了達成目的不惜動武。第二層的克羅埃西亞和塞爾維亞共和國政府原本也強烈支持第一層的兄弟之邦，但因為本身比較多樣的利益，使它們扮演調停和圍堵的角色。同樣的，在第三層，俄羅斯、德國和美國政府則促它們過去支持的第二層政府要節制妥協。

1991 年，斯洛維尼亞和克羅埃西亞開始尋求獨立，並要求西歐強權支持時，南斯拉夫開始分裂。西方的反應以德國最具代表性，而德國的反應又多半由天主教的關係來界定。在德國天主教神職系統及共組聯合政府的巴伐利亞邦基督教社會聯盟，和《法蘭克福大眾報》等媒體施壓下，波昂政府必須採取行動。尤其是巴伐利亞媒體對形成德國承認的輿論壓力上扮演重要的角色。專欄作家芙洛拉・路易斯（Flora Lewis）指出：「巴伐利亞電視飽受保守派的巴伐利亞政府和強烈武斷的巴伐利亞天主教會的壓力，該教會和克羅埃西亞的教會關係密切，當波境克裔和塞裔的戰火開始轉熾時，巴伐利亞電視台提供全德相關報導，而且內容幾乎一面倒。」德國政府對承認克羅埃西亞相當猶豫，但在社會

壓力下也沒什麼選擇。「在德國，支持承認克羅埃西亞是由輿論而不是由政府推動。」德國再向歐洲聯盟施壓，逼其承認斯洛維尼亞和克羅埃西亞獨立，在得到歐盟承諾後，德國在 1991 年 12 月比歐盟早一步承認兩國獨立。德國一位學者在 1995 年曾說：「在整個衝突過程中，波昂政府在外交政策上一直維護克羅埃西亞及其總統屠迪曼，不管他的行為有多乖張和令人不快，德國仍堅定的支持他。」[35]

奧地利和義大利也立刻跟進，承認這兩個新獨立的國家，很快的，其他西方國家，包括美國在內也紛紛跟進。梵蒂岡也扮演核心角色。教宗宣布，克羅埃西亞將是（西方）基督教信仰的壁壘，並迫不及待的趕在歐盟之前，給予兩國外交承認。[36] 梵蒂岡也因此在這次衝突中並未保持中立。1994 年，當教宗計畫訪問三個共和國時開始出現後遺症。由於塞爾維亞正教教會反對，使他無法到貝爾格勒訪問，而塞爾維亞不願保證他的安全，也使他被迫取消到塞拉耶佛的訪問。但他到克羅埃西亞首都札格拉布訪問，並曾向塞普提納奇樞機主教致敬，而塞普提納奇和二次世界大戰期間迫害及屠殺塞爾維亞人、吉普賽人和猶太人的克羅埃西亞法西斯政權為伍。

在西方承認克羅埃西亞獨立後，克國開始發展軍力，雖然聯合國自 1991 年 9 月便向前南斯拉夫所有共和國實施武器禁運。武器從德國、波蘭和匈牙利等歐洲天主教國家和巴拿馬、智利及玻利維亞等拉丁美洲國家流入克羅埃西亞。戰爭在 1991 年升溫後，西班牙的武器外銷「大部分由『上帝的傑作』（Opus Dei）所控制」，在極短的時間內驟增 6 倍，其中大部分流向（南斯拉夫西北部的）盧布拉納和克羅埃西亞首都札格拉布。1993 年，據報導，克羅埃西亞在德國和波蘭政府知情的情況下，取得幾架米

格 21 型戰機。克羅埃西亞的國防力量得數百甚至數千名「來自西歐、克羅埃西亞少數宗派團體和東歐天主教國家」志願兵之助，他們亟欲對「塞爾維亞的共產主義和伊斯蘭基本教義派發動基督教聖戰」。西方國家的軍事專家提供技術援助，一部分拜這些兄弟之邦協助，克羅埃西亞得以加強兵力，並對塞爾維亞主控的南斯拉夫軍隊形成反制的力量。[37]

西方對克羅埃西亞的援助還包括監視種族淨化、迫害人權及塞裔經常指責的戰爭法。1995 年，重新整編的克羅埃西亞軍隊向克拉吉納塞爾維亞共和國發動攻勢，西方一片緘默，克拉吉納在當地已有數世紀，克羅埃西亞部隊把數以萬計人民趕到波士尼亞和塞爾維亞流亡。克羅埃西亞也受惠於龐大的少數宗派團體，西歐和北美富有的克羅埃西亞人出資購買武器和設備。美國的克羅埃西亞裔協會也代表祖國向國會及總統展開遊說。更重要和影響更大的是德國的 60 萬名克羅埃西亞裔人。他們提供成百上千的志願兵給克羅埃西亞軍方，「克羅埃西亞人在加拿大、美國、澳洲和德國的社會動員起來，捍衛他們新近獨立的祖國」[38]。

1994 年，美國也加入支持克羅埃西亞建軍的行列。無視於克羅埃西亞明目張膽違反聯合國的武器禁運令，美國仍提供克羅埃西亞軍事訓練，並授權最高階的退役美國將領提供顧問。美國和德國政府默許克羅埃西亞於 1995 年進犯克拉吉納。美國軍事顧問加入策劃這次美式攻擊，根據克羅埃西亞裔的說法，這也受惠於美國偵察衛星所提供的軍事情報。美國國務院一位官員宣稱，克羅埃西亞「事實上已經成為我們的戰略夥伴」。據指稱，這項發展反映了「一項長程的估算，兩大地方強權終將主導這一部分的世界，一個在札格拉布，一個在貝爾格勒，一個和華府關係密切，另一個則和延伸到莫斯科的斯拉夫集團緊密相扣。」[39]

南斯拉夫內戰也使全球正教幾乎一致支持塞爾維亞裔。俄羅斯民族主義人士、軍事官員、國會議員和正教領袖都公然支持塞爾維亞裔，他們非難波士尼亞的「土耳其人」，也抨擊西方和北約的帝國主義。俄羅斯和塞爾維亞民族主義人士努力合作，喚醒兩國人民反抗西方「新的世界秩序」。俄羅斯人在相當大的程度上都有這種情緒，約 60% 以上莫斯科人反對北約在 1995 年夏天所進行的空襲。俄羅斯民族主義團體在幾個大城市成功的吸收俄國年輕人加入「斯拉夫兄弟運動」。據悉，至少有 1,000 名俄羅斯人，夥同羅馬尼亞和希臘的志願兵加入塞爾維亞部隊，以和他們所稱的「天主教法西斯主義者」和「伊斯蘭好戰分子」對抗。1992 年，一個「穿哥薩克制服的」俄羅斯單位據報在波士尼亞境內活動。在 1995 年，俄羅斯人在塞爾維亞的精銳軍事單位服役，而據聯合國報告指出，俄羅斯和希臘戰士加入塞爾維亞陣營，對聯合國所設的穆斯林安全區昔帕展開攻擊。[40]

　　儘管進行武器禁運，其信奉正教的友人仍提供塞爾維亞所需的武器和設備。1993 年初，俄羅斯軍方和情治機構顯然賣給塞爾維亞總價 3 億美元的 T55 型戰車、反飛彈飛彈和反戰機飛彈。據報導，俄羅斯軍事專家到塞爾維亞去操作這項設備，並訓練塞爾維亞人自行操作。塞爾維亞從其他正教國家購得武器，其中尤以羅馬尼亞和保加利亞為「最活躍」的供應國，烏克蘭也是來源之一。除此之外，俄羅斯在斯洛維尼亞東部的維持和平部隊，把聯合國的武器轉移給塞爾維亞裔，並協助塞軍移防，及協助塞裔部隊取得武器。[41]

　　儘管進行經濟制裁，塞爾維亞裔仍相當富有，一方面由羅馬尼亞政府官員幫助，從提密索拉走私大量燃料等物品進口，另一方面，義大利和希臘的企業，在希臘政府默許下，從阿爾巴尼亞

走私進口。希臘一船船的食物、化學品、電腦和其他貨品經由馬其頓運抵塞爾維亞。塞爾維亞出口的數目也不相上下。[42] 美元的吸引力，加上文化兄弟之邦的支持，使聯合國對塞爾維亞的經濟制裁失敗，聯合國對前南斯拉夫共和國的武器禁運也形同虛設。

在南斯拉夫內戰中，希臘政府和北約的西方盟國所支持的措施保持距離，同時反對北約對波士尼亞採取軍事行動，在聯合國大會中支持塞爾維亞，並遊說美國政府取消對塞爾維亞的經濟制裁。在 1994 年，希臘總理巴本德里歐強調和塞爾維亞正教關係的重要性，並公然攻擊梵蒂岡、德國和歐洲聯盟，在 1991 年底決定加速給斯洛維尼亞和克羅埃西亞外交承認。[43]

身為第三層參與者的領袖，俄羅斯總統葉爾欽一方面希望和西方維持、擴大及受惠於良好的關係，一方面又希望幫助塞爾維亞裔並化解政治對手的怒氣，他的政敵經常指責他向西方屈膝，而使他受到雙重壓力。整體而言，對後者的關切占了上風，俄羅斯外交界對塞爾維亞裔的支持是不變的。在 1993 和 1995 年，俄羅斯政府大力反對對塞爾維亞施加更嚴峻的經濟制裁，俄羅斯國會也幾乎無異議支持取消目前對塞爾維亞的制裁。俄國也推動加強對穆斯林武器禁運，及對克羅埃西亞裔進行的經濟制裁。1993年 12 月，俄羅斯敦促降低經濟制裁，准它提供塞爾維亞裔過冬的天然氣，但這項建議被美國和英國封殺。1994 以及 1995 年，俄羅斯大力反對北約空襲波士尼亞境內的塞爾維亞裔。到後期，俄羅斯國會幾乎一致通過譴責盟國的轟炸，並要求俄羅斯（前）外長柯齊瑞夫下台，因他未能在巴爾幹半島維護俄國的國家利益。同時，在 1995 年，俄羅斯指控北約對塞裔進行「滅種屠殺」，俄羅斯總統葉爾欽警告，持續轟炸將嚴重影響俄國和西方合作的意願，包括參與北約的和平夥伴關係。他問道：「在北約仍在轟

炸塞裔的情況下，我們怎能和北約達成協議？」西方顯然有雙重標準：「穆斯林或克羅埃西亞裔攻擊時，為什麼未對他們採取行動？」[44] 俄羅斯也再三反對中止前南斯拉夫共和國武器禁運的計畫，因其對波境穆斯林影響最大，並經常試圖加強制裁。

俄羅斯在聯合國和其他場合，也透過各種不同的方式維護塞爾維亞裔的利益。1994 年 12 月，俄羅斯否決伊斯蘭國家向聯合國安理會所提的一項決議案，該議案建議禁止塞爾維亞把燃油送給波士尼亞和克羅埃西亞境內的塞爾維亞裔。1994 年 4 月，俄羅斯又封殺聯合國一項譴責塞爾維亞裔種族淨化的決議案，並阻止派北約成員國的代表為聯合國戰爭罪行法庭的檢察官，因為他們可能對塞裔有偏見，並反對國際戰爭罪行法庭起訴波境塞裔軍事指揮官穆拉迪契，俄羅斯甚至願意提供穆拉迪契政治庇護。[45]1993 年 9 月，聯合國要求授權繼續在前南斯拉夫境內部署 22 萬名維持和平部隊，俄羅斯出面阻止。1995 年夏，聯合國安理會提出一項決議案，要求授權再派 12,000 名聯合國維持和平部隊，俄羅斯反對但並未行使否決權，並對克羅埃西亞攻擊克拉吉納塞爾維亞共和國，及西方政府未能對這項攻勢採取行動加以撻伐。

但最廣泛有力的文明動員仍出自代表波士尼亞穆斯林的伊斯蘭世界。波士尼亞的主張普遍受到伊斯蘭國家歡迎，對波士尼亞的援助也來自不同的政府和民間機構。伊斯蘭國家，尤其是伊朗和沙烏地阿拉伯競相提供支援，並試圖贏取因而產生的影響力。不管是正統派和什葉派，基本教義派和世俗派，阿拉伯和非阿拉伯伊斯蘭社會，從摩洛哥到馬來西亞都競相出力。伊斯蘭政府對波士尼亞的支持表現各異，從人道援助（包括 1995 年在沙烏地阿拉伯所籌募的 9,000 萬美元）到外交聲援和大量軍事援助，以至於暴力抗爭。像 1993 年，12 名克羅埃西亞人在阿爾及利亞被

伊斯蘭極端激進分子所殺，「以報復對我們同樣信奉伊斯蘭教的弟兄的屠殺，他們在波士尼亞被割喉」[46]。這次集結對戰爭的進程影響深遠，這對波士尼亞國家的存續，及在塞爾維亞裔初步大獲全勝後成功奪回土地攸關重要。這也大幅刺激波士尼亞社會的伊斯蘭化，及波境穆斯林和全球伊斯蘭國家的認同，同時也提供美國誘因，同情波上尼亞的需要。

伊斯蘭國家個別或集體再三表達它們和波士尼亞伊斯蘭弟兄的團結。伊朗率先在 1992 年指稱，這場戰爭是波境穆斯林和對其進行滅絕屠殺的正教塞裔之間的一場宗教衝突。阿亞米觀察說，伊朗這個動作，「是對波士尼亞率先示好」，給包括土耳其和沙烏地阿拉伯在內的其他伊斯蘭國家有先例可循。在伊朗敦促下，伊斯蘭會議組織向聯合國提出這個議題，並創立一個團體為波士尼亞展開遊說。1992 年 8 月，伊斯蘭代表在聯合國代表大會提案譴責所謂的滅絕屠殺，土耳其並代表伊斯蘭會議組織引進一項決議案，要求依聯合國憲章第七條規定進行軍事干預。伊斯蘭國家設定 1993 年初為西方採取行動保護波士尼亞人的期限，逾時它們將自行提供波士尼亞武器。1993 年 5 月，西方國家和俄羅斯提議，劃定穆斯林安全區，並監測安全區和塞爾維亞的邊界，但放棄一切軍事干預行動，而遭致伊斯蘭國家組織批評。該組織要求停止武器禁運，以武力對抗塞爾維亞裔的重型武器，部署重兵巡邏塞爾維亞裔的邊界，並讓伊斯蘭國家加入和平部隊。同年 6 月，在西方和俄羅斯反對下，伊斯蘭國家組織讓聯合國人權委員會通過一項決議案，譴責塞爾維亞和克羅埃西亞的進犯，並呼籲結束武器禁運。1993 年 7 月，在西方有點困窘的情況下，伊斯蘭國家組織提議派 18,000 名士兵加入聯合國和平部隊，兵源主要來自伊朗、土耳其、馬來西亞、突尼西亞、巴基斯坦和孟加拉。美國否

決了伊朗的提案，塞爾維亞也強烈反對土耳其派兵。但土耳其士兵仍於 1994 年夏抵達波士尼亞。到 1995 年，聯合國 25,000 名保護部隊中，包括 7,000 名來自土耳其、巴基斯坦、馬來西亞、印尼和孟加拉的士兵。1993 年 8 月，一名伊斯蘭國家組織代表在土國外長帶領下，向聯合國（前任）祕書長蓋里以及美國（前任）國務卿克里斯多福遊說，希望他們支持北約的空襲行動，以保護波士尼亞反制塞爾維亞裔的攻擊。據報導，由於西方不願採取這項行動，使土耳其及其北約盟國關係嚴重緊繃。[47]

後來，土耳其和巴基斯坦兩國總理大張旗鼓的到塞拉耶佛訪問，強烈表達伊斯蘭國家的關切，伊斯蘭國家組織也再三要求對波士尼亞採取軍事援助行動。1995 年夏，西方未能保護安全區免於受波士尼亞攻擊，使土耳其通過軍援波士尼亞，並代為訓練波國士兵。馬來西亞也違反聯合國禁令，同意出售武器給波士尼亞，而阿拉伯聯合大公國則同意提供經費作為軍事和人道用途。1995 年 8 月，伊斯蘭國家組織九個成員國宣布，聯合國的武器禁令無效，同年 9 月，該組織 52 個成員國同意提供波士尼亞武器和經濟援助。

在伊斯蘭國家，還沒有其他議題得到更無異議的支持。波士尼亞穆斯林的困境在土耳其尤其引起共鳴，因為波士尼亞實際上在 1878 年之前、理論上在 1908 年之前曾為鄂圖曼帝國的一部分，而波士尼亞的移民和難民也占土耳其人口的 5% 左右，土耳其人普遍對波士尼亞表示同情，並對西方未能保護波士尼亞人極表憤怒，土耳其反對黨伊斯蘭基本教義派的福利黨利用這個議題和政府作對。土耳其政府官員只好強調土國對所有巴爾幹半島穆斯林責無旁貸，經常敦促聯合國出兵干預，以維護波士尼亞穆斯林的安全。[48]

伊斯蘭國家給波士尼亞穆斯林最重要的援助仍是軍事方面的援助，包括武器、購買武器的經費、軍事訓練和志願兵。南斯拉夫內戰一爆發，波士尼亞政府就要求伊斯蘭聖戰組織介入，志願兵的總數據稱達 4,000 人，比幫助塞爾維亞裔或克羅埃西亞裔的外國部隊多，其中包括伊朗共和衛隊和其他曾和阿富汗作戰的部隊，志願兵來自巴基斯坦、土耳其、伊朗、阿爾及利亞、沙烏地阿拉伯、埃及和蘇丹，以及阿爾巴尼亞和土耳其自德國、奧地利和瑞士請來的傭兵。沙烏地阿拉伯的宗教團體派了不少志願兵，在 1992 年最初幾個月的戰爭中，有 20 多名沙國士兵陣亡，「世界年輕穆斯林會議」把其中不少傷兵用飛機送回吉達療傷。1992 年秋，黎巴嫩什葉派真主黨游擊隊到波士尼亞代訓波國士兵，後來並由伊朗共和衛隊接手。1994 年春，西方情報指出，伊朗共和衛隊的 400 名士兵組成極端激進的游擊隊和恐怖組織。美國一位官員說：「伊朗人以此為攻擊歐洲要害的管道。」聯合國的資料顯示，聖戰組織訓練了 3,000 ～ 5,000 名波士尼亞士兵，以組成伊斯蘭特種作戰旅。波士尼亞政府利用伊斯蘭聖戰組織從事「恐怖、非法和突襲行動」，雖然這些單位往往飽受當地人民騷擾，並為政府製造其他問題。（在美國俄亥俄州）達頓所簽的和平協定要求所有外國作戰部隊撤離波士尼亞，但波國政府給某些士兵波士尼亞公民身分讓他們留下，並讓伊朗共和衛隊改變身分為紓困人員。1996 年初，美國一位官員警告說：「波士尼亞政府虧欠這些團體尤其是伊朗人太多，連波國政府也無法應付，我們 12 個月內就走了，但這些伊斯蘭聖戰分子將繼續滯留。」[49]

　　以沙烏地阿拉伯和伊朗為首的伊斯蘭世界富國，曾捐出巨額獻金發展波士尼亞的軍力。1992 年戰爭爆發最初幾個月，沙烏地阿拉伯政府和私人來源提供了 1 億 5,000 萬美元援助波士尼亞，

表面上是基於人道理由，一般都認為是用於軍事用途。據了解，在戰爭頭兩年，波士尼亞人取得總值 1 億 6,000 萬美元的武器，1993 ～ 1995 年間，又自沙烏地阿拉伯取得總值 3 億美元的軍火，加上 5 億美元人道援助。伊朗也是提供軍事援助的主要國家之一，美國官員指出，伊朗每年花在波士尼亞的軍火費用以億美元計。根據另一項報告，在南斯拉夫內戰期間，流入波士尼亞總值約 20 億美元的武器中，有 80 ～ 90% 落入穆斯林手中。拜這項經援之助，波士尼亞人才得以大量競購軍火，第一次被攔截到的武器包括 4,000 隻步槍和 100 萬發子彈，第二次攔截到的包括 11,000 隻步槍、30 發迫擊砲和 75 萬發子彈；第三次攔截到的武器包括地對地火箭、彈藥、吉普車和手槍。所有軍火都在伊朗裝船，這裡也是軍火的主要來源，但土耳其和馬來西亞也提供不少武器。有些武器直接用飛機送到波士尼亞，但大部分取道克羅埃西亞，有的先飛札格拉布，再走陸路或海陸到（南斯拉夫西部港市）斯普利或其他克羅埃西亞的港口再取道陸路送到波士尼亞。但克羅埃西亞並非無條件同意，克國居中侵占一部分、據報導可能達三分之一轉運的軍火，同時在警覺以後可能會和波士尼亞交鋒之後，禁止戰車和重型武器取道其領土運送。[50]

拜來自伊朗、沙烏地阿拉伯和土耳其等伊斯蘭國家財力、人力、訓練和武器援助之賜，波士尼亞終能把一支「烏合之眾」的軍隊，轉化為設備相當精良又有作戰力的隊伍。到 1994 年冬，外界觀察指出，波士尼亞軍中組織的一貫作戰實力大增。[51] 為了測試新的兵力，波士尼亞破壞了一次停火協議，並成功的先對克羅埃西亞裔民兵部隊發動攻勢，後又在春天攻打塞爾維亞裔。1994 年秋，波士尼亞第五軍團從聯合國所設的畢哈治穆斯林安全區出兵，擊退塞裔部隊，締造了到當時為止最大的勝利，並從塞裔手

中奪回幅員相當廣大的土地，塞軍則受制於塞爾維亞共和國總統米洛謝維契禁止援助他們的禁令。1995 年 3 月，波士尼亞部隊再次違反停戰協定，並在土茲拉附近大舉進攻，隨後又在 6 月於塞拉耶佛附近發動攻勢。伊斯蘭盟邦的支持，是促使波士尼亞政府在波國軍事均勢中作這些改變時決定性的必要因素。

波上尼亞內戰是文明戰爭，三個主要參戰者來自不同的文明，信仰不同的宗教。除了少部分例外，第二層和第三層參與者完全符合文明戰爭的模式。伊斯蘭國家和組織普遍支持波士尼亞穆斯林，反對克羅埃西亞裔和塞爾維亞裔。信奉正教的國家和組織則普遍支持塞爾維亞裔，反對克羅埃西亞裔和波士尼亞穆斯林。西方政府和當權派支持克羅埃西亞裔，譴責塞爾維亞裔，對波士尼亞穆斯林則多半漠不關心或十分恐懼。內戰越演越烈，不同族群間的仇恨和裂痕跟著加深，而其宗教和文明認同也加強了，尤以穆斯林最明顯。整體而言，波士尼亞內戰的教訓包括：第一，在斷層線戰爭中，第一層參戰者一定可以從其文明盟邦得到援助，有時甚至是大幅援助；第二，這類援助可能大幅影響戰爭的進程；第三，一個文明的政府和人民不會為另一個文明的民族流血或花錢去打一場斷層線戰爭。

在這個文明戰爭模式中，唯一的例外是美國。美國領導階層在言詞上支持穆斯林，實際上的援助十分有限。柯林頓政府同意出動美國空軍，但不願派地面兵力保護聯合國所劃定的穆斯林安全區，但美國也主張結束武器禁運。在支持穆斯林方面，美國並未向其盟國大力施壓，但對伊朗運送武器給波士尼亞和沙烏地阿拉伯資助波國購買軍火，美國的確網開一面，並於 1994 年停止執行禁運令。[52] 但美國這些舉動，無異和盟國作對，並公認因而使北約發生一次重大的危機。在簽署達頓協定之後，美國同意和

沙烏地阿拉伯及其他伊斯蘭國家合作，訓練波士尼亞士兵，並提供波國武器裝備。問題是：為什麼在戰爭期間和戰後美國是唯一打破文明模式，成為唯一鼓吹波士尼亞穆斯林利益並代表他們和伊斯蘭國家合作的國家？這種反常的現象如何解釋？

其中一個可能性是這其實並不是什麼反常的現象，而是經過仔細評估的文明現實政治。在支持波士尼亞並提議結束禁運未果之後，美國試圖降低伊朗和沙烏地阿拉伯等伊斯蘭基本教義派國家，對原本並非信仰伊斯蘭的歐化國家波士尼亞的影響力。但如果是這個動機，為什麼美國默許伊朗和沙烏地阿拉伯提供波士尼亞援助？為什麼不更積極結束禁運，使西方的援助合法化？美國官員又為什麼不公開警告伊斯蘭基本教義派對巴爾幹半島所構成的危機？美國這些舉動另一個可能的解釋是美國政府受到伊斯蘭世界友邦，尤其是土耳其和沙烏地阿拉伯的壓力，同意滿足它們的期望，以便和它們維持良好的關係。但那些關係是建立於和波士尼亞無關的利益結合上，不可能因為美國未能協助波士尼亞而受到重創。何況，這也不能解釋為什麼在美國正因其他問題而向伊朗挑釁，而沙烏地阿拉伯也正和伊朗爭取對波士尼亞的影響力之際，美國暗中同意伊朗運送大量軍火給波士尼亞。

雖然文明的現實政治在主導美國的態度上可能起某種作用，但其他因素似乎更有影響力。美國人總希望在任何外國衝突中區分善惡兩大勢力，再和代表善良勢力的一方結盟。戰爭初期塞爾維亞裔的暴行使他們被塑造為「壞人」，濫殺無辜百姓，甚至搞滅種屠殺，波士尼亞穆斯林則把自己塑造成無助的受害者。在整個南斯拉夫內戰期間，美國媒體很少注意波士尼亞部隊對克羅埃西亞裔和穆斯林的種族淨化或戰爭罪行，或違反聯合國所劃定的安全區和停火協定。根據羅貝卡·韋斯特（Rebecca West）的說法，

對美國人來說，波士尼亞人「在巴爾幹半島所有族群中獨得他們青睞，認定波士尼亞的無辜百姓受苦受難，永遠為魚肉，不可能為刀俎。」[53]

美國當權的主流派精英也多半支持波士尼亞人，因為他們對多元文化國家情有獨鍾，而在戰爭初期，波士尼亞政府成功的推銷了這種形象。戰爭期間，美國的政策仍堅決支持多種族的波士尼亞，雖然波士尼亞克羅埃西亞裔和塞爾維亞裔大力反對。即使當一個民族對另一個民族進行滅種屠殺時，顯然不可能建立多種族國家，美國當權派仍結合這些矛盾的意象，而使一般人普遍同情波士尼亞。美國人的理想主義、道德主義、人道直覺及對巴爾幹的天真無知，使他們支持波士尼亞，反對塞爾維亞裔。再加上，美國在波士尼亞沒有太大的安全利益或文化關係，因此美國政府沒有理由出太多力，只要讓伊朗和沙烏地阿拉伯武裝波士尼亞就行了。由於美國政府拒絕認知這場戰爭的本質，以至於和盟國失和，並使戰爭拖延下去，徒然在巴爾幹半島建立一個受到伊朗嚴重影響的伊斯蘭國家。最後，波士尼亞人對美國大表不滿，因為美國口惠而實不至，並回頭對其伊斯蘭盟邦心存感激，因為這些盟邦給他們必要的錢財和武器援助，以便撐過及締造軍事勝利。

沙烏地阿拉伯一位主編利維觀察說：「波士尼亞是我們的西班牙，在波士尼亞赫次哥維那所進行的戰爭，感情上好像在西班牙內戰中對抗法西斯政權。在戰爭中殉難的被奉為烈士，他們力圖拯救伊斯蘭弟兄。」[54] 這種比喻相當貼切，在文明的紀元，波士尼亞是每個人的西班牙。西班牙內戰是一場政治制度和意識形態的戰爭，波士尼亞內戰則是不同文明和宗教間的戰爭，民主人士、共產黨徒和法西斯主義者都到西班牙去和有共同理想的弟兄並肩作戰，而民主、共產和最活躍的法西斯政權也分別提供後援。

南斯拉夫內戰同樣大量動員代表西方基督教、正教和伊斯蘭文明的弟兄為其後盾。正教、伊斯蘭教和西方這三大勢力都大幅介入。經過 4 年征戰，西班牙內戰結束，佛朗哥所率領的部隊獲勝，巴爾幹半島不同宗教團體之間的戰爭可能降溫，甚至暫時中止，但沒有任何一方會獲得決定性的勝利，而只要沒有任何一方勝出，戰爭就永無盡頭。西班牙內戰為第二次世界大戰揭開序幕；波士尼亞戰爭則是文明持續衝突中一段更為血腥的插曲。

結束斷層線戰爭

　　一般人總認為，「每一場戰爭總有結束的時候」。但對斷層線戰爭是否適用？答案為是但也不是。斷層線暴力也許會停止一段時間，但很少永遠結束。斷層線戰爭的特色還包括經常停火，但並不是因為廣泛的和平協議可以解決政治核心問題。這種戰爭打打停停，因為其濫觴於根深蒂固的斷層線衝突，因而涉及不同文明團體間持續的對立關係。這種衝突主要源於兩個社會的地理鄰近性、不同的宗教和文化、獨立的社會架構和歷史情結。數世紀來，情勢可能會演變，潛伏的衝突也可能會消失。而當一個群體終結另一個群體時，衝突或許會殘酷但迅速的消失。如果這兩種情形都沒有發生，則衝突仍將繼續擴大，暴力也將惡性循環。斷層線「戰爭」時斷時續；但斷層線「衝突」是無止無休的。

　　在一場斷層線戰爭中，即使只是暫時中止，也要視兩項發展而定。第一，第一層參戰者已經兵疲馬乏、民窮財困，在某一點上，傷亡人數達數十萬，而難民人數也以百萬計，某些城市像貝魯特、（車臣首府）格洛斯尼及（南斯拉夫的）佛科瓦被夷為平地，人民不斷喊叫著「瘋狂，瘋狂，夠了，夠了」，雙方的激進

分子無法再煽動群眾的怒火，而延宕多年無聲無息的和談又現生機，溫和派也重新伸張它們的權利，並就停止某種血腥屠殺達成協議。1994 年春，納哥爾諾克拉巴的 6 年內戰已經「耗盡」亞美尼亞和亞塞拜然的國力，雙方因而同意和解。1995 年秋，波士尼亞也發生同樣的情形，「各方都筋疲力竭」，達頓協定終於落槌。[55] 但這種停火本身有其限度，停火使雙方可以休養生息，但一旦某一方看準有機可乘，戰火便會重燃。

要暫時停火，還要有第二個因素配合：非第一層參戰者介入，並有興趣和力量把參戰者聚在一起。斷層線戰爭幾乎永遠不可能單單因為第一層參戰者直接談判而中止，如果由漠不關心的團體出面調停，也很少成功。彼此之間的文化距離、血海深仇和相互間的暴力，使第一層參戰者很難坐下來，就某種停火前景展開建設性的談判。潛在的政治議題不斷湧現，像誰以什麼條件控制了什麼領土和人民，而在比較小的問題上無法達成協議。

有共同文化的國家和團體之間的衝突，有時可以由公正客觀的第三者出面調停解決，這第三者必須來自同一文化，在該文化內的地位受到衝突各造承認，也因此得到雙方信任，找出一個和其文化價值觀相容的解決之道。教宗可以成功的調停阿根廷和智利之間的疆界糾紛。但在不同文明團體的衝突中，沒有所謂的公正第三者，要找一個能得到雙方信任的個人、組織或國家，極為困難。任何可能擔任調停角色者都是來自衝突文明的一方，或是另一個文化和其他團體的第三個文明，但必須得到雙方信任，不致引起衝突。車臣和俄羅斯的衝突，或東帝汶和斯里蘭卡的衝突，都不會去找教宗斡旋。國際組織也經常調停失敗，因為它們沒有能力要求參戰者負擔巨資，或沒有能力提供任何太大的好處。

斷層線戰爭並非由公正客觀的個人、團體或組織所結束，而

是由有利害關係的第二層和第三層參與者出面。一方面，它們支持兄弟之邦，也有能力和對手談判協議；另一方面，也可以說服彼此的兄弟之邦接受那些協定。各派勢力集結並使戰爭延長時，通常也是限制和中止戰爭的必要但非充分條件。第二層和第三層勢力往往不願意被轉化為第一層參戰者，因此力圖控制住戰火。它們的利害關係也比第一層參戰者複雜，因為第一層參戰者只鎖定戰爭，而第二、三層參與者比較關切和彼此有關的其他問題。因此，在某一點上，它們可能認為停戰對自己有利，因為它們站在其盟邦後面，因此也可以發揮影響力。支持者因此也變成牽制者和止戰者。

　　沒有第二或第三層參與者的戰爭，比其他類型戰爭不會蔓延，但比較難中止，和沒有核心國家的文明團體間的戰爭如出一轍。斷層線戰爭如涉及一個國家內部的動亂，或缺乏相當支持者，也會製造特別的問題。如果戰爭斷斷續續打一段時間，反抗軍的要求勢必升高，從某種形式的自治變成完全獨立，這方面已為政府拒絕。政府多半要求反抗軍繳械，作為止戰第一步，但這必為反抗軍所拒。政府因此也相當自然的拒絕外人介入它們自認涉及「犯罪分子」的純粹內部問題。把它界定為內部問題，也使其他國家有藉口可以不用介入，西方強權和車臣之間就是這種情形。

　　捲入戰爭的文明中如果沒有核心國家時，問題更嚴重。蘇丹內戰就是典型的例子。這場戰爭始於 1956 年，於 1972 年參戰各方民窮財盡之後結束。「世界教會委員會」和「全非洲教會委員會」等非政府國際組織，完成了幾乎獨一無二的成就，它們在（衣索匹亞首都）阿迪斯阿貝巴談妥協定，讓蘇丹南部自治。但 10年後，政府廢棄了這項協定，戰火再燃，反抗軍的目標升高，政府的立場更強硬，而另一次和談計畫也告吹。阿拉伯世界和非洲

都缺少有興趣和實力向參戰國施壓的核心國家。美國前總統卡特和其他非洲國家領袖的調停都未能奏功，由肯亞、厄利垂亞、烏干達和衣索匹亞組成的東非國家委員會也斡旋失敗。和蘇丹勢如水火的美國又不能直接採取行動，也不能要求和蘇丹關係密切的伊朗、伊拉克或利比亞出面扮演有力的角色，因此只能退而求其次，請沙烏地阿拉伯出面，但沙國對蘇丹的影響力畢竟有限。[56]

整體而言，停火談判已推進到雙方第二、三層參與者相當平行及平等介入的程度。在某些情形下，一個單一核心國家也許很強勢，可以促成停火。1992 年，歐洲安全合作會議（CSCE）試圖調停亞美尼亞和亞塞拜然的戰爭。一個由第一、第二和第三層參與者組成的「明斯克集團」委員會（成員包括納哥爾諾克拉巴亞美尼亞裔、亞美尼亞、亞塞拜然、俄羅斯和土耳其），及法國、德國、義大利、瑞典、捷克、白俄羅斯和美國。除了美法兩國，由於亞美尼亞少數宗派團體勢力相當龐大，後面這些國家沒什麼興趣和能力促成停火協定。當兩個第三層參與國俄羅斯和土耳其及美國同意一項計畫時，又被納哥爾諾克拉巴亞美尼亞裔推翻。俄羅斯倒是在莫斯科為亞美尼亞和亞塞拜然另外主持一連串談判，無形中「形成一個有別於明斯克集團的組織，並因此使國際社會的努力分散」[57]。最後，在第一層參戰者兵疲馬乏之後，俄羅斯得到伊朗支持，繼續推動談判。俄羅斯的努力促成一次停火協議。第二層參與者俄羅斯和伊朗偶爾也合作，成功的安排塔吉克的停火。

俄羅斯在外高加索仍有其地位，而只要俄羅斯有興趣參與，就有能力執行停火協議。這和美國在波士尼亞的際遇形成強烈的對比。達頓協定是以德、英、法、俄、美這五個有興趣的核心國家所組成的「接觸集團」所提的建議為藍本，但在敲定最後協議

時，其他第三層國家並未深入參與，而三個第一層參戰者中，有
兩個在談判的外圍。協議主要由以美國為首的北約部隊執行。如
果美國從波士尼亞撤軍，歐洲強權或俄羅斯都沒有意願再執行這
項協定，波士尼亞政府、塞爾維亞裔和克羅埃西亞裔在養精蓄銳
後，隨時可以再啟戰端，塞爾維亞和克羅埃西亞政府則會冒險乘
機實現一個大塞爾維亞和大克羅埃西亞的夢想。

普特南（Robert Putnam）曾強調，在某種程度上，不同國家
間的談判是「兩個層次的遊戲」，外交人員同時和國內的選民以
及外國對手談判。在一項類似的分析中，杭亭頓也指出，一個威
權政府中的改革派，在和反對黨的溫和派磋商民主進程時，必須
同時和政府內的強硬派談判或對立，反對黨的溫和派也必須和黨
內激進分子談判或對立。[58] 這種兩個層次的遊戲至少涉及四個團
體之間的三、四種關係。但一場複雜的斷層線戰爭，是三個層次
的遊戲，至少涉及四個團體之間的至少七種關係（見圖 11-1）。
水平關係存在於斷層線兩側的第一、二和三層勢力團體之間，垂
直關係則存在於各別文明不同層次的勢力團體間。要中止一場
「完整型」的文明戰因此必須有以下條件：

- 第二、三層參與者積極介入。
- 第三層參與者談判廣泛的停戰條件。
- 第三層參與者軟硬兼施，促使第二層參與者接受這些條
  件，並施壓第一層參戰者接受。
- 第二層參與者撤回對第一層參戰者的支持，事實上，就是
  背叛它們。
- 在這種壓力下，第一層參戰者接受條件，當然，也在它們
  自認為符合本身利益時加以推翻。

波士尼亞和平進程涉及上述所有要素。美國、俄羅斯、歐洲

聯盟等各別角色雖力圖達成協議，但顯然並未獲致進展。西方強權不願接納俄羅斯為充分參與謀和過程的夥伴。俄國人強烈抗議他們被排除在外，並聲稱，他們和塞爾維亞裔有深厚的歷史淵源，他們和巴爾幹的利害關係也比任何其他強權直接。俄羅斯堅持全程參與解決衝突，並強烈指責「美國有強迫各方接受其條件的傾向」。1994 年 2 月，情勢擺明了必須把俄羅斯納入。北約當時未照會俄羅斯，就向波士尼亞境內的塞爾維亞裔發出最後通牒，要塞裔從塞拉耶佛周遭撤走重型武器，否則北約將展開空襲。塞裔力拒這項要求，眼看和北約就要爆發一場暴力衝突。俄羅斯總統葉爾欽警告，「有些勢力在俄羅斯未參與的情況下，試圖解決波士尼亞問題」，並重申「我們不會容許」。俄羅斯政府並主動說服塞裔，如果俄羅斯在塞拉耶佛地區部署和平維持部隊，他們就撤走武器。俄羅斯這次成功的外交出擊使暴力未再升高，並向西方證明俄國對塞裔的強大影響力，也使俄軍得以深入波士尼亞穆斯林和塞裔衝突區的核心地帶。[59] 在這次運作中，俄羅斯有效樹立其與西方在和波士尼亞交涉過程中的「平等夥伴關係」。

　　但同年 4 月，北約再次在未知會俄羅斯的情形下，授權轟炸波境塞裔的據點。這也引起俄羅斯不同政治派系極大的負面反應，並加強民族主義人士對葉爾欽和外長柯齊瑞夫的反感。過後不久，相關的第三層強權，包括英國、法國、德國、俄羅斯和美國組成「接觸集團」以設計解決方案。1994 年 6 月，接觸集團推出一項計畫，將波士尼亞 51% 劃給伊斯蘭教—克羅埃西亞聯邦，49% 劃給波境塞裔，這也成為後來達頓協定的基礎。第二年，必須安排俄軍加入達頓協定的執行工作。

　　第三層參與者之間達成的協定，必須推銷給第一、二層參與者。誠如俄羅斯駐北約大使邱爾金所說，美國人必須靠波士

尼亞人、德國人必須靠克羅埃西亞裔、俄羅斯人則要靠塞爾維亞裔。[60] 在南斯拉夫內戰初期，俄羅斯作了很大的讓步，同意對塞爾維亞裔進行經濟制裁。作為塞爾維亞裔盟邦，俄羅斯有時也可以牽制塞裔，迫使他們同意接受其可能會拒絕的妥協方案。例如，1995 年，俄羅斯和希臘向波境塞裔說項，要求釋放他們扣為人質的荷蘭和平部隊士兵。但有時波境塞裔也會撕毀在俄羅斯施壓下達成的協定，而使俄羅斯因未能節制其盟邦而十分尷尬。例如，1994 年 4 月，俄羅斯和波境塞裔達成協議，不再攻擊哥拉茲德，但塞裔破壞協議，俄羅斯極為憤怒，俄國一位外交官表示，波境塞裔已經「變成戰爭狂熱分子」；葉爾欽則堅持，「波境塞裔領袖應履行向俄國所承諾的義務」，俄國也撤回反對北約空襲的立場。[61]

德國和其他西方國家雖然支持和強化克羅埃西亞裔，但也可以牽制克裔的動向。克羅埃西亞總統屠迪曼希望他這個天主教國家能被接受為歐洲國家，並加入歐洲組織。西方強權利用它們給克裔外交、經濟和軍事的支持，及克裔希望被接納的心理，誘使屠迪曼在不少問題上妥協。1995 年 3 月，西方向屠迪曼建議，如果要成為西方社會一分子，必須同意讓聯合國保護部隊進駐克拉吉納。一名歐洲外交官說：「加入西方對屠迪曼是很重要的事，他不想和塞裔及俄羅斯人送作堆。」屠迪曼也接獲警告，他的部隊征服克拉吉納等塞裔聚居的地區時，在種族淨化上要節制，也不准把攻勢延伸到斯洛維尼亞東部。在另一個議題上，一名美國官員指出，克裔也被告知，如果他們不和穆斯林一起加入聯邦，「通往西方的門將永遠關閉」[62]。由於德國是提供克裔外援的主要國家，在影響克裔的動向上也一言九鼎。美國和克裔的密切關係，至少在 1995 年之前，也有助於防止屠迪曼落實他信誓旦旦

要分隔波士尼亞赫次哥維那的克裔和塞裔的意圖。

不像俄羅斯和德國，美國和波士尼亞缺乏文化淵源，因此促使穆斯林妥協的立場也比較薄弱。何況除了口惠，美國提供波士尼亞的援助，只是對伊朗和其他伊斯蘭國家違反武器禁運視而不見。波士尼亞穆斯林因此對大伊斯蘭社會越來越心存感激，也越來越和它認同，同時，他們譴責美國採行「雙重標準」，沒像伊拉克出兵科威特時那樣動武逐退。這些穆斯林以受害人自居，使美國比較難迫使他們妥協，他們也因此得以拒斥和平建議，並在伊斯蘭友邦協助下建軍，最後並主動出擊，收回大部分淪陷的領土。

第一層參戰者最強烈反對妥協。在外高加索戰爭中，由前蘇聯流亡亞美尼亞的人所組成的「社會黨」在亞美尼亞社區中十分強勢，控制納哥爾諾克拉巴自治區，並拒絕接受 1993 年 5 月土耳其和俄羅斯及美國簽訂的和平建議，雖然這項建議已經為亞美尼亞和亞塞拜然雙方政府所接受。社會黨甚至發動軍事攻勢，被控種族淨化，而使戰火有進一步蔓延之勢，並使其與比較溫和的亞美尼亞政府的關係惡化。納哥爾諾克拉巴的攻勢成功，也為亞美尼亞製造了問題，因為亞美尼亞急欲改變和土耳其及伊朗的關係，以緩和因戰爭和土耳其封鎖而產生的缺糧和能源短缺問題。一名西方外交人員評論說：「納哥爾諾克拉巴的情勢越改善，亞美尼亞共和國的處境越棘手。」[63] 亞美尼亞總統特裴卓希安和俄羅斯總統葉爾欽一樣，必須在高舉民族主義大纛的國會議員，和接納其他國家比較宏觀的外交政策利益之間權衡，1994 年底，特裴卓希安查禁由前蘇聯流亡人士所組的社會黨。

一如納哥爾諾克拉巴亞美尼亞裔，波士尼亞塞爾維亞裔和克羅埃西亞裔的立場也很強硬。結果，克羅埃西亞和塞爾維亞政府

受到壓力協助推動和平進程時，它們和波士尼亞境內兄弟之邦的關係便發生衝突。對克羅埃西亞，問題還比較不嚴重，因為波境克裔雖然實際上不願和穆斯林共組聯邦，但至少形式上同意。而在個人恩怨作祟下，塞爾維亞共和國總統米洛謝維契和波境塞裔領袖卡拉迪茨的衝突升高，甚至表面化。1994 年 8 月，卡拉迪茨拒絕了由米洛謝維契所通過的和平計畫，塞爾維亞共和國政府因急欲結束制裁而宣布，除了醫藥和食物，切斷和波士尼亞塞爾維亞裔所有的經貿關係。第二年，米洛謝維契默許波境克羅埃西亞裔的軍隊把塞裔趕出克納吉納，並同意克羅埃西亞裔和穆斯林部隊把塞裔趕回波士尼亞西北部。米洛謝維契也和屠迪曼達成協議，同意逐步歸還塞爾維亞裔所占領的斯洛尼亞東部給克羅埃西亞，在西方強權同意下，米洛謝維契實際上「押解」波境塞裔履行達頓協定，把他們納入塞爾維亞的談判代表團中。

米洛謝維契的行動結束了聯合國對塞維爾亞的制裁，並得到有點意外的國際社會審慎的歡迎。1992 年那個倡議民族主義和種族淨化，並具有侵略野心的大塞爾維亞戰爭販子已經搖身一變，成為 1995 年的和平調停者。但對無數塞爾維亞人而言，米洛謝維契是個賣國賊，他在貝爾格勒遭到塞爾維亞裔民族主義人士及正教領袖一致撻伐，並被克拉吉納和波境塞裔指為叛國賊。以色列政府與巴勒斯坦解放組織達成協議後，在約旦河西岸屯墾的猶太人指責以國當局賣國，道理一樣。背叛同類是在斷層線戰爭中追求自由的代價。

戰爭所導致的匱乏和第三層參與者軟硬兼施，迫使第一、二層參與者改弦更張，也許由溫和派取代極端黨派，或像米洛謝維契這種激進領袖發現，只有改走溫和派路線才對他們有利。但他們這麼做不無風險，被打為叛徒，可能比敵人更招怨恨。喀什米

爾穆斯林、車臣和斯里蘭卡的錫蘭族，都曾因「離經叛道」以及試圖和頭號敵人妥協解決問題，而步上埃及前總統沙達特和以色列前總理比金遭人暗殺的後塵。1914 年，一名塞爾維亞裔民族主義人士暗殺一名奧地利的大公，而在達頓協定之後，他最可能下手的目標可能是米洛謝維契。

斷層線戰爭的停戰協議只要能反映第一層參戰者的權力均勢和第二及第三層參與者的利益，就算成功，即使為時短暫。1994 年，波士尼亞境內的塞爾維亞裔控制了 70% 的領土時，波士尼亞以 51% 和 49% 劃分的可行性很低，但克裔和穆斯林發動攻勢，削減塞裔所控制的領土到一半時，就比較可行了。種族淨化使塞裔人口減少到不到克裔的 3%，加上波士尼亞境內的三大族群（塞裔、克裔和穆斯林）經由暴力或自動劃分後，也為和平進程增加了助力。此外，第二層和多半為文明核心國的第三層參與者，也必須和斷層線戰爭有切身安全或共同利害關係，才會致力謀求解決爭端。此外，第一層參戰者不可能獨力阻止斷層線戰爭，停止戰爭和預防戰爭升高為全球性的戰爭，端視世界各大文明核心國家的利益和行動而定。斷層線戰爭由下往上升高；斷層線和平則從上而下逐步解決。

註釋

1. Roy Licklider, "The Consequences of Negotiated Settlements in Civil Wars, 1945-93" *American Political Science Review*, 89 (September 1995), 685。
2. See Barry R. Posen, "The Security Dilemma and Ethnic Conflict," in Michael E. Brown, ed., *Ethnic Conjlict and International Security* (Princeton: Princeton University Press, 1993), pp.103-124。
3. Roland Dannreuther, *Creating New States in Central Asia* (International Institute for Strategic Studies/Brassey's, Adelphi Paper No.288, March 1994), pp. 30-31; Dodjoni Atovullo, quoted in Urzula Doroszewska, "The Forgotten War: What Really Happened in Tajikistan," *Uncaptive Minds*, 6 (Fall 1993), 33。
4. *Economist*, 26 August 1995, p. 43; 20 January 1996, p. 21。
5. *Boston Globe*, 8 November 1993, p. 2; Brian Murray, "Peace in the Caucasus: Multi-Ethnic Stability in Dagestan," *Central Asian Survey*, 13 (No.4, 1994), 514-515; *New York Times*, 11 November 1991, p. A7; 17 December 1994, p. 7; *Boston Globe*, 7 September 1994, p. 16; 17 December 1994, pp. 1ff。
6. Raju G.C. Thomas, "Secessionist Movements in South Asia," *Survival*, 36 (Summer 1994), 99-101, 109; Stefan Wagstyl, "Kashmiri Conflict Destroys a 'Paradise'," *Financial Times*, 23-24 October 1993, p. 3。
7. Alija Izetbegovic, *The Islamic Declaration* (1991), pp. 23, 33。
8. *New York Times*, 4 February 1995, p. 4; 15 June 1995, p. A12; 16 June 1995. p. A12。
9. *Economist*, 20 January 1996, p. 21; *New York Times*, 4 February 1995, p. 4。
10. Stojan Obradovic, "Tuzla: The Last Oasis," *Uncaptive Minds*, 7 (Fall-Winter 1994), 12-13。
11. Fiona Hill, *Russia's Tinderbox: Conflict in the North Caucasus and Its Implications for the Future of the Russian Federation* (Harvard University, John F. Kennedy School of Government, Strengthening Democratic Institutions Project, September 1995), p. 104。
12. *New York Times*, 6 December 1994, p. A3。
13. See Mojzes, Yugoslavian lnferno, chap. 7, "The Religious Component in Wars"; Denitch, *Ethnic Nationalism: The Tragic Death of Yugoslavia*, pp. 29-30, 72-73, 131-133; *New York Times*, 17 September 1992, p. A14; Misha Glenny, "Carnage in Bosnia, for Starters," *New York Times*, 29 July 1993, p. A23。
14. *New York Times*, 13 May 1995, p. A3; 7 November 1993, p. E4; 13 March 1994, p. E3; Boris Yeltsin, quoted in Barnett R. Rubin, "The Fragmentation of Tajikistan," *Survival*, 35 (Winter 1993-94), 86。
15. *New York Times*, 7 March 1994, p. 1; 26 October 1995, p. A25; 24 September 1995, p. E3; Stanley Jeyaraja Tambiah, *Sri Lanka: Ethnic Fratricide and the Dismantling of Democracy* (Chicago: University of Chicago Press. 1986), p. 19。

16. Khalid Duran, quoted in Richard H. Schultz, Jr. and William J. Olson, *Ethnic and Religious Conflict: Emerging Threat to U.S. Security* (Washington, D.C.: National Strategh Information Center), p.25。

17. Khaching Tololyan, "The Impact of Diasporas in U.S. *Foreign Policy*," in Robert L. Pfaltzgraff, Jr. and Richard H. Shultz, Jr. eds., *Ethnic Conflict and Regional Instability: Implications for U.S. Policy and Army Roles and Missions* (Carlisle Barracks, PA: Strategic Studies Institute, U.S. Army War College, 1994), p. 156。

18. *New York Times*, 25 June 1994, p. A6; 7 August 1994, p. A9; *Economist*, 31 October 1992, p. 38; 19 August 1995, p. 32; *Boston Globe*, 16 May 1994, p. 12; 3 April 1995, p. 12。

19. *Economist*, 27 February 1998, p. 25; 8 April 1995, p. 34; David C. Rapoport, "The Role of External Forces in Supporting Ethno-Religious Conflict," in Pfaltzgraff and Shultz, *Ethnic Conflict and Regional Instability*, p.64。

20. Rapoport, "External Forces," p. 66; *New York Times*, 19 July 1992, p. E3; Carolyn Fluehr-Lobban, "Protracted Civil War in the Sudan: Its Future as a Multi-Religious, Multi-Ethnic State," *Fletcher Forum of World Affairs*, 16 (Summer 1992), 73。

21. Steven R. Weisman, "Sri Lanka: A Nation Disintegrates," *New York Times Magazine*, 13 December 1987, p. 85。

22. *New York Times*, 29 April 1984, p. 6; 19 June 1995, p. A3; 24 September 1995, p. 9; *Economist*, 11 June 1988, p. 38; 26 August; 1995, p. 29; 20 May 1995, p. 35; 4 November 1995, p. 39。

23. Barnett Rubin, "Fragmentation of Tajikistan," pp. 84, 88; *New York Times*, 29 July 1993, p. 11; *Boston Globe*, 4 August 1993, p.4。有關塔吉克戰爭的發展，我大量引用 Barnett R. Rubin, "The Fragmentation of Tajikistan," *Survival*, 35 (Winter 1993-94), 71-91; Roland Dannreuther, *Creating New States in Central Asia* (International Institute for Strategic Studies, Adelphi Paper No. 288, March 1994); Hafizulla Emadi, "State, Ideology, and Islamic Resurgence in Tajikistan," *Central Asian Survey*, 13 (No. 4, 1994), 565-574; and newspaper accounts。

24. Urszula Doroszewska, "Caucasus Wars," *Uncaptive Minds*, 7 (Winter-Spring 1994), 86。

25. *Economist*, 28 November 1992, p. 58; Hill, *Russia's Tinderbox*, p.50。

26. *Moscow Times*, 20 January 1995, p. 4; Hill, *Russia's Tinderbox*, p.90。

27. *Economist*, 14 January 1995, pp. 43ff.; *New York Times*, 21 December 1994, p. A18; 23 December 1994, pp. A1, A10; 3 January 1995, p. 1; 1 April 1995, p. 3; 11 December 1995, p. A6; Vicken Cheterian, "Chechnya and the Transcaucasian Republics," *Swiss Review of World Affairs*, February 1995. pp. 10-11; *Boston Globe*, 5 January 1995, pp. lff.; 12 August 1995, p. 2。

28. Vera Tolz, "Moscow and Russia's Ethnic Republics in the Wake of Chechnya," Center for Strategic and International Studies, *PostSoviet Prospects*, 3 (October 1995), 2; *New York Times*, 20 December 1994, p. A14。

29. Hill, *Russia's Tinderbox*, p. 4; Dmitry Temin, "Decision Time for Russia," *Moscow Times*, 3

February 1995, p. 8。

30. *New York Times*, 7 March 1992, p. 3; 24 May 1992, p. 7; *Boston Globe*, 5 February 1993, p. 1; Bahri Yilmaz, "Turkey's New Role in International Politics," *Aussenpolitik*, 45 (January 1994), 95; *Boston Globe*, 7 April 1993, p. 2。

31. *Boston Globe*, 4 September 1993, p. 2; 5 September 1993, p. 2; 26 September 1993, p. 7; *New York Times*, 4 September 1993, p. 5; 5 September 1993, p. 19; 10 September 1993, p. A3。

32. *New York Times*, 12 February 1993, p. A3; 8 March 1992, p. 20; 5 April 1993, p. A7; 15 April 1993, p. A9; Thomas Goltz, "Letter from Eurasia: Russia's Hidden Hand," *Foreign Policy*, 92 (Fall 1993), 98-104; Hill and Jewett, *Back in the USSR*, p. 15。

33. Fiona Hill and Pamela Jewett, *Back in the USSR: Russia's Intervention in the Internal Affairs of the Former Soviet Republics and the Implications for the United States Policy Toward Russia* (Harvard University, John F. Kennedy School of Government, Strengthening Democratic Institutions Project, January 1994), p. 10。

34. *New York Times*, 22 May 1992, p. A29; 4 August 1993, p. A3; 10 July 1994, p. E4; *Boston Globe*, 25 December 1993, p. 18; 23 April 1995, pp. 1, 23。

35. Flora Lewis, "Between TV and the Balkan War," *New Perspectives Quarterly*, 11 (Summer 1994), 47; Hanns W. Maull, "Germany in the Yugoslav Crisis," *Survival*, 37 (Winter 1995-96), 112; Wolfgang Krieger, "Toward a Gaullist Germany? Some Lessons from the Yugoslav Crisis," *World Policy Journal*, 11 (Spring 1994), 31-32。

36. Misha Glenny, "Yugoslavia: The Great Fall," *New York Review of Books*, 23 March 1993, p. 61; Pierre Behar, "Central Europe: The New Lines of Fracture," *Geopolitique*, 39 (Autumn 1994), 44。

37. Pierre Behar, "Central Europe and the Balkans Today: Strengths and Weaknesses," *Geopolitique*, 35 (Autumn 1991), p. 33; *New York Times*, 23 September 1993, p. A9; *Washington Post*, 13 February 1993, p. 16; Janusz Bugajski, "The Joy of War," *Post-Soviet Prospects* (Center for Strategic and International Studies), 18 March 1993, p. 4。

38. Dov Ronen, *The Origins of Ethnic Conflict: Lessons from Yugoslavia* (Australian National University, Research School of Pacific Studies, Working Paper No.155, November 1994), pp. 23-24; Bugajski, "Joy of War," p. 3。

39. *New York Times*, 1 August 1995, p. A6; 28 October 1995, pp. 1, 5; 5 August 1995, p. 4; *Economist*, 11 November 1995, pp. 48-49。

40. *Boston Globe*, 4 January 1993, p. 5; 9 February 1993, p. 6; 8 September 1995, p. 7; 30 November 1995, p. 13; *New York Times*, 18 September 1995, p. A6; 22 June 1993, p. A23; Janusz Bugajski, "Joy of Way," p. 4。

41. *Boston Globe*, 1 March 1993, p. 4; 21 February 1993, p. 11; 5 December 1993, p. 30; *Times* (London), 2 March 1993, p. 14; *Washington Post*, 6 November 1995, p. A15。

42. *New York Times*, 2 April 1995, p. 10; 30 April 1995, p. 4; 30 July 1995, p. 8; 19 November 1995, p. E3。

43. *New York Times*, 9 February 1994, p. A12; 10 February 1994, p. Al; 7 June 1995, p. Al; *Boston Globe*, 9 December 1993, p. 25; *Europa Times*, May 1994, p. 6; Andreas Papandreou, "Europe Turns Left," *New Perspective Quarterly*, 11 (Winter 1994), 53。

44. *New York Times*, 10 September 1995, p. 12; 13 September 1995, p. A 11; 18 September 1995, p. A6; *Boston Globe*, 8 September 1995, p. 2; 12 September 1995, p. 1; 10 September 1995, p. 28。

45. *Boston Globe*, 16 December 1995, p. 8; *New York Times*, 9 July 1994, p. 2。

46. Margaret Blunden, "Insecurity on Europe's Southern Flank," *Survival*, 36 (Summer 1994), 145; *New York Times*, 16 December 1993, p. A7。

47. Fouad Ajami, "Under Western Eyes: The Fate of Bosnia" (Report prepared for the International Commission on the Balkans of the Carnegie Endowment for International Peace and The Aspen Institute, April 1996), pp. 5ff.; *Boston Globe*, 14 August 1993, p. 2; *Wall Street Journal*, 17 August 1992, p. A4。

48. Yilmaz, "Turkey's New Role," pp. 94, 97。

49. Janusz Bugajski, "Joy of War," p. 4; *New York Times*, 14 November 1992, p. 5; 5 December 1992, p. 1; 15 November 1993, p. 1; 18 February 1995, p. 3; 1 December 1995, p. A14; 3 December 1995, p.1; 16 December 1995, p. 6; 24 January 1996, pp. A 1, A6; Susan Woodward, *Balkan Tragedy: Chaos and Dissolution After the Cold War* (Washington, D.C.: Brookings Institution, 1995), pp. 356-357; *Boston Globe*, 10 November 1992, p. 7; 13 July 1993, p. 10; 24 June 1995, p. 9; 22 September 1995, pp. 1, 15; Bill Gertz, *Washington Times*, 2 June 1994, p. A1。

50. *Jane's Sentinel*, cited in *Economist*, 6 August 1994, p. 41; *Economist*, 12 February 1994, p. 21; *New York times*, 10 September 1992, p. A6; 5 December 1992, p. 6; 26 January 1993, p. A9; 14 October 1993, p. A14; 14 May 1994, p. 6; 15 April 1995, p. 3; 15 June 1995, p. A12; 3 February 1996, p.6; *Boston Globe*, 14 April 1995, p. 2; *Washington Post*, 2 February 1996, p. 1。

51. *New York Times*, 23 January 1994, p. 1; *Boston Globe*, 1 February 1994, p. 8。

52. 美國默許運送武器給伊斯蘭國家，參閱：*New York Times*，15 April 1995, p. 3; 3 February 1996, p. 6; *Washington Post*, 2 February 1996, p. 1; *Boston Globe*, 14 April 1995, p. 2。

53. Rebecca West, *Black Lamb and Grey Falcon: The Record of a Journey through Yugoslavia in 1937* (London: Macmillan, 1941), p. 22 quoted in Charles G. Boyd, "Making Peace with the Guilty: the Truth About Bosnia," *Foreign Affairs*, 74 (Sept./Oct. 1995), 22。

54. Quoted in Timothy Garton Ash, "Bosnia in Our Future," *New York Review of Books*, 21 December 1995, p. 27; *New York Times*, 5 December 1992, p. 1。

55. *New York Times*, 3 September 1995, p. 6E; *Boston Globe*, 11 May 1995, p. 4。

56. See U.S. Institute of Peace, *Sudan: Ending the War, Moving Talks Forward* (Washington, D.C.: U.S. Institute of Peace Special Report, 1994); *New York Times*, 26 February 1994, p. 3。

57. John J. Maresca, *War in the Caucasus* (Washington: United States Institute of Peace, Special Report, no date), p. 4。

58. Robert D. Putnam, "Diplomacy and Domestic Politics: The Logic Two Level Games," *International Organization*, 42 (Summer 1988), 427-460; Samuel P. Huntington, *The Third Wave: Democratization in the Late Twentieth Century* (Norman, OK: University of Oklahoma Press, 1991), pp. 121-163。

59. *New York Times*, 27 January 1993, p. A6; 16 February 1994, p. 47. On the Russian February 1994 initiative, see generally Leonard J. Cohen, "Russia and the Balkans: Pan-Slavism, Partnership and Power," *International Journal*, 49 (August 1994), 836-945。

60. *Economist*, 26 February 1994, p. 50。

61. *New York Times*, 20 April 1994, p. A 12; *Boston Globe*, 19 April 1994, p. 8。

62. *New York Times*, 15 August 1995, p. 13。

63. Hill and Jewitt, *Back in the USSR*, p. 12; Paul Henze, *Georgia and Armenia-Toward Independence* (Santa Monica, CA: RAND P-7924, 1995), p. 9; *Boston Globe*, 22 November 1993, p. 34。

Part
V

文明的未來

The Clash of Civilizations and the Remaking of World Order

Chapter

12

西方、多文明
和單一文明

西方的復興？

　　在每個文明中，歷史至少結束一次，有時更頻繁。湯恩比嘗謂，不朽是一種海市蜃樓。但文明的「世界國」浮現之際，其人民即為此海市蜃樓所眛，深信他們的社會形式才是人類社會的終定形式。羅馬帝國、阿巴斯王朝的哈里發、蒙兀兒王朝、鄂圖曼帝國一一如此。這種世界國的公民「無視於明顯的事實……傾向於視其國度為上天應許之地，是人類努力的目標，而不是曠野夜晚的庇護所」。19世紀「英國治下世界和平」的顛峰時期亦然。在1897年的英國中產階級看來，「歷史已經結束……他們有充分理由慶幸自己活在隨歷史結束而生的永遠幸福的國家中」[1]。但所有以為歷史已經走到盡頭的社會，它們的歷史多半才要開始沒落。西方是有別於此模式的特例嗎？梅爾科提出兩個很好的問題：

第一，西方文明是自成一格，所有曾經存在過的其他
文明都不能與之相提並論的新品種嗎？

　　第二，這個文明在全世界的擴張，是否危及（或必定
終結）所有其他文明發展的可能性？[2]

　　對於這兩個問題，大部分西方人自然傾向於肯定的答覆。他
們也許答對，但過去其他文明的人民也曾有同樣的想法，而事實
證明他們錯了。

　　西方顯然和所有其他曾經存在的文明不同，對西元 1500 年
之後所存在的其他文明產生極大的衝擊。西方也展開後來遍及全
世界的現代化和工業化進程，結果，所有其他文明的國家一直力
圖在財富和現代化的層面趕上西方。但西方這些特色是否意味其
文明的演化和動力基本上和所有其他文明的模式不同？根據歷史
證據及比較文明史學者的判斷，並非如此。西方迄今的發展，並
未偏離有史以來各大文明通有的發展模式。伊斯蘭復興和亞洲經
濟的動力證明，其他文明仍很鮮活，至少仍有潛力對西方構成威
脅。一場西方和其他文明的核心國家對打的重要戰爭並非無法避
免，但有可能發生。西方於廿世紀初開始的逐漸而不規律的沒落，
可能會持續數十年，甚至數世紀之久。或者，西方可能經歷一段
復興，扭轉在世界局勢中日漸式微的影響力，重新確定其為其他
文明表率的領袖地位。

　　關於文明的歷史演化，奎格利的七階段論可能是最適用的分
期法。[3] 照他的說法，西方文明在西元 370 ～ 750 年之間融合古典、
猶太、阿拉伯游牧民族和蠻族文化而開始逐漸成形。其孕育期從
西元 8 世紀中期持續到 10 世紀末，接著是不同文明間擴張期和
衝突期反覆異常的擺盪。照奎格利及其他文明史學者觀察，目前

西方似乎正要走出衝突期。西方文明已經變成一個安全區，西方內部的戰爭，除了偶爾冷戰之外，幾乎無法想像。如我們在第二章所說，西方正在其內部發展一個與世界帝國類似的格局，這格局表現於一套複雜的邦聯、聯邦、政權等各種合作機制上，以整個文明的層次體現其對民主與多元主義的信奉。簡言之，西方已經變成一個成熟社會，後代回顧今日，會說這個時代的西方屬於文明反覆模式中的「黃金時代」。這個承平時期，借用奎格利的說法，起於「這文明本身內部已無彼此相爭的單元，與外界其他社會不大衝突，甚至沒有衝突」。這也是一段繁榮期，主要因為「內部戰爭的破壞已經結束，內部貿易壁壘撤除，共同的度量衡和通貨制度已經建立，並建立了應付一個世界帝國政府開支的大規模機制」。

在過去的文明中，這種有著不朽視野的幸福黃金時代，如果不是因外來社會的勝利而戲劇化的快速結束，就是因內部分裂而緩慢痛苦的落幕。一個文明抗拒外來破壞和防止內部腐敗的能力同樣重要。奎格利於 1961 年說，文明有「擴張的工具」才會成長，工具就是能累積盈餘，並將盈餘投資於有生產力的軍事、宗教、政治或經濟組織。文明之所以式微，是因為它們不再「把盈餘用於新事物上。套句現代用語，報酬率降低了」。之所以發生這種情形，是因為控制盈餘的那些社會集團為了私利，把錢用在「沒有生產力但可以滿足私欲的目的上……把盈餘浪費在消費而不是比較有效的生產方式上」。吃老本的人民和文明註定要從世界國家的舞台走上腐朽的舞台。這段時期，

經濟嚴重蕭條、生活水平滑落、不同的既得利益團體搞內戰、文盲日增，社會越來越弱。想靠立法節流，但

徒勞無功。國勢江河日下。大眾開始對社會上的宗教、知識、社會和政治階層離心離德。新的宗教運動開始橫掃社會。民眾越來越不願意為社會作戰，甚至不願納稅支撐社會運作。

衰退勢必走向「入侵期」，「這時該文明『無力』捍衛自己，因為它『不願』再捍衛自己，而至門戶洞開，任由『蠻夷入侵』」。這些蠻夷多半來自「另一個比較年輕、也比較有力的文明」[4]。

但文明史最重要的教訓是，很多事可能發生，但沒有什麼事是無可避免的。文明可以改革並更新。西方最主要的問題，除了外來的挑戰，便是是否能阻止和扭轉內部腐敗的過程。西方能自我更新嗎？或者，內部持續不斷的腐化將加速其終結，且／或加速它臣服於其餘經濟與人口變動更有力的文明？[*]

西方到了 1990 年代中期，出現奎格利所說，一個成熟而瀕臨腐化的文明的特徵。在經濟上，西方遠比其他任何文明富裕，但其經濟成長率、儲蓄率和投資率偏低，尤其和東亞各國更是相形見絀。個人和集體消費優先於創造未來經濟和軍事力量的考量。自然人口成長率很低，和伊斯蘭國家比尤其低落。這些問題都不至於產生毀滅性的後果。西方經濟體仍在成長，整體看來，西方人民生活已經改善，西方也仍執科學研究和技術創新牛耳。但政府不可能解決低生育率的問題，事實上，政府在提高生育率上比減少人口成長還難奏功。移民倒是新力量和人類資產的潛在

---

[*] 奎格利的一項預言也許正確，但未得相關的理論和經驗分析佐證，他的結論是：「西方文明在西元 500 年左右並未存在，但在西元 1500 年左右十分昌明，而在未來某個時間，也許是西元 2500 年之前必定不再存在。」他強調，中國和印度的新興文明，將取代被西方所摧毀的文明而步入擴張期，並威脅到西方和正教文明。參閱 Carroll Quigley, *The Evolution of Civilizations: An Introduction to Historical Analysis* (Indianapolis: Liberty Press, 1979; first published by Macmillan in 1961), pp. 127, 164-166。

來源，但有兩個先決條件：第一，以地主國所需要的有能力、有資格和有幹勁並有一技之長的專業人士優先；第二，新移民及其子女和地主國及西方文化同化。美國不太可能滿足第一個條件；歐洲則很難做到第二個條件。但西方政府有經驗也有能力制定管理移民水平、來源、特性和同化的政策。

比經濟問題和人口更重要的是西方道德敗壞、文化自殺和政治不統一的問題。經常被指為道德沒落的表徵包括：

一、 犯罪、吸毒和暴力等反社會行為增加；

二、 家庭衰退，包括離婚率提高，私生子女及未成年懷孕和單親家庭增加；

三、 至少在美國，「社會資本」流失，換言之，義工機構的成員減少，和這些會員有關的人際信任降低；

四、 「工作倫理」普遍低落，個人放縱主義抬頭；

五、 對學習和知性活動的熱誠降低，由美國學生的學業成績低落可見一斑。

西方未來的健康及其對其他社會的影響力，大部分視是否能成功應付這些趨勢而定。此趨勢自然也使穆斯林和亞洲人以其道德優勢為傲。

西方文化已經受到西方社會內部團體的挑戰。其中之一來自其他文明的移民，他們拒絕同化，繼續固守及傳播老家的價值觀、習慣和文化。這現象尤以歐洲的穆斯林最顯著，但他們只是少數。美國為數頗眾的少數族裔拉丁美洲裔也有這種現象，但比較不嚴重。在這種情形下，如果同化失敗，美國將成為一個分化的國家，可能導致內部紛爭和分裂。在歐洲，西方文明也可能因其核心構成要素基督教沒落而式微。有宗教信仰，遵守宗教措施和投入宗教活動的人越來越少。[5] 這種趨勢與其說反映了對宗教的敵意，

不如說是對宗教的冷漠。但基督教的觀念、價值和作法滲透到歐洲文明內。一名瑞典人說：「瑞典也許是歐洲最沒有宗教信仰的國家，但除非你了解我們的制度、社會習俗、家庭、政治和生活方式基本上是由路德教派傳統所塑造，否則你無法真正了解這個國家。」美國有別於歐洲，人們普遍信奉上帝，也自認有宗教信仰，大部分都上教堂，雖然在 1980 年代中期以前似看不出美國有宗教復甦的跡象，接下來的 10 年，宗教活動似已加強。[6]西方人越來越不信基督教，長程看來，再糟也不過威脅到西方文明的健全發展而已。

但美國面臨較立即而危險的挑戰。綜觀歷史，美國的國家認同在文化上一向由西方文明的傳統所界定，政治上則由大多數美國人所同意的信念，像自由、民主、個人主義、法律之前人人平等、憲政體制、私有財產所主導。在 20 世紀末，美國定位的這兩大要素不斷遭到少數有影響力的知識分子和政論家密集而持續的攻擊。他們假多元文化之名抨擊美國和西方文明認同，並否定美國有任何共同文化，而鼓吹種族、族群和其他次國家的文化認同和團體。套一句他們自己的報導所用的字眼，他們譴責教育有系統地偏向「歐洲文化及其衍生物」及「歐洲—美國單一文化觀點的壟斷」。誠如小史勒辛格（Arthur M. Schlesinger, J.）所說，多元文化主義者「往往是有種族優越感的分離主義分子，他們除了西方的犯罪，對西方傳統一無所知」。他們覺得「要除去美國人承襲自歐洲的罪惡傳統，並從非西方文化中尋求救贖的源頭」[7]。

多元文化趨勢也出現於 1960 年代民權法案之後的各種法案中，到 1990 年代柯林頓政府也以鼓勵多元化為其主要目標之一。現在和過去形成強烈的對比。美國立國元勳視多元化為一個事實但也是一個問題：因此，美國的國家信念「合眾為一」（e pluribus unum），是由富蘭克林、傑佛遜和亞當斯所組成的「美洲大陸會議」委員會拍板決定。後來的政治領袖擔心種族、社會階層、族群、經濟和文化多元發展的危險（而在 1915 ～ 1917 年之間也的確導致本世紀最大的一場戰爭），回應「合眾為一」的呼籲，並把提倡國家團結列為他們的主要責任。老羅斯福總統曾警告說：「要把這個國家帶到毀滅的路上，並使它無法再繼續成為一個國家，就是坐視它因族群內訌而亂成一團。」[8] 但到 1990 年代，美國領袖不只坐視其發展，甚至全力提倡多元化，而不是謀求他們所統治的民族團結統一。

其他國家的領袖，誠如我們所見，有時也試圖否定他們的文化傳統，使國家的定位從一個文明轉變為另一個。但至今還未見任何成功的例子，相反的，他們使國家有如精神分裂般分崩離析。美國的多元文化主義者同樣排斥他們國家的文化傳統，非但未曾努力使美國和另一個文明認同，反而希望製造一個多元文明的國家。換言之，這個國家將不屬於任何文明，自然也沒有一個文化核心。以史為鑑，這樣組成的國家，很少可以長期維持社會的和諧，一個多元文明的美國不再是美國，而是聯合國。

多元文化主義者也向美國的一項中心信念挑戰，意圖以群體的權利取代個人的權利，這些群體主要以種族、民族、性別和性傾向界定。米達爾（Gunnar Myrdal）在 1940 年代曾說，這種信念強化了（法國作家）克萊夫科爾和托克維爾等外國觀察家的評論，「也凝聚了這個偉大但異質的國家的組織架構」。（1961 年榮獲諾貝爾獎的美國核子物理學家）霍夫斯塔德（Robert Hofstader）附和說：「我們這個國家註定不能有太多意識形態，只能有一種。」[9] 如果美國這個意識形態被大部分市民否定時會有什麼下場？比起美國，另一個強權蘇聯的團結統一是由意識形

態界定，蘇聯的下場足為美國殷鑑。日本哲學家武士梅原曾指出：「馬克思主義的徹底失敗及前蘇聯的戲劇化解體，只是西方自由主義這個現代主流思想崩潰的前兆。自由主義非但無法取代馬克思主義，更不是歷史盡頭的主要意識形態，自由主義將是下一個要倒的骨牌。」[10] 在這個世界各地人民都以文化自我定位的紀元，一個沒有文化核心、只有政治信條來界定的社會有什麼地位可言？政治原則在建立一個永續存在的社會方面基礎薄弱，在一個多元文明的世界，文化最重要。在意識形態掛帥的西方社會，美國不能只是這個退化中的世界最後一個反常的遺物。

拒絕美國信念和西方文明，就我們所知，代表美利堅合眾國壽終正寢。事實上，這也意味著西方文明的結束。如果美國反西方，西方將小到只剩下歐洲和幾個歐洲在海外人口稀少的移民國。少了美國，西方在世界人口中將只占極少數，而且地位日蹙，並將退處歐亞大陸塊邊緣一個狹小而微不足道的半島上。

多元文化主義者和為西方文明辯護的人士以及美國信念之間的衝突，套句庫爾斯的說法，是西方文明美國部分的「真正衝突」。[11] 美國人無法避免的一個問題是：我們是西方人還是別的族群？美國和西方的未來端視美國是否肯定西方文明而定。在美國國內，這意味著拒斥多元文化分裂性的警訊。在國際間，這代表排斥難以捉摸和不切實際的呼籲，使美國和亞洲認同。不管它們之間有什麼經濟關係，亞洲和美國社會之間基本的文化差距，排除彼此共組家庭的可能性。美國人在文化上是西方家庭的一部分，多元文化可能會傷害甚至摧毀這層關係，但也無法以別的關係來取代。美國人正在文化尋根，他們在歐洲找到了。

1990 年代中期，對西方的本質和未來有一番新的討論，並重新體認到這種事實的確存在，對什麼可以確保其繼續存在更加

關切。這點一部分源於認知到有必要擴大西方最重要的北大西洋公約組織，將接納位於東翼的西方國家，同時也源於西方因如何因應南斯拉夫分裂而產生的內部嚴重分歧。蘇聯大患已除，這廣泛的反映了對西方未來統一的憂慮，尤其反映了美國對歐洲承諾所代表的意義。隨著西方國家越來越和日益強勢的非西方國家互動，它們也越來越認清把他們捆綁在一起的西方共同文化核心。大西洋兩岸的領袖再三強調，必須重振大西洋社會。1994 年底和1995 年，德英兩國的國防部長、法美兩國的外交部長、季辛吉和其他領袖都贊同這項理念。他們的情形由前英國國防大臣黎夫金（Malcolm Rifkind）所說的話可以做個總結，黎夫金在 1994 年11 月聲稱，有必要再建立一個「大西洋社會」，四平八穩的站在四隻腳上：北約的國防與安全要納入北約議題中、「對法治和議會式民主有共同的信仰」、「自由的資本主義和自由貿易」以及「從希臘羅馬經由文藝復興再延續到我們這個世紀共同的價值觀、信念和文明的共同歐洲文化傳統」[12]。1995 年，歐洲聯盟發動一項計畫，要重建跨大西洋的關係，使大不列顛王國和美國簽署了一項廣泛的協定。同時，歐洲很多政治和工商界領袖贊成創立一個跨大西洋的自由貿易區。雖然「美國勞工聯盟及職業工會聯合會」（AFL CIO）反對「北美自由貿易協定」（NAFTA）和其他貿易自由化措施，該會負責人熱烈歡迎這個跨大西洋自由貿易協定，因為這使美國的工作不至於面對薪資比較低的國家的競爭。這也得到歐洲的英國前首相柴契爾夫人、美國眾院議長金瑞契等保守派人士，及加拿大和其他英國領袖支持。

　　誠如我們在第二章所說，西方經歷歐洲長達數世紀的第一階段發展擴張期，以及 20 世紀的第二個美國階段。如果北美和歐洲重建它們的道德生活，從共同的文化上建設，發展密切的經

濟和政治整合模式，以補強它們在北約的安全合作，它們就可以製造第三階段西方經濟繁榮和政治影響力的歐美共通期。重要的政治整合在一定程度上，可以反制西方在世界人口、經濟產值和軍力上的相對沒落，並在其他文明領袖眼中恢復西方的強權。馬來西亞總理馬哈迪警告亞洲人說：「歐洲聯盟和北美自由貿易協定結盟後，以它們的貿易實力，將可以主導和世界其他地方的關係。」[13] 西方是否會在政治經濟上合流，主要視美國是否重申其身為西方國家的定位，並界定其全球的角色為西方文明的領袖而定。

西方在世界的定位

一個世界如果以文化，不管是種族、民族、宗教、文明的定位為核心，同時以文化的異同決定敵友關係及國家的政策，對西方和美國會產生三個比較長遠的影響。

第一，唯有當政治家認清及了解事實，才能建設性的改變事實。在即將登場的文化政治中，非西方文明勢力勃興，及這些國家在文化上越來越強烈的主張，非西方世界已經普遍認知。歐洲領袖已經指出能使人群離散和結合的文化力量。相形之下，美國的精英階層遲遲未能接受或解決這些正要出現的事實。布希和柯林頓政府支持多元文明的蘇聯、南斯拉夫、波士尼亞和俄羅斯統一，雖然力圖阻止強烈的種族和文化力量把它們推向分裂，但仍徒勞無功。它們倡議多元文明的經濟整合計畫，結果不是像亞太經濟合作會議毫無意義，就是像北美自由貿易協定和墨西哥，要付出意想不到的沉重經濟和政治代價。由於美國和其他文明的核心國家面對自然的利益衝突，美國力圖以和俄羅斯建立「全球夥伴關係」，再和中國進行「建設性交往」，來和它們發展更密切

的關係。同時，儘管俄羅斯是正教核心國家，在波士尼亞內戰中有重大的利益，柯林頓政府也未能說動俄羅斯全力協助謀求波士尼亞的和平。柯林頓政府意圖建立一個由多元文明組成的國家，不願讓占少數的塞爾維亞裔和克羅埃西亞裔進行民族自決，從而使巴爾幹半島出現一個親伊朗的一黨伊斯蘭夥伴國家。美國政府也以同樣的方式支持穆斯林接受正教政府的統治，理由是「車臣無疑是俄羅斯聯邦的一部分」。[14]

雖然歐洲人普遍認知分隔西方基督教國家和正教及伊斯蘭教這條斷層線的根本意義，美國國務卿卻說，美國「不願承認歐洲天主教、正教和伊斯蘭教有任何重大的分界線」。但不承認基本分界線的國家也註定要自食惡果。柯林頓政府最早似乎忘了美國和東亞各國權力均勢的轉變，再三在貿易、人權、核子擴散等議題上訂下明知不可行的目標。整體而言，美國政府在適應一個全球政治由文化和文明潮流左右的時代上困難重重。

第二，美國的外交政策思考方式也受制於不願放棄、改變，有時甚至重新考慮採取某些政策來因應冷戰的需求。某些人認為，在形式上，這仍表現於視捲土重來的蘇聯為一個潛在的威脅上。一般人則傾向於認同冷戰時期的結盟和武器管制協定。一如冷戰時期，北約仍應維繫；美日安保條約仍攸關東亞的安全；反彈道飛彈條約仍不應撕毀；歐洲傳統武力條約也仍應遵守。顯然這些或其他冷戰遺緒都不應輕言放棄，但美國或西方繼續走冷戰路線也未必合乎他們的利益。事實上，多元文明世界顯示，北約應該擴大，容納其他有意加入的西方國家，同時也應認知，兩個成員國如果彼此是死敵，又和其他成員國沒有共同的文化淵源是毫無意義的。反彈道飛彈條約原是設計來因應冷戰時代的需求，保障蘇聯和美國社會共同的弱點，以遏阻蘇聯和美國爆發核子戰

爭，但這可能使美國和其他國家無力保護自己免於遭受無法預知的核子威脅或恐怖運動和獨裁者不理性的攻擊。美日安保條約有助於嚇阻蘇聯侵略日本，但在後冷戰時代，這項條約有什麼意義？是要圍堵和嚇阻中國嗎？還是延緩日本對一個正在崛起的中國的調適？或防止日本進一步走軍國主義路線？日本有越來越多人質疑美國在當地的駐防，而美國也有越來越多人質疑是否有必要吃力不討好的去協防日本。歐洲傳統武力條約最早是為了緩和北約和華沙公約在中歐的衝突，如今也已經消失了。現在，歐洲傳統武力條約最大的衝擊，是使俄羅斯在處理南境穆斯林所構成的安全威脅時十分棘手。

第三，文化和文明多元化使西方人，尤其是美國人，對西方文化在世界地位的信念動搖。這種信念形諸文字敘述和標準規範上。在文字陳述上，這種信念使所有國家的人民希望接納西方的價值觀、制度和作法。如果他們似乎沒有意願，並致力推動自己的傳統文化，他們就是「錯誤意識」的受害者，和馬克思主義者對支持資本主義的無產階級的看法如出一轍。在標準規範上，信仰西方泛世界論的人認定，全世界的人都應該擁抱西方的價值觀、制度和文化，因為其中包括人類最高尚、最有啟發性、最自由、最理性、最現代以及最文明的想法。

在即將出現種族和文明衝突的世界中，西方人對西方文化遍及世界的信念有三大問題：這是錯誤的、不道德的和危險的。這本書的中心題旨在申論這種想法的謬誤。霍華德可以總結這種中心題旨：「西方假定，文化多元化是一種歷史的異數，因塑造我們基本價值觀的西方英語系世界共同文化的成長而遭到腐蝕……這是錯誤的。」[15] 到現在還不相信霍華德話中智慧的讀者，必定生活在一個和這本書所形容的世界隔絕的地方。

認為非西方人應接納西方價值觀、制度和文化這種信念是不道德的，因為要實現必須付出相當大的代價。19世紀末歐洲權力幾乎無遠弗屆，20世紀末美國獨步全球，其影響力幾乎遍及世界大部分西方文明。但歐洲在全球的影響力不再，美國的霸權也正在沒落，即使只是因為沒必要再保護美國防衛冷戰模式的蘇聯軍事威脅。一如我們所曾指出的，文化伴隨權力而生。如果非西方社會再度被西方文化左右，必然是因為西方權力的擴張、部署和衝擊的結果。帝國主義是泛世界論必然合理的結果。除此之外，西方這個正在成熟的文明已經不再具備將其意志力強加於其他社會的經濟或人口的力量，而任何這類計畫也違背西方主張自決和民主的價值觀。當亞洲和伊斯蘭文明越來越伸張其文化的世界相關性時，西方人將越來越能體會泛世界論和帝國主義之間的關聯。

西方的泛世界論對世界是很危險的，因為這可能導致核心國家間爆發重大的跨文明戰爭，並因西方可能在戰爭中落敗而成為西方的危機。蘇聯瓦解後，西方人挾空前優勢來看待自身的文明，同時，比較弱勢的亞洲、伊斯蘭和其他國家的力量開始坐大，他們可能會因而援引（羅馬帝國刺殺凱撒的）布魯特斯（Brutus）耳熟能詳但有力的邏輯：

> 我們的軍容壯盛，我們的主張成熟。敵人日益壯大；站在峰頂的我們，已準備走下坡。人間事有如潮汐，被洪潦所困的必有後福；少了這個，他們的生命之旅將如龍困淺灘，充滿悲情。如今我們於海上漂流，我們必須順著浪潮走，否則將萬劫不復。

但這種邏輯也使布魯特斯於西元前42年在腓利比被安東尼

和奧大維聯軍擊潰。殷鑑不遠，西方應走比較審慎的路線，不要試圖阻止權力的移轉，而要學著航行於淺灘之間，忍受苦難，不要太躁進冒險，以護衛其文化。

所有的文明都會經歷出現、興起和沒落的類似進程。西方有別於其他文明的，不在發展的方式，而在於其價值和制度的獨特風格，其中犖犖大者包括基督教、多元化、個人主義和法治，這些也使西方得以創造現代化的思維，擴及全世界，並為其他國家稱羨。整體而言，這些特性為西方獨有，小史勒辛格曾說：「歐洲是個人自由、政治民主、法治、人權和文化自由的來源，唯一的來源。……這些是歐洲人的理念，不是亞洲，也不是非洲或中東的，除非是後來引進的。」[16] 這些元素使西方文明獨樹一格，西方文明之所以珍貴，並非因為它很普及，而是因為它很獨特。因此，西方領袖主要的責任不在試圖依西方的意象重塑其他文明，這已經不是其正在沒落的力量所能為，而在保存、保護和重建西方文明獨樹一格的特性。而由於美利堅合眾國是西方最強勢的國家，責任自然大部分落在它頭上。

面對西方日漸式微的力量，保存西方文明符合美國和歐洲國家的利益：

- 擴大政治、經濟和軍事整合，並協調彼此的政策，使其他文明無法利用它們之間的歧見。
- 歐洲聯盟和北約應接納中歐西緣的國家，包括波羅的海三小國、斯洛維尼亞和克羅埃西亞。
- 鼓勵拉丁美洲「西化」，同時盡可能使拉丁美洲國家和西方結盟。
- 限制伊斯蘭和華人國家部署傳統和非傳統武力。
- 延緩日本脫離西方、擁抱中國的進程。

- 接受俄羅斯為正教的核心國家及主要的區域強權，對南疆的安全可以行使合法的權益。
- 維持西方對其他文明在科技和軍事上的優勢。
- 最重要的，承認西方干預其他文明的事務，也許是使一個多元文明世界動盪不安和引發全球衝突唯一且最危險的根源。

　　冷戰過後，美國耗費很多精力辯論外交政策的正確方向。在這個時代，美國既不能宰制也不能逃離這個世界，不管是國際主義或孤立主義，也不論是多元文化或片面行動都不能符合其利益。唯有遠離這些背道而馳的極端意識形態，採行大西洋主義政策，和歐洲夥伴密切合作，以保護及謀求它們共有的獨特文明的利益和價值，才最符合美國的利益。

文明的戰爭和秩序

　　世界各大文明的核心國家都捲入全球戰爭，雖極不可能但也不能完全排除可能性。我們曾指出，這種戰爭可能是不同文明族群間的斷層線戰爭升高所致，最可能的情況是穆斯林對上非穆斯林。戰爭升溫最可能的導火線是狂熱的伊斯蘭核心國家競相提供援助給它們四面楚歌的同一個教派的弟兄。但如果第二和第三層盟邦為了本身利益不願過分介入，戰爭較不可能升溫。全球跨文明戰爭比較危險的來源之一是不同文明及其核心國家間權力均勢的變動。長此以往，中國的興起及這個「人類有史以來最大的玩家」越來越專斷的行徑，將在 21 世紀初對國際安全造成嚴重的壓力。鑑往知來，中國躍居東亞和東南亞主導強權對美國最不利。[17]

　　考慮到美國這層利益，美國和中國的戰爭會怎麼發展？假定

在西元 2010 年，美國部隊已撤離朝鮮半島，南北韓也已經再度統一，美國在日本的駐軍大幅縮編，而台灣和中國也已經達成和解，台灣繼續維持實際上的獨立，但明確的承認北京當局的宗主地位，並在中國協助下，仿 1946 年烏克蘭和白俄羅斯的模式重返聯合國。南海石油資源的探勘已加速進行，大部分落到中國手裡，但仍有一些歸越南控制的地區由美國公司開發。中國因新的軍力預估而信心大增，並宣布將完全控制這個中國一向聲稱擁有主權的全部地區。越南反抗，而使中國和越南戰艦爆發戰爭。中國為了一雪 1979 年的前恥而出兵越南。越南人要求美國援助，中方則警告美國不要插手。日本和其他亞洲國家不知所措，美國說無法接受中國占領越南，呼籲對中國進行經濟制裁，並派它所剩的幾支航空母艦戰鬥群之一到南海出任務。中國斥之為侵入中國的海域，並對戰鬥群發動空襲。聯合國祕書長和日本首相努力斡旋停火協議不幸失敗，戰火蔓延到東亞其他地區。日本禁止美國使用駐日基地來對中國採取行動，美國無視於這項禁令，日本只好宣布保持中立，同時隔離基地。中國的潛艇和從台灣及中國大陸基地起飛的戰機，對美國戰艦及東亞的基地設施構成嚴重威脅。同時，中國的地面部隊開進河內，並鯨吞了越南大半江山。

由於中國和美國都有飛彈，可以向對方領土發射核子武器，雙方曖昧的僵持著，而這些武器在戰爭早期並未使用。但雙方社會都擔心發生這類攻擊，美方尤其忌憚。很多美國人開始質疑為什麼陷他們於這種險境？讓中國控制南海、越南甚至整個東南亞又有什麼區別？反戰聲浪在拉丁美洲裔占大多數的美國西南部尤其強烈，當地人民和政府都說「這不是我們的戰爭」，並有意以 1812 年新英格蘭戰爭的模式撤離。在中國鞏固於東亞的初步勝利之後，美國民意開始照日本在 1942 年的期望移轉：要擊敗這個

最近稱霸的國家代價太大，讓我們將西太平洋目前正在進行的零星戰鬥或「假戰爭」，經由談判結束。

同時，戰爭已經對其他文明的主要國家產生衝擊。印度趁中國被東亞綁住的機會，向巴基斯坦發動猛烈的攻擊，著眼點在完全降低該國的核子和傳統武力。一開始印度的確占上風，但巴基斯坦、伊朗和中國被迫結盟，伊朗也以現代化的精密武器援助巴基斯坦。印度由於和伊朗部隊及巴基斯坦幾個不同種族的游擊隊作戰而陷於泥淖。巴基斯坦和印度都轉向阿拉伯國家求援，印度警告伊朗控制西南亞的危險，但中國對美國初期的勝利已經在伊斯蘭國家產生了大規模的反西方運動。阿拉伯國家和土耳其少數幾個親西方的政府，一一被伊斯蘭教占多數的年輕人所組成的部隊所發動的伊斯蘭主義運動征服。因西方式微所激發的反西方思潮，導致阿拉伯國家大舉進攻以色列，其規模之大，連美國第六艦隊也無力阻止。

中國和美國試圖爭取其他重要國家的支持。由於中國贏得軍事勝利，日本開始緊張的倒向中國，立場從原來的保持中立，轉而為支持中國的「積極中立」（positive neutrality），再轉而向中國的要求讓步，並成為不受盟約約束但協助他國作戰的國家。日軍占領了美國在日本僅存的幾處基地，美國則十萬火急的撤軍。美國宣布封鎖日本，美國和日本的船隻在西太平洋進行零星的對決。戰爭剛開始時，中國建議和俄羅斯簽署一項共同安全條約（和希特勒及史達林的條約類似）。但中國的成功對俄羅斯的影響，和對日本的影響相反。中國勝利和完全控制東亞的前景使俄羅斯談虎色變，當俄羅斯開始走上反中國的路線並加強其駐西伯利亞的部隊時，無數中國移民安頓在介入這些運動的西伯利亞。中國隨後在軍事上介入以保護其國人，並占領海參威、黑龍江及東西

伯利亞其他重要地區。俄羅斯和中國部隊在西伯利亞中部地區交火，外蒙也爆發了動亂，而中國稍早已把外蒙列為「保護領地」。

控制和取得石油對所有交戰各方都攸關重要。儘管日本在核能上作了廣泛的投資，仍高度仰賴石油進口，這也使日本更包容中國，以確保石油能從波斯灣、印尼和南海進口。戰爭期間，阿拉伯國家在伊斯蘭好戰分子控制下，波斯灣供應西方的石油有限，西方轉而越來越倚靠俄羅斯、高加索和中亞的石油供應。這也使西方加強拉攏俄羅斯，並支持俄國展延其對南境盛產石油的伊斯蘭國家的控制。

同時，美國亟欲動員歐洲盟邦全力支持。除了提供外交和經濟援助，歐洲不願軍事介入。但中國和伊朗擔心西方國家終將團結支援美國，因為美國在兩次世界大戰中最後也支持英法兩國。為了防範未然，中國和伊朗對波士尼亞和阿爾及利亞祕密部署中程核子飛彈，並警告歐洲強權不要介入戰爭。一如中國過去幾乎老是想恫嚇日本以外的國家，這次行動結果和中國的預期相反。美國情報觀察和報告這次的部署，而北大西洋公約組織委員會也宣布，飛彈必須立刻拆除。在北約採取行動前，塞爾維亞為再扮演歷史上維護基督教不讓土耳其染指的角色，悍然出兵波士尼亞。克羅埃西亞加入後，兩國占領並瓜分了波士尼亞，奪走飛彈，並推動計畫，意欲完成 1990 年代被迫中止的種族淨化行動。阿爾巴尼亞和土耳其試圖協助波士尼亞人，希臘和保加利亞對歐洲土裔發動攻勢，而當土耳其裔越過博斯普魯斯海峽逃難時，伊斯坦堡一片驚慌。同時，一枚攜帶核子彈頭的飛彈從阿爾及利亞發射，在馬賽外面爆炸，北約為了報復，對北非目標發動猛烈空襲。

美國、歐洲、俄羅斯和印度因此捲入一場和中國、日本及大部分伊斯蘭國家對抗的真正全球化戰爭。這類戰爭如何結束？雙

方將擁有重大的核子武力,顯然如果這些武力派上用場,不管規模多小,都可能重創雙方的主要國家。如果互相嚇阻的策略行得通,互打消耗戰可能終將透過和談達成停火協定,但這並未解決中國雄霸東亞的根本問題。或者,西方可以試圖透過使用傳統武力來擊敗中國。但日本和中國結盟,無形中給中國一個島嶼緩衝國,使美國無法對中國沿海人口和工業核心地區動用海軍兵力。變通之道是從西翼對中國發動攻勢。俄羅斯和中國交戰,使北約歡迎俄羅斯為其會員國,以便合作反制中國入侵西伯利亞,讓俄羅斯繼續控制中亞產油和天然氣的伊斯蘭國家,策動藏人、維吾爾人和蒙古人發動反中國的動亂,並逐步往東向西伯利亞動員和部署西方及俄國部隊,以穿過長城向北京、東北和漢人的心臟地帶發動最後的攻勢。

不管這場全球文明戰最直接的結果是什麼,相互發動毀滅性核子攻擊;或相互發動消耗戰,再透過談判中止戰爭;或俄羅斯和西方部隊終將進駐天安門廣場,比較廣泛而遠程的後遺症,將是所有交戰各方經濟、人口和軍力的大幅衰退。結果,過去數世紀來,全球權力先從東方轉向西方,再從西方擺盪回東方,如今更將從北方轉向南方。文明戰爭的最大受惠者是那些未介入戰火的國家。隨著西方、俄羅斯、中國和日本受到不同程度的戰火破壞,即使印度參戰但避過戰禍,仍有沿印度文明線重塑世界的寬廣空間。絕大部分美國民眾認為,美國國力式微,罪魁禍首是白人精英團體狹隘的西方觀點所致;而拉丁美洲裔領袖之所以掌權,則是因為未參戰的拉丁美洲國家以逸待勞,大發戰爭財,而得以提供馬歇爾計畫式的廣泛援助給拉丁裔。另一方面,非洲對重建歐洲使不上力,反而可能吐出無數難民,去劫掠僅存的物資。在亞洲,如果中國、日本和韓國都毀於戰火,權力也會南移,而以

保持中立的印尼躍居主控強權，並在澳洲顧問指導下，東起紐西蘭，西至緬甸和斯里蘭卡，北至越南，都由印尼訂立未來要走的方向。這一切都成為未來和印度及浴火重生的中國發生衝突的前兆。無論如何，世界政治重心將南移。

如果讀者覺得這種場景似是天方夜譚，這也有好處。我們也希望，不至於發生其他版本的全球文明戰爭。這種版本最可行、也最令人困擾的則在戰爭的原因：一個文明的核心國家（美國）介入另一個文明核心國家（中國）和那個文明一個小國（越南）的爭端。對美國而言，這種干預因可維護國際法律，逐退侵略，保護海上航線暢通，取得南海油源，及防止某個國家躍居東亞強權而有其必要。對中國，這種干預絕對無法忍受，是西方主要國家典型試圖粗暴羞辱和威嚇中國的伎倆，在其合法勢力範圍內鼓動反對中國，同時拒絕讓中國在世界局勢上扮演適當的角色。

簡言之，在未來的世代中，避免重大的跨文明戰爭，需要核心國家戒急用忍，不要介入其他文明的衝突。這個真理，美國等國家無疑將發現很難接受。這項鼓勵核心國家避免干預其他文明衝突的「排除條款」，是多元文明、多極世界下維持和平的第一要件。第二要件則是「共同調停條款」，由核心國家彼此談判，以圍堵或停止它們文明中不同國家或團體間的斷層線戰爭。

接受這些規則，及一個不同文明間比較平等的世界，對西方或那些有意填補或取代西方主導地位的文明將非易事。像在這種世界中，核心國家可能認為，擁有核子武器、同時不准同一文明內其他國家擁有這類武器是它們的特權。巴基斯坦前總統布托在回顧他努力為巴國發展「完整的核子力量」時，理直氣壯的說：「我們都知道南非和以色列擁有完整的核武力量。基督教、猶太教和印度教文明也有能力發展核武，只有伊斯蘭文明沒有，但這

種情形即將改變。」[18] 在缺乏單一核心國家的不同文明內爭取領導權，也可能刺激核武競賽，伊朗和巴基斯坦雖然維持高度合作的關係，卻顯然覺得和巴基斯坦一樣需要核子武器。另一方面，巴西和阿根廷已經放棄發展核武，南非則搗毀其核子武器，但如果奈及利亞也開始發展核武，南非自亦希望再度取得核武。一如沙岡（Scott Sagan）等學者所說的，核子擴散顯然有其風險，而在這個世界中，各大文明中一兩個核心國家擁有核武，其他國家沒有，可能還是一個比較合理穩定的世界。

重要國際機構大部分於第二次世界大戰後不久設立，其組織架構也符合西方的利益、價值和作法。當西方強權相對於其他文明開始沒落時，這些機構會面臨越來越大的重組壓力，以包容那些文明的利益。最明顯、最重要、也許也最有爭議的話題是聯合國安理會的常任理事國。目前的常任理事國是第二次世界大戰的戰勝國，和世界上權力消長的實際情況越來越背道而馳。以長遠的眼光來看，不是改變會籍，就是要循其他比較不正式的程序處理安全問題，甚至踵武七大工業國會議處理全球經濟問題的模式。在一個多元文明的世界，比較理想的是每一個主要文明至少要有一個國家出任安理會常任理事國。目前只有三大文明的國家雀屏中選。美國支持日本和德國加入，但顯然只有在其他國家也獲准加入時，德日兩國才有希望。巴西建議再增加五個沒有否決權的常任理事國，包括德國、日本、印度、奈及利亞和巴西本身。但這會剝奪世界 10 億穆斯林的代表資格，除非奈及利亞可以負起這個責任。從文明的角度來看，顯然日本和印度應該成為常任理事國，而非洲、拉丁美洲和伊斯蘭國家也應該有常任理事國地位。也許可以由這些文明的主要國家輪流擔任，這些國家可以從伊斯蘭會議組織、非洲團結組織、美洲國家組織（美國棄權）遴

選。同時英法兩個常任理事國的席位應該合併為一個歐洲聯盟的席位，由歐盟遴選代表國輪流出任。七大文明因而會各有一個常任理事國的席位，西方則有兩席。這種分配比較能代表世界人口、財富及權力分布的實際情形。

文明的共通性

有些美國人在國內提倡多元文明，有些在國外提倡世界普遍性，有些則雙管齊下。國內的多元文明發展會威脅到美國和西方；國外的世界普遍性則威脅到西方和世界。兩者都否認西方文化的獨特性。全球的單一文明主義者希望使世界像美國；國內的多元文明主義者則希望使美國像世界。一個多元文明的美國可行性不高，因為一個非西方的美國就不是美國了。一個多元文化世界是無可避免的，因為不可能出現全球性的帝國。若想維繫美國和西方，需要恢復西方的定位；世界安全則需要接受全球多元文明的發展。

西方泛世界論的空泛，和全球文化多元發展的實際情況，是否無可避免也無法挽回的走向道德和文化相對論？如果世界論使帝國主義合法化，相對論是否使鎮壓合理化？這些問題有正反兩面的答案。文化是相對的；道德是絕對的。誠如華爾澤所稱，文化是「深厚」的，可以規範組織和行為的模式，以指引人類走上適合某一個社會的道路。但在最高綱領派的道德之上、之外和從中發展出來的，是「薄弱」的最低綱領派的道德觀，其中包括「強調特定深厚或最高道德觀的特色」。真理和正義的最低道德概念見諸所有深厚的倫理道德中，無法分割。另外最低道德、標準的「負面指令，最可能否決謀殺、詐欺、酷刑、鎮壓和暴政」。人

民所共有的比較是「共同的敵人（或罪惡感），而不是共同文化的參與」。人類社會是「因為有人性而泛世界化，也因為是社會而別具一格」。有時，我們和別人一起攜手前進，但多半時候我們獨自前進。[19] 但一個「薄弱」的最低道德標準，的確來自普遍的人類情況，而「世界的配置」則可以在所有文化中發現。[20] 文化共存的必要條件，在於找尋大部分文明的共同點，而不是提倡一個文明想像中的泛世界特性。在一個多元文明的世界，建設性的道路是棄絕世界論，接受多元化發展，並尋找共通性。

1990 年代初，新加坡這個小地方就出現了指認這類共通性的相關計畫。新加坡人大約有 76% 是華裔、15% 是馬來人和穆斯林、6% 是印度教和錫克教徒。過去，政府大力向人民提倡「儒家倫理道德」，但也要求每個人都要接受英文教育、英語流利。1989 年 1 月，當時的總統黃金輝在國會開議演說中指出，270 萬新加坡人普遍接受西方文化影響，「使他們和海外的新理念及技術密切聯繫」，但也使他們「暴露於異域的生活方式和倫理價值」中。黃金輝警告說：「亞洲傳統的道德、責任和社會觀念過去曾是我們的支柱，如今漸漸被比較西化的個人和自我中心的人生觀取代。」他指出，有必要認出新加坡不同種族和宗教社會共有的核心價值觀，「而這已掌握作為新加坡人的精髓」。

黃金輝認為有四大傳統價值觀念：「把社會放在個人之上，使家庭成為社會的基石，經由共識而非爭論解決重大問題，強調種族和宗教包容及和諧。」他這番話使新加坡的價值觀引起激辯。2 年後，一份白皮書宣示了新加坡政府的立場。白皮書肯定黃金輝所提的四大價值觀，但加上第五項：支持個人。因為可能意識到有必要在儒家封建和家庭倫理中，優先強調個人在新加坡社會的價值，白皮書也界定新加坡人的「共同價值觀」為：

- 國家在（族裔）社區之上，社會又在個人之上。
- 家庭是社會的基本單位。
- 尊重和由社會來支持個人。
- 共識而非爭論。
- 種族和宗教和諧。

在表揚新加坡對議會民主和政府績效的貢獻之餘，「共同價值觀」也明確排除政治價值條款。新加坡政府強調，新加坡「在重要的層面上是亞洲社會」，必須維持一個亞洲社會。「新加坡人不是美國人或英國人，雖然我們說英語、穿洋裝。如果長此以往，新加坡人將變得與美國人、英國人或澳洲人無法區分，或等而下之的，模仿起這些西方國家（成為分裂的國家）。我們和這些西方國家比，就會喪失我們的優勢，西方國家使我們可以立足國際社會。」[21]

新加坡計畫是一項有企圖心和啟發性的出擊，以界定新加坡的文化定位，並由其族裔和宗教社會分享，以有別於西方。當然，有關西方，尤其是美國價值觀的表述，使個人權利遠比社會的權益分量來得重；也使表達意見的自由和從觀念激盪所產生的真理，要比政治參與和政爭重要得多；更使法治比專家、睿智和負責的州長的統治要重要。即使如此，雖然西方價值觀可以補新加坡價值觀之不足，同時比較不受重視，大部分西方人仍認為那些倫理道德有其意義。至少在基本「薄弱」的道德層次上，亞洲和西方有一些共通性。此外，誠如很多人所曾指出的，不管世界主要的宗教，包括西方的基督教、正教、印度教、佛教、伊斯蘭教、儒教、道教和猶太教區隔人類的程度，這些宗教還是有一些共同的重要價值觀。如果人類想發展一個世界性的文明，經由探索和擴大這些共通性便會逐漸浮現。因此，除了「排除條款」和「共同

調停條款」，在一個多元文明的世界維持和平的第三個條款是「共通性條款」：所有文明的人民應該尋找並試圖擴大和其他文明的人民所共有的價值觀、制度和作法。

這項計畫不但將限制文明的衝突，也會強化單一文明。單一文明可能指倫理道德、宗教、學習、藝術、哲學、科技和物質生活與其他東西較高層次的複雜混合。這些顯然不一定會一起產生變化，但學者易於在文明史的不同層次中，指認單一文明的高低點。問題是：一個人怎麼畫出人類單一文明發展史的起伏？是否有個普通世俗的趨勢，可以超越個別文明，朝較高層次的單一文明發展？這種趨勢是否為加強人類控制環境，而使科技發展日益精密、物質生活也日益豐裕的現代化進程中的產物？在當代社會，較高層次的現代化，是否為一較高層次單一文明的先決條件？抑或單一文明的層次是否主要依不同文明史各異？

這個問題是線性或周期性歷史辯論的另一項表述。可以想見的，現代化和人類道德發展來自高等教育、意識和對人類社會和自然環境的了解，而這項發展也產生正朝較高層次單一文明發展的持續運動。另一方面，文明的不同層次也可能反映文明發展的不同階段。當文明最早出現時，人民通常充滿了活力、朝氣，但也比較暴力、流動，同時不斷擴張。他們比較不文明。隨著文明開展，人民開始安頓下來，並研究出可以使其更加文明的技術和手藝。當其組成分子彼此的競爭減弱之後，一個世界國便會出現，文明達到最高層次，亦即「黃金時代」，並使道德、藝術、文學、哲學、科技、軍事、經濟和政治能力繁榮滋長。當這個文明沒落後，其文明層次也開始走下坡，直到另一個較低層次的文明崛起發動攻勢後逐漸消失。

現代化通常提高世界各地文明的物質層次，但現代化是否也

提高了單一文明的道德和文化空間？在某些方面，情形似乎如此。奴役、酷刑、惡意的虐待個人，當代世界逐漸無法接受。這是否只是西方文明對其他文化產生衝擊的結果，因此當西方強權沒落後，是否能重整道德？1990 年代有不少證據顯示，世局陷入「完全混亂」的模式有其相關性：世界法律和秩序的瓦解，國家敗亡，世界很多地方出現無政府狀態，全球的犯罪潮、跨國的黑手黨和販毒集團，很多國家越來越多吸毒案例，家庭觀念的普遍覺醒，國家信任和社會團結的降低，種族、宗教、文明暴力和槍桿子出政權在世界絕大部分地區也很猖獗。在不少城市，像莫斯科、里約熱內盧、曼谷、上海、倫敦、羅馬、華沙、東京、約翰尼斯堡、德里、喀拉蚩、開羅、波哥大和華府，犯罪率似乎不斷飆漲，文明的基本要素也不斷流失。不少人談起全球的管理危機，跨國企業生產的經濟作物不斷增加，同樣的，跨國黑道組織、販毒集團和恐怖主義幫派分子暴力的攻擊文明也有增無已。法律和秩序是文明的第一要件，在世界許多地區，像非洲、拉丁美洲、前蘇聯、南亞和中東，法律和秩序似乎正在消失，而中國、日本和西方也面臨嚴重的挑戰。在全世界，文明似乎正為野蠻行徑所取代，產生一個前所未見的意象，一個全球黑暗期可能已降臨人世。

1950 年代，皮爾森曾警告，人類正邁入一個「不同的文明必須學會和平共存互動，彼此互相學習的時代，它們要學習彼此的歷史和理想及藝術文化，共同豐富彼此的生活。在這個過分擁擠的小世界，另一個發展是誤解、緊張、衝突和災難」[22]。和平與文明的未來端視世界主要文明的政治、精神和知識界領袖的互相了解和合作而定。在文明的衝突中，歐美可能攜手並進，也可能分道揚鑣。在比較大的衝突中，全球「真正的衝突」在文明和野蠻的衝突。世界的偉大文明，在宗教、藝術、文學、哲學、科學、

技術、道德和慈悲心上的成就斐然，但最後也可能結合或分離。
在即將登場的紀元中，文明的衝突是世界和平最大的威脅，而根
據文明所建構的國際秩序，則是對抗世界戰爭最有力的保障。

註釋

1. Arnold J. Toynbee, *A Study of History* (London: Oxford University Press, 12 vols., 1934-1961), VII, 7-17; *Civilization on Trial: Essays* (New York: Oxford University Press, 1948), 17-18; *Study of History*, IX, 421-422。

2. Matthew Melko, *The Nature of Civilizations* (Boston: Porter Sargent, 1969), p. 155。

3. Carroll Quigley, *The Evolution of Civilizations: An Introduction to Historical Analysis* (New York: Macmi11an, 1961), pp. 146ff。

4. Quigley, *Evolution of Civilizations*, pp. 138-139, 158-160。

5. Mattei Dogan, "The Decline of Religious Beliefs in Western Europe," *International Social Science Journal*, 47 (Sept. 1995), 405-419。

6. Robert Wuthnow, "Indices of Religious Resurgence in the United States," in Richard T. Antoun and Mary Elaine Hegland, eds., *Religious Resurgence: Contemporary Cases in Islam, Christianity, and Judaism* (Syracuse: Syracuse University Press, 1987), pp. 15-34; *Economist*, 8 (July 1995), 19-21。

7. Arthur M. Schlesinger, Jr., *The Disuniting of America: Reflections on a Multicultural Society* (New York: W. W. Norton, 1992), pp. 66-67, 123。

8. Quoted in Schlesinger, *Disuniting of America*, p. 118。

9. Gunnar Myrdal, *An American Dilemma* (New York: Harper & Bros., 1994), 1, 3. Richard Hofstadter quoted in Hans Kohn, *American Nationalism: An Interpretive Essay* (New York: Macmillan, 1957), p. 13。

10. Takeshi Umehara, "Ancient Japan Shows Post-Modernism the Way," *New Perspectives Quarterly*, 9 (Spring 1992), 10。

11. James Kurth, "The Real Clash," *National Interest*, 37 (Fall 1994), 3-15。

12. Malcolm Rifkind, Speech, Pilgrim Society, London, 15 November 1994 (New York: British Information Services, 16 November 1994), p.2。

13. *International Herald Tribune*, 23 May 1995, p. 13。

14. Richard Holbrooke, "America: A European Power," *Foreign Affairs*, 74 (March/April 1995), 49。

15. Michael Howard, *America and the World* (St. Louis: Washington University, the Annual Lewin Lecture, 5 April 1984), p. 6。

16. Schlesinger, *Disuniting of America*, p.127。

17. 1990 年代這方面的言論,參閱 "Defense Planning Guidance for the Fiscal Years 1994-1999," draft, 18 February 1992; *New York Times*, 8 March 1992, p. 14。

18. Z. A. Bhutto, *If I Am Assassinated* (New Delhi: Vikas Publishing House, 1979), pp. 137-138, quoted in Louis Delvoie, "The Islamization of Pakistan's Foreign Policy," *International Journal*, 51 (Winter 1995-96), 133。

19. Michael Walzer, *Thick and Thin: Moral Argument at Home and Abroad* (Notre Dame: University of Notre Dame Press, 1994), pp.1-11。

20. James Q. Wilson, *The Moral Sense* (New York: Free Press, 1993), p.225。

21. Government of Singapore, *Shared Values* (Singapore: Cmd. No. 1 of 1991, 2 January 1991), pp. 2-10。

22. Lester Pearson, *Democracy in World Politics* (Princeton: Princeton University Press, 1955), pp. 83-84。

全球視野9
文明衝突與世界秩序的重建

2020年8月二版
2023年9月二版三刷　　　　　　　　　　　　　　定價：新臺幣480元
Printed in Taiwan.

著　　者	Samuel P. Huntington	
譯　　者	黃　裕　美	
叢書編輯	陳　冠　豪	
校　　對	鍾　炳　紳	
內文排版	李　偉　涵	
封面設計	江　宜　蔚	

出　版　者	聯經出版事業股份有限公司	副總編輯	陳　逸　華
地　　　址	新北市汐止區大同路一段369號1樓	總編輯	涂　豐　恩
叢書編輯電話	(02)86925588轉5305	總經理	陳　芝　宇
台北聯經書房	台北市新生南路三段94號	社　長	羅　國　俊
電　　　話	(02)23620308	發行人	林　載　爵
郵政劃撥帳戶	第0100559-3號		
郵撥電話	(02)23620308		
印　刷　者	文聯彩色製版印刷有限公司		
總　經　銷	聯合發行股份有限公司		
發　行　所	新北市新店區寶橋路235巷6弄6號2樓		
電　　　話	(02)29178022		

行政院新聞局出版事業登記證局版臺業字第0130號

本書如有缺頁，破損，倒裝請寄回台北聯經書房更換。　ISBN 978-957-08-5581-4（平裝）
聯經網址：www.linkingbooks.com.tw
電子信箱：linking@udngroup.com

國家圖書館出版品預行編目資料

文明衝突與世界秩序的重建/ Samuel P. Huntington著 . 黃裕美譯 .
二版 . 新北市 . 聯經 . 2020年8月 . 440面 . 14.8×21公分（全球視野：9）
譯自：The clash of civilizations and the remaking of world order.
ISBN 978-957-08-5581-4（平裝）
[2023年9月二版三刷]

1.國際關係　2.政治　3.文化研究　4.世界史

712.8　　　　　　　　　　　　　　　　　　109010774